浙江省普通本科高校"十四五"重点立项建设教材

沈松平 ◎ 编著

THE PHYLOGENY OF THE LOCAL RECORDS
(REVISED VERSION)

方志发展史

（修订本）

浙江大学出版社
·杭州

图书在版编目(CIP)数据

方志发展史 / 沈松平编著. -- 2版，修订本. -- 杭州：浙江大学出版社, 2024. 9. -- ISBN 978-7-308-25160-0

Ⅰ. K290

中国国家版本馆CIP数据核字第2024BF7005号

方志发展史(修订本)
沈松平　编著

策划编辑	吴伟伟
责任编辑	陈　翩
责任校对	丁沛岚
封面设计	雷建军
出版发行	浙江大学出版社
	(杭州市天目山路148号　邮政编码310007)
	(网址：http://www.zjupress.com)
排　　版	浙江大千时代文化传媒有限公司
印　　刷	杭州高腾印务有限公司
开　　本	787mm×1092mm　1/16
印　　张	19
字　　数	351千
版 印 次	2024年9月第2版　2024年9月第1次印刷
书　　号	ISBN 978-7-308-25160-0
定　　价	78.00元

版权所有　侵权必究　　印装差错　负责调换

浙江大学出版社市场运营中心联系方式　(0571)88925591；http://zjdxcbs.tmall.com

前　言

2022年10月,中国共产党第二十次全国代表大会在北京召开,习近平总书记在大会上所作的报告中提出"只有把马克思主义基本原理同中国具体实际相结合、同中华优秀传统文化相结合,坚持运用辩证唯物主义和历史唯物主义,才能正确回答时代和实践提出的重大问题,才能始终保持马克思主义的蓬勃生机和旺盛活力","坚持和发展马克思主义,必须同中华优秀传统文化相结合。只有植根本国、本民族历史文化沃土,马克思主义真理之树才能根深叶茂",[①]对中华优秀传统文化地位和作用的认识达到了一个前所未有的高度。一方面,地方志是我国民族文化的瑰宝,修志是中华民族优良的传统,几千年来代代相续,虽中经时局动荡,内忧外患频仍,却仍经久不绝。作为中华优秀传统文化的重要组成部分,中华民族特有的文化基因,方志文化不仅在璀璨的中华文化中独树一帜,而且在世界文化中占据着独特的位置,理应在延续中华文明、走向世界参与构建中国话语和中国叙事体系、增强中华文明传播力影响力以及实现中华民族伟大复兴中国梦中发挥重要作用。另一方面,虽然地方志的编修在我国有悠久的历史,但方志学的理论研究和学科建设仍是比较薄弱的环节,"方志无学"的传统偏见长期困扰着方志界的理论研究和事业发展,方志学学科直到今天仍在建设之中。在本科教学方面,宁波大学拥有迄今为止国内高等院校中唯一的一个方志学本科专业,自1998年起面向全国统一招生,毕业生流向中国地方志工作办公室、上海市地方志办公室、云南省地方志编纂委员会办公室、西安市地方志办公室、南京市地方志编纂委员会办公室等中央、省、

---

① 习近平:《高举中国特色社会主义伟大旗帜　为全面建设社会主义现代化国家而团结奋斗——在中国共产党第二十次全国代表大会上的报告》,人民出版社2022年版,第17—18页。

市、县(区)四级修志机构,而国内其他院校仅仅开设了方志学的选修课。在研究生教学方面,除中国社会科学院大学外,目前国内尚无其他高校设置方志学专业硕士学位点和博士学位点,但复旦大学、宁波大学等高校在中国史专业开设了方志学的研究方向,招收硕士生,复旦大学还招收方志学研究方向的博士生。

  1998年我来到宁波大学工作,恰逢宁波大学创办历史学(方志学)本科专业,自那时起,我一直负责方志学专业的教学、实习及其他一切相关事宜,至今已从事方志学教学和科研26年。2002年,我被评为宁波大学"十佳"青年教师;2011年,被评为宁波市教育系统"五带头"优秀共产党员;2022年,获评浙江省地方志151人才工程首批"方志领军人才"。在2003年底教育部对宁波大学开展本科教学水平评估时,方志学专业作为文学院(即现在的人文与传媒学院)教育教学工作的亮点,以《与时俱进改造传统专业——方志学专业方向的建设》为题,入选宁波大学学院教育教学改革15个典型材料,成为支撑学校特色项目"基于'平台+模块'课程结构体系的人才培养模式"的典型范例。2008年,"方志学(课程群)"获评宁波大学优秀课程。2015年,"校地协同培养社会适用性人才之个案研究——方志学专业(方向)人才培养模式创新研究"课题获得浙江省高等教育教学改革项目立项。2007年,"方志人才培训平台建设"成为宁波市教育局委托的宁波市文化服务应用型专业人才培养基地建设项目之一。此外,自2002年以来,宁波大学已为北京、广东、陕西、新疆、海南、甘肃、安徽、广西、西藏、哈尔滨、济南、南京、杭州、贵阳、南宁、连云港、扬州、常州、无锡、延安、咸阳、宝鸡、厦门、宁德、大连等修志部门及其他系统合计举办方志业务培训班33期,培训学员2130人,其依托本科教学开展的非学历教育方志社会培训在全国方志界具有相当影响,已形成了品牌效应。时任中国社会科学院副院长、中国地方志指导小组常务副组长朱佳木在第四次全国地方志工作会议上的工作报告《深入贯彻落实科学发展观,努力促进地方志工作又好又快发展》中曾提到宁波大学在方志培训方面的贡献。

  鉴于国内高等院校没有编写过方志学的教材,更无部编教材问世,2013年、2014年,我在浙江大学出版社先后出版了《方志发展史》《新方志编纂学》两部教材,是为本科生量身定做的教材,也可以用作研究生教材,或者是继续教育、职业培训的教材,适合中等及以上文化程度的人群阅读。其中,《新方志编纂学》2017年获评"十二五"浙江省高校优秀教材。此次修订《方志发展史》教材,起因于"《方志发展史》(修订本)"获得浙江省普通本科高校"十四五"首批新文科重点教材建设项目立项。本修订教材与2013年版的原教材相比,除了落实教育部"四新"建设要求,强调传统历史教学与现代信息技术相融合,把现代信息技术运用到本修订教材的编写之中以外,进一步突出了原有教材的特色,融合了课程思政,还结合教学特点,在第一至九章内容前设计了学习目标,包括教学重点、关键词释、思政融合点,以及在课后设置了思考与讨论、拓展阅读,以帮助学生课前预习、掌握本章要旨和重要知识点,课后复习授课内容、拓展阅读。具体表现在以下方面:

一是在绪论部分,将原第七节"方志学的学科体系刍议"易名为"方志学学科建设",增加了2010年以来方志学学科建设的内容;对原第三节"方志的功能"则作了大幅度的改写,所举例子大多换成新的在科研、修志实践中获得的实例。

二是在对历代名志的点评中,更加突出了原教材从方志体例的变化出发选择点评旧志的特点,这次更是覆盖了旧志全部七种体例,如增加了编年体的《康熙平乡县志》,把旧志的全部七种体例都呈现给读者,分析各种体例的优劣,同时还新增了一些涉及志书重要体裁变更的志书,如《万历绍兴府志》《嘉定赤城志》《雍正宁波府志》等,通过对这些志书的点评,可以将旧志的体例体裁古为今用,为今天的修志工作提供借鉴。

三是重写了"章学诚和方志学"一章中的主要内容。章学诚被公认为我国方志学的创立者,本次教材修订,对章学诚方志思想的阐述有新的突破,将其分成精华、缺陷两部分,其中缺陷部分又分成主、客观因素,分别加以阐述;还对产生于清乾嘉时期的古代修志流派之争进行了重新梳理,明晰了不同流派的特征,对各流派的主要代表性人物重新进行了梳理。

四是在对中华人民共和国修志历史的阐述中,顺应时代发展潮流,将下限由2011年底下延至中国共产党第二十次全国代表大会召开和全国第二轮修志"两全"目标彻底完成之时,重点突出党的十八大以来,在习近平新时代中国特色社会主义思想指引下,依法治志局面的形成和地方志事业的转型升级,彻底摒弃"一本书主义",在全国范围内全面推动地方志从一项工作向一项事业转型升级,转向志、鉴、史、馆"四驾马车"齐驱并驾,志、鉴、库、馆、网、用、会、刊、研、史"十业并举",创造出世界文化史上的盛举。

五是把课程思政融入了修订教材,将"介绍我国民族优秀文化特有遗产——地方志""民国时期地方志纂修在国家认同、民族认同(文化认同)构建中的作用""新中国历代领导人对地方志工作的批示和关怀""党的十八大以来地方志由一项工作向一项事业转型升级的历史性变化"等内容作为思政融合点,纳入教材的编写。

本教材在编写和修订的过程中,广泛借鉴和吸收了国内许多专家学者、志坛新锐的研究成果,因篇幅有限以及内容交错,难以一一注明出处,只在书后的参考文献中列出,在此一并深致谢意!

本次修订,要感谢宁波大学人文与传媒学院领导,尤其是李乐院长、田力副院长等的关心,并感谢人文与传媒学院为本教材的修订提供了出版经费资助。同时还要感谢浙江大学出版社的大力支持,尤其是责任编辑陈翩老师,为本教材的修订出版付出了大量的劳动,在此致以最诚挚的谢意!

沈松平

2024年6月于宁波大学

目 录

第一章 绪论 ... 1

第一节 什么是方志 ... 3
第二节 地方志与地方综合年鉴的关系 ... 15
第三节 方志的功能 ... 22
第四节 方志的类别 ... 30
第五节 方志的目录与提要 ... 32
第六节 旧志整理 ... 40
第七节 方志学学科建设 ... 44

第二章 方志的起源和方志定型前的雏形方志 ... 52

第一节 方志的起源 ... 52
第二节 秦汉三国两晋南北朝方志发端 ... 58
第三节 存世雏形方志《华阳国志》述评 ... 63
第四节 隋唐图经编修概况 ... 66
第五节 《元和郡县图志》述评 ... 70

第三章 宋代方志 ... 74

第一节 宋代方志发展和定型 ... 74
第二节 宋代方志编修概况 ... 78
第三节 宋代方志述评 ... 82

第四章 元代方志 ... 112

第一节 元代方志编修概况 ... 112
第二节 元代方志述评 ... 114

第五章 明代方志 ········· 123

第一节 明代方志编修概况 ········· 123
第二节 明代方志述评 ········· 127

第六章 清代方志 ········· 141

第一节 清代方志编修概况 ········· 141
第二节 中国古代修志流派的历史、地理之分 ········· 148
第三节 清代方志述评 ········· 156

第七章 章学诚和方志学 ········· 183

第一节 章学诚生平 ········· 183
第二节 章学诚方志思想的精华 ········· 187
第三节 章学诚方志思想批评 ········· 196
第四节 章学诚方志思想在清代及后世的影响 ········· 202

第八章 民国方志 ········· 208

第一节 民国方志编修与方志学研究概况 ········· 208
第二节 民国方志学者和修志名家对传统方志学理论的扬弃 ········· 215
第三节 民国方志述评 ········· 224
第四节 中国传统方志实践经久不绝的原因 ········· 246

第九章 中华人民共和国方志编修概况 ········· 254

第一节 新中国方志编修的序幕
——20世纪五六十年代新志编修始末 ········· 254
第二节 20世纪80年代以来全国普修方志及其巨大成就 ········· 261
第三节 新中国第二轮修志的全面完成 ········· 270
第四节 由"依法修志"到"依法治志" ········· 278

参考文献 ········· 288

第一章 绪论

地方志是中华民族文化特有的瑰宝。中国、古埃及、古巴比伦、古印度同为世界四大文明古国,但只有中华文明唯一没有中断,延续至今,原因或有很多,但其中一个非常重要的因素是中国有一种独特的文化——地方志,以官修的形式把每个地方的历史沿革、人口、土地、物产、人物等各方面情况客观而真实地记录下来,代代相续,连绵不断。这些宝贵的历史资料有不少内容是不见于"正史"记载的,从而使中华文明得到完整的保存,并一代一代传承下来。英国著名学者李约瑟(Joseph Needham)曾说过,古代希腊乃至近代英国,都没有留下与中国地方志相似的文献,要了解中国文化,必须了解中国的地方志。

1.1 学习目标

思政融合点:介绍我国民族优秀文化特有遗产——地方志

在中国出现的一系列地方志,无论从它们的广度来看,还是从它们的有系统的全面性来看,都是任何国家的同类文献所不能比拟的。凡是熟悉中国文献的人都知道,在中国的文献中有卷帙浩瀚的"地方志",它们确实是当地的地理和历史著作(总称方志,涉及一个省的称通志,下面几级则称府志、州志或县志),其他各类文献在卷帙浩瀚的程度上很少能够和这类文献相比。①

在西方,有没有可以和这些卷帙浩瀚的文献(指地方志——笔者注)相对比的文献呢?希腊和希腊化的古代文化并没有留下与此相似的文献,而且从中世纪初期以来,这类著作似乎也不多……②

修志是中华民族流传悠久的优秀文化传统。"方志"的名称最早见于《周官》,从那时候发展到今天已经有3000多年的历史,即使从其正式定型的宋代算起,至今

---

① [英]李约瑟:《中国科学技术史》第五卷,地学,第一分册,科学出版社1976年版,第44—45页。
② [英]李约瑟:《中国科学技术史》第五卷,地学,第一分册,科学出版社1976年版,第50—51页。

也有1000多年的历史。自隋代官修以来,代有编纂。据《中国地方志联合目录》统计,仅保存至今的宋至民国时期的旧方志就有8264种11万余卷,约占我国现存古籍的十分之一,而实际数字尚不止于此,除原未计入的山水、寺院、名胜志外,在历年编修新志过程中和普查后得知,尚有不少遗漏。故粗略了解,旧志的总数已达万种,理所当然成为我国古代文化遗产的重要组成部分。至于中华人民共和国的方志编修。截至2021年,我国已顺利完成两轮省、市、县(区)三级综合志编修,其他专志、乡镇村志、特色志书的编修也方兴未艾。截至2021年12月,部门志、行业志、专题志累计出版25394部,乡镇村志、街道社区志累计出版6814部,山水名胜古迹志627部,各类地情书13880部。① 新中国两轮三级综合志,乡镇村、街道社区志,各类专志,地情书,算起来数以十万计,是中华文明璀璨的瑰宝,也是世界文化史上的一项盛举,是人类文明中独具特色的成果。

方志的种类很多,有总志、通志(省志)、府志、州志、厅志、县志、区志、都邑志、乡镇志、街道志、村志、里志、坊巷志、社区志、场志、边关志、卫所志、土司志、盐井志,还有各类专志。它的别称也很多。从历史上看,"志"有各种称呼,尤其是宋代方志定型以前("志"的名称产生于北宋),一般有:书(如明何乔远《闽书》)、记(如西汉王褒《云阳记》、晋张勃《吴地记》、罗含《湘中记》)、图经(如唐《沙州都督府图经》《西州图经》、宋朱长文《吴郡图经续记》)、图说(如明黄元忠《岳郡图说》)、图考(如明陈沂《金陵古今图考》)、乘(如元于钦《齐乘》)、略(如明谢肇淛《滇略》)、录(如宋高似孙《剡录》、程大昌《雍录》)、经(如宋朱子槐《浦江县经》)、谱(如宋曹叔远《永嘉谱》)、簿(多见于隋唐以前,如新莽《地理图簿》)、编(如元鲁琪琳《吴兴类编》)、览(如清李应珏《皖志便览》)等。

目前国内具体负责修志工作的机构是地方志工作办公室。全国性的修志领导机构是中国地方志工作办公室,属中宣部委托中国社会科学院代管机构,下设有国家方志馆和方志出版社。其中方志出版社正式成立于1995年,现为中国地方志工作办公室下属的事业单位。地方一级机构涉及省(自治区、直辖市)、市(地区、自治州、盟)、县(自治县、旗、市、区)三级,全国普设省(自治区、直辖市)、市(地区、自治州、盟)、县(自治县、旗、市、区)地方志工作办公室,行政上隶属于各级人民政府序列。只有浙江、江西、宁夏例外,其省级地方志机构目前归属于省社会科学院。2006年5月18日,新中国成立后第一个关于地方志工作的全国性法规——《地方志工作条例》出台,以立法的形式规定定期编纂地方志书和地方综合年鉴是各级地

---

① 据中国方志网相关数据统计。

方志工作办公室的两项主要职务工作。至2015年8月,国务院办公厅发布了《全国地方志事业发展规划纲要(2015—2020年)》,以"依法治志"替代了原来的"依法修志",从而扩大了"依法修志"的外延,把整个地方志事业都纳入了"依法"开展的范畴,而不仅局限于《地方志工作条例》规定的地方志、地方综合年鉴的编纂,各级地方志工作办公室的基本工作遂由原来的修志编鉴工作向志、鉴、库、馆、网、用、会、刊、研、史"十业并举"延伸。2022年10月16—22日,中国共产党第二十次全国代表大会召开,提出了"马克思主义基本原理同中国具体实际相结合、同中华优秀传统文化相结合"的新命题,对中华优秀传统文化地位和作用的认识达到了一个前所未有的高度。作为中华优秀传统文化的一分子,地方志事业也迎来了它历史上最好的发展时期。

第一节 什么是方志

什么是方志

1. 方志的性质

要编写地方志,首先要弄清楚什么是方志,也就是方志的定义或性质。

关于方志的性质,自古以来是有争议的,大致有这么几种主要观点:一是地理书,如《隋书·经籍志》以来的公私目录书大都把方志归入史部地理类。二是历史书(地方史),如清代章学诚,民国时期梁启超、李泰棻等持此观点。其他的主要观点还有:方志属"史地两性";方志是官修书;方志是政书;方志是资料汇编;方志是工具书;方志是中国式的百科全书;方志是地情书;方志是信息书;方志是科学文献;方志是资料性著述;方志是"一方古今总览";等等。上述观点,说法不一,各有所依,具体可参阅程方勇的《20世纪80年代以来方志性质研究概述》[1]和张景孔的《方志性质研究要点述略》[2]。

2006年5月18日出台的《地方志工作条例》第三条规定:"本条例所称地方志,包括地方志书、地方综合年鉴。地方志书,是指全面系统地记述本行政区域自然、政治、经济、文化、社会的历史与现状的资料性文献。地方综合年鉴,是指系统记述

---

[1] 程方勇:《20世纪80年代以来方志性质研究概述》,《中国地方志》2009年第3期。
[2] 张景孔:《方志性质研究要点述略》,《云南史志》2004年第2期。

本行政区域自然、政治、经济、文化、社会等方面情况的年度资料性文献。"①似乎方志的性质问题已经解决了，但是我们认为，学术上的探讨还可以继续，方志和年鉴毕竟是两种不同性质的地情文献。《地方志工作条例》中的表述，用的是广义上的说法，因为国务院的条例必须具有科学性、严肃性，不能因为某某部门的工作需要，就可以把某某工作运用条例写进该部门的工作范围，因此必须找出两者之间的共性，而用广义的表述，但在具体的学术研究和操作中则需要使用狭义的定义。

那么，方志的性质究竟是什么呢？我们的观点是，方志是具备地方性、时限性、资料性、叙述性、官修性的史书。可表述为：方志是记录特定地域某一时期地情的资料性的官修史书。年鉴则是系统汇辑上一年度重要文献信息、逐年编纂、连续出版的资料性工具书。工具性、资料性、年度性、权威性是它的本质属性。

性质，《现代汉语词典》的释义为："一种事物区别于其他事物的根本属性。"《辞海》则解释说："指事物所具有的本质、特点。"据此，方志的性质应为方志与其他著作相区别的本质属性或特有本质。判断其性质，应依据方志的本质属性、特性。定义是揭示概念内涵的逻辑方法，它的特点就是用简短的语句揭示概念所反映的对象的特有属性或本质属性。按照逻辑定义的方法，被定义项＝种差＋属，种差是指同一个属下某一个种不同于其他种的那些属性。首先是找出被定义项的属概念，然后找出被定义项与其他同级种概念之间的差别——种差。只有属概念和种差明确，定义才明确。所以，给方志下定义时，首先应明确以哪个概念作为它的属概念，这就回到了方志的学科归属问题。至今，曾经用到的方志定义的属概念有：政书、历史书、地理书、信息书、著述、地情书、百科全书、资料书、文献，等等。上述概念中，有许多概念其本身含义并不明确，如信息书、政书、地情书、资料书等。用于定义的概念必须明确，这是下定义的最首要的条件。上述自身含义尚不确定的概念，当然不能用于方志的定义。至于其他几个概念，史书相对文献、著述而言，外延要小一些，也更恰当一些。

为什么这样说呢？从方志发展的历史看，"方志"一词最早见于东周时期的《周官》，它萌芽于秦汉时期的地记，发展于隋唐时期的图经，成型于两宋时期并定名为志，鼎盛于元明清时期。方志长期以来被视为地理书，列入舆地、图经一类。虽然自宋代以来，就不断有人提出方志为史的见解，但并未从理论上作进一步的说明，影响也极其有限。到了清代，一代方志学大师章学诚继承前说，提出"志属信史"

---

① 《地方志工作条例》，中国地方志指导小组办公室编：《地方志工作文献选编》，方志出版社2009年版，第3页。

"志乃史裁""方志为国史要删""方志乃一方全史"等主张,并从理论上作了系统的说明,"方志为史说"才逐渐占据了上风,"方志,从前人不认为史。自经章氏提倡后,地位才逐渐增高"①。民国的方志学者在关于方志性质的问题上继承了章学诚"志属信史"的观点,但又有所发展。众所周知,在章学诚方志属史的观念中,史、志是不分家的,而民国的部分方志学者注意到了史、志的不同,认为仅承认方志是史,未免失之偏颇,若仅限于史的概念去给方志下定义显然是不够的。其中,傅振伦的看法较有代表性,他认为"方志之书,自有其特质,虽兼记史、地,而与史书、地记皆不相同",并从"方志与地记""方志与史书""方志与方记""方志之诸志"等方面论证了方志的性质。② 由此可知,傅振伦已初步意识到方志应是一门区别于一般意义上的史、地的独立学科或称边缘学科。这一方志性质认识上的飞跃,反映了民国时期的学者已开始基于方志内在的特征、规律对方志的性质问题进行分析研究,使史、志的概念越来越趋向于精确。但是不管怎么说,方志归属于史类,这在民国志家看来,是没有疑义的。

新中国首轮社会主义新方志兴修以来,有不少人对方志归属于史类提出反对意见,认为方志应从依附史学的地位中"脱胎"出来,成为一门独立的方志学科。这无疑是绵延3000多年的方志发展史上的第二次革命。第一次革命是将方志从地理、图经中分离出来,这第二次革命是要把方志从历史学中剥离出来。但至少目前这种看法尚缺乏令人信服的说服力。也许有人会说,方志是综合性的著作,志书的内容非常丰富,已非某一个学科的知识所能涵盖,因此方志学也已成为任何一个学科都难以容纳的新学科。这种说法似是而非,实际上是把现代史学与传统史学混为一谈。因为今天史学研究的范围和视野已远非传统史学可比,自20世纪初西方"新史学"诞生以来,史学研究已大大突破了传统史学的框架。在研究范围上,由原来注重研究政治军事史,扩大到研究人类社会生活的一切方面,包括心理、性格等,强调历史的综合研究、"总体史的研究";在研究方法上,则强调进行跨学科的综合研究,因为光靠历史学本身的知识已解决不了历史研究的所有问题,必须结合其他学科如社会学、经济学、地理学、生物学、信息学等进行综合研究。方志的综合性这一特点不仅不能成为它脱离史学范畴的依据,反而很好地体现了现代史学发展的趋势,并且恰恰说明了要编好一部志书,必须吸纳来自各个学科的人才;只有进行

---

① 梁启超:《中国历史研究法补编》,饮冰室专集之九十九,第33—34页,《饮冰室合集》第12册,中华书局1989年版。

② 傅振伦:《中国方志学通论》,北京燕山出版社1988年版,第5页。

跨学科的研究,才能修出一部传之千秋的名志。在此,我们倒是应该注意史志界这样的提法:

> 我们强调地方志有不同于其他学科的独立意义,目的并不是鼓励人们要把地方志从史学中独立出去的观点,而是在于使之能够更为合理、密切地融合于史学体系中,并从以前正史的附属地位中脱离出来,从作为地方史的雏形阶段发展到具有独立意义、完善形态的史学新分支。既可从现代史学理论的角度补充、建构、提高传统史学的框架和体系,又能为地方志在新时代中开拓一条生存之路和广阔前景。①

明确了方志的属概念——史书,接下去就要找出方志不同于一般意义上的史书的那些属性——种差。逻辑定义的规则告诉我们,定义的内涵在种差而不在于属概念,如果回避定义的种差内涵,那么只能确定某类书的归属而抹杀它的独特属性和特质。比如说方志是历史书,但如果不对史、志的不同加以区别,就揭示不出方志的独特性,这样方志性质的研究也就失去了实际意义。事物的种差,可以是一个简单的属性,也可以是由几个属性所组成的复杂属性。那么,方志的种差即方志区别于一般史书的本质属性有哪些呢?我们认为,方志的本质属性应包括地方性、时限性、资料性、叙述性和官修性,它们共同构成了方志性质定义的种差,缺少其中任何一个属性,便不能成为方志的本质属性,也就不能使方志与一般意义上的地方史区别开来。

其一是地方性。地方性是方志最显著的属性,历代方志学家在讨论方志的性质或定义时必首先提到"地方性"。李泰棻曾言:"修方志者必先考定此方疆域沿革,此所谓修志之先决问题也。"②地方性主要包括两个方面:一是相对"国史"而言,是"国史"的对立体;二是指方志所记内容在空间上具有严格的界限,即"不越境而书"。越境不书是地方志编纂应遵循的首要原则,不仅综合志如此,专业志、部门志、专物志、专题志、人物志等专志亦如此,严格恪守越境不书的原则。所谓越境不书,指方志在记人、事、物时要以现行行政区域作为空间范围,与本境无关的人、事、物概不滥入,即使遇到历史上行政区划变更较大,一些史料难以分割,不得不涉及时,也必须以本地为主。同时,越境不书中的"境"不仅包括行政区划之"境",即在本行政区划之内出现和发生的事情,不管是否归本地政府管辖,志书都要记述;而且应该包括行政管辖之"境",即凡归本地政府管辖的事情,不管发生在行政区划之

---

① 陈野:《地方志即中国式的地方史》,《浙江学刊》1996年第6期。
② 李泰棻:《方志学》,河北人民出版社1990年版,第101页。

内还是行政区划之外,志书都要记述。这样一来,对本籍人到外地、外国谋职做事,本地对内、对外合作与交流而产生的外派机构、合作组织、跨国跨省企业等事项的记载,自然算不得是"越境而书",切不可把越境不书这一原则机械地理解为只有在本地出现和发生的事才可以入志。而一般的地方史虽也有区域性,但为了说明问题,往往引用其他地方之人、事、物与本地作大范围的横向比较研究,不强调越境不书。

其二是时限性。时限性包含两层含义:一是相对"国史"编修而言。我国国史的编修基本上是一朝一史,隔代修史,比如明修元史、清修明史。而方志的编纂具有连续性,一朝多志,自隋以来,历代政府都明确规定每隔若干年就要修一次志书,唐代3年一造图经,宋代4年一造图经,明清平均20年修一次志书,民国更是30年一修省志、15年一修市县志,当前新方志编修每20年左右一修,故时限性较国史突出。二是指凡方志必有一个断限问题。每部志书都为自己确定了断限,尤其是新编志书,必在凡例中规定志书的上下限即起止年月。一旦明确了上下限,整部志书从总体上来说就要严格遵守,除非有特殊需要,否则断限以外的事物一律不作记载。如《海盐县志(1986—2005)》的第十二编"步鑫生与海盐衬衫总厂改革",为体现时代特点和地方特点,不受志书上限约束,从海盐衬衫总厂改革起步时记起,而不是从1986年开始记述,但是这种特殊情况必须要在志书的凡例中加以说明。

其三是资料性。方志的资料性是由方志的目的和功能所决定的。方志与一般意义上的地方史的功能不同。志书是资料性著述,功能在于"存史",在于全面系统完整地记载一地沿革、地理、政治、经济、文化、军事、体育、卫生、教育、科技、人物等方面的发展变化情况,为当政者了解地情提供参考,为学者研究事物发展规律提供资料,因此强调体现出资料的完整性和真实性,并不直接探讨 地历史发展的规律。章学诚分立方志三书,在志之外,又分掌故、文征,就是意在扩大方志的储存资料功能。而一般意义上的地方史则是学术性著述,注重于"著史",力求勾勒出历史发展的脉络,总结历史经验教训,揭示历史发展规律,资料性相对较差,尤其是近代以后的史学,史料的采择往往局限于支持作者的观点,更是起不到储存资料的作用。事实上,方志在3000多年的发展史中始终能够在中国文化史上占有一席之地,能够得到历代统治者的重视,就是因为它保存了一地各方面的资料。历代学者重视方志,也是因为方志保存了大量的珍贵资料。梁启超说方志"保存'所谓良史者'所吐弃之原料于粪秽中,供吾侪披沙拣金之凭借,而各地方分化发展之迹及其比较,明眼人遂可以从此中窥见消息,斯则方志之所以可贵也"①。可见,方志能够立足于著述之林,全凭其保存了大量资料。资料是志书生命之所系,没有资料的志书,必将成为无本之木、无源之水,也必将失去其存在的意义。

近年来,方志界不少人苦恼于将方志定位于资料或资料性著述会降低方志的学术地位。为了提升方志的学术品位,片面强调增加方志的著述成分,认为志书应该是建立在丰富资料基础上的著述,而不应是资料或资料性著述,使方志在向一般史书靠拢的过程中越来越失去自我,自身的资料性特征不断弱化。当代方志学者陈桥驿指出:

> 外国汉学家使用中国方志的确实不少,但他们对方志的唯一要求就是资料……由于我自己长期以来阅读方志就是为了资料,所以并不回避我把资料作为方志核心的看法。我在拙著《论集·序》中说了几句方志界或许存在不同意见的话:"方志的可贵在于资料,方志的生命力也在于资料。在近年新修的方志中,我也看到过一些政府公报式的、有骨无肉的作品,对于这样一类志书,它们的实在生命,或许在首发式以后就告结束。"为此,对于方志属性的纷纭说法中,我十分赞同胡乔木先生所说:"地方志是严肃的、科学的资料书。"②

这些话给人启发很大,用振聋发聩来形容也不为过。如果我们在一味追寻方志的著述性的同时失去了方志最根本的属性——资料性,那么也就失去了方志的自身价值。真理再向前迈出一步往往就是谬误,近年来方志界过于强调地方志应体现观点和规律,强调史、志结合体,是否想过已在不知不觉间逐渐远离了地方志资料性的根本功能,慢慢靠近谬误了呢?

其四是叙述性。志者,记也。方志就是地方记,英文翻译应该是 local records,而不是 local history。这个"志"即"记载"十分要紧,它规定了方志的体裁必须是叙述体,以此区别于一般的史书。方志的叙述性是由方志的资料性决定的。按照章学诚"体从义出"的观点,将着眼点放在"存史"还是"著史"上,是制约史志体例的一个重要前提。方志不是一般的专史,而是带有资料性的专书,它的功能在"存史",要体现资料的完整性和真实性,这就决定了志书的记载方式,只能是以叙述手法为主,只记述史实,不加议论,不允许作者站到前台来直接对所记事件作功过是非的评说。例如在记载西安辛亥起义时,只要将起义发生的背景、时间、地点、领导人、

---

① 梁启超:《清代学者整理旧学之总成绩(三)——史学、方志学、地理学、传记及谱牒学》,《中国近三百年学术史》,饮冰室专集之七十五,第300页,《饮冰室合集》第10册,中华书局1989年版。
② 陈桥驿:《〈中国方志五十年史事录〉序》,《中国地方志》2003年第2期。

交战双方的力量、战斗经过、结果等资料记录下来就可以了。不需要分析起义为什么成功、有什么重要的历史意义、留下了怎样的经验教训,这是史的写法,不能用在志书的记述中。而一般意义上的史书则强调"著史",旨在探求一地历史发展的规律,需要在掌握确凿史实的前提下,加上历史学家自己的观点,在记载方式上表现为史论结合、夹叙夹议。近年来,新编志书为了克服因横排分类过细而出现的"只见树木,不见森林"的弊端,注意加强宏观、综合性反映,在全书的"总述"和各编、章、节的"无题概述"中,允许进行适当的议论和论述,这是必要的。但是,这种做法并不意味着,在整个志书编纂中,我们可以用著述的方法来取代叙述的方法。正相反,在志书中,除了"总述"和"无题概述"的部分需要加强著述性外,其他部分均应严格坚持使用叙述体,遵循"述而不作,叙而不议"的原则。

其五是官修性。可能有人会对此提出疑义。我们在讨论方志的本质属性时,所说的方志指的是一种著述,是方志编纂工作的成果——志书,而官修所指的是方志编纂工作的形式,两者属于不同的范畴。这里需要澄清的是,方志的官修性并不仅仅表现在方志编纂的组织形式上,也体现在志书的指导思想和内容上。

自隋代官修以来,历代政府都把修志作为一种官职、官责,由中央政府发布命令,地方行政长官主持(称之为修),当地文士编写(称之为纂),并颁布政令对修志进行统一规范。如明成祖朱棣两次颁布的《纂修志书凡例》,清康熙、雍正、乾隆等朝颁布的修志诏谕,民国颁布的《修志事例概要》《地方志书纂修办法》等。中华人民共和国修志继承了这一传统,明确方志为职务作品,形成了党委领导、政府主持、大规模发动、有组织编修的格局,省、市、县(区)三级启动,各省、市、县(区)成立了地方志编纂委员会及下设办公室,具体组织本级地方志的编写。《地方志工作条例》和《全国地方志事业发展规划纲要(2015—2020年)》的先后颁布,又把地方志工作纳入了"依法治志"的法治化轨道。

方志为"职务作品",决定了志书在指导思想和内容上体现官方意志,持政府观点、代政府立言,具有毋庸置疑的权威性。这一点与古代的"正史"相仿,是地方"正史"。大到对某一观点的阐述、对某一事物的评价,小至一则资料的取舍、某一词语的提法,都要站在政府的角度推敲权衡,而不允许像个人著述那样"独抒己见,独树一帜"。方志的"官修"直接促成了资料搜集的广泛性、完整性和系统性,反过来也大大加强了志书的权威性、可靠性。梁启超云:"夫方志之著述,非如哲学家、文学家之可以闭户瞑目其理想而遂有创获也,其最主要之工作在调查事实、搜集资料,斯固非一手一足之烈,而且非借助于有司或其他团体,则往往不能如意,故学者欲独力任之,其事甚难。"①当代志书的收录范围日益广大,而社会分工渐趋细密,政府设置日益严密,机构众多,团体如云,资料搜集的难度较之古代更不可同日而语。如果不由政府官修、不凭借政府的行政权威,而仅靠个人的力量,无法想象能得到百科百业及各个部门、团体的整体配合而完成如此大规模的资料搜集任务。即便是最后编成了志书,恐怕也是遗漏多多,其可靠性、权威性也要打上问号,达不到全面系统完整地记载一地地情的目的。

严格的志稿审查机制从另一个侧面说明了方志的"官修"特质。志书必须经过政府审查方可出版,而一般地方史则无须过审,是否须经"官审"成为区别方志与一般地方史的一大标准。由此可见,方志是地方"正史",官修性确属方志的本质属性。目前全国不少地方编纂有地方通史,有人提出地方志不是正史,《××通史》才是正史,实际上这是不了解历史的主观臆断。事实上,中国自古以来,只有官修国史、官修地方志,没有官修的地方史,官方从来不修地方史,官修方志实际上已兼容地方之史。而今日一些学者所称之古代地方史,多为私编。所以硬要论起来,方志因其"官修"才是地方"正史",而时下流行的《××通史》则纯属个人著述、一家之言(尽管名义上是由政府某部门牵头,召集专家集体完成,但每一卷仍为个人作品)。

或许还会有人提出,历代方志除官修外,尚有一些私撰方志,我们强调官修性是地方志的本质属性,岂不是要把这些方志开除出"志籍"?持这种看法的人,实际上是没有用发展的观点来看待方志的性质。从方志发展史看,官修为主、私撰为辅的轨迹十分明显,方志逐步演变为地方"正史",这是主流。梁启超曾谓:

> 官修之外,有私家著述性质略与方志同者。此类作品,体制较为自由,故良著往往间出,其种别可略析如下:一、纯属方志体例而避其名者,例如嘉庆初师荔扉之《滇系》,又如刘端临之《扬州图经》、刘楚桢之《宝应图经》、许石华之《海州文献录》。二、专记一地方重要史迹者,其体或为编年,例如汪容甫之《广陵通典》、董觉轩之《明州系年要录》;或为纪事本末,例如冯嵩庵之《滇考》。三、专记人物者,此即《隋志》中某某耆旧传、某某先贤传之类,实占方志中重要部分。例如潘力田之《松陵文献》、刘伯山之《彭城献征录》、马通伯之《桐城耆旧传》、徐菊人之《大清畿辅先哲传》等。四、专记风俗轶闻者,此即《隋志》中风土记、异物志之类,亦方志之一部。例如屈翁山之《广东新语》、田纶霞之《黔书》等。五、不肯作全部志而摘取志中应有之一篇为己所研究有得而特别泐成

---

① 梁启超:《清代学者整理旧学之总成绩(三)——史学、方志学、地理学、传记及谱牒学》,《中国近三百年学术史》,饮冰室专集之七十五,第311页,《饮冰室合集》第10册,中华书局1989年版。

者。例如全谢山之《四明族望表》,实《鄞县志》中主要之创作;孙仲容之《温州经籍志》,实将来作温州志者所不能复加;刘孟瞻之《扬州水道记》、林月亭之《两粤水经注》,即扬州或两广志中水道篇之良著;陈静庵之《补湖州府天文志》,即府志之一部。六、有参与志局事而不能行其志,因自出所见私写,定以别传者。例如焦里堂之《刊记》、吴山夫之《山阳志遗》等。七、有于一州县内复析其一局部之地作专志者。例如张炎贞之《乌青文献》、焦里堂之《北湖小记》,乃至如各名城志、各名山志等。凡此皆方志之支流与裔,作者甚多,吾不过就所记忆,各举一二种以为例。此类书自宋以来已极发达,有清作者,虽无以远过于前代,然其间固多佳构,或竟出正式方志上也。①

这些私撰方志,在梁启超看来,只是"方志之支流与裔""性质略与方志同""竟出正式方志上也",可见是游离于正式方志之外的。其中有些作品,实际上是古代的地方史,如《滇考》《黔书》《广陵通典》《明州系年录》之类,当然就更不是方志了。而自中华人民共和国编修方志以来,私修志书的现象已经基本绝迹,无论是省志、市志、县志、区志、乡镇志,还是厂矿志、校志、山志、水志等,一律是官修。因此,说"官修性是方志的本质属性"在理论上是站得住脚的。

解决了地方志的本质属性问题,地方志的性质定义问题也就迎刃而解了。遵循逻辑定义的规则和公式,方志的性质定义可表述为:方志是记录特定地域某一时期地情的资料性的官修史书。诚如中共中央政治局原委员、原国务委员、中国地方志指导小组原组长李铁映所说:"志书是一种特殊的史书,是'官修'的地情书","新编地方志不同于一般的史书,不是一家之言,不是史家的专著,不是史料汇编、资料大全,也不是百科全书,而是一种有特殊体例的著述"。② 方志界常说要"坚持地方志的本质属性不能改变;坚持地方志的编纂体裁(形式)不能改变"。本质属性,指的就是地方性、时限性、资料性、叙述性、官修性,而编纂体裁则是指横排竖写,我们当前编修的志书都是采用横排竖写的,因为横排竖写这种形式可以最大限度地保存资料(可以比较一下罗尔纲的四卷本《太平天国史》和茅家琦的三卷本《太平天国通史》,资料性的优劣一目了然),但为什么没有把"横排竖写"也列入方志的本质属性呢?因为编纂体裁毕竟只是形式,形式是服务于内容的,是为方志的资料性服务

---

① 梁启超:《清代学者整理旧学之总成绩(三)——史学、方志学、地理学、传记及谱牒学》,《中国近三百年学术史》,饮冰室专集之七十五,第311—312页,《饮冰室合集》第10册,中华书局1989年版。
② 李铁映:《求真存实,修志资治,服务当代,垂鉴后世——在全国地方志第二次工作会议上的讲话》,中国地方志指导小组办公室编:《地方志工作文献选编》,方志出版社2009年版,第131页。

的,它也可能同时服务于其他典籍,而且随着时间的推移,也是会发生变化的,所以我们不认为"横排竖写"也是方志的本质属性。

2. 方志的特点

上文提到的是方志的本质属性,至于方志的属性,或者说特征、特点,有关的说法不下 20 种。如著名方志学者朱士嘉在《中国地方志浅说》一文中说,"地方志有四个特征:区域性、连续性、广泛性、可靠性"[①];来新夏的《方志学概论》提出方志具有地方性、连续性、广泛性、资料性、可靠性等特征[②];刘光禄的《中国方志学概要》把方志的特性归结为记述范围的区域性,内容上的广泛性、资料性和可靠性,编纂工作上的连续性,笔法上的扬善隐恶[③];仓修良在《方志学通论》中归纳方志的特征为突出的地方性、编纂的连续性、内容的广泛性、记载的多样性、鲜明的时代性[④];黄苇等著的《方志学》列举了方志的 10 个特征,即地域性、连续性、普遍性、广泛性、资料性、可靠性、思想性、时代性、实用性、系统性[⑤];林衍经在《方志学综论》中则认为方志具有区域性、史鉴性、纪实性、广泛性、体系性的特征[⑥];等等。

我们认为,方志的特点最主要的当然是它的本质属性,即地方性、时限性、资料性、叙述性、官修性,其他重要的特点还有时代性、广泛性、多样性、普遍性、可靠性(科学性)等。地方性、时限性、资料性、叙述性、官修性,上文已经讲过,下面来说说方志的其他几个重要特点。

时代性。在新中国首轮普修方志开始前,新中国方志编修的倡导者和发动者胡乔木就提出修志工作要做到三新,"要用新的观点、新的方法、新的材料,继续编写地方志"[⑦],这里指的就是志书的鲜明时代性。方志是在一定的历史时期编修而成的,它是时代的产物。从一般意义上说,方志的编纂应为续修,诚如清代章学诚所说:"且今之修方志者,必欲统合今古,盖为前人之修是志,率多猥陋,无所取裁,不得已而发凡起例,如创造尔。如前志无憾,则但当续其所有,前志有阙,但当补其

---

① 朱士嘉:《中国地方志浅说》,李泽主编:《朱士嘉方志文集》,北京燕山出版社 1991 年版,第 66 页。
② 来新夏:《方志学概论》,福建人民出版社 1984 年版,第 22—25 页。
③ 刘光禄:《中国方志学概要》,中国展望出版社 1983 年版,第 8—9 页。
④ 仓修良:《方志学通论》(增订本),华东师范大学出版社 2013 年版,第 7—28 页。
⑤ 黄苇等:《方志学》,复旦大学出版社 1993 年版,第 280—285 页。
⑥ 林衍经:《方志学综论》,华东师范大学出版社 2008 年版,第 21—24 页。
⑦ 胡乔木:《对地方志工作的指示、批示》,中国地方志指导小组办公室编:《中国方志文献汇编》,方志出版社 1999 年版,第 21 页。

所无。夫方志之修,远者不过百年,近者不过三数十年。"①因此,从内容上来说,方志应"详今略古",以记载当代内容为主,凡是当代社会各方面的内容,尤其是新生事物和新情况,都要详细记载,并尽量运用和吸收现代自然科学和社会科学的理论、方法及最新成果,反映时代特色。例如黄炎培的《民国川沙县志》,全志24卷,正文中除旧志原有的篇目外,还增加了"实业""警务""议会""司法"等新篇目,许多为封建时代所修志书所不曾有。可以说,该志从篇目的设置到内容的记述都反映了民国时期社会发展变化中出现的新情况。当代编修的新志书更应体现时代特点,要着重反映生产力和生产关系、经济基础和上层建筑之间的关系,尤其是在续修志书中要着重反映改革开放以后,经济体制改革,政府职能转变,社会转型时期的新发展、新变化等方面的内容,与时俱进。如河南《鹤壁市志》"自然环境"篇,吸收了"有害地质因素"的最新研究成果,记载了当地膨胀土的分布情况。②该土壤吸水膨胀,失水收缩,因此不宜在其上面建造房屋,过去当地农民不了解地质情况,有的村庄就坐落在膨胀土上,造成家家的房屋墙壁都出现了裂缝。"有害地质因素"的记述,揭开了群众多年难解之谜,受到了群众的热烈欢迎。鲜明的时代性还体现在观念的进步上,能以当代的最新认识,重新认识以往的历史和当前的现状,这在不同时期的志书中也有反映。比如民国后,男女平等、学术大同等观念逐渐为人们所接受,反映在部分民国志书中,仙释、方技、列女等统称人物,依情况列为单传、合传,不再像封建时代的志书那样,被单独设为类传以示贬义,"罢黜百家,独尊儒术"的现象在志书中也已鲜见。鲜明的时代性还体现在志书的结构和组织形式,以及志书编纂手法的与时俱进上。比如在体裁上,运用述、记、志、传、图、表、录、索引各体,而以志为主体,以经济类专业分志为重点,将现代先进的科学技术手段运用到地方志的编纂中,把方志纸质文本数字化,建立地方志网站和地方志全文数据库,扩大志书的使用范围,实现方志编纂过程和综合办公的网络化,进入"智能修志"模式等。

广泛性。地方文献种类繁多,各有侧重,但唯有地方志的内容最为广泛,举凡建置、舆图、疆域、山川、名胜、物产、赋役、风俗、职官、人物、金石、艺文、学校、灾异等等,无所不载、无所不包。不仅追溯历史,而且记述现状,且面面俱到,远非史书可比,具有明显的广泛性和综合性。如一部新编县志,为了反映当地人社会观念的

---

① [清]章学诚著,叶瑛校注:《记与戴东原论修志》,《文史通义校注》卷八,外篇三,中华书局2000年版,第870页。
② 鹤壁市地方史志编纂委员会:《鹤壁市志》,中州古籍出版社1998年版,第177页。

变化,举了当地一家老字号饺子店招牌的更名这样一件小事。该店的名称,自新中国成立以来先后经历了侯麻子饺子店—翻身饺子店—新生饺子店—红卫饺子店—梦巴黎饺子店,最后再改回侯麻子饺子店的过程,读起来生动有趣。这样的内容,一般的地方史是不会记载的。

多样性。记载的多样性是指一部志书从凡例、体裁、篇目结构、内容、语言文字,甚至名称等等,自古以来没有一个确定不变的模式。旧志多运用纪、志、书、录、考、传、图、表等体裁加以表述;新方志也是诸体并用,目前通行的有述、记、志、传、图、表、录、索引。方志的总体格局在不同时代也有相异的组成部分。在宋以前,它相对单薄,不够完整,至宋代后才趋于齐全,有序、目录、凡例、正文、跋。新方志则更加全面,不仅有序、目录、凡例、正文、跋(编后记),而且普遍设置了概述(包括志首的总述和各篇章前的无题概述)、大事记、附录。全志以序开篇,统领全书;目录继后,展现全貌;凡例续之,规定要例;概述勾勒大势,揭示特色;大事记补横剖之不足,彰明因果;正文分类详叙,为全书核心;附录择要记载,保存重要资料;跋(编后记)收尾,明了编纂始末。

普遍性。方志不仅是在一两个地方编修,而是全国各地普遍编修。自元代以后,修志几乎遍布全国各地,从而改变了南宋时期集中于江苏、浙江、湖北、湖南、四川、江西、福建等地的局面。明清时期方志编纂进入鼎盛期,许多北方省份如山东、河北、河南等省,方志编修的数量甚至超过了以往修志发达的江苏、浙江、安徽等省,从而打破了自宋以来方志编修以江苏、浙江等省为盛的局面。而今喜逢新中国盛世修志,全国县(区)以上的行政区域都开展了首轮和第二轮新志的编修,县(区)以下的乡镇、村及各行业、部门,在第五次全国地方志工作会议之后也掀起了修志的高潮,其方志编修的普遍性更是超过了历史上任何一个朝代。

可靠性或科学性。真实可靠性是志书的生命。一般来说,新中国成立后的新修志书是在社会主义制度下编修的,是以马列主义、毛泽东思想、邓小平理论、"三个代表"重要思想、科学发展观、习近平新时代中国特色社会主义思想为指导,运用辩证唯物主义和历史唯物主义的基本原理,客观地记述,所以具有科学性。而对于旧志,严格来讲,不能这样说。

此外,方志还有诸如思想性、实用性、系统性(即指方志必须按照一定的体例结构,纵述古今的历史发展状况,横述一地各方面的内容,具有完整而又严谨的系统性)等特点,但相较于上述几点,就显得不那么突出了。

第二节 地方志与地方综合年鉴的关系

如果说地方志是我国民族文化的瑰宝,那么年鉴就是彻头彻尾的舶来品。我国现代形式的年鉴是伴随着近代西方列强对中国的侵略、"西学"的输入而从外国传入的。由中国人自行编辑的我国第一部现代意义的年鉴,要算 1913 年上海神州编译社出版的《世界年鉴》。年鉴很长一段时间内在中国的发展十分缓慢,直至 20 世纪 80 年代以后与改革开放的时代潮流和大规模编修方志相随,才以前所未有的规模、速度拓展和增长。截至 2016 年底,全国编纂各级各类年鉴 5000 多种(不含香港、澳门、台湾地区)。[①] 发展到今天,中国已是世界上出版年鉴数量最多的国家。

关于地方志与地方综合年鉴两者之间的关系,传统的有这样几种说法。

"取代说"。就是用地方综合年鉴取地方志而代之。大胆提出这种主张者可追溯到蒋梦麟,他在 1929 年任南京国民政府浙江省政府委员、浙江大学校长时,在省政府办公会议上提出编辑省年鉴以代替续修浙江省志,"省志问题,在现代之立场,以切用为目的,旧式志书之似乎整个为实系笼统的体裁,必须打破,分为各有其特别意义之数种刊物,分类纂辑发行,非仅就旧志损益其门目,为修正改良之再版,即足以副方志之新使命也","今拟解散方志旧体,分为一,浙江省年鉴,二,浙江省各种专门调查,及三,浙江省史,三部分"。[②] 当代学者向伟在《地方志与地方年鉴》一文中也持同样观点:"方志的现代化,就是要缩短修志的周期,适应社会的发展。以后就可以过渡到地方性年鉴代替地方志,一年一修,这样,既可存史,又可及时地服务于社会。地方志与地方年鉴最大的差别就在一个编修的周期上,两者并没有实质性的差别,是可以代替的。"[③]

"长编说"。即把地方综合年鉴作为连接两代地方志的桥梁。一个地区修定地方志后,仍继续搜集保存资料,每年出一本地方年鉴,这样 20 年过后,可以为续修地方志服务。黎锦熙就持这种主张,他在《方志今议》一书中举陕西省城固县为例,指

[①] 杨军仕:《科学规划,扬帆起航:中国年鉴事业发展迎来新春天——2015—2016 年中国年鉴事业发展形势与未来任务》,冀祥德主编:《中国年鉴发展报告(2017)》,方志出版社 2017 年版,第 23 页。

[②] 蒋梦麟:《酌拟嗣后续修新志体例及进行办法请公决案》,《国立中山大学语言历史研究所周刊》第 7 集第 81 号,1929 年 5 月 15 日,第 34 页。

[③] 向伟:《地方志与地方年鉴》,《编辑学刊》1989 年第 4 期。

出《城固年鉴》即编修县志的基础,它是县志资料的"长编",还指出"有此'长编',即县志之基已奠,只须益以沿革考证,而损其繁称琐录而已。年鉴之用,仍须存于方志之中,规制既陈,续修亦易,且可逐年添附,无烦重举也"。① 民国时期的另一方志学者瞿宣颖也将地方综合年鉴视为方志的资料长编,"方志者,地方之史而已","凡史必以史料为依据。年鉴也,专门调查也,是皆所以备修史之史料也。无此则史不可成。故与其谓年鉴、调查与地方史为并列,则无宁谓年鉴、调查为地方史之长编,差合于史之通义"。② 目前地方志系统有不少人赞成这种意见,认为地方综合年鉴是两届志书编纂的中继,除年鉴自身的功能外,还可以为下届修志储备资料,因此提出年鉴的基本门类应与地方志接轨。

"并行说"。地方综合年鉴和地方志是两种完全不同的文献,各自独立,在相当长的一个时期内,它们将相辅相成地发展,既不会以此代彼,也不会以彼代此。当代著名学者、新中国首任中国年鉴研究会会长尚丁在《方志、年鉴比较说》一文中认为,两者"不存在谁取代谁的问题。它们是一对兄弟,应该各有所侧重,取长补短,相互配合,相得益彰"③。

比较而言,上述三种说法中,"并行说"较为合理。

首先,方志和年鉴的性质、功用和内容有别,年鉴不可能取代方志。

综观现实的地方志和地方综合年鉴,两者确实有许多共性,比如资料性,记述对象的地域性,志书篇章设置与地方年鉴的百科部分设置的相似性,等等。但是,我们更应该看到,方志和年鉴毕竟是两个不同的概念,它们之间的差异要大于它们的共性,有着各自的本质属性和特定功能。

方志是记录特定地域某一时期地情的资料性的官修史书,地方性、时限性、资料性、叙述性、官修性共同构成了方志的本质属性,使其与一般意义上的地方史区别开来。这一性质决定了方志的功能是存史、资治、教化。而年鉴是系统汇辑上一年度重要文献信息、逐年编纂、连续出版的资料性工具书,工具性、资料性、年度性、权威性构成了年鉴的本质属性,其功能和作用与方志有所不同。就年鉴而言,其最大的功能是传播信息,直接服务于现实社会,为人们提供生活需要和实践需要,让人们看到事物的最新状态和发展趋势,年鉴可以为读者提供时事动态信息、重要的法规文献及其线索、逐年可比的统计数据资料、实用性指南、便览性资料、综述回溯

---

① 黎锦熙、甘鹏云:《方志学两种》,岳麓书社1984年版,第23页。
② 瞿宣颖:《志例丛话》,《东方杂志》第31卷第1号,1934年1月1日,第279—280页。
③ 尚丁:《方志、年鉴比较说》,《年鉴通讯》1987年第1—2期。

及预测性资料。这些信息与资料在现实中可发挥决策参考和战略作用(导向价值),可发挥横向联系和窗口作用(媒介价值),可发挥教育培训和科研参考作用(学术价值),可发挥生活顾问和社会服务作用(实用价值),可发挥传播文化和积累史料作用(历史价值),可发挥战术指导和技术顾问作用(情报价值),可发挥惩前毖后和防微杜渐作用(鉴戒价值)。[①] 事实上,绝大多数部门和个人都是从实用的角度来使用年鉴的,多数人用其参考某地、某部门、某专业的近况,以便分析情况,进行决策;政府官员用以资政;企业家用以了解一地交通、通信、金融、市场、人口消费水平等,以便决定是否投资或如何经营;专家学者用以了解本专业的情况,以便进行研究。这一点是方志不具备的,年鉴的预测功能也是方志没有的。而反过来,方志的存史功能,年鉴就不那么明显了,并不是说年鉴没有存史作用,今天的现实即是明天的历史,从这一点上说年鉴也有存史作用,但年鉴的存史作用是寓于信息的价值之中的,不是编纂人员所追求的目的。至于资治、教化,方志与年鉴的表现形式、程度也不一样,年鉴的资治、教化作用发挥得及时而直接,方志则间接而迟缓。方志与年鉴性质、功能的差异,决定了两者在内容、体例乃至编纂手法上的不同,年鉴不能取代方志。

有些人认为,志书与年鉴都是同一地域的地情资料,数量多少的差别仅仅是时间跨度不同而形成了不同规模的资料,由此他们得出结论,志书与年鉴是年刊的积累与年刊之间的关系,历年的年鉴简单相加就等于相应年限的志书。其实不然,志书与年鉴的资料内容既有量的差异性,也有质的差异性。具体来说,差异主要表现在以下几个方面:

一是资料搜集的广度不同。除了资料年度、年代差别外,从资料来源来看,年鉴资料的来源相对比较单一,主体的百科部类的资料一般以各个部门撰写提供的资料为基本素材。而志书的资料来源则是多元化的,除了各个部门撰写提供的以外,还有由档案馆、图书馆、博物馆提供的,以及不少当事人口述提供的,甚至是修志工作者通过跋山涉水查勘考证得来的。

二是资料搜集的深度不同。这又表现为资料的系统性和时效性两个方面。就系统性而言,志书的资料强调系统性与完整性,反映一定历史时期的事物发展规律或发展脉络,包括综合性材料、典型材料、背景材料和统计材料。而年鉴的内容则侧重综合性材料和统计材料,典型和实体材料缺乏。实体是经济、政治活动的主体,如公司、商店、学校、工厂、农场、机关是商业、教育、工业、农业、政法等社会活动

---

① 肖东发、邵荣霞:《实用年鉴学》,中央文献出版社2000年版,第27—43页。

的主体。一部商业志除介绍商业活动的购销调存赚外,还要介绍各类商业企业数和大型的、特色性的公司、商店。而作为年鉴,每年一本,实体变化不大,因而缺少实体介绍,反给人以"只见森林,不见树木"的感觉,而仅有的实体记述,又多为趋利和随意性的。年鉴的背景资料也很缺乏。年鉴是一年一编,往往忽略了事物变化的背景,其间的原因是有些事物的背景多年来变动不大,但如果每年都忽略了背景交代,那么,即使把数十年的年鉴放在一起也难以分析出事物进程的原因和规律。年鉴因此使人感到因果不彰,缺乏规律的呈现。就时效性而言,志书编纂的周期一般在20年以上,所记事物的上限与下限相隔几十年、几百年甚至上千年,其内容以历时性资料为主,反映的时间跨度大,有比较充裕的时间对各种信息进行分析、对比、核实、筛选,收录的信息相对稳定,准确度和可信度较高。而年鉴是一年一刊,一般只记上一年的共时性资料,反映信息较为及时,注重动态信息的收录,满足了市场经济时代人们尽快获得最新信息的要求,但由于编纂周期间隔时间短,对信息的判断、核实受到时间的限制,一定程度上影响了信息的真实度。比如,国内年鉴不少赶在出版年的9月前后出书,也有的在五六月就出版了,年鉴的社会效益及直接服务功能得到了及时的发挥。但带来的一个问题是,为了赶出版周期,年鉴编辑单位多要求各基层部门在次年2月左右提交上一年度的基本材料,而此时一些县市统计部门还未正式公布上一年度各方面的统计资料,为了完成任务,基层部门大多搜集部门统计数据而上报,有的在正式数据公布后也未作认真的更改和审定,这就使一些年鉴数据与实际结论数据有出入。目前国内年鉴在统计资料上往往使用当年快报数据,统计快报虽然也是官方正式公布的统计资料,各级政府在每年初的人大常委会工作报告和相关媒体上均予以采用,但终究不是统计定案数据,两者是有出入的,统计快报数据不如定案数据权威、准确。又比如,年鉴通常是本届政府记本届事,主观上造成编纂者侧重搜集反映政绩的信息,而对失误和不足的记述心存疑虑,忌讳多多,影响了年鉴信息搜集的客观性、公正性。

　　方志与年鉴在体例和编纂手法上也有差异。方志普遍采用章节体。志书收录的信息以中长期为主,它常常揭示了一个地域某一阶段事物发展成败得失的内在联系,章节体写法正好适用于志书内容反映事物发展规律和发展脉络及相互关联的特点,它的篇章结构设计比较强调部门之间的平衡,强调资料搜集的系统性、完整性、逻辑性,虽然也要求反映特色,但以稳定为基础,不标新立异,篇章内容相对稳定。而年鉴主要是搜集短期地情信息,其主体部分采用条目体,由类目、分目、条目组成,设置比较灵活,类目与分目、分目与条目之间的统属关系并不紧密,条目的划分也不一定按照逻辑划分原则,不同等级条目可平列,条目的排列并不互相依存,不为前后次序所制约,比较松散。年鉴类目的设计要求体现资料新、奇、特的特点,可以标新立异,特别是年度中突发的重大事件,可以单独设计顶级层次(类目)记述。如某地某年发生特大水灾,下一年度的年鉴中就可以把抗灾救灾作为一个顶级层次门类(类目)加以记述。又如,某一个国民经济与社会发展五年计划结束,在记述末年的年鉴中,就可以设计"'×五'计划回顾"作为一个顶级的类目,而志书却很少像这样设计篇目。方志中的人物传,人物都是盖棺论定的,而年鉴只要够入鉴条件,在世的人也可以上书入条。在编纂手法上,志书只能用记叙性体裁,除"总述""无题概述"外,强调"述而不作、叙而不议",寓观点和褒贬于记事之中,已形成一套较为完备而成熟的理论和规范要求。而年鉴则较灵活,带有舶来品的"洋"味,没有严格的范例,除专文或论坛属议论之外,其主体部分的条目编写也是记述与说明并用,议论与预测并存。

通过上述比较,我们可以得出这样的结论:志书与年鉴不是年刊的积累与年刊之间的关系,历年的年鉴并不能机械地过渡到相应年限的志书,年鉴到志书的过渡是资料进一步加工编纂的过程,绝不是简单的代数叠加。这里顺便说一下,近年来方志界有人提出志书由章节体写法改为条目体写法,即以编写地方年鉴的方法来编写志书,并在一些地方得到实践。它完全混淆了方志与年鉴的性质,方志是地方正史,年鉴是工具书,史书怎么能够运用工具书的体例?这种做法实际上是把志书年鉴化,最终同化甚至取消方志,在理论上是错误的,在实践中也是不足取的。

其次,年鉴的发展应有自己的空间,它不是志书的年度资料长编,切忌年鉴"方志化"。

2006年《地方志工作条例》出台以后,地方综合年鉴工作成为地方志工作的一个组成部分,于是出现了另外一种倾向,即年鉴的"方志化"。地方志系统内有不少人认为,地方综合年鉴应是地方志的年度资料长编。从这一认识角度出发,要求地方综合年鉴的框架结构、类目设置应力求与方志衔接,对照已出版的志书尤其是续志的篇目,设立相应的连续性篇目、常规性条目及图表。实际上这是混淆了年鉴与方志两个不同事物的性质。年鉴不是史书,而是按年度连续出版的直接为现实服务的信息资料性工具书,其主要功能也不是存史,而是为现代化建设提供各种有效的信息服务。就目前而言,地方综合年鉴的内容定位——全面记录、反映当地政治、经济、文化、社会发展等方方面面的现状、发展和变化——决定了它的"官书"性质。那种试图把年鉴办成畅销书覆盖所有人群的观点是偏颇的。但尽管这样,地方综合年鉴仍是一种信息产品,其信息服务功能仍是第一位的,且反映的是权威的信息,远非报刊等信息媒体所能比拟,而存史备查只是年鉴今后潜在的功能。因此,单纯地把年鉴说成是"史书",或是志书的"年度资料长编",显然是不正确的,它会使人们对年鉴性质的认识产生偏差,把年鉴编纂工作引入误区。

应当指出的是,年鉴从西方传入我国后,很快被赋予了中国特色,带上了史志的痕迹。国内对年鉴的定位长期存有偏差,尤其是把编鉴混同于修志。表现在:框架纲目基本上沿袭地方志的格局,没有根据国家转型的新情况、新格局进行较大的创新与变革;条目内容偏重于为下届修志积累资料,具有实用价值的信息量不大;采编方式仍拘泥于征编史志的老套路,适应不了市场经济千变万化的新形势,难以征集到改革开放中新生事物的鲜活内容和完整数据;一些地方出现了年鉴周期长期化的现象,有时隔两三年、三五年的年鉴,甚至是十年一部的年鉴。可以这样说,目前国内地方综合年鉴还没有完全地实现作为年刊性质的工具书的功能。工具书的特点是针对性强、实用性强,使用方便,能解决问题。要发挥这一功能,就要求我们在地方志工作中,让年鉴有自己发展的空间,破除"编纂年鉴就是为修志服务"的年鉴编纂目的单一性的狭隘观念,防止年鉴"方志化"。

志书的主要魅力在于它的全面性和完整性,而年鉴的主要魅力就在于它的"新"和"快"。一是年鉴的框架结构要创新。要正确区分志鉴体例结构上的不同特点,地方综合年鉴可以吸取方志编纂体例的某些有益成分,但不能套用方志的框架体例。要牢牢把握年鉴作为信息载体这一属性,抓住年度性,从"围绕中心,服务大局"的角度出发,努力使年鉴的框架结构突出时代特色、年度特色和地方特色,条目标题要"动起来"。方志的框架体例是相对稳定的,强调的是面面俱到,"纵不断主线,横不缺要项";而年鉴每年的框架结构则强调"新""特",虽然它也不排斥"稳""全",但"稳""全"是相对的,"新""特"是绝对的。如果套用方志的体例编纂年鉴,就会因方志的求"全"、求"稳"而影响年鉴,掩盖了年鉴的求"新",淹没了特色,结果不少年鉴动辄百万言,面面俱到,行行不缺,线线不断,然而广大读者要查检的有价值的信息却不多。所以我们说,地方综合年鉴必须从志书体例中走出来,改变那种"四平八稳""面面俱到"的"大而全"的模式,使年鉴的个性、地方性得到充分体现。

二是年鉴的内容要更新。在新的历史时期,地方综合年鉴的内容要做到"一个面向、三个贴近"。地方综合年鉴是政府发布信息的窗口,它面向的是广大的读者,而不是"某一部分人",更不是只为修志提供资料。地方综合年鉴的选题选材要从满足广大民众对政府信息需求的角度出发,贴近时代、贴近当地经济社会发展的轨迹、贴近民生民本,只有这样,才能提高地方综合年鉴信息资料的"含金量"。具体而言:(1)减少"内视性"信息,增加"外视性"信息。有关各单位各部门的内部工作布置、决策、实施步骤、手段、做法、效果、成绩等,统称为内视性信息;而外视性信息指的是以社会读者为对象、以使用为目的、以广泛的社会需求为基础的信息。受方志编纂观念的影响，国内年鉴在内容上表现出较强的"内视性"倾向，主要表现为行政事务性信息过多，年鉴用大量的篇幅去登载部门工作总结、单位内部事务、各级领导人的行踪，以及例行的各种会议和活动等。而大量既无社会价值也无商业价值的内视性信息的存在，无形中拉大了年鉴与社会、与老百姓的距离，使年鉴丧失了信息工具书的功能，实用性不强。正如有些读者反映的，看似厚厚的一部年鉴，那里面有不少东西对我们都没有多大用处，我们真正需要的信息资料又提供得不够，这样的年鉴老百姓当然会敬而远之了。举例来说，对于一个档案馆的信息，有的年鉴选择管理如何上台阶、馆藏扩大、馆别晋级、馆员培训、某人获奖等信息，有的年鉴则选择该馆规模、馆藏特色、服务项目、查档方法等，信息选择的倾向迥然不同。究竟读者对哪一部分信息更感兴趣，答案是显而易见的。因此，年鉴要想真正成为信息资料性工具书，内容从"内视"向"外视"转移是必由之路。（2）减少"置后"性信息，增加时效性信息。"置后"性信息指有价值而暂时用不着的信息、时机未到故意"置后"的信息、已用而仍有历史价值需保留以后继续使用的信息。由于长期以来年鉴带上了史志的痕迹，其作用也被设定为存史、资治、教化，因而在对资料的选择处理中，年鉴编辑部门倾向于收录有史料价值的资料，较少考虑现实需要，对资料的时效性和便览性要求认识不足，表现为"置后"性信息居多、时效性信息缺乏，一些新情况诸如流动人口、下岗职工、"抓大放小"之类的问题在年鉴中没有反映，使年鉴不是常编常新，而是年年雷同、卷卷一面，内容枯燥乏味、可读性差，少人问津。因此，减少"置后"性信息，选择增加一些时效性信息已成为年鉴编纂的当务之急。目前，国内少数年鉴已从生活实用信息入手开发时效性信息，刊登一些生活指南、便民知识之类的内容，这是十分可喜的现象。但时效性信息的范围很广，不能片面理解，生活指南等仅为其中之一，其内容应包括政治、经济、科技、教育、文化、社会等方方面面。地方综合年鉴作为一个地方权威性的信息资料工具书，其内容的重点毕竟还是反映一个地方政治、经济、文化、社会等的总体情况，这一点年鉴编辑部门应予以正确把握。（3）发挥年鉴"快"的特点，快出成果，快见成效。年鉴尽管与有的媒介相比存在许多局限性，但与志书相比却又有许多优越性，如工作节奏快、出版周期短、收效及时（快速组稿、快速编辑、快速出版、快速见效）。志书20年才修一次，而年鉴是按年度出版的信息资料性工具书，是信息载体，积累、传播和交流信息是年鉴的基本功能，绝大多数信息是要直接加以利用的，缩短出版周期是其基本前提。只有出版周期缩短了，才能保证信息的"新"，新才有用，过了时的信息，其价值就会大打折扣。

总之,使用年鉴并不是修志工作者的"专利"。编纂地方综合年鉴可以是为修志积累资料,但不能局限于"修志",编纂年鉴代替不了修志,修志也不能完全依赖于年鉴。年鉴的编纂只有跳出"为修志服务"的窠臼,才能赢得更大的发展空间,才能发挥更大的社会作用。

由此,我们可以得出结论,地方志书和地方综合年鉴既有相同之处,又在性质、功用、内容、体例、表现手法上存在着各自不同的特点和优劣,它们是两种不同性质、各具特色的地情文献,不存在以此代彼或以彼代此的问题,它们发展的趋向只能是两者并行互补,各有侧重,不可偏废。需要指出的是,志书年鉴化或者年鉴志书化均不是吸收地方志与地方综合年鉴两者优势实现互补的表现,志书、年鉴的互补性应表现在它们满足了社会对不同信息的需求:方志属于"长线产品",信息相对较滞后,但资料的系统性、因果性较强,偏重于反映较长周期事物发展的规律和历史的进程,起存史、资治、教化的作用,为现实服务则略显间接;而年鉴属于"短平快产品",注重时效性,虽信息的联系性不足,但能够较快地反映新情况、新经验、新变化、新问题,主要起供大众检索信息的作用,直接服务于现实,当然,也为下一次修志提供资料,但这不是其主要功能。

第三节 方志的功能

方志功能问题是方志学基本理论研究中的一个重要问题,准确界定方志功能对明确修志目的、提高志书质量,以及推动方志学理论建设具有十分重要的意义。

关于方志功能的论述自古以来连绵不绝,并随着历史的发展不断变化。秦汉三国两晋南北朝时期的郡书、地记是门阀士族炫耀郡望和族望、维持其政治和经济特权的工具。但从隋代官修以后,由于条件变了,方志的功能也发生了变化,人们最耳熟能详的说法,便是方志有存史、资治、教化三大功能。最先对此展开全面论述的是南宋的郑兴裔。

> 郡之有志,犹国之有史。[①]
>
> 郡之中所为山川之广袤,守得而考之;户口之登耗,守得而询之;田畴之芜治,守得而省之;财赋之赢缩,守得而核之;吏治之臧否,守得而察之;风气之贞

---

① [宋]郑兴裔:《广陵志序》,《郑忠肃奏议遗集》(卷下),景印文渊阁《四库全书》第1140册,台湾商务印书馆1986年版,第217页。

淫,守得而辨之。守之奉命来此也,所以上报天子,下顺民情者綦重矣。夫事不师古宜今,而欲有为,譬之闭门造车,未见其合,志曷可废乎。①

其或嵩岳降灵,勋名成于仕宦,山川毓秀,贤声著于乡邦,千秋之俎豆增光焉。若夫遇名山而歌咏,掷地金声,历馆阁而抒辞,光天藻彩,邹、枚、鲍、庾之徒,赫赫在人耳目也。他如刲股砥纯孝之行,断指凛冰霜之节,可以立懦廉顽,风兹百世,旌庐表墓。②

郑兴裔的见解在古代方志发展史上达到了相当的高度,其后虽有人对方志功能继续进行探讨,但基本不出郑兴裔所论述的范围,可见郑说影响之深远。总体而论,中国古代注重从统治者的需求角度分析方志功能,资治功能占据了支配地位。

进入民国后,受"西学东渐"的影响,中国的思想文化发生巨变。方志逐渐从封建时代为统治阶级利益服务的局限中摆脱出来。时人对方志功能的认识也有新的理解。梁启超阐述方志在学术研究方面的功用,认为虽然"方志中什之八九,皆由地方官奉行故事,开局众修,位置冗员,钞撮陈案,殊不足以语于著作之林",但"以吾侪今日治史者之所需要言之,则此二三千种十余万卷之方志,其间可宝之资料乃无尽藏"。③ 黎锦熙则提及方志的致用性功能,认为方志有"科学资源""地方年鉴""教学材料""旅行指导"四用。④ 资治功能仍然是当时学者论述中不可或缺的一项,但被赋予了新的内涵。如寿鹏飞虽认为资治仍是方志的主要功能,但着重强调的却已是百姓的生计——"方志立言,当从平民立场,乃得痛陈疾苦。盖志为地方人民而作,故其为体,勿染官气,务尚时趋,勿导游观,勿贡谀佞,勿羼新奇学说,勿蹈文人习气,务在能见远大,有裨地方风俗、民生"⑤,"有关民生实用,疾苦利弊,虽小必志,既志又必详且尽焉"⑥。从上述民国学者对方志功能的论述可知,此时的方志功能显然已由传统的存史、资治、教化扩展到学术研究、旅行指导等方面。

20世纪80年代新中国普修新方志以来,关于方志功能问题的探讨不断深入,呈现出百家争鸣的势头,提法甚多,分歧自然也比较大。但方志界最主流的看法,

---

① [宋]郑兴裔:《合肥志序》,《郑忠肃奏议遗集》(卷下),景印文渊阁《四库全书》第1140册,台湾商务印书馆1986年版,第216—217页。
② [宋]郑兴裔:《广陵志序》,《郑忠肃奏议遗集》(卷下),景印文渊阁《四库全书》第1140册,台湾商务印书馆1986年版,第218页。
③ 梁启超:《清代学者整理旧学之总成绩(三)——史学、方志学、地理学、传记及谱牒学》,《中国近三百年学术史》,饮冰室专集之七十五,第299页,《饮冰室合集》第10册,中华书局1989年版。
④ 黎锦熙、甘鹏云:《方志学两种》,岳麓书社1984年版,第22—24页。
⑤ 寿鹏飞:《方志通义》,1941年铅印本,第6页。
⑥ 寿鹏飞:《方志通义》,1941年铅印本,第15页。

仍是传统的存史、资治、教化三大功能。1982年至1983年,朱文尧和董一博两位学者首次将方志功能概括为"资治(资政)、教化(教育)、存史"①,并相沿成习,几成定论,出现的争论,也只是三者的主次而已。诸葛计在《中国方志五十年史事录》中评价其"既是对先贤各种卓识的扬弃,也融入了本届修志初期的实践所得,是这届修志中所获得的一项重要的理论成果"②。其他比较重要的观点还有:安徽大学历史系教授林衍经最早提出了"兴利说",认为方志除了三大功能以外,还有兴利功能,可以直接或间接地为经济建设服务。③ 这是对方志功能理论建设的一大贡献。王庭槐认为方志功用除资治、存史、教化外,还有"致用"的作用。④ 李秋洪提出方志功用可以概括为存史、资政、教化、科研、助商、减灾六大方面,"随着时代的变迁和地方志事业的发展,地方志的具体功能显然不再仅仅限于存史、资政、教化三项,至少可以扩展出这样几项:招商引资、减灾防灾、学术研究和文化传播。……在宏观层面,当代地方志的功能可以概括为传承文明、服务社会;在具体层面,方志的功能可以概括为存史、资政、教化、科研、助商、减灾六大方面"⑤,后来他又撰文将方志功用归纳为存史、资政、育人、科研工具、文化传承、群体凝聚六个方面⑥。俞慧军、汪丽菁撰文指出,方志有服务政治、服务经济、服务文化、服务教化、服务学术研究、服务改革发展六大功用。⑦ 王晖则提出"资治"专论,认为"资治"的外延已全方位地概括出方志所有社会功能。因为"资治"意为"以资治理",某省志功能即为"以资治理"某省,某专业志为"以资治理"某行业,以此类推,可以以资治农、治林、治水利、治工、治商、治交通、治党、治政、治安全、治军、治教、治科技、治文、治学、治民风……人物志也可以资治人的灵魂与道德,即所谓"教育"功能。故"教育""兴利"等功能已自然包容在内,无须将它们抽出而与"资治"并列。⑧ 陈钢建则解释方志的"载地"功能才是方志的基本功能,"方志是地方的资料库,其功能是载地入'库'。而资料库资料的提用(指资治、教化——笔者注),不是其功能范围","存史是功能结果而

---

① 李景煜:《志说》,云南民族出版社1995年版,第293页。
② 诸葛计:《中国方志五十年史事录(一九四九年至二〇〇〇年)》,方志出版社2002年版,第106页。
③ 林衍经:《关于方志功能的理性思考》,《安徽大学学报(哲学社会科学版)》1998年第6期;林衍经:《再论地方志的兴利功能》,《中国地方志》2001年第6期;林衍经:《面向现实,与时俱进——三论地方志的兴利功能》,《中国地方志》2003年第6期。
④ 王庭槐:《浅析方志功能的演变》,《江苏地方志》1995年第1期。
⑤ 李秋洪:《地方志的困境与创新》,《中国地方志》2012年第1期。
⑥ 李秋洪:《方志文化传统的当代定位》,《广西地方志》2020年第1期。
⑦ 俞慧军、汪丽菁:《论方志的六大服务功能》,《黑龙江史志》2008年第23期。
⑧ 王晖:《方志功能辨析》,《方志性质辩论》,黄山书社1995年内部发行,第37—39页。

不是功能本身"。①

在众多新时代的方志学者中,梁滨久对方志功能的表述别具一格。他提出了两个过程说,认为方志领域的运动过程,可划分为两段:一是编纂方志以至成书的过程;二是方志成书后发挥社会功能即使用志书的过程。前一个过程,方志要具备什么功能,还只是主观愿望,能否实现,尚需实践证明;而后一个过程,是志书发挥客观功能的过程,在这个过程中,志书能否发挥其社会功能,就可以得到检验。

> 如果从史料的角度来看这两个过程,那么,第一个过程,就是以志书的形式存储史料的过程;第二个过程,则是本书史料的使用过程。……我们研究方志的功能,如上所述,是研究方志运动第二个过程中人们对方志史料的运用,也应该将其社会功能的几方面看作是并行的,不存在从属关系的。因为志书发挥作用的基础是一个,就是全面、系统、翔实的资料(叫史料亦可)。有全面、系统、翔实的资料,才谈得上功能的发挥。资治也好,施教也好,为历史研究和科学研究服务也好,做旅游指南也好,备各方查阅也好,都是资料能量的释放。②

区分方志运动的两个过程,即志家主观努力过程和志书发挥社会效益过程,对讨论志书功能很有启发。由此,我们认为方志功能可分为原生功能(或称结构功能)和派生功能两部分,两者的组合构成一个完整的方志功能概念,缺一不可。存史功能是方志的原生功能,在此基础之上,志书经使用而表现出的社会功能则是方志的派生功能,派生功能包括资治功能、教化功能、兴利功能、科研功能。这个说法,既从基本概念出发,又联系方志在社会生活中的实际应用,简洁明了,内涵丰富,既高度概括了方志所有功能,又避免了过于具体、挂一漏万的表述。

方志在实际生活中表现出来的是它的派生功能,即地方志经使用而表现出来的社会功能。在这些派生功能中,资治功能历来是排在首位的。方志与其他文献最大的不同是其官书、政书身份,具有辅助治理的功能,而为历代政府所重视,自隋以来一直被列为官书,其资政辅治功能始终占据着支配地位。志书的资治功能,在今天体现在为各级党政领导和有关部门提供决策资料和咨询服务。近年来在政府的力推之下,新方志的资治功能日渐凸显出来。例如浙江省是海洋大省,海洋渔场

---

① 陈钢建:《确立方志功能的本体性》,四川省地方志编纂委员会编:《四川省新方志论文选集》,电子科技大学出版社1993年版,第110—113页。

② 梁滨久:《方志功能问题讨论的症结》,《方志学新论集》,广西人民出版社1989年版,第53—55页。

面积达22.27万平方公里,是陆域面积的两倍多,海洋捕捞业历来是浙江省的支柱产业。但海洋捕捞业又属于资源型产业,海洋渔业资源是一种可持续利用的海洋生物再生性资源,反复进行着"产卵→孵化→稚仔鱼→幼鱼→成鱼→产卵"这一再生产过程,只有对其进行科学管理与利用,使海洋捕获量与渔业资源的再生能力相适应,才能确保海洋渔业资源的可持续利用,故保护好幼鱼等渔业资源,是海洋渔场修复、振兴的重要环节。浙江省两轮新志编修中产生的《浙江省水产志》《浙江通志·渔业志》是对浙江海洋渔业资源和海洋捕捞业发展历史的真实、丰富记载。尤其是浙江省70%的海洋渔业资源分布在40米等深线以内,自2000年至今,80米等深线以外的外海渔场和远洋渔场渔获量已占全省海洋捕捞产量73%以上的相关事实,为2016年浙江省人大常委会调研并制定通过《关于加强海洋幼鱼资源保护促进浙江渔场修复振兴的决定》提供了大量资料依据,很好地发挥了志书为有关部门提供决策资料和咨询服务的重要作用。从后来几年东海大黄鱼的捕获情况看,《关于加强海洋幼鱼资源保护促进浙江渔场修复振兴的决定》的制定实施,对确保海洋渔业资源的可持续利用产生了明显的效果。这是新编志书资治功能体现的一个生动事例。① 山东省莒县改变老城扩建规划则是志书发挥资治功能、为领导决策提供资料支撑和咨询服务的又一个事例。山东省莒县县城原计划向城西发展。县史志办公室从史志资料中发现,城西地区1668年曾发生8.5级的强烈地震,而规划的新市区正坐落在地震断裂带上,于是向县领导及时反映了这一问题。最终,县里修改了原有规划,改为向旧城北部发展,并对旧城区西部重点工程进行了抗震加固。县领导事后说:"多亏志办了解情况,否则将造成人为的灾难,成为世代遗憾。"②

  方志的教化功能由来已久。从方志发挥功用的实践历史看,教化功能仅次于志书的资治功能。当前,方志的教化功能表现为提供爱国主义、革命传统和乡土教育的教材,利用志书进行国情教育,传统教育,爱国主义教育,爱家乡、爱党、爱社会主义的教育。例如浙江省青田县地方志办公室和县教育局以《青田县志》为基础,编写成适合小学生阅读的青田乡土教材。浙江省中小学教材审订委员会认为,书稿内容详尽,可读性强。该书由浙江少儿出版社出版,第一次印刷4.5万册,新学年开始与学生用书同步发行。县教育局将青田乡土教材列入小学四年级教学计划,每周一课时,一年学完。这样,全县每年有一万多名学生受到系统的县情教育。这对培养学生爱乡爱国感情、激发他们为当地社会主义现代化建设服务的精神有重

---

① 该事例由《浙江通志·渔业志》编辑部提供。
② 诸葛计:《新编地方志资源开发与利用集例》,《中国地方志》2000年增刊。

要意义。① 又如福建省《武夷山市志》和武夷山市地方志办公室编写的"武夷山文化丛书"成为武夷山市旅游教育的教材。武夷山市政府把旅游业列为全市的主导产业,在武夷山职业中专和市技校设立旅游专业班。在旅游教育中,《武夷山市志》和"武夷山文化丛书"成为学校的教材和参考资料。"武夷山文化丛书"共9种,包括武夷山山水、诗文、摩崖石刻、民俗、物产、宗教、理学、民间传说、茶叶。几年的教学实践证明它是规范旅游专业学员和所有旅游从业人员职业活动的权威书籍。1996年底,武夷山市旅游局举办导游员培训班,编写了规范统一的《武夷山导游词》,武夷山市地方志办公室参与编写了部分文字,并根据市志资料对全文进行了修改。② 上述事例都是方志教化功能在实际生活中的体现。

兴利功能也是方志的派生功能之一。这种说法是安徽大学历史系教授林衍经最早提出来的,是对方志学理论建设的一大贡献,使原来的方志"三大功能说"演变为"存史、资治、兴利、教化"四大功能说,更加全面、准确地阐明了方志的功能。方志兴利功能的突出表现是为开发地方资源提供线索,为招商引资、发展经济牵线搭桥,直接为经济建设服务,为社会创造财富。《浙江通志·茶叶专志》助力省茶叶集团复兴中华抹茶,就是方志兴利功能的一个绝好体现。末茶煎点,是明代之前华夏民族的主要饮茶方法。特别是两宋期间,将茶树鲜叶蒸制成饼而后再磨末冲点的饮用方法,成为上至王公大臣、文人僧侣,下至商贾士绅、黎民百姓的流行时尚。以南宋"江南五山十刹"之首的径山寺为代表,佛教寺院形成了一套点茶参禅的仪规。其后,这套仪规由日本留学僧携回日本,代代相传,至今京都大德寺等仍保有"茶宴"仪式。现代抹茶,指的是采用覆盖栽培的茶树鲜叶为原料,经蒸汽杀青、干燥后,以低温研磨工艺加工而成的微粉状茶产品。由于特殊的生产工艺,现代抹茶拥有细腻特殊的鲜香——"海苔香"。浙江省茶叶集团牵头承编《浙江通志·茶叶专志》,在该志中特设专记"径山茶宴",记载相关史实,还尝试复原宋代点茶技艺、恢复"茶宴"仪式。浙江省茶叶集团还以志书记载及相关资料为依据,投资1亿元,整合地区茶业资源,于2018年在余杭区建成了集茶产品研发生产、茶文化展示交流、茶园示范基地等多种功能于一体的特种茶中心,并以大径山农业产业集聚区开发建设为契机,以宋代径山禅茶文化为载体,复兴宋代点茶盛事。中心建成后,浙江省茶叶集团借助旗下曾获得全国首个有机茶出口认证的"九宇有机"品牌,先后开发出原味抹茶1款、风味抹茶7款、功能性抹茶2款、抹茶奶茶3款,以及茶点雪花

---

① 诸葛计:《新编地方志资源开发与利用集例》,《中国地方志》2000年增刊。
② 诸葛计:《新编地方志资源开发与利用集例》,《中国地方志》2000年增刊。

酥、曲奇、荷花酥、月饼等抹茶系列产品。2021年,浙江省茶叶集团成功当选杭州亚运会、亚残运会官方茶叶供应商,应势推出亚运抹茶套装,迅速打开销售市场。不仅扩大了利润空间,为集团创造了经济效益和品牌效益,还通过时尚Try Bar吧台互动、抹茶石磨碾磨等方式鼓励游客互动体验,每年接待参观游览者数百批次,提升了抹茶的影响力。同时,浙江省茶叶集团还牵头制定了《抹茶》国家标准,规定了抹茶的术语、定义、要求、试验方法、检验规则、标志、标签、包装、运输与贮存方法,为行业的健康规范发展提供了依据,进一步巩固了浙江省在抹茶这个细分领域的优势地位。浙江省茶叶集团利用修志契机,深入挖掘优秀传统文化,通过创新产品研发和标准化、集约化的产业管理,打造延伸抹(末)茶产业链条,扩大浙江现代抹茶影响力,是方志展现兴利功能、直接为经济建设服务的典型范例。[①] 广西上林县成为中国黄金生产基地和湖北省应山县(1988年12月撤销应山县,改设广水市)引进日本投资建立柴胡生产基地,也是方志兴利功能体现的生动事例。《广西通志·地理志》记录了唐代诗人刘禹锡的一首诗:"日照澄洲江雾开,淘金女伴满江隈。美人首饰侯王印,尽是江中浪底来。"这说明在唐代上林就有较发达的淘金作业。民国二十二年(1933)黄诚沅编纂的《上林县志》也记载:"五岭内富州、宾州、澄州江溪间皆产金,侧近居人以淘金为业。……澄州金最良,某顷年,使上国亲友附澄金二十两,讶其卑鲜。友曰金虽少,贵其夜明,有异于常金耳。留宿验之,信然。"这证明上林一带所产黄金色泽鲜灿,质地在一般黄金之上。广西上林县政府根据县志办提供的志书资料,向上级建议由国家开发金矿。中国黄金公司广西分公司派人到实地调查,证实上林的砂金矿确有开发前景,便将上林县列为广西重点黄金生产基地之一。1987年,冶金部投资870万元,兴办水合砂金矿进行生产。[②] 1990年元月,因听说日资打算在国内投资建立柴胡生产基地,广水市成人中专讲师梁远东和工业管理公司的梅清锁从《应山县志》中获得相关当地柴胡栽培资料,他们带着志书来到湖北省医药保健进出口公司,建议引进日本柴胡生产。日商在看了中方提交的柴胡栽培的可行性论证报告及《应山县志》"药用植物"节所记"柴胡:北部山区分布较集中,由于采挖频繁,资源日益减少,最高产量10574公斤(1975年)"等记载,并进行全方位考察后,决定在广水市试种柴胡。同年3月,由日方提供种子和技术资料,中方投入基地和人力。当年底,种植出来的柴胡质量上乘,胜于当地四年生野生柴胡。于是,日方从1993年起在广水市大力推广柴胡栽培项目,订立长期产

---

① 该事例由《浙江通志·茶叶专志》编辑部提供。
② 诸葛计:《新编地方志资源开发与利用集例》,《中国地方志》2000年增刊。

销合同。由于试种栽培成功,日方代表满意地说:"你们的县志是真实可靠的。"[①]

方志的派生功能还应该包括科研功能。正式提出方志的学术研究功能,始自民国时期的梁启超。方志的科研功能,在今天主要表现为学者利用地方志进行科学研究。在实际生活中,专家学者常常利用地方志中记载的资料来从事历史研究,纠正旧说、提出新说,释史之疑、补史之缺。例如《陈训正评传》和《徐青甫评传》在撰写过程中,就曾参考志书资料订正旧说。如关于陈训正是哪一年中的举人,各种回忆录、文史书籍记载不一,有的说他是末科举人(1903年),有的说他是1902年举人,最后是查阅了干人俊的《民国慈溪县新志稿》,才确认陈训正参加的是1902年的补行庚子、辛丑恩正并科乡试,并一举高中。按照当时的规矩,正常的乡试原本应该在1900年举行,由于该年八国联军侵入北京,慈禧太后携光绪皇帝逃到了西安,所以考试没有进行,1901年补行恩科,但其时尚在乱中,故辛丑年只有广东、广西、甘肃、云南、贵州5省举行了乡试,浙江与大多数省份的乡试则推迟到了1902年举行,因此这一年的乡试也就成了补行恩正并科。而1903年又是正常的乡试年,清政府仍按惯例举行了乡试,至1905年清政府废除科举制度,故1903年乡试就成了封建社会最后一次举人考试,而陈训正显然不是末科举人。依据志书所载,在浙江大学出版社2015年出版的《陈训正评传》一书中,写明了其是1902年举人,并作了相关说明。[②] 徐青甫原籍浙江镇海,占籍杭州府仁和县[③],是民国时期著名的经济学家,力主统制经济和银行国有,以善于理财而闻名于北洋、国民党统治时期的政、学、商(银行)三界,中华人民共和国成立后曾担任浙江省第一、二届政协委员。历来各种文史资料或有关他的传记资料都声称他是清末举人,但奇怪的是,无论是《镇海县志》还是《杭州府志》《仁和县志》,在科第表中都找不到徐青甫的名字,所以怀疑他并未中举。最后终于在抗战时期由国家邮政储金汇业总局办的一份杂志《储汇服务》中找到了一篇当时采访徐青甫的文章《徐青甫先生二三事》。文中徐青甫亲口承认其只是末科秀才,虽也参加了末科浙江乡试,但并未中举,从而证实了依据志书所作的判断。浙江工商大学出版社2019年出版的《徐青甫评传》一书,据此纠正了旧说的谬误。[④] 虽然对这一旧说的纠误,最终是因为发现徐青甫本人抗战时期接受采访的文章,但最初对旧说产生怀疑缘于在相关志书的科第表中找不到

---

① 诸葛计:《新编地方志资源开发与利用集例》,《中国地方志》2000年增刊。
② 沈松平:《陈训正评传》,浙江大学出版社2015年版,第13页。
③ 徐青甫父亲徐光祖是著名塾师余炳元的及门弟子,余炳元夫妇是杭州府仁和县人,双双亡故后,独留一女,经人说合与徐光祖完婚,徐光祖遂占籍仁和县,居杭州,并生下徐超、徐青甫二子。
④ 沈松平:《徐青甫评传》,浙江工商大学出版社2019年版,第16页。

徐青甫的名字,因此这也可视作运用方志资料纠正历史研究谬误的一个实例。再比如,岳飞的词作《满江红·写怀》近千年来影响极深,但民国时期的中央研究院院士、著名语言学家、目录学家、古文献学家余嘉锡在《四库提要辨证》中认为此词是后人伪作。1985年,浙江省江山县地方志办公室在为修志搜集资料时获得一部《须江郎峰祝氏族谱》,在卷十四《诗词歌赋》中发现岳飞于绍兴三年(1133)赠祝允哲《满江红·抒怀》词一首,又有祝允哲和岳飞词一首。祝允哲是江山人,南宋名臣,曾参与军务,岳飞被捕后,祝允哲愿以全家70余口性命保岳飞。这首《满江红·抒怀》与通行的《满江红·写怀》词意相同,各93字,两词有41字相同,属词义改动的只有33字,修辞方面改动的有19字,起句"怒发冲冠"完全一样,显然两者有承继关系。另,祝氏和词中有"握神矛,闯入贺兰山窟"和"望将军,扫荡登金銮,朝天阙"两句,后被岳飞借用也合乎情理。由此,可以证明《满江红·写怀》一词确为岳飞所作。《人民日报(海外版)》于1987年1月20日以《岳飞〈满江红·写怀〉找到新证》为题进行报道,受到史学界、文学界的高度重视。[①] 这也是运用志书资料释史之疑的范例。

第四节　方志的类别

方志的类别也就是方志的种类,随着社会的发展,志书的种类层出不穷。可按记载的区域和记载内容的广狭划分。

1. 按记载的区域划分

按记载的区域划分,方志的种类主要有以下几种。

(1)总志。全国性志书,元明清三朝的《一统志》,晋挚虞的《畿服经》,隋虞世基等的《隋区域图志》,唐李泰的《括地志》、李吉甫的《元和郡县图志》,宋乐史的《太平寰宇记》、王存的《元丰九域志》、欧阳忞的《舆地广记》、王象之的《舆地纪胜》、祝穆的《方舆胜览》,元刘应李的《大元混一方舆胜览》、朱思本的《九域志》,清顾炎武的《肇域志》等皆属。在体例上,先按区域划分省,下分府、州,分类载述,其内容与一般的州县志书差异不大,仅缺选举、艺文、诗文、杂事门类。

(2)通志(省志)。除通志外,还有全志、省图经等名称,以省为记载范围,如胡

---

① 诸葛计:《新编地方志资源开发与利用集例》,《中国地方志》2000年增刊。

虔的《嘉庆广西通志》、陈思齐的《道光广东通志》等。

（3）府志。记述一府范围，如南宋范成大的《吴郡志》、罗愿的《新安志》，清万经等的《雍正宁波府志》等，即现在的市志或地区志。

（4）州志。记述一州范围，如孙星衍的《乾隆直隶邠州志》、章学诚的《和州志》等。

（5）厅志。清政府在新开发的地区设置厅，派同知或通判管理，民国后废厅建置。厅有直隶厅和散厅之别，直隶厅与府、直隶州平级，辖县；散厅不辖县，如同县和散州。以厅为记载范围的，如蒋湘南的《道光留坝厅志》，陈重威、黄以周的《光绪定海厅志》等。

（6）县志。县志在我国方志中占有很大比例，主要是以县为记载范围，如康海的《正德武功县志》、韩邦靖的《正德朝邑县志》、章学诚的《乾隆永清县志》、黄炎培的《民国川沙县志》等。

（7）区志。区为现代直辖市、省辖市、特别市的下属行政区划。比如西安陆续编修出版的《莲湖区志》《碑林区志》《灞桥区志》《新城区志》等。

（8）都邑志（城市志）。始于宋，明、清、民国有所发展，如北宋宋敏求的《长安志》、元末熊梦祥的《析津志》等，现已发展为市志。

（9）乡镇、街道志。以乡镇或街道为记载范围的志书。古代乡镇志主要分布在江浙等经济文化比较发达的地区，比如宋常棠的《澉水志》，清董世宁的《乌青镇志》、汪日桢的《南浔镇志》等。街道志是中华人民共和国成立后才有的志书，比如苏州工业园区的《唯亭街道志》、扬州市邗江区的《河汊街道志》等。

（10）村志、里志、坊巷志、社区志、场志等。

（11）边关志。记述边关要塞的志书，以军备、险要为主要内容，多由镇将守臣或兵部职方官所纂修，兴起于明代，明代边防以北方为重，设有北方九边——辽东、蓟州、宣府、大同、太原、榆林、宁夏、固原、甘肃，所修志书如明代詹荣的《山海关志》、尹耕的《两镇三关通志》等。

（12）卫所志。卫、所仅见于明、清两代，明以武力定天下，革元旧制，自京师达郡县，皆立卫所，外统于都司，内统于五军都督府。卫相当于府州，所相当于县，设在险要之地，尤以边地为多。卫所志载卫所之事，主要内容是兵事、武备，多由卫所长官或兵部官员主修，如明代周粟的《观海卫志》，清代陈宗洛、傅月樵、何留学的《三江所志》等。

（13）土司志。记载少数民族地区土司管辖区内情况的志书，多见于明清，如明代云南的《车里军民宣慰使司志》《腾冲司志》，清代广西的《白山司志》等。

(14)盐井志。记载盐井情况的志书,仅见于云南一省。明清时在盐井区设提举司,兼管刑民讼务,其长官称提举,职如知州。始于清康熙年间沈懋价修、杨璿纂的《康熙黑盐井志》,其体例、内容除突出盐政外,其他与府、州、县志差异不大。

2. 按记载的内容划分

按记载内容的广狭划分,方志又可以分为通志(综合志)与专志两种:

通志,或称全志、综合志,所载内容广泛,基本总括了一地的自然、社会、人文诸方面的历史与现状。现今编修的省志、市志、县(区)志一般都是通志,如中华人民共和国新编三级综合志,像《江苏省志》《宁波市志》《萧山县志》《宁波市江北区志》等都是通志。

专志,按所载内容的广狭与通志(综合志)相对立,是记载某项、某方面专门内容或某单位内容的志书。包括:(1)专业志(行业志、非行业的事业志),即专门记述某种专业(行业)或某项事业的历史与现状的志书,它不以主管部门,而以专业(行业)或事业的性质来划分记述范围,如机械工业志、纺织工业志、农业志、电影志、商业志、教育志等。(2)部门志,即记述一个部门(单位)方方面面历史和现状的志书,如工厂志、公司志、学校志、关志、局志等等,与专业志的"专而全"相比,其特征是"小而全",必须严守行政管辖范围,但却能反映本部门的整体面貌。(3)专物志,即记述某一专门事物古今全面情况的志书,如宫殿、园亭、寺庙、道观、祠墓、书院、山水、名胜等志。(4)专题志,包括传统的风俗志、艺文志、物产志等,以及记述短时段内发生的重大的具有大范围长久影响的灾害应急、特大型运动会、特大型会议展览或其他重大事件的志书,如《汶川特大地震抗震救灾志》《北京奥运会志》《上海世博会志》等。(5)人物志,如《浙江人物简志》等。专志与专业分志不同,专志是独立成书的,而专业分志是不能独立成书的专志,是通志(综合志)的有机组成部分。

第五节 方志的目录与提要

最早编目录的是西汉刘向(前77—前6)。"目录"的最早含义与今天大不相同。张舜徽在《中国文献学》第五编第一章"何谓'目录'"开头便提出:

"目录"二字连称,始于汉代。《汉书·叙传》云:"刘向司籍,九流以别;爰著目录,略序洪烈。"这个名词,一开始便和刘向校书的工作联系在一起。《汉书·艺文志》叙述刘向校书的情况，有云："每一书已，向辄条其篇目，撮其指意，录而奏之。"可知刘向当日每校一书完毕后，写成一篇介绍本书内容的总结性文章，一方面"条其篇目"，一方面"撮其指意"，这便是"目录"，也简称"录"。①

这里所说的"目录"，实际上就是提要，如清代所作的《四库全书总目提要》，而今天所称的"目录"，其实是有"目"而无"录"。

刘向之子刘歆（前53—23）编辑了中国最早的综合性图书目录——《七略》，分图书为七大类——辑略、六艺略、诸子略、诗赋略、兵书略、术数略、方技略，开创了中国目录学。后来东汉班固作《汉书·艺文志》，基本上抄录《七略》，只是删去了其中的《辑略》，《隋书》以前正史皆照此分类法。西晋时，荀勖作《中经新簿》，把图书分为甲、乙、丙、丁四部。甲部包括《汉书·艺文志》中的《六艺略》所列书，乙部包括《汉书·艺文志》中的《诸子略》《兵书略》《术数略》《方技略》所列书，丙部包括当时所有的历史著作，丁部包括《汉书·艺文志》中的《诗赋略》，再加上图赞和"汲冢书"。东晋时，著作佐郎李充编《晋元帝四部书目》，"因荀勖旧簿四部之法，而换其乙、丙之书"，也即把"子""史"的次序倒换过来，成为经、史、子、集的次序。《隋书·经籍志》是使用经、史、子、集四部分类法的第一部正史，后来正史艺文志图书分类及一般的图书目录，皆以《隋书·经籍志》为榜样，采用四部分类法，这几乎成为定例。如清代纪昀总纂的《四库全书》就是按照经、史、子、集四部分类的，方志收录在史部地理类。除了七略和四部分类法外，我国古代传统的图书分类法还有十二分类法，南宋郑樵的《通志·艺文略》提出了三级十二类的书目分类体系，把图书分成经类、礼类、乐类、小学类、史类、诸子类、天文类、五行类、医方类、术数类、类书类、文类十二大类，下分家、种，共12类100家430种，构成三级十二类体系。

中国独立的书本式方志目录，最早是清初顾栋高的《古今方舆书目》，乾隆年间海宁人周广业编的《两浙地方志录》则是区域性方志目录之始，不过这仅见于前人著述，今已不传。而现存流传最早的方志目录是缪荃孙于民国初年编的《清学部图书馆方志目》，著录明代方志224部，清代方志1676部，不全方志360部。民国以后，方志目录的编纂比较普遍。下面介绍几种比较重要的方志目录（提要）书。

《中国地方志综录》：初由朱士嘉编辑，1935年由商务印书馆出版，收录了国立北平图书馆、北京大学图书馆、浙江天一阁、嘉业堂、天津天春园等50余家国内外公私图书单位的现存地方志5832种93237卷，均为综合志（总志除外），不包括山水、寺庙、名胜志，对每一部志书录有书名、卷数、纂修人、版本、藏书处、备注，首次基本

---

① 张舜徽：《中国文献学》，华中师范大学出版社2004年版，第99页。

弄清了方志的收藏分布。朱士嘉毕业于燕京大学研究生,时任辅仁大学讲师、燕京大学图书馆中文编目部主任,1939年9月,受美国国会图书馆东方部(今亚洲部)主任恒慕义(Arthur William Hummel)的邀请前往美国,负责该馆所藏中国方志的编目工作。后在美国哥伦比亚大学获得博士学位,并受聘担任美国西雅图华盛顿大学远东系副教授,1950年回国。该书1958年增订过一次,增订本收录了方志7413种109143卷,较原书多1581种15906卷,末附被国民党劫运到台湾地区和流失在美国国会图书馆的稀见方志目录。

《中国地方志联合目录》:由中国科学院北京天文台主编,实际上也是由朱士嘉主持完成的,中华书局1985年出版。是目前中国大陆地区最完备、最具参考使用价值的一部地方志目录,收录了全国31个省份的190多个公共、科研、大专院校图书馆、博物馆、文史馆、档案馆等藏的现存旧志8264种。其特点是:(1)完整性,收录各省现存省、府、州、厅、县志7000多种,还收录了各类乡土、里镇、岛屿志等1000多种(300多种山水、寺庙、名胜志除外);(2)系统性,某地修过的现存志书,按时间顺序一一排列;(3)普遍性和实用性,收录的190多个单位只有21个在北京,其他均在各地,读者查阅比较方便,而且每一部志书后面都注明了该志书在全国哪些图书馆有收藏,卷数存佚情况如何,方便实用。

《中国古方志考》:作者张国淦,字乾若,湖北蒲圻人,清光绪二十八年(1902)举人,官至北洋政府教育总长等职,1926年7月后专心致力于地方史志的研究,所著《中国地方志考》一文,1935年、1936年在《禹贡》上连载,1962年修订后由中华书局出版,易名为《中国古方志考》。该书共收录方志2171种,分总志、通志、府县志,对秦汉至元代的中古方志进行了一一介绍。如失传,注明已佚;流传者则注明版本、书名,作者时代、姓名、简历,书的材料来源、序、跋,等等,是研究古方志的既有目录性又有介绍性的著作,堪称全国性方志提要专目的楷模。

《方志考稿》(甲集):民国瞿宣颖著,1930年铅印本,天春书社出版,原拟分甲、乙、丙集,但只出版了甲集。该书对明清以后的方志进行了集中评论,甲集仅收录了8省(奉天、直隶、黑龙江、吉林、山东、河南、江苏、山西)600余种方志,均为综合志(总志除外),不包括山水、寺庙、名胜志,是一部未完之书稿,也是我国第一部方志提要专著。

《浙江方志考》:作者洪焕椿,系清末著名学者孙诒让的外孙,原在浙江图书馆工作,20世纪五六十年代任南京大学历史系主任,1958年初版时称《浙江地方志考录》,1984年重版时改此名。该书收录了浙江省在新中国成立前的旧志2104种,其中通志42种,府县志986种,乡镇志118种,专志958种,并附有《浙江行政区划今昔对照表》，对每一部志书的纂修者的生平（包括字号、籍贯、生卒、仕履、著作等）详加说明，对部分价值较高的方志尤其是国内藏本不是很多的珍贵本、旧抄本、手稿本、批校本，约略介绍其内容，摘录其序、跋和后人的评论，并就所见所及，记载各书的版刻源流、款式行格、版本优劣、藏家和藏印，使该书兼有目录、版本、典藏、提要四个方面的内容。

《陇右方志录》：作者张维，字维之，号鸿汀，甘肃临洮人，清末拔贡，历任甘肃省政府秘书长、厅长、参议长，甘肃省文献征集委员会主任委员等职，对乡邦文献颇有研究。该书1934年由北平大北印书局出版，以甘肃、青海、宁夏为著录范围，分省志、郡志（含府志、直隶州志）、县志（包括散州志、厅志、县志）、杂古今志（含图志、方物志、耆旧传、山川志）4类，依时序收录方志256种，每志著录皆冠年号或朝代，录其纲目，别其存佚，并著按语于后，述其梗概，评其价值。后又有《补录》1册，收省志1种，郡志4种，县志22种，杂古今志9种。

《日本见藏稀见中国地方志书录》：作者崔建英，书目文献出版社1986年出版。著录藏于日本国会图书馆、内阁文库、静嘉堂文库、尊经阁文库、宫内厅图书寮（现称书陵部）、东洋文库、日本东方文化学院等图书机构的104种清乾隆以前的中国稀见方志，不仅叙其名称、卷数、修志本末、编修者、版本、藏书处，而且记载其版式特征、卷目、内容大要，摘录序跋、凡例，这是第一部关于国外收藏的中国方志的提要，对我们了解流散异域的珍稀地方志的内容、体例很有帮助。由于该书系编者根据中国科学院图书馆从日本拍摄的胶卷编纂而成，可能是胶片的缘故，书中所录差错不少。

《稀见地方志提要》：作者陈光贻，齐鲁书社1987年出版。收录有总志、通志、府志、州厅志、县志、卫所志、盐井志、乡镇志、土司志等稀见版本志书1120余种，所收志书大多为上海图书馆所藏，宋、元、明著名方志，前人已作提要的不收。每部志书必录书名、卷数、版本、收藏处，"提要所述，以撷一书之核要，或系以短评。提要所叙者，为志乘源委、编辑体例、收藏故实、版本传抄之异同、修补增刊之始末。及建置沿革、地方史事、疆域山川、农业矿产、水利道里、古迹名胜、人物艺文、琐闻轶事，并不一一多录。如核要之事，虽一图一表，亦择尤酌举"[①]。书后附有《古今图书集成地方志辑目》，所辑自东汉迄清康熙时的地方志1430余种，虽多数散佚（大概有600多种散佚，其中宋以前有佚志455种，元12种，明代及清初140多种），但仍可以为读者查寻方志源流因革提供参考。

---

① 陈光贻：《稀见地方志提要》，例言，齐鲁书社1987年版。

《中国地方志总目提要》：金恩辉、胡述兆主编，1996年由台湾汉美图书有限公司出版。金为吉林省图书馆馆长，胡为台湾大学资深教授，本书与其他提要多系个别人所作不同，乃集海内外百余位学者之力，以数年之功共同编纂而成，著录了中国近200个单位现存1949年10月前的旧方志8577种，是目前收录方志最多的方志提要书目，较《中国地方志联合目录》尚多300余种。其特点包括：(1)完整性。其收录范围基本上参照目前收录中国方志最多的《中国地方志联合目录》，包括省志、府志、州志、厅志、县志、乡土志、里镇志、卫志、所志、关志、岛屿志。凡具有方志初稿性质的志料、采访册、调查记等均予以收录，山水、寺庙、名胜志等不收录。(2)系统性。该书以志为词目，一志为一条，每一词目包括纪年、志名、卷数。释文含修纂人及其小传，修纂沿革、起因、过程、起止时间，成书或出版时间、版本源流、记事年代，字数、内容概述，重要门类介绍。此外，还从方志理论、修志方法、写作特色等方面进行评价。(3)考订较准确。"每位撰稿人不仅对'联目'中所著录的各项内容逐一核对、订正和补充，而且对每种志书，均介绍内容特点，述其编修沿革，考镜版本源流，评价学术价值，指出重点史料，特别是对于不见于其他史籍的重要人物、事迹或传记，不见于其人别集、总集的佚文，发生在该地区的重大历史事件的资料及具有地方特色的特产、经济、科学、文化、古迹等方面的资料，等等，均认真考评，惠撰成文。"①(4)检索便利。该书以1986年地图出版社出版的行政区划简册为依据，将旧省、府、厅、州、县诸志分别归入现行的省、市、自治区所属地区、市、州、县中。每省、市、自治区首列省志(市志、区志)，再依地区、市、州、县排列，各志以府、厅、州、县为序，乡土志随所属府、厅、州、县后，相同志书再以成书或出版年代先后为序，末附《书名索引》《著者索引》，以及《台湾现藏〈本提要〉未收方志书名目录》《台湾现藏〈本提要〉所收方志书名目录》，读者可按政区、书名、人名检索，较为便利。与《中国地方志联合目录》相比，不足之处是每部志书后鲜有注明现藏书地。(5)学术性。除考订《中国地方志联合目录》的错误外，每省方志单独编码。每省之首必有概述提炼本省志书，论述其编纂进程、特点和不足，以及史料价值，这在提要目录中是绝无仅有的。是书的出版，在方志学界、图书馆学界引起了较大的反响，可以说是"继《四库全书总目提要》以来，中国又一部提要性工具书，也是地方志整理、研究和提供利用由目录性总结发展到考评性总结新阶段的重要标志"，"这一研究成果是海峡两岸学者、出版者精诚合作而对我中华民族所作的重大贡献"。②

---

① 金恩辉、胡述兆：《中国地方志总目提要》，序，汉美图书有限公司1996年版。
② 金恩辉、胡述兆：《中国地方志总目提要》，序，汉美图书有限公司1996年版。

金恩辉、胡述兆还主编过《中国地方志总目提要(1949—1999)》，由台湾汉美图书有限公司2002年出版。该目录著录了1949年10月以后至1999年末中国大陆地区出版的新编地方志3402种，仅限于省、市、县三级志书，除个别有代表性的名山名川志和县级部门志外，各种乡镇志、专业志等均不收入；西藏、香港、澳门的志书资料从缺，台湾印行的《新编台湾方志目录(1945—2000)》及《新编大陆方志目录(1945—2000)》均列为附录，未撰提要。

其他重要的目录提要还有：纪昀总纂的《四库全书总目提要》，收录书籍10254种，其中地方志书417种；全面抗战前完成的《续修四库全书总目提要》，该书是清末时翰林编修王懿荣提出的，正式编纂是在1930—1936年，当时的著名学者如王重民、赵万里、向达、杨树达、余绍宋、瞿宣颖、谢国桢、傅振伦、谭其骧等都参加了编撰工作，共收录书籍32960种，其中方志提要1987种，体例一如《四库全书总目提要》，除录志名、编纂者、版本、修志始末外，还叙其门类，评其利弊得失，提要方志之众，在当时无有出其右者，后来王云五主持台湾商务印书馆时于1972年出版了《续修四库全书提要》，但仅为原稿的三分之一，又因无原稿核对，质量不高，沿讹错漏之处时见；陈桥驿的《绍兴地方文献考录》(浙江人民出版社1983年版)；骆兆平的《天一阁藏明代地方志考录》(书目文献出版社1982年版)；龚烈沸的《宁波古今方志录要》(宁波出版社2001年版)；梅森、刘辰的《中国专业志要览》(安徽科学技术出版社1997年版)；中国地方志指导小组办公室主编的《中国新编地方志目录》(方志出版社1999年版)；等等。

我国台湾地区编订的方志目录有：台湾图书馆1956年编制的《台湾公藏方志联合目录》，正中书局出版，收录了台湾11家图书机构的现存单行本方志(已收入丛书者不录)，以现存于台湾地区者为限，起自南宋绍兴四年(1134)至1954年，共约3530种。1981年又出了增订本，补入移存美国国会图书馆的原收藏于故宫博物院、中央图书馆、北平图书馆的方志(1965年运回台湾地区)及台北中山纪念馆孙逸仙博士图书馆、东海大学图书馆等所藏方志，共新增568种。1985年，台湾大学历史系教授王德毅主编的《台湾地区公藏方志目录》出版发行，收录了台湾地区12家图书馆的馆藏方志4600余种，以中文为主，外国人编纂被译为中文者也兼而收之，并附有日文编纂的台湾方志。该目录基本反映了台湾地区方志收藏的情况及其三个特点：一是多藏台湾志书；二是所藏志书以明代方志最为丰富；三是多存海内孤本。

美、英、法、澳等国也对所藏中国方志进行过整理，编制过相关目录。主要有：《美国国会图书馆藏中国方志目录》，朱士嘉编，华盛顿美国政府印刷局1942年出版,广西师范大学出版社 2014 年出版中译本,著录中国方志 2939 种 56989 卷,其中宋代 23 种,元代 9 种,明代 68 种,清代 2376 种,民国 463 种;以区域计,河北最多,有 282 种,山东次之,有 279 种,江苏、四川又次之,各有 252 种,反映了美国国会图书馆东方部至 1942 年所收藏的中国各类方志的基本情况。其著录方法,除题录志名、卷数、编修者、版本、册数外,还记载了编修经过、断限、存佚、收藏家印鉴、重要及特异的篇目(注明卷数所在)。《英国各图书馆所藏中国地方志总目录》,英国人安德鲁·莫顿(Andrew Morton)编,伦敦大学东方与非洲研究院 1979 年出版,收录大英博物馆和牛津、剑桥、伦敦、爱丁堡等大学图书馆所收藏的 2516 种方志。《欧洲图书馆藏中国方志目录》,法国人吴德明(Yves Hervouet)著,巴黎海耶区莫顿公司 1957 年出版,收录欧洲九国 25 家图书馆所藏中国方志 2590 种,除去重复者,约 1434 种,其中有 207 种为《美国国会图书馆藏中国方志目录》所未收。《中国方志目录》,澳大利亚人唐纳德·莱斯利(Donald Leslie)和詹瑞姆·戴维德森(Jeremy Davidson)著,澳大利亚国立大学太平洋研究院远东史研究系 1967 年出版。此书系根据中国、日本及欧美国家出版的中国方志目录汇编而成,收录有 111 种资料,既有专著,也有论文。该目录对每种资料都加以概述,书后附图书馆和研究机构、地名、主题、人名、引用期刊和著作索引。

日本是收藏中国方志较多的国家,近代日本人编纂的中国方志目录有《中国府县志目录》(上海自然科学研究所,1933)、《满洲地方志综合目录》(植野武雄,1939)、《中国地方志目录》(上海日本大使馆特别调查班,1942)等。以质量而言,当首推《东洋文库地方志目录》,该目录由日本东洋文库编,1935 年出版,收录库藏中国方志 2365 种,其中唐代方志 1 种,宋代方志 12 种,元代方志 8 种,明代方志 51 种,清代方志 2064 种,民国方志 229 种,以国民党统治区域为主,加入了伪满洲国、中国台湾地区的志书,基本体现了中国的全貌。第二次世界大战后编制的目录,主要有:《中文地志目录》,天理图书馆编,天理大学出版部 1955 年出版,收录方志 1430 种。《国立国会图书馆藏中国地方志综录稿》,日本国立国会图书馆一般考查部编,1950 年至 1964 年共出 17 册誊写本。此目录系日本国立国会图书馆、东洋文库、内阁文库等 12 个图书馆与美国国会图书馆、哈佛大学图书馆收藏的中国方志联合目录,大体反映了流失在日、美两国的中国地方志的分布情况。《中国地方志联合目录》,东洋文献中心联络协会编,东洋文库 1964 年出版,体例仿朱士嘉《中国地方志综录》,其中有部分为我国失藏的珍本志书。《日本现存明代地方志目录》,山根幸夫编,1962 年由东洋文库明代史研究室出版,按明代政区著录国会图书馆、宫内厅书陵部等 11 家图书馆藏明代方志约 300 种。1969 年,山根幸夫又完成了增补本(1971 年

3月出版),主要增补了全面抗战前北平图书馆运藏美国的胶卷本方志及在台湾地区的"中研院"历史语言研究所所藏胶卷本明代方志,约240种。1995年,山根幸夫再次对该书进行整理,易名为《新编日本现存明代地方志目录》出版。《九州大学收藏中国地方志目录》,1966年出版。而现存日本馆藏目录中,收录中国地方志最全的要数《日本主要图书馆、研究所所藏中国地方志总合目录》,由日本国会图书馆参考书志部编,1969年出版。该目录是在《国立国会图书馆藏中国地方志综录稿》(1950—1964)的基础上编成的,收录了日本国立国会图书馆、东洋文库、静嘉堂文库、尊经阁文库、国立公文书馆(即内阁文库)、宫内厅书陵部、东京大学东洋文化研究所、京都大学人文科学研究所、天理图书馆、大阪府立图书馆、爱知大学图书馆、东北大学图书馆、蓬左文库、九州大学图书馆等14家主要图书单位现存单本、丛书本及缩微胶卷本中国地方志2860余种。这是迄今为止日本编纂的最全的一部中国方志目录,它的问世,取代了之前所有日本编印的收藏中国地方志的目录。

韩国也收藏了大量的中国地方志。韩国的国立中央图书馆、首尔大学的奎章阁韩国学研究院、韩国学中央研究院藏书阁、各大学图书馆都藏有中国稀见古籍和中国地方志。1987年,首尔大学教授吴金成编写过《国内所藏中国地方志目录》,收录有韩国国内主要图书馆收藏的1064种中国地方志资料。虽然该目录收录的地方志在数量上难与藏于日本、美国等地的中国地方志相比,但因其收录了现存韩国国内的大部分中国地方志资料,所以其资料价值不容低估。

方志索引的编制始于民国。容媛编著的《方志中金石志目》1930年出版,附有索引。1933年,李濂镗编《方志艺文志汇目》出版,汇录了北平图书馆1295部方志艺文志卷次。1939年,江苏省立图书馆编纂委员会编印曹允源纂的《吴县志列传人名索引》,收录人物5000余人,每个人名下注明时代、籍贯、卷次、页码。该书成为中国第一部方志人名索引。1963年,中华书局出版了朱士嘉编的《宋元方志传记索引》,1986年上海古籍出版社予以再版,根据33种宋元方志,共收录3949人,每人以姓氏笔画为序,标注姓名、别名、字号、别号及引用方志简称、卷次、页数,为研究宋、元史必备参考书,影响颇大,引起了学界对编制方志索引的重视。1987年,北京大学出版社出版了高秀芳等编的《北京天津地方志人物传记索引》,收录了73种志书的人物资料,成为目前国内收录方志最多的一部方志传记索引。此外,比较有影响的方志传记索引还有华东师范大学图书馆古籍部编的《天一阁藏明代方志选刊人物资料人名索引》(上海书店出版社1997年版),沈治宏、王蓉贵编的《中国地方志宋代人物资料索引》(四川辞书出版社1997年版);篇目、地名索引有陈绍乾、林成西编的《成都地方志篇目索引》(成都市社会科学研究所历史研究室1983年编印),潘一平的《武林坊巷志》(浙江人民出版社1990年版)第8册末附的《〈武林坊巷志〉坊巷名称索引》;混合性索引有方光品的《〈福建通志〉(民国版)传记兼艺文志索引》(福建师范大学图书馆1981年印行),收录人物2.2万余条,艺文约1万条;等等。中国台湾地区则出版过盛清沂的《台湾清代二十三种地方志列女传索引》、王恢的《太平寰宇记索引》。

方志论文方面的索引则有:陈秉仁编《历代诸家方志论文篇目选录》,附载于黄苇的《方志论集》,收方志论文、序跋1000余篇;《方志学重要书目论文索引》,附载于来新夏的《方志学概论》,收录了自民国至1982年7月的有关方志学的重要书目和部分论文索引;王中明编《中国地方志论文索引(1911—1949)》,见1985年印行的《中国地方志论集(1911—1949)》;王中明编《中国地方志论文索引(1950—1983)》,见1985年印行的《中国地方志论集(1950—1983)》;《河南地方史志论文索引》,魏一明等编,河南省地方志编纂委员会总编辑室1983年印行;《四川地方志论文索引(1981—1991)》,吴嘉陵、叶红编,四川省地方志编纂委员会地方文献研究室1992年印行。目前最为系统的论文索引当为孟繁裕、徐蓉津主编的《中国地方志论文索引(1981—1995)》(国家图书馆地方志和家谱文献中心1999年印行)和中国地方志指导小组办公室编的《中国地方志论文论著索引(1913—2007)》(方志出版社2014年版)。前者分方志学理论、方志编纂学、方志史方志学史、志书研究与评介(1949年以前)、志书研究与评介(1949年以后)、方志学家传记和研究、方志的整理和利用、方志工具书及其他、地方年鉴、文献备征10个部分,收录了发表于《中国地方志》及各省的地方志刊物上的论文21600篇,末附《著者索引》《所收地方史志期刊一览表》,查阅较为方便,美中不足的是没有收录发表在其他综合和相关专业学术刊物上的论文,遗漏了不少学术价值相对较高的方志论文。后者既有著作目录,又有论文目录,且论文收录期刊范围较前者广,在分类上参考了前者,收录了1913年至2007年国内期刊上刊载的有关地方志、年鉴编纂及研究的论文,领导讲话,工作文件,会议纪要与综述,书信,动态消息,以及部分报纸上有关地方志的论文、消息等,计5.2万余篇(部)。该书还部分收录了港澳台地区和国外有关地方志的论文。

第六节 旧志整理

历代所修的方志,散佚现象十分严重,从秦至唐代的郡书、地记、都邑簿、图经完好流传下来的,只有《越绝书》《吴越春秋》《华阳国志》《元和郡县图志》《舆地记》

《襄阳耆旧记》因是后人校补的,不计算入内),即便是宋代所修的图经、方志,连残缺不全的算在内也仅有34部,往往前代《艺文志》或《经籍志》已经著录了的,过了一个时期便找不到了。

于是有些好学之士,出于求知的欲望,便通过古人书籍中征引过的材料,重新搜辑、整理出来,企图恢复原书的面貌,或者恢复它的一部分。这种对于古籍的辑佚工作,宋代学者已经开始,到了清代以后,有更多的学者致力于古地志的辑佚工作。著名的如王谟(1731—1817)的《汉唐地理书钞》,该书是早期辑佚的代表作,原拟刻汉唐地志388种,1961年中华书局影印《汉唐地理书钞》时仅有70种。陈运溶辑录了宋以前古地志66种,以两湖志为主,收入《麓山精舍丛书》,中华书局1961年影印《汉唐地理书钞》时,将此内容也收录其中。其他还有王仁俊的《玉函山房辑佚书续编三种》,辑录了唐以前地志约60种;张澍的《二酉堂丛书》,辑录了秦陇地志19种;孙诒让辑有《永嘉郡记》;鲁迅在《会稽郡故书杂集》中,辑有唐以前会稽地志8种;《东阳记》《吴兴记》等地记,亦都有人作过辑佚。今人则有刘纬毅的《汉唐方志辑佚》(北京图书馆出版社1997年版),王仲荦、郑宜秀的《敦煌石室地志残卷考释》(上海古籍出版社1993年版)等。山西大学历史系的李裕民辑录了《山西古方志辑佚》("山西地方史志资料丛书"之五),辑佚了山西历代方志236种。以上这些辑佚的古地志,虽然都是些零星的断简残篇,但对于研究古代方志尤其是宋代方志定型前的方志,具有非常重要的参考价值。

宋以后的旧志虽也有辑佚的志书,如刘纬毅等的《宋辽金元方志辑佚》(上海古籍出版社2011年版),但流传下来的毕竟不少,如宋代方志现存的还有34种,元代的有15种,明代方志今存1014种,清代方志现存5685种,民国则有1571种。现存旧志的点校、整理、出版,大型的有《宋元方志丛刊》(8册),中华书局1990年出版;《天一阁藏明代方志选刊》(共107种),1981年至1982年由上海古籍出版社陆续出版;《天一阁藏明代方志选刊续编》(共109种),上海书店出版社1990年出版;《天一阁藏历代方志汇刊》(共515种,其中宋元时期15种,明代291种,清代192种,民国17种),国家图书馆出版社2017年出版;《中国地方志集成》,上海书店出版社、江苏古籍出版社、巴蜀书社出版,每个省一套丛书,另有省志辑、乡镇志专辑、山水志专辑、寺庙志专辑、园林志专辑等,收录志书以清代和民国为主,共3000余种,但不齐全;《中国地方志集成补编》,上海书店出版社2021年出版,也是每个省一套丛书,收录志书以清代和民国为主;《中国方志丛书》,何光谟主编,台湾成文出版社从1966年开始陆续出版,共计5359册,按华中、华北、华南、西部、塞北、东北、台湾七大区编排,收录全国各省、府、县旧志(不包括总志、专志),范围超过了《中国地方志集成》;

《稀见中国地方志汇刊》,中国科学院图书馆选编,中国书店1992年出版,共50册(本),收录志书201种;《清代孤本方志选》,全2辑,60册,国家图书馆分馆编,线装书局2001年出版;《中国省志汇编》,台湾华文书局1967年印行,收录省志37种;《乡土志抄稿本选编》,国家图书馆分馆编,线装书局2002年出版,共16册(本),收录国家图书馆所藏抄稿本乡土志90种;《日本藏中国罕见地方志丛刊》(共65种)、《日本藏中国罕见地方志丛刊续编》(共16种,其中明代11种,清代5种),北京图书馆出版社1990年至2003年陆续出版,所收志书皆是《日本见藏稀见中国地方志书录》中著录的自日本翻拍而来的那批中国稀见志书,其中有些连《中国地方志联合目录》也未著录。故宫博物院、广东省立中山图书馆、复旦大学图书馆、华东师范大学图书馆、福建师范大学图书馆、四川大学图书馆也已将馆藏稀见方志影印出版,其中四川大学图书馆影印出版的方志仅限于四川部分。专业志方面,则有《中华山水志丛刊》《中国园林名胜志丛刊》《中国佛寺志丛刊》《中国祠墓志丛刊》《中国道观志丛刊》《中国风土志丛刊》《中国水利志丛刊》等。此外,《四库全书》《续修四库全书》《永乐大典》《古今图书集成》等大型图书,也收录了大量的旧志。

《四库全书》由纪昀、陆锡熊、孙士毅任总纂,自乾隆三十八年(1773)设立四库全书馆,到乾隆四十七年(1782)基本完成,是我国现存最大的一部丛书,总共收录先秦至乾隆间的图书3503种79337卷,分装36304册,按经、史、子、集四部编排,部下又分44类,类下又分子目。经部分为易、书、诗、礼、春秋、孝经、五经总义、四书、乐、小学共10类;史部分为正史、编年、纪事本末、别史、杂史、诏令奏议、传记、史钞、载记、时令、地理、职官、政书、目录、史评共15类;子部分为儒家、兵家、法家、农家、医家、天文算法、术数、艺术、谱录、杂家、类书、小说家、释家、道家共14类;集部分为楚辞、别集、总集、诗文评、词曲共5类。方志收录在史部地理类。《四库全书》先后抄写8部,分别藏于北京紫禁城的文渊阁、圆明园的文源阁、沈阳的文溯阁、避暑山庄的文津阁、镇江的文宗阁、扬州的文汇阁、杭州的文澜阁,另有副本一部,藏于翰林院。今存4部,一在北京,为文津阁本;一在兰州,为文溯阁本;一在台北,为文渊阁本;一在杭州,为文澜阁本,曾一度散佚,后抄写补齐。今有台湾商务印书馆和上海古籍出版社的影印本,可供利用。

《续修四库全书》是迄今为止我国最大型丛书《四库全书》的续编。从1994年开始编纂,历时8年,到2002年4月由上海古籍出版社出版。《续修四库全书》共收书5213种,仍沿袭四库旧例,以经、史、子、集四部分类编排,编成精装1800册,其中经部260册,史部670册,子部370册,集部500册。收录范围上起夏商周三代,下迄清末,既包括对《四库全书》成书前传世图书的补选,也包括《四库全书》成书后著述的续选。补选之书主要是被《四库全书》遗漏、摒弃、禁毁或列入"存目"而确有学术价值的图书;《四库全书》已收而版本残劣、有善本足可替代的书籍;四库馆臣对戏曲、小说持鄙视态度未予收入,此次编选根据这些作品的文学价值择优选收。对乾隆中期以后至辛亥革命以前的图书,则尽可能选收各学术门类和流派的代表性著作,主要是清代中期以纪晓岚、戴震、翁方纲、彭元瑞、任大椿、孙希旦、王念孙、阮元等为代表的"乾嘉学派"著作,清后期以魏源、龚自珍直至康有为、梁启超、章太炎等为代表的"新学"著作。此外,新从海外访回、合于本书选录条件的古籍,以及新出土的整理成编的竹简帛书也酌予选收。《续修四库全书》的编纂,不仅匡谬补遗,弥补了《四库全书》的不足,使其成为一部名副其实的集中华文化之大成的"全书",而且继往开来,对清代乾嘉至辛亥革命以前的学术文化发展进行了归纳总结。与《四库全书》一道,构筑起一座中华基本典籍的大书库,对保存和弘扬中华优秀传统文化具有不可估量的作用。

《永乐大典》,修于明成祖朱棣永乐年间,解缙等人编纂,是我国历史上最大的类书,也可以说是世界上最早最大的百科全书。全书收集了我国重要图书典籍七八千种,共22937卷,装成11095册,字数约3.7亿字。因历次遭劫,至今国内外仅存370余册,其中国内仅存200余册,现存的《永乐大典》本,影印本共720卷,仅为全书总卷数的3%。有今人马蓉等点校的《永乐大典方志辑佚》,中华书局2004年出版。

《古今图书集成》原名《古今图书汇编》,初成书于康熙年间,编者为陈梦雷。陈氏是清代著名的学者,康熙时侍奉诚亲王胤祉,后雍正即位,陈梦雷因胤祉的关系被流放到东北。雍正遂命经筵讲官、户部尚书蒋廷锡重新编校增删此书,雍正四年(1726)全书告成,共1万卷,目录40卷,1.6亿多字,是我国现存的一部规模最大、体例最善、用处也最广泛的类书。全书分编、典、部三级类目,共有6汇编32典6109部。具体类目有:历象汇编,包括乾象、岁功、历法、庶征4典120部;方舆汇编,包括坤舆、职方、山川、边裔4典1187部;明伦汇编,包括皇极、宫闱、官常、家范、交谊、氏族、人事、闺媛8典2987部;博物汇编,包括艺术、神异、禽虫、草木4典1130部;理学汇编,包括经籍、学行、文学、字学4典235部;经济汇编,包括选举、铨衡、食货、礼仪、乐律、戎政、祥刑、考工8典450部。部是最基本的单位,每部先列汇考,次列总论,续有图表、列传、艺文、选句、纪事、杂录、外编等项。汇考记述大事,引证各种古书,详其源流;总论收录经史子集各书对该内容的议论;图表不是每部都有,视内容需要而定;列传记载历代名人;艺文汇集诗、文、词、赋等;选句是供吟诗作文时使用而摘出的俪句、对偶;纪事罗列琐细小事;杂录、外编收录前述各项不好安排的有关材料。每部分量不一,少的不及一卷,多的可至数十数百卷。每部叙事,依时间顺序,一条一条分陈,每条先书其资料出处,次书摘录的文字,叙事起于上古,止于康熙朝。《古今图书集成》优点较多。首先,辑录的各种内容,往往把原书整部、整篇或整段地抄录,因而完整地保存了大量资料。其次,它的引证,一一详注出处,标明书名、篇目和作者,便于查对原书。再次,每部逐项排比事文,材料较有系统性。如《历象汇编·庶征典》179卷至183卷蝗灾部汇集了自周桓王开始到康熙为止2500年间各朝史书所载的蝗灾资料计340则,这些原始材料散见于各书,现全部辑录在一起,为研究古代农业生产及虫灾情况提供了很大的方便。《博物汇编》《经济汇编》所记内容,科学价值较高。《博物汇编·艺术典》吸收了西方的数学成果,如几何、代数、公式、平面、立体图形,为过去类书所无;《博物汇编·禽虫典》《博物汇编·草木典》对动物、植物分别考其形状、特性,并附以插图,记载也很详细。清末龙继栋曾作过《考证》24卷,可订正该书引文的错误和缺脱。

至于点校、刊印的单行本方志就更多了。其主要的来源,一是一些历代的名志,如《元和郡县图志》《太平寰宇记》《吴郡志》《吴郡图经续记》《长安志》《万历顺天府志》《南宋临安两志》《四川通志》《桂海虞衡志》《兖州府志》《曹州府志》《台湾府志三种》等,由各出版社点校出版;二是20世纪80年代全国普修新方志以来,各地地方志办公室翻印、内部出版了一些旧志,如湖北省麻城市地方志办公室,第一轮修志时就将该地历代旧志加以翻印、出版,其中包括由章学诚指导编修的《乾隆麻城县志》;三是《地方志工作条例》和《全国地方志事业发展规划纲要(2015—2020年)》颁布以来,方志事业蓬勃发展,不少省、市启动旧志系统整理工程,如北京市、江苏省、宁波市等开展较好,系统整理并点校或影印出版了当地的历代旧志。

第七节 方志学学科建设

1. 方志学学科定位的思考

地方志的编修虽然在我国有悠久的历史,但方志学的理论研究和学科建设仍是比较薄弱的环节,"方志无学"的传统偏见长期困扰着方志界的理论研究和事业发展。方志学学科体系的讨论虽始自1980年启动的新中国首轮修志期间,但学科建设被提上议事日程还是在第四次全国地方志工作会议上。①2010年4月,在浙江省嘉兴市召开了方志学学科建设规划论证会。2012年12月,又在北京召开了"方志学学科建设三年规划(2014—2016)"研讨会。至2014年4月,第五次全国地方志工作会议的报告对学科建设提出了更为明确的要求,"要逐步构建科学的方志学学科体系。尽快制订方志学学科建设规划,逐步建立学科带头人制度。……继续争取教育行政部门的支持,加强与高校、社科院研究生院的联系,设立方志学专业,招收、培养方志学研究生,不断提升方志学的学科地位"②。2015年8月,国务院办公厅印发《全国地方志事业发展规划纲要(2015—2020年)》,作为指导"十三五"时期乃至今后相当长一段时期地方志工作的纲领性文件,提出了地方志工作发展的长远目标是形成地方志编修体系、理论研究和学科建设体系、质量保障体系、资源开发利用体系、工作保障体系"五位一体"的成熟的地方志事业发展综合体系,其中对学科建设的近期要求则是"制定方志、年鉴理论和方志学、年鉴学学科建设规划,建立和完善方志、年鉴理论研究学术规范,力争到2020年形成较为成熟的方志学和年鉴学学科体系",方志学学科建设迎来了千载难逢的发展机遇,按全国政协原副主席、中国社会科学院原院长、中国地方志指导小组原组长陈奎元的话说就是,"现在又是具备条件可以形成较为完善的方志理论和方志学学科的大好时机"③。

  目前方志界对方志学的学科定位及由此衍生出的方志学学科体系的构架存有争议,具体可参见刘柏修的《方志学科建设研究综述》④、邱新立的《方志学学科建设的现状及对策思考》⑤和沈松平的《浅析方志学学科建设及方志学专业在高校的发展路径》⑥。地方志系统内大多数人主张方志学应脱离于历史学(中国史),成为一

---

  ① 参见朱佳木:《深入贯彻落实科学发展观,努力促进地方志工作又好又快发展——在第四次全国地方志工作会议上的工作报告》,中国地方志指导小组办公室编:《地方志工作文献选编》,方志出版社2009年版,第317页。
  ② 王伟光:《发扬成绩,谋划长远,奋力书写地方志事业发展新篇章——在第五次全国地方志工作会议上的工作报告》,《中国地方志》2014年第5期。
  ③ 陈奎元:《在中国地方志指导小组三届三次会议上的讲话》,中国地方志指导小组办公室编:《地方志工作文献选编》,方志出版社2009年版,第153页。
  ④ 刘柏修:《方志学科建设研究综述》,《中国地方志》2004年第10期。
  ⑤ 邱新立:《方志学学科建设的现状及对策思考》,当代中国研究所:《中国当代史研究与地方志编纂:第十届国史学术年会论文集》,当代中国出版社2011年版,第519—536页。
  ⑥ 沈松平:《浅析方志学学科建设及方志学专业在高校的发展路径》,《中国地方志》2018年第3期。

门独立学科(一级学科)①。而来自高等院校或科研院所的学者较多地把方志学视作历史学(中国史)的一个分支,如林衍经、牛润珍、潘捷军、陈野、白效咏等认为方志学是一级学科历史学(中国史)下面的一个二级学科②,陕西师范大学教授赵吉惠则认为方志学是一个三级学科,"方志学是历史学的一个特殊分支,是历史文献学的一个专门领域,具有独立学科的性质"③。

迄今为止,方志学只被承认是中国史(一级学科)下面二级学科专门史下面的一个三级学科,尚未被国务院学位办列入学科目录(国务院学位办的学科目录原包括学科门类、一级学科、二级学科三级,现只有学科门类、一级学科两级),也未被教育部高教司列入《普通高等学校本科专业目录》,限制了其在高等院校的发展,没有被高等院校普遍作为专业来设置,所以迫切希望通过有关部门的努力,将方志学列入国务院学位办的学科目录,同时作为基本专业或特设专业列入教育部的《普通高等学校本科专业目录》。我们认为,将方志学学科定位于一级学科中国史下属的一个二级学科,与中国古代史、中国近现代史、专门史、历史文献学、史学理论及史学史专业并列,应该是没有疑义的。但问题是自2011年以后由国务院学位委员会、教育部颁布的《学位授予和人才培养学科目录》只分列学科门类和一级学科,对二级学科已不作规定,而由各高校自主设置,所以再将方志学定位为一级学科中国史下面的二级学科,既无增列入学科目录的操作可能,似乎也没有这个必要,因为这并不能改变方志学专业目前在高等院校发展的窘境。目前,历史学门类有中国史、世界史、考古学3个一级学科,那么,方志学能不能在历史学门类下与中国史、世界史、考古学并列为一级学科呢?这恐怕也是目前方志界呼声比较高的一种提议。但这样做意味着方志学要从依附历史学(中国史)的地位中"脱胎"出来,成为一门独立

---

① 参见王建宗:《论方志学的独立学科地位》,《中国地方志通讯》1983年第6期;刘柏修、刘斌:《当代方志学概论》,方志出版社1997年版,第77页;梅森:《方志学成为独立学科立项准入时机成熟》,《宁夏史志》2010年第6期;姚金祥:《方志学学科体系研究浅说》,《中国地方志》2014年第1期;张世民:《也谈历史学与方志学的几个问题》,《中国地方志》2021年第5期;陆奇:《方志学与其他相关学科的关系辨析》,《中国地方志》2010年第2期;王卫明:《从方志事业的发展,谈方志学科的建立》,《中国地方志》2011年第11期;韩章训:《论方志学的转型升级》,《广西地方志》2019年第3期;安山:《"三个体系"视角下方志学一级学科建设初探》,《今古大观》2019年第6期;等等。

② 参见林衍经:《关于当代方志理论研究的观察与思考》,《史志研究》1998年第3期;牛润珍:《略论方志学学科建设与人才培养》,《中国地方志》2014年第9期;潘捷军:《史志关系研究及方志学科建设》,《今古大观》2019年第2期;陈野:《地方志即中国式的地方史》,《浙江学刊》1996年第6期;白效咏:《旧典新命:方志学科建设刍议》,《浙江社会科学》2013年第2期;等等。

③ 赵吉惠:《方志学的集大成之作——评仓修良著〈方志学通论〉》,《历史教学问题》1991年第5期。

的学科,也就意味着要对方志学与中国史之间的区别作出说明①,目前这方面尚无法提供有力的无可辩驳的说明和论证。

那么,方志学是不是就不能够成为一级学科了呢?《全国地方志事业发展规划纲要(2015—2020年)》的出台,使地方志工作由原来单纯的修志编鉴向一项事业转化,从"一本书主义"向志、鉴、库、馆、网、用、会、刊、研、史"十业并举"转型升级,给方志学学科建设带来了全新的思路,可以尝试跳出历史学的框框来思考问题,不纠缠于志书本身,而从"用"的角度来思考方志学学科的定位,将其纳入管理学门类,成为管理学的一级学科。地方志工作的主业当然是修志,修志的最终成果表现为一本志书,它具有存史、资治、教化的功能,但存史功能只是方志的原生性功能,在使用前还只处于潜伏状态,只有在使用过程中才能发挥出来,因此志书在社会生活中存在的价值还是"用",修志的目的在于用,教化和资治就是志书经使用而表现出来的社会功能。而且方志与其他文献最大的不同是官书、政书,因其是世界上记载地情资料最全面、最丰富、最客观的文献典籍,有辅助治理的功效,隋代以来一直将其列为官书,作为资政辅治的工具,而为历代政府所重视,其资政辅治功能始终占据着支配地位。近年来,方志的资政辅治功能在政府的力推之下,日渐凸显,成为地方志工作今后的方向之一。方志的价值和活力在今天而言,已不仅仅局限于修志存史,更在于资治与教化,在于服务国家发展大局。伴随着地方志事业的转型升级,方志围绕党委和政府中心工作,服务经济社会发展大局的能力和渠道得到了大大拓展,必将在经济社会发展和文化建设中发挥越来越大的作用。从这个意义上说,围绕"用"字做文章,将方志学纳入管理学门类,理论上是站得住脚的。可以考虑将方志学同管理学门类现有的一级学科管理科学与工程、工商管理、农林经济管理、公共管理、图书情报与档案管理并列为管理学的一级学科,甚至可以将方志学同图书情报与档案管理合并为一个一级学科。据学位授予和人才培养一级学科简介,图书情报与档案管理是研究文献信息资源的构成、采集、开发利用、管理规律的科学,是图书馆学、情报学、档案学、信息资源管理、信息分析、出版管理等若干具有相同学科使命和共同理论基础的学科的集合,其使命是探索蕴藏于各种信息记录中的信息资源价值实现的规律性,以有力的科学管理放大信息资源的功能效用,实现其对经济社会发展的战略价值。构成图书情报与档案管理学科群的若干学科方

---

① 方志学如果只是设置为中国史的一个二级学科,只需说明其与中国史下面其他单个二级学科如史学理论及史学史、历史文献学、历史地理学、中国古代史、中国近现代史、专门史的区别;但如果设置为与中国史并列的一级学科,就需要说明方志学与中国史的区别。

向各有自己的具体研究对象,各有自己需要探索和遵从的具体专业规律,但在本质上,这些具体对象同属信息资源,这些具体规律同属信息资源管理的基本规律,因此有着共同的基本理论、知识基础和研究方法。随着方志数字化、信息化建设的加快,地方志工作与图书馆工作、档案工作和情报工作已呈现出一定意义上的"融合"的发展态势,可以归属到信息资源管理的范畴之内。因此方志学并入图书情报与档案管理学科群也是顺理成章的,合并后的一级学科名称可以考虑改为"图书情报与方志档案管理"[①]。

2. 方志学学科体系的构成

方志学学科定位明确之后,接下来就是构建方志学的学科体系,也就是说应有若干个可归属的二级学科,二级学科一般应与所属一级学科下的其他二级学科有相近的理论基础,或是所属一级学科研究对象的不同方面,具有相对独立的专业知识体系,已形成若干明确的研究方向。

方志界对方志学学科体系的讨论由来已久,看法也五花八门,归纳起来大致有两分法体系、三分法体系、四分法体系、五分法体系、六分法体系、七分法体系、八分法体系、九分法体系、十分法体系、多层次体系10种。如此众多体系的出现,说明方志学学科体系建设在业内迄今没有形成一致的看法,更没有建立起被学界认同的学科体系。但基本思路主要是按照两种设想展开的:一种是按基础理论、应用理论和学科史的思路进行构想;另一种则是沿基础科学、技术科学、应用科学和学科史的思路展开构想。

在众多方志学学科体系构架中,"三分法"结构比较流行,即认为方志学的学科体系由理论方志学(方志学的基础理论)、应用方志学(方志学的应用理论)、方志史和方志学史3个分支学科构成。此说较早为王建宗在《论方志学的独立学科地位》一文中提出,后来得到林衍经、梁滨久、李明、张仲荧等的赞同。

> 一般来说,任何一门独立学科都应有三部分组成,即理论部分,应用部分,历史部分。任何一门学科都应当有自己的理论,没有理论的学科是没有灵魂

[①] 学科与高校研究生专业的设置是一一对应的,但与本科专业的设置则是包含与被包含的关系。比如图书情报与档案管理学科,目前包含图书馆学、情报学、档案学3个独立的本科专业。如果在国务院学位办的学科目录中改称图书情报与方志档案管理学科,那么目前的3个本科专业就会变成4个,新增一个方志学本科专业;而研究生专业名称也会相应地改为图书情报与方志档案管理专业,成为几个独立学科组成的联合体(几个学科之间必须是并列关系),同样可以凸显方志学学科的独立地位。

的,很难设想它的形成,即使在学科产生初期没有完备的理论,也要有朴素的学科思想;任何一门学科都要应用与实践,否则它将失去生命力,理论也不可能发展;任何一门独立学科都有自身发展的历史,不断总结经验,以指导本学科的健康发展。三者是缺一不可的,由此构成学科的基本体系。具体到方志学来说,它的学科体系应由以下三部分组成:1.方志学理论,或称之理论方志学;2.方志学应用,或称之应用方志学;3.方志学发展史。此乃方志学学科体系结构的第一层次,或叫基本结构。[①]

对于理论方志学、应用方志学内涵的理解及其低一层次分支学科的划分,后来梁滨久补充说,理论方志学(方志学的基础理论)包括方志的种类和编纂目的,性质和特征,功能和属性,内容和体例,方志事业发展的内在原因和外部条件,发展规律与趋势,方志事业与政治、经济、文化发展的关系,等等,其中对方志性质的研究,是方志学基础理论研究的核心。应用方志学(方志学的应用理论)由方志编纂学与方志应用学两部分组成。方志编纂学研究组建修志机构、搜集资料、编写直至成书阶段的理论,如研究方志编纂工作,包括研究修志机构的组建,人员的选配、分工及职责,队伍培训与思想、业务建设,总纂机构对各承编单位的工作协调,修志各环节的衔接与转换,审评志稿的办法,等等,还研究方志编纂业务,包括研究编纂的指导思想、原则及篇目拟订,体例确立,概述、大事记、各专志、人物传的写法,图表的制作,文体与文风的把握,语言和行文的规范化,等等。方志应用学研究志书编成后社会应用阶段的理论,如研究在现代社会条件下,方志如何有效地为社会主义物质文明和精神文明建设服务,如何在建设具有中国特色的社会主义事业中发挥应有的作用,还具体地研究方志的收藏,方志的编目,方志提要的编写,方志专题资料的汇辑,索引编制,方志的整理,方志资料的使用,国内与国际方志资料的交流,等等。方志史和方志学史的研究,包括研究方志的起源、发展与现状及其经验教训,也研究方志学如何从思想酝酿到形成学科的历史,包括对方志学家及其代表作品的研究,对方志学派的研究,对方志学理论体系构架与逻辑起点的研究,对方志学方法论的研究,对方志学重要概念及概念发生史的研究,等等。[②]

"五分法"结构也很流行。《中国地方志协会 1989 年学术年会纪要》首先提出"五分法",指出方志学学科体系的研究包括以下几方面的内容:一是对方志本身的研究;二是对方志编纂的研究;三是对方志应用的研究;四是对方志事业的研究;五

[①] 王建宗:《论方志学的独立学科地位》,《中国地方志通讯》1983 年第 6 期。
[②] 梁滨久:《也谈方志学的学科体系》,《方志研究》1989 年第 1 期。

是对方志史的研究。① 后来有不少人陆续也提出了"五分法"的主张。著名方志学者魏桥也主张"五分法",但与前者略有不同的是,他主张方志学学科体系结构分成理论方志学、历史方志学、编纂方志学、应用方志学、方志学与其他学科5个分支学科②,被方志界认为也许会成为构建方志学的一种新思路③。刘柏修、刘斌主编的《当代方志学概论》提出一种理论上的"四分法"、形式上的"五分法"的主张。④ 理论上的"四分法",即按照科学结构学的理论,学科体系由基础科学、技术科学、应用科学、学科史4个部分构成,方志学学科体系也可参照办理;形式上的"五分法",即将技术科学按照方志学的实际情况分解成编纂和管理两部分,使方志学学科体系由方志基础学、方志编纂学、方志管理学、方志应用学和方志史学5个分支学科组成。由孙其海担任主编的《方志学基础教程》一书全力支持这种"五分法",并直截了当地提出"方志学由方志基础学、方志编纂学、方志管理学、方志应用学和方志史学5个分支学科组成",且认为"五分法"已成为学科体系结构的"主流构想"。⑤

进入21世纪,北京师范大学教授牛润珍撰文论述方志学学科体系的构建,认为方志学学科体系应当包括9个分支学科:一是方志发展史,包括志书纂修史和方志学史;二是方志学理论,包括方志学原理(即方志哲学)、方志学基础理论等;三是方志编纂学,包括编纂原则、宗旨、体例、体裁、篇目架构、资料搜集、文字表述及概述、大事记、地理、人口、经济、政治、文化、社会、人物等部类撰写方法等;四是方志文献学,包括方志目录、综录、提要、旧志辑佚与整理等;五是方志管理学,包括志书编纂法令法规、业务指导、行政管理、社会参与等;六是志书及资料管理、收藏及应用,包括方志馆建设、数字化等;七是国外地方史志编纂与研究;八是中外地方史志交流与比较研究;九是年鉴编纂与年鉴学。⑥ 该分法受到了广泛的关注。应该说,除了谱牒学外,方志学学科体系所包含的内容皆已囊括于内。但如果以此申报一级学科,方志学下面当然不可能设置9个二级学科,上述内容还可以适当归并。比如可以考虑在一级学科方志学下设置方志学理论与方法、方志应用与管理、方志发展史、中外地方史志交流与比较研究4个二级学科。因为方志学作为管理学的一级学科申报,所以必须突出方志的使用,方志应用学独立成为一个二级学科毋庸置疑。

---

① 《中国地方志协会1989年学术年会纪要》,《湖南地方志》1990年第1期。
② 参见林恒、林爽:《中国当代方志学者辞典》,陕西人民出版社1994年版,第546页。
③ 王广荣:《试论我国方志学研究的历史和发展》,《广西地方志》1996年第1期。
④ 刘柏修、刘斌:《当代方志学概论》,方志出版社1997年版,第108—110页。
⑤ 山东省地方史志办公室:《方志学基础教程》,中华书局2000年版,第398页。
⑥ 牛润珍:《略论方志学学科建设与人才培养》,《中国地方志》2014年第9期。

方志文献学可以归入"方志学理论与方法",方志编纂学可以单独设置为一个二级学科,但考虑到在管理学门类申报一级学科,应突出志书的开发利用与管理,不应突出志书的编纂,也可以将其内容归并到"方志学理论与方法"。至于年鉴编纂与年鉴学,虽然根据《地方志工作条例》,地方综合年鉴已经是地方志工作的一个有机组成部分,但是年鉴与方志从学术层面来说毕竟是两种不同性质、各具特色的地情文献,方志学无法容纳年鉴学,如果硬要在方志学门类下设置二级学科年鉴学,在学术层面将无法予以科学、严密的论证,给申报工作徒增麻烦。倒是可以考虑将年鉴编纂与年鉴学的内容归入"中外地方史志交流与比较研究",因为年鉴与方志有一定的相似性,可归入类似方志文献一类,又因年鉴是来自西方的舶来品,自然属于中外文化交流序列,归并到"中外地方史志交流与比较研究"顺理成章,既保留了年鉴学的内容,又避免了因冠名而引起的学术争议。此外,谱牒学也应该是方志学学科体系中的内容,宗谱、族谱、家谱即一姓一族一家之史,年谱即一人之史,与方志同为华夏文明独有的文化现象,但同样考虑到在学术层面会引起争议,故不在二级学科中加以体现,但今后高校方志学专业在课程设置时,应当考虑增设谱牒学课程。

1.2 课后思考与拓展阅读

第二章　方志的起源和方志定型前的雏形方志

第一节　方志的起源

2.1　学习目标

方志的起源

关于方志的起源，各种说法长期并存，迄今未有一致的结论。或称源于古代诸侯国史，或称源于《周官》，或称源于《禹贡》，或称源于《山海经》，或称源于《越绝书》《吴越春秋》或《华阳国志》，或称源于汉代图经，或两汉地志、地记，或古代某一部书，也有主张方志多源说。下面先介绍几种比较流行的看法。

方志起源于古代诸侯国史说。最早提出此说者是东汉郑玄。他认为，《周官·外史》所言"四方之志"就是指古代诸侯国史。持此论而对后世影响最大的无疑是清代章学诚。他在郑玄论述的基础上指出："方志之由来久矣。……余考之于《周官》，而知古人之于史事，未尝不至纤析也。外史掌四方之志，注谓'若晋《乘》、鲁《春秋》、楚《梼杌》之类'，是一国之全史也。"①他进而提出"方志乃一方全史"②的主张。梁启超也持同样的观点，"春秋时各国皆有史，如晋《乘》、楚《梼杌》、鲁《春秋》与夫'百二十国宝书'等，由今日观之，可谓为方志之滥觞"③。此论对探讨方志渊源者影响至深。

方志起源于《周官》说。《周官》是六经的一种，又名《周礼》或《周官经》，是一部关于周代职官的书籍。从现存的典籍来看，"方志"这个名称最早见于《周官》，因此

---

① ［清］章学诚著，叶瑛校注：《方志立三书议》，《文史通义校注》卷六，外篇一，中华书局2000年版，第571页。
② ［清］章学诚：《丁巳岁暮书怀投赠宾谷转运因以志别》，《章学诚遗书》卷二十八，外集一，文物出版社1985年版，第317页。
③ 梁启超：《说方志》，饮冰室文集之四十一，第85页，《饮冰室合集》第5册，中华书局1989年版。

方志导源于《周官》之说，也由来已久，而且较其他诸说为流行，影响也较大。其中又可分为两说：一说代表人物为宋代司马光，他认为方志导源于《周官》中的职方、土训、诵训，"《周官》有职方、土训、诵训之职，掌道四方九州之事物，以诏王知其利害。后世学者，为书以述地理，亦其遗法也"①。据《周官》记载，"职方氏掌天下之图，以掌天下之地，辨其邦国、都鄙、四夷、八蛮、七闽、九貉、五戎、六狄之人民，与其财用、九谷、六畜之数要，周知其利害，乃辨九州之国，使同贯利"，"土训掌道地图，以诏地事"（据东汉郑玄注称："道，说也，说地图九州形势、山川所宜，告王以施其事也。若云荆、扬地宜稻，幽、并地宜麻"），"诵训掌道方志，以诏观事"（郑玄注称："说四方所识久远之事，以告王观博古所识，若鲁有大庭氏库、殷之二陵。"）。② 实际上，司马光是认为方志的起源与舆地有关。另一说代表人物为清代章学诚。他也认为方志导源于《周官》，但立足点与司马光不同，他认为方志导源于《周官》中的外史，实际上就是主张方志导源于古代诸侯国史。

方志起源于《禹贡》说。《禹贡》是《尚书》中的一篇，近人经过考证研究，断定是战国时人补作。它是一篇全国性的地理文献，把全国分为冀、兖、青、徐、扬、荆、豫、梁、雍九州（这个九州不是行政区划，而是战国时代人们对于他们已知"天下"的地理划分），并在这一基础上，按州将所在地区的山岭、河流、薮泽、土壤、物产、田等、贡赋、交通及少数民族居住地等作了简明而系统的叙述，是我国最早的分地域记载各方地理、物产、贡赋等情况的专篇。主张方志起源于《禹贡》，实际上就是主张方志导源于地理书，只不过是非常明确地指向了《禹贡》。关于这种说法，历代提出者甚多。如《隋书·经籍志》称："晋世，挚虞依《禹贡》《周官》，作《畿服经》。"③宋代陆游为《嘉泰会稽志》作序称："相与上参《禹贡》，下考《太史公》及历代史。"④元人朱思本《九域志序》称："取《元和郡县志》以及《太平寰宇》、《方舆胜览》、天官舆地诸书……参考异同，分条晰理，一以《禹贡》九州为准的，乃以州县属府，府属都省，以都省分隶九州焉。"⑤元人张铉认为："古者九州有志尚矣，《书》存《禹贡》，《周》纪《职

---

① [宋]司马光：《河南志序》，《温国文正司马公文集》卷六十五，《四部丛刊初编》第182册，商务印书馆1926年版，第487页。
② 林尹：《周礼今注今译》，书目文献出版社1985年版，第89页。
③ [唐]魏徵、令狐德棻：《隋书》第4册，卷三十三，志第二十八，经籍二，史，中华书局1973年版，第988页。
④ [宋]陆游：《嘉泰会稽志序》，张国淦：《中国古方志考》，中华书局1963年版，第371页。
⑤ [元]朱思本：《九域志序》，张国淦：《中国古方志考》，中华书局1963年版，第123页。

方》,春秋诸侯有国史,汉以来郡国有图志。"①《四库全书总目》称:"古之地志载方域、山川、风俗、物产而已,其书今不可见,然《禹贡》《周礼·职方氏》其大较矣。"②

方志起源于《山海经》说。《山海经》著作时代尚无定论,大约先系口头传说,至战国时代开始有文字记录,秦、汉两代又有增补,唯主要部分成文年代较《禹贡》还早。它是一部全国性的地理文献,以神话的形式记录了我国的山水、矿藏、动植物、巫术、宗教、民俗等方面的内容,经后人考证,大部分记载还是可信的。主张方志起源于《山海经》,实际上也是主张方志导源于地理书,只不过是非常明确地指向了《山海经》。这种说法历史上也很有市场。宋代欧阳忞在其《舆地广记序》中称:"尝自尧舜以来,至于今,为书凡三十八篇,命之曰《舆地广记》。凡自昔史官之作,与夫山经地志,旁见杂出,莫不入于其中,庶几可以成一家之言,备职方之考,而非口传耳受尝试之说者也。"③《玉海》称:"绍圣四年(1097)九月十七日,兵部侍郎黄裳言:'今《九域志》所载甚略,愿诏职方取四方郡县山川、民俗、物产、古迹之类,辑为一书,补缀遗缺。'诏:'秘省录《山海经》等送职方检阅。'"④近人王以中也认为:"《山海经》一书,不仅为中国原始之地志,亦可谓中国最古地图之残迹矣。"⑤

方志起源于《越绝书》《吴越春秋》《华阳国志》说。持此观点者,古今多有。如清洪亮吉说:"一方之志,始于《越绝》,后有常璩《华阳国志》。《越绝》先记山川、城郭、冢墓,次以纪传。实后世志州县者所仿。"⑥廖寅说:"唐以前方志存者甚少,惟《三辅黄图》及晋常璩《华阳国志》最古。"⑦后世著名学者傅振伦、李泰棻、范文澜等袭承此说。傅振伦称:"《越绝书》先记山川、城郭、冢墓,次以纪传,独传于今,后世方志,实昉于此"⑧,"《越绝》《华阳》二书,皆为方志之类,率述一地偏霸历史沿革,及其掌故、风土、人物。自古志逸,而此遂为地方志之所自昉"⑨。李泰棻称:"志即史

---

① [元]张铉纂修:《至正金陵新志》,修志本末,《宋元方志丛刊》第6册,中华书局1990年版,第5284页。
② [清]纪昀等:《钦定四库全书总目》卷六十八,史部二十四,地理类序,中华书局1997年版,第923页。
③ [宋]欧阳忞:《舆地广记序》,张国淦:《中国古方志考》,中华书局1963年版,第103页。
④ [宋]王应麟:《玉海》第1册,卷十五,地理,地理书,"元丰郡县志"条,江苏古籍出版社、上海书店出版社1987年版,第295页。
⑤ 王以中:《〈山海经〉图与职贡图》,《禹贡》第1卷第3期,1934年4月1日,第6页。
⑥ [清]戴治修,洪亮吉、孙星衍纂:《乾隆澄城县志》卷二十,序录,洪亮吉序,《中国地方志集成·陕西府县志辑》第22册,凤凰出版社2007年版,第200页。
⑦ [清]廖寅:《校刊华阳国志序》,张国淦:《中国古方志考》,中华书局1963年版,第656页。
⑧ 傅振伦:《中国方志学通论》,北京燕山出版社1988年版,第21页。
⑨ 傅振伦:《中国方志学通论》,北京燕山出版社1988年版,第59页。

也。故如《吴越春秋》《越绝书》以及未能传世之百二十国宝书等,皆可称为方志。然最古以志名书者,首推常璩《华阳国志》。"①范文澜称:"东汉会稽郡人赵晔著《吴越春秋》,又有无名氏著《越绝书》,两书专记本地掌故,开方志的先例。此后历朝文士多作方志(如晋常璩作《华阳国志》)。"②

方志起源于汉代图经说。清代谢启昆在《嘉庆广西通志·叙例》中称:"志乘本于图经。"③著名史学家谭其骧也认为:"地方志的渊源确乎也可以追溯到汉朝,从《华阳国志·巴志》里可以看到东汉桓帝时巴郡太守但望的疏文里提到了《巴郡图经》,可见在此以前已有'图经'。图经就是一方的地图加上说明,图就是地图,经就是说明,这就是方志的滥觞。"④

方志起源于两汉地记说。仓修良力主此说。他认为:"到了西汉后期,地方经济得到迅速的发展,豪族地主的势力不断壮大,这就为产生地方性著作提供了温床。从这个时候开始,各地先后产生了许多地方性的人物传记和地方性的地理著作,经过两者汇合,从而形成方志雏形之地记。因此,我认为方志起源于两汉之地记。"⑤他进而指出,早期志书多被称为"郡书""郡国之书""郡国地志",这就说明,它是记载以地方行政区划郡县为范围的一种著作。在秦始皇推行郡县制之前,不可能产生反映这种制度的著作。

方志多源说。方志多源说,历代虽有提到,但并未论及多源之由,而当代学者则对这种说法进行了比较深入的探讨,其中较有代表性的是黄苇和来新夏。黄苇在前人成说的基础上,分别对《周官·职方》《尚书·禹贡》和《山海经》等文献进行考察,认为"方志源头较多,不仅有《周官》《禹贡》《山海经》,还有《九丘》之书和古舆图等等。这还只是就已知的情况而言,如果进一步广泛深入考察,或者还可找到如民间传说等一类的来源。至此,似可归结说:方志并非起自一源,而是多源"⑥,"后世修志诸家在论述方志由来时,不仅指明《周官》,而且语及《禹贡》《山海经》《九丘》以及舆图、地志、史籍等等,这些也都是确凿的事实,足以证明方志出自多源,并非

---

① 李泰棻:《方志学》,河北人民出版社1990年版,第7—8页。
② 范文澜:《中国通史简编》,人民出版社1949年版,第246页。
③ [清]谢启昆修,胡虔纂:《嘉庆广西通志》,广西通志叙例,《续修四库全书》第677册,上海古籍出版社2002年版,第5页。
④ 谭其骧:《地方史志不可偏废,旧志资料不可轻信》,《中国地方史志论丛》,中华书局1984年版,第9页。
⑤ 仓修良:《方志学通论》(增订本),华东师范大学出版社2013年版,第49页。
⑥ 黄苇等:《方志学》,复旦大学出版社1993年版,第102页。

一源"①。来新夏也力主方志多源说,"我国传统的方志形式,是在兼收了春秋战国时期国别史、地理书和地图特点的基础上,随着历代政治、经济、文化的发展,而逐渐完备起来的。起源的多源性和源远性,是我国方志起源的两个显著和基本的特征"②。

对这个问题应该怎么看呢? 方志之名,始见于《周官》,显然是没有疑义的。从方志的性质看,古代各诸侯国史本应是我国地方志的大源。但由于《周官》所提到的四方之志即古代诸侯国史,如晋《乘》、楚《梼杌》等早已亡佚,我们无法看到其面貌,仅鲁《春秋》尚存,而据元人张铉在《至正金陵新志》中所论及的:"《乘》《梼杌》缺亡,不可复知。以《春秋》经传考之诸所记载,或承赴告,或述见闻。其事有关天下之故者,虽与鲁无预,皆书于册。其非义之所存,及闻见所不逮者,虽本国事,亦或弃而不录。"③也就是说,鲁《春秋》于本国事可以弃而不录,而天下事,虽与鲁没有关系,却皆书于册。另据今人研究,鲁《春秋》经文约为2000条,除去空书四季首月者60条,记事共约1940条,其中与鲁国相关者1100余条,记周王室及其他诸侯国之事者800余条。④ 可见古代诸侯国史并非如章学诚所说,是一国之全史,那么,它区别于以后历代封建王朝"国史"的最大特点——具有明确的地域性也就无从确证,因此,晋《乘》、楚《梼杌》、鲁《春秋》等古代诸侯国史是否就是后世方志的源头,这种说法尚缺乏证据,值得商榷。章学诚的说法多半还只是缺少实据的主观臆测。

而两汉之地记及《华阳国志》《越绝书》或《吴越春秋》,那已经是雏形的方志了⑤。事实上,事物的起源与开端是不一样的,开端是显形的,起源则是隐形的。犹如河流的开端在于具备了河的规定性的某个地点,但它的根源却要追溯到冰川、雨雪乃至雨水生成前的原初形态。再比如,西方史学产生于公元前6世纪末米利都城邦的一批散文纪事家,而史学的起源则可追溯到原始时代人的记忆能力。所以说,方志的起源与最早的方志是两个概念,可能差别很大,不能以雏形方志来要求方志的源头,产生于两汉的地记,或者是某部具体的书,是最早的方志,但方志的源头则应该上溯到更久的年代。如黄苇就指出,清人洪亮吉、廖寅,近人傅振伦、李泰棻、范文澜等人的说法,都只说明了以上三书"或为方志之始,或乃最古之方志,或系方

---

① 黄苇等:《方志学》,复旦大学出版社1993年版,第103页。
② 来新夏:《方志学概论》,福建人民出版社1984年版,第6页。
③ [元]张铉纂修:《至正金陵新志》,修志本末,《宋元方志丛刊》第6册,中华书局1990年版,第5285页。
④ 晁岳佩:《春秋三传义例研究》,线装书局2011年版,第3页。
⑤ 对《越绝书》《吴越春秋》的性质是地方志还是地方史,目前学界还存在很大的争议。

志所自昉，或开方志之先例，并未涉及方志源头问题，故不能据以将此三书看作方志渊源所自"①，而只能将此三书视为方志的发端或雏形。

那么，方志的源头应该是什么呢？目前大多数的研究者主张方志的源头是古代地理书。即便章学诚的看法成立，即古代各诸侯国史是我国地方志的源头，也应该看到，随着秦汉而后社会组织的变迁，郡县异于封建，史家有作，多综纪全国之通史或断代史，方志遂不复同古国史，但入于地理家言。其间分地记载之书孳乳寖多，见于《隋书·经籍志》者，如图经、舆地志、名胜记、风土记之属，皆地志、地记也，卷帙繁多，不胜其华。这些郡县志书的内容和体例，并没有按照春秋各诸侯国史那样的内容和体例去写，反而是多采用了《禹贡》《山海经》及《周官·职方》的体例，将舆图也作为方志的一个有机组成部分，也就是说用古代地理书的体例，诚如《四库全书总目》所云："古之地志载方域、山川、风俗、物产而已，其书今不可见，然《禹贡》《周礼·职方氏》其大较矣。《元和郡县志》颇涉古迹，盖用《山海经》例。《太平寰宇记》增以人物，又偶及艺文，于是为州县志书之滥觞。元、明以后，体例相沿。"②这充分说明，最初的方志是由地理书演变而来的，至宋代方志才定型，体例大变，形成我们今天看到的分地综合性记载的地方志体例。而后世纂修的全国性区域志，不少仿自《禹贡》《山海经》，如《隋书·经籍志》说"晋世，挚虞依《禹贡》《周官》，作《畿服经》"③，《四库全书总目》说"《元和郡县志》颇涉古迹，盖用《山海经》例"④，则从另一个方面说明了方志来源于地理书的演变。所以，把《禹贡》《山海经》《周官·职方》等专门性的地理书看作方志的起源，是有一定道理的，历代公私图书目录如《隋书·经籍志》《宋史·艺文志》《四库全书总目》等，都把地方志归入史部地理类，并非空穴来风。

"方志多源说"也有一定的市场。这种主张认为，方志的源头可能有多个，比如《禹贡》《周官》《山海经》等。因为方志是综合性的著述，其源头理应来自多个方向。《方志学通论》（增订本）一书举长江源头的例子，说明源头本身只能有一个，认为"方志多源说"不利于正本清源，"表面看来是尽量挖掘源头，到头来变成自我的否

---

① 黄苇等：《方志学》，复旦大学出版社1993年版，第99页。
② ［清］纪昀等：《钦定四库全书总目》卷六十八，史部二十四，地理类序，中华书局1997年版，第923页。
③ ［唐］魏徵、令狐德棻：《隋书》第4册，卷三十三，志第二十八，经籍二，史，中华书局1973年版，第988页。
④ ［清］纪昀等：《钦定四库全书总目》卷六十八，史部二十四，地理类序，中华书局1997年版，第923页。

定,源头太多,最后就变成无源。因此这样的多源论,无论在理论上还是实际上都是不能成立的"①。但是河流的源头拥有地理上的判别标准,是绝对客观的,而史学中形成的概念的源头并不像地理上那样清晰可辨,也没有一个绝对客观的标准,因此诸如《禹贡》《周官》《山海经》等先秦文献,甚至是古代诸侯国史,它们的某些部分成为后来方志的源头也是有可能的。"方志多源说"理应引起研究者的重视。

第二节 秦汉三国两晋南北朝方志发端

方志定型前的雏形方志

地方志的产生不是孤立的现象,而是经济、政治、文化等综合发展的结果,可以说是时代的产物。梁启超说:"孟子所称'晋《乘》、楚《梼杌》、鲁《春秋》',墨子所称'周之《春秋》、宋之《春秋》、燕之《春秋》',庄子所称'百二十国宝书',比附今著则一府州县志而已。惟封建与郡县组织既殊,故体例靡得而援焉。自汉以降,幅员日恢,而分地纪载之著作亦孳乳寖多。"②所以严格说来,虽然方志的起源或如前述,可追溯到先秦时候的地理书甚至是古代诸侯国史,但方志实为秦汉以后郡县时代的产物。因统一帝国幅员辽阔,地方有正史所难备及之特色,才有记述某一特定区域的专书出现。不过秦汉三国两晋南北朝隋唐时期,方志刚刚产生,与后世定型方志的体例相去甚远,仅备后世定型方志之一体,所以只能说是后世包罗万象的定型方志的雏形。由于当时"古籍名称,每无定则"③,雏形方志有图经、图志、郡书、地理书、都邑簿、风俗传、耆旧传、地记、地志等各种名称,根据其内容与形式,大致可归纳为郡书、地记、都邑簿、图经等几类。

唐代刘知幾的《史通》,将正史与古史两类以外的史学著作,都归于"杂述"之中,列作十种,"一曰偏纪,二曰小录,三曰逸事,四曰琐言,五曰郡书,六曰家史,七曰别传,八曰杂记,九曰地理书,十曰都邑簿"④。凡此十种,均史之杂著,各自成家,

---

① 仓修良:《方志学通论》(增订本),华东师范大学出版社2013年版,第46页。
② 梁启超:《清代学者整理旧学之总成绩(三)——史学、方志学、地理学、传记及谱牒学》,《中国近三百年学术史》,饮冰室专集之七十五,第298页,《饮冰室合集》第10册,中华书局1989年版。
③ 王庸:《中国地理学史》,商务印书馆1938年版,第133页。
④ [唐]刘知幾著,[清]浦起龙通释,王煦华整理:《史通通释》卷十,内篇,杂述第三十四,上海古籍出版社2010年版,第253页。

与正史参行。其中,郡书、地理书、都邑簿多记郡国及畿辅诸事,所载虽不齐全,叙述亦颇简约,但于一方山川、都邑、道里、物产、户口、人物、民情、风俗,每有所录,体例初备,当为方志发端,是后世包罗万象的定型方志的雏形。《隋书·经籍志》则是第一部按经、史、子、集四部分类法来划分图书的正史,其中"史部"图书分为正史、古史、杂史、霸史、起居注、旧事、职官、仪注、刑法、杂传、地理之记、谱系、簿录共13类,方志类著作分为"郡国之书"(即郡书)和"郡国地志"(即地记、地志)两类,分别归入"杂传""地理之记"。如《隋书·经籍志》云:

> 古之史官,必广其所记,非独人君之举。……自史官旷绝,其道废坏,汉初,始有丹书之约,白马之盟。武帝从董仲舒之言,始举贤良文学。天下计书,先上太史,善恶之事,靡不毕集。司马迁、班固,撰而成之,股肱辅弼之臣,扶义俶傥之士,皆有记录。而操行高洁,不涉于世者,《史记》独传夷齐,《汉书》但述杨王孙之俦,其余皆略而不说。又汉时,阮仓作列仙图,刘向典校经籍,始作列仙、列士、列女之传,皆因其志尚,率尔而作,不在正史。后汉光武,始诏南阳,撰作风俗,故沛、三辅有耆旧节士之序,鲁、庐江有名德先贤之赞。郡国之书,由是而作。魏文帝又作列异,以序鬼物奇怪之事,嵇康作高士传,以叙圣贤之风。因其事类,相继而作者甚众,名目转广,而又杂以虚诞怪妄之说。推其本源,盖亦史官之末事也。载笔之士,删采其要焉。鲁、沛、三辅,序赞并亡,后之作者,亦多零失。今取其见存,部而类之,谓之杂传。①
>
> 汉初,萧何得秦图书,故知天下要害。后又得《山海经》,相传以为夏禹所记。武帝时,计书既上太史,郡国地志,固亦在焉。而史迁所记,但述河渠而已。其后刘向略言地域,丞相张禹使属朱贡条记风俗,班固因之作《地理志》。其州国郡县山川夷险时俗之异,经星之分,风气所生,区域之广,户口之数,各有攸叙,与古《禹贡》《周官》所记相埒。是后载笔之士,管窥末学,不能及远,但记州郡之名而已。晋世,挚虞依《禹贡》《周官》,作《畿服经》,其州郡及县分野封略事业,国邑山陵水泉,乡亭城道里土田,民物风俗,先贤旧好,靡不具悉,凡一百七十卷,今亡。而学者因其经历,并有记载,然不能成一家之体。齐时,陆澄聚一百六十家之说,依其前后远近,编而为部,谓之《地理书》。任昉又增陆澄之书八十四家,谓之《地记》。陈时,顾野王抄撰众家之言,作《舆地志》。隋大业中,普诏天下诸郡,条其风俗、物产、地图,上于尚书。故隋代有《诸郡物产

---

① [唐]魏徵、令狐德棻:《隋书》第4册,卷三十三,志第二十八,经籍二,史,中华书局1973年版,第981—982页。

土俗记》一百五十一卷,《区宇图志》一百二十九卷,《诸州图经集》一百卷。其余记注甚众。今任、陆二家所记之内而又别行者,各录在其书之上,自余次之于下,以备地理之记焉。①

郡书以记人物为主,多记乡邦先贤、耆旧、节士德行,用以叙功劝善,增光郡国。刘知幾说:"汝、颍奇士,江、汉英灵,人物所生,载光郡国。故乡人学者,编而记之,若圈称《陈留耆旧》、周斐《汝南先贤》、陈寿《益部耆旧》、虞预《会稽典录》,此之谓郡书者也"②,"郡书者,矜其乡贤,美其邦族,施于本国,颇得流行,置于他方,罕闻爱异"③。郡书传世,是因为能入国史的人物毕竟不多,而多数有美德善行的人只能借助郡书以传其事迹,"盖自后汉以著作之事归之东观,史由官修,而立传之例严,郡国之书,由斯并作,以补国史之不及。易代之后,秉笔修史者,恒取资焉。袁宏作《后汉纪》序,自谓旁及诸郡耆旧、先贤传凡数百卷,是其征也"④。秦汉三国两晋南北朝时期,此类郡书尚多,据《中国古方志考》粗略统计,大约有58部,但均已亡佚,原文难以稽考,现仅能从其见存书目及后人辑录片段佚文中,知其梗概。南北朝时期,郡书已显出衰落的趋势,到隋唐以后,几乎绝迹。

地理书即地记、地志之书(地记、地志实属一类,只是名称略异而已),多记载一方疆界、山川、道里、户口、物产、风土、人物。刘知幾说:"九州土宇,万国山川,物产殊宜,风化异俗,如各志其本国,足以明此一方,若盛弘之《荆州记》、常璩《华阳国志》、辛氏《三秦》、罗含《湘中》,此之谓地理书者也。"⑤他所列举的书,均为地记。清人王谟也说:"魏晋以后,作者弥众,凡州郡地理书皆称记,其称志者,盖无几焉。"⑥可见刘知幾所谓的地理书就是地记。地理书与郡书虽同为杂述,性质却相异,郡书主人物,而地理书主风土,秦汉以后的地理书往往兼及人物传记的内容,正如余嘉

---

① [唐]魏徵、令狐德棻:《隋书》第 4 册,卷三十三,志第二十八,经籍二,史,中华书局 1973 年版,第 987—988 页。
② [唐]刘知幾著,[清]浦起龙通释,王煦华整理:《史通通释》卷十,内篇,杂述第三十四,上海古籍出版社 2010 年版,第 254 页。
③ [唐]刘知幾著,[清]浦起龙通释,王煦华整理:《史通通释》卷十,内篇,杂述第三十四,上海古籍出版社 2010 年版,第 255—256 页。
④ 余嘉锡:《四库提要辨证》卷七,史部五,地理类一,"《太平寰宇记》一百九十三卷"条,云南人民出版社 2006 年版,第 339 页。
⑤ [唐]刘知幾著,[清]浦起龙通释,王煦华整理:《史通通释》卷十,内篇,杂述第三十四,上海古籍出版社 2010 年版,第 255 页。
⑥ [清]王谟:《汉唐地理书钞》,凡例,中华书局 2006 年版,第 7 页。

锡所说,"郡国书可不记地理,而地理书则往往兼及人物"①,但即使这样,地记与定型方志相比,仍有不小差距,未涉及政治、军事、经济、艺文,内容也较为简略。清人王谟说:"《前汉书》则有东方朔《十洲记》《林邑记》、王褒《云阳记》。"②这是见于记载的较早地记。秦汉地记从现有存目看,只有9种,即西汉东方朔《十洲记》和《林邑记》、王褒《云阳记》,东汉李尤《蜀记》、朱玚《九江寿春记》、应劭《十三州记》、杨孚《临海水土记》、卢植《冀州风土记》、陈术《益州志》。隋唐以后地记趋于衰落,也不太多。唯独三国两晋南北朝时期,地记最为发达,据《中国古方志考》粗略统计,这个时期的地记约有107种,占同期各类志书总和的一半以上。但上述地记今天大都已亡佚,仅存或有佚文辑录者数种,《华阳国志》是唯一保存完整的地记,佚文辑录则可参看清人王谟的《汉唐地理书钞》、陈运溶的《麓山精舍辑本》(中华书局影印《汉唐地理书钞》时将此内容附录于后)、王仁俊的《玉函山房辑佚书续编三种》,今人刘纬毅的《汉唐方志辑佚》,南朝宋刘义庆的《世说新语》,等等。

都邑簿则多载都城城池、郭邑、宫阙、苑囿、观阁、仓厩、陵庙、街廛等,辨其规模,明其制度,属于都城史志一类。刘知幾说:"帝王桑梓,列圣遗尘,经始之制,不恒厥所。苟能书其轨则,可以龟镜将来,若潘岳《关中》、陆机《洛阳》、《三辅黄图》、《建康宫殿》,此之谓都邑簿者也"③,"都邑簿者,如宫阙、陵庙、街廛、郭邑,辨其规模,明其制度,斯则可矣。及愚者为之,则烦而且滥,博而无限,论榱栋则尺寸皆书,记草木则根株必数,务求详审,持此为能。遂使学者观之,瞀乱而难纪矣"④。惜秦汉以来的都邑簿今均已亡佚,不传后世,仅《三辅黄图》有后人文字辑本。

图经也是雏形方志的一种。金毓黻在《中国史学史》中说:"图经亦辟建置沿革,人物古迹,以备史之一体,且为宋以后郡县志所本。故述方志,不能置图经而不数。"⑤图经⑥,顾名思义,是由"图"和"经"两部分组成。图,即地图;经,即文字说明。李宗谔在《祥符州县图经序》中说:"图则作绘之名,经则载言之别。"⑦图经最早见于

---

① 余嘉锡:《四库提要辨证》卷七,史部五,地理类一,"《太平寰宇记》一百九十三卷"条,云南人民出版社2006年版,第338页。
② [清]王谟:《汉唐地理书钞》,凡例,中华书局2006年版,第7页。
③ [唐]刘知幾著,[清]浦起龙通释,王煦华整理:《史通通释》卷十,内篇,杂述第三十四,上海古籍出版社2010年版,第255页。
④ [唐]刘知幾著,[清]浦起龙通释,王煦华整理:《史通通释》卷十,内篇,杂述第三十四,上海古籍出版社2010年版,第256页。
⑤ 金毓黻:《中国史学史》,河北教育出版社2003年版,第139页。
⑥ 图志与图经实属一类,只是名称略异而已。
⑦ [宋]李宗谔:《祥符州县图经序》,张国淦:《中国古方志考》,中华书局1963年版,第96页。

东汉桓帝永兴二年(154)巴郡太守但望的奏疏，"谨按《巴郡图经》境界，南北四千，东西五千，周万余里。属县十四，盐、铁五官各有丞、史。户四十六万四千七百八十，口百八十七万五千五百三十五。远县去郡千二百至千五百里，乡亭去县或三四百，或及千里"①。从中我们可以知道，至少在东汉桓帝永兴二年(154)之前，就有了图经这种典籍形式。当时的图经，大约有境界、建置、属县、职官、户口、城邑、乡亭、道里等若干项内容。且但望是因为"土界辽远，令尉不能穷诘奸凶"，致使"贼盗公行，奸宄不绝"，②而上疏请求分郡而治，所以仅述及境界远近等内容，其他概未涉及。可见但望所提到的，只是《巴郡图经》的部分内容，未必是其全部内容。即使如此，图经的初始状态，其内容就较地记广博。清人姚振宗据此推断，"桓帝时，巴郡太守但望上疏，引《巴郡图经》，则图经之名，起于汉代，诸郡必皆有图经，特无由考见耳"③。这话有一定道理，但图经自东汉以后，经三国、两晋、南北朝，未有大的发展，相比地记，乃至郡书、都邑簿，甚至可以说是湮没不彰，只是到了隋、唐，才开始兴盛。之所以这样说，是基于以下两个论据：第一，《隋书·经籍志》所收录的方志撰著，分为"郡国之书"和"郡国地志"两类，而图经不设类，且数量也远远比不上地记、地志、耆旧传、先贤传之类。第二，唐代著名史学家刘知几的《史通·杂述篇》，论及正史和古史以外的史家十个流别，有偏纪、小录、逸事、琐言、郡书、家史、别传、杂记、地理书、都邑簿，其中郡书、地理书、都邑簿，都是方志的类属，但也没有涉及图经。可见，这时图经的地位，还是很不显著的。

在两汉三国两晋南北朝时期，郡书、地记、地志十分发达，而图经相对湮没不彰。学者普遍认为是东汉以来门阀士族的逐渐膨胀，促使人物与郡望相结合的地记、郡书等雏形方志大量涌现，因此，宣传郡望的优越以巩固门阀制度，就成了地记肩负的社会使命。故这一时期的地记、郡书等雏形方志，以私人著述为主，由地方官吏主持撰修的甚少，与宋以后定型方志大多出自府州县官主修、府州县学教授编纂的格局大相径庭。④

---

① [晋]常璩著，刘琳校注：《华阳国志校注》卷一，巴志，巴蜀书社1984年版，第48页。
② [晋]常璩著，刘琳校注：《华阳国志校注》卷一，巴志，巴蜀书社1984年版，第48页。
③ [清]姚振宗：《后汉艺文志》卷二，巴郡图经，《续修四库全书》第914册，上海古籍出版社2002年版，第306页。
④ 近年来也有学者提出了一个新的观点，认为两汉三国两晋南北朝的地记有地方官主导修撰和私人修撰两部分，以官修为主，官修部分的地记是为了配合地方长官的施政而产生的行政运作"参考手册"，是出于行政管理、资源控制的目的而编纂的，与私人编纂的地记系著述立说以矜夸乡贤有本质差异。见林昌丈：《汉魏六朝"郡记"考论——从"郡守问士"说起》，《厦门大学学报(哲学社会科学版)》2018年第1期；徐成、杨计国：《汉魏六朝地理书的演进》，《历史研究》2023年第1期。

第三节 存世雏形方志《华阳国志》述评

存世雏形方志不外乎《越绝书》《吴越春秋》《华阳国志》,但对于《越绝书》和《吴越春秋》,历代学者在其性质上争议很大。今本《越绝书》计15卷,共19篇,分内经、内传和外传。其中内经2篇,越绝计倪内经、越绝内经九术;内传4篇,越绝荆平王内传、越绝吴内传、越绝请籴内传、越绝内传陈成恒;外传13篇,越绝外传本事、越绝外传记吴地传、越绝外传纪策考、越绝外传记范伯、越绝外传记地传、越绝外传计倪、越绝外传记吴王占梦、越绝外传记宝剑、越绝外传记军气、越绝外传枕中、越绝外传春申君、越绝德序外传记、越绝篇叙外传记。其作者究竟为何人,主要的观点有子贡说,伍子胥说,无名氏说,袁康、吴平说,非一时一人所作说。目前大多数的研究倾向于非一时一人之作,很可能是战国后人所为,而汉人又附益之,最后至东汉,始有袁康和吴平抄录和整理前人大量成果,并写成定本传世。正是由于该书非一时一人所作,该书的著书体例、记载内容,甚至是著书宗旨,皆存在复杂性,不同的人可以从中找出不同的材料作为依据,得出关于《越绝书》性质的不同结论。所以长期以来,关于《越绝书》的性质究竟是地方志还是地方史,存在着很大的争议。《吴越春秋》的作者是后汉赵晔,子长君,生卒年不详,应为后汉建武年间人,会稽山阴(今浙江省绍兴市)人。今本《吴越春秋》共10卷,记述了吴越两国人物及其事迹。其中记吴5卷,上溯帝喾,下及夫差,篇目有《吴太伯传》《吴王寿梦传》《王僚使公子光传》《阖闾内传》《夫差内传》;记越亦5卷,上溯黄帝,下及余善,篇目有《越王无余外传》《勾践入臣外传》《勾践归国外传》《勾践阴谋外传》《勾践伐吴外传》。全书涉及各种人物210余个,其中有诸如黄帝、尧、舜、禹等部落首领和诸侯王共86人,重点叙写的人物40余人,采取立传专门记载的共有7人,吴国计5人,分别为太伯、寿梦、王僚、阖闾、夫差,越国仅2人,无余、勾践。关于《吴越春秋》的性质,也存在颇多争议。部分学者认为《吴越春秋》是郡书[1],但谭其骧、仓修良等历史大家则认定《吴越春秋》是地方史[2]。相对而言,《华阳国志》的争议就小得多。

---

[1] 李泰棻、范文澜认为《吴越春秋》是地方志。分别见李泰棻:《方志学》,河北人民出版社1990年版,第7—8页;范文澜:《中国通史简编》,人民出版社1949年版,第246页。

[2] 仓修良认为《越绝书》《吴越春秋》是地方史,不是地方志,谭其骧则认为《越绝书》《吴越春秋》《华阳国志》均属地方史而非地方志。分别见仓修良:《方志学通论》(增订本),华东师范大学出版社2013年版,第65—69页;谭其骧:《地方史志不可偏废,旧志资料不可轻信》,《中国地方史志论丛》,中华书局1984年版,第19页。

《华阳国志》的作者是常璩,字道将,东晋蜀郡江原(今四川省崇州市)人,生卒年不可考。出身世家大族,初仕于成汉李氏政权,官至散骑常侍。东晋穆帝永和三年(347),桓温伐蜀,他与中书监王嘏等劝李势投降。桓温器重常璩,授他为参军,随至建康。曾著有《汉之书》(后改名为《蜀李书》)。

《华阳国志》是常璩归附东晋以后所撰,约成书于东晋永和四年(348)秋至永和十年(354),原名《华阳国记》,又名《华阳记》,可见常璩当时是把它看作地记来撰写的。《华阳国志》全书12卷,大约11万字,从远古叙至东晋穆帝永和三年(347),所载范围为晋代梁、益、宁三州,即今四川、重庆、陕西汉中及云南部分地区。其中,一至四卷以地域为纲,叙述巴、蜀、汉中、南中地区的历史变化和郡县建置沿革,先总叙历史变化,后列郡县沿革;五至九卷以编年体形式记载西汉末年至东晋初年先后割据于此的公孙述、刘焉父子、刘备父子,以及西晋短暂统一、李氏成汉政权再度割据的史事;十至十二卷记梁、益、宁三州的人物。现抄目录如下:

卷一:巴志

卷二:汉中志

卷三:蜀志

卷四:南中志

卷五:公孙述刘二牧志

卷六:刘先主志

卷七:刘后主志

卷八:大同志

卷九:李特雄寿势志

卷十:先贤士女总赞

卷十一:后贤志

卷十二:序志、益梁宁三州先汉以来士女目录

从内容和体裁来看,该书确实有特殊之处,所以对其性质,历来也不是没有争议。如认为《华阳国志》是地方史,持此论者以谭其骧、王仲荦为代表。但大多数学者如朱士嘉、张舜徽、刘重来、刘琳等,则认定它是一部地记,是我国现存最早的地方志。朱士嘉说:"《华阳国志》十二卷,附录一卷,晋常璩撰,《隋书·经籍志》以之入霸史类,《直斋书录解题》以之入杂史类,《郡斋读书记》以之入伪史类,《四库全书》以之入载记类,而皆不以地志目之。今审其书,乃专记巴蜀地理、风俗、人物之

方志也。"①刘琳的观点也较有代表性,他在《华阳国志校注》前言中说:"从内容来说,是历史、地理、人物三结合;从体裁来说,是地理志、编年史、人物传三结合。这两个三结合构成了《华阳国志》的一个显著的特点,这也是中国方志编纂史上的一个创举。"②

这个说法是有一定道理的。《华阳国志》与当时流行的一般地记相比,无非多出了一个记载地方割据政权的编年史内容。而事实上宋代以后的定型方志,亦往往有编年纪或大事记之类,记载一府一县之大事,所不同者不过是详略与性质有别而已。至于地理、人物两大内容,则与其他地记大致相同。还有就是人物传后的论赞(即作者的评论),这一点与其他地记也不同,似乎违反了志书"述而不作,叙而不议"的原则③,这也是一些人把它看作地方史的原因之一。

如"先贤士女总赞",在每篇人物传记之前,用了"赞"。所谓"赞",就是对一个人生平主要事迹或突出贡献用概括性的语言加以称颂,并且一律采用四字一句的韵语组成。这种赞语一般以两句、四句为多,少的一句,多的八句。试举两例:

云卿安贫。朱仓,字云卿,什邡人也。受学于蜀郡张宁。餐豆[屑]饮水以讽诵。同业怜其贫,资给米肉,终不受。著《河洛解》。家贫,恒以步行。为郡功曹。每察孝廉,羞碌碌诣公府试,不就。州辟治中从事,以讽咏自终。④

超类拔萃,实惟世信。刘宠,字世信,绵竹人也。出自孤微。以明《公羊春秋》上计阙下,见除成都令,政教明肃。时诸县多难治,乃换宠为郫令。又换鄨、安汉,皆垂绩。还在成都,迁牂柯太守。初乘一马之官,布衣疏食,俭以为教。居郡九年,乘之而还。吏人为之立铭。王商、陈实,当世贵士,皆与为友。⑤

又如"后贤志",在每篇人物传记之后,均有四字组成的颂辞,共两句,而这两句颂辞,一般要概括出这个人的个性、贡献和才能,相当于我们今天给一个人下的结论性评语。试举两例:"西河太守柳隐休然:西河烈烈,秉义居贞"⑥;"少府、成都威

---

① 朱士嘉:《中国地方志统计表》,《史学年报》第1卷第4期,1932年6月30日,第171页。
② [晋]常璩著,刘琳校注:《华阳国志校注》,前言,巴蜀书社1984年版,第2页。
③ 关于这一点,似也可看作方志作者在体例上的越轨之举,因为在后世的定型方志中也有这样的事例,如民国时余绍宋编纂的志书在人物传、列女传后都设有"论赞",述而有作,夹叙夹议,违背了志书"述而不作,叙而不议"的原则。
④ [晋]常璩著,刘琳校注:《华阳国志校注》卷十,先贤士女总赞,巴蜀书社1984年版,第758页。
⑤ [晋]常璩著,刘琳校注:《华阳国志校注》卷十,先贤士女总赞,巴蜀书社1984年版,第753—754页。
⑥ [晋]常璩著,刘琳校注:《华阳国志校注》卷十一,后贤志,巴蜀书社1984年版,第834页。

侯李毅允刚：少府果壮，文武是经"①。

再如"益梁宁三州先汉以来士女目录"，实际上就是人物表，但在每一个人之前也有一个品题，如"高尚""德行""文学""美秀"等。试举两例："高尚：逸民严遵，字君平。成都人也"②；"文学：侍中、扬州刺史张宽，字叔文。成都人。始受文翁遣东受七经，还以教授者"③。

总之，《华阳国志》总体而言应是一部地记，也是完整留传至今的唯一一部秦汉三国两晋南北朝地记，也是留传至今的最早的雏形方志。至于它的史料价值，借用北宋学者吕大防的说法，"晋常璩作《华阳国志》，于一方人物，丁宁反覆，如恐有遗，虽蛮髦之民，井臼之妇，苟有可纪，皆著于书"④，是研究我国古代西南地区政治、经济、地理、文化、民情、风俗的不可多得的珍贵史料。

第四节　隋唐图经编修概况

进入隋唐时期，自秦汉以来的几种雏形方志，如郡书、地记、地志等已经衰落，而图经一枝独秀，在经过三国、两晋、南北朝的蛰伏期后，突然爆发性地发达起来。有学者分析，中央集权加强和地方世家大族势力的削弱、东晋以来侨置州郡所造成的混乱、修史制度与选举制度的变化是隋唐图经发达的原因。⑤

至隋文帝开皇九年（589），隋灭陈，结束了自东汉以来近四百年的南北分裂局面。政府对方志的社会功能也日益重视，朝廷出于加强中央集权、抑制地方豪强势力的考虑，不仅发出了州郡主修方志的诏令，还规定了州郡每届修志相隔的时间，直接促使方志为中央集权服务。隋大业年间，隋炀帝"普诏天下诸郡，条其风俗、物产、地图，上于尚书。故隋代有《诸郡物产土俗记》一百五十一卷，《区宇图志》一百二十九卷，《诸州图经集》一百卷。其余记注甚众"⑥，这是我国历史上由中央政府组

---

① ［晋］常璩著，刘琳校注：《华阳国志校注》卷十一，后贤志，巴蜀书社1984年版，第835页。
② ［晋］常璩著，刘琳校注：《华阳国志校注》卷十二，益梁宁三州先汉以来士女目录，巴蜀书社1984年版，第913页。
③ ［晋］常璩著，刘琳校注：《华阳国志校注》卷十二，益梁宁三州先汉以来士女目录，巴蜀书社1984年版，第913页。
④ ［晋］常璩著，刘琳校注：《华阳国志校注》，吕大防序，巴蜀书社1984年版，第1004页。
⑤ 仓修良：《方志学通论》（增订本），华东师范大学出版社2013年版，第121—125页。
⑥ ［唐］魏徵、令狐德棻：《隋书》第4册，卷三十三，志第二十八，经籍二，史，中华书局1973年版，第988页。

织的大规模修志活动的开始,开了官修志书的先河。清人王谟说:"盖自隋文帝受周禅,至开皇三年(583)罢天下郡,其县乃隶州而已。九年平陈以后,四海一家,大业三年(607)罢州为郡,四年大簿,凡郡国一百八十三,而图经于是乎作。"①隋代官修总志有《诸州图经集》《诸郡物产土俗记》和《区宇图志》。《诸州图经集》,又名《州郡图经》,100卷,郎茂(字蔚之)纂,已佚。《诸郡物产土俗记》151卷,纂修人不详,已佚。《区宇图志》1200卷,虞世基等编纂,已佚。至于各地所修图经也都已散佚不传,唯诸书所引,略见零章片简,如《太平寰宇记》卷十陈州商水县引有隋《陈州图经》《陈州旧图》,《太平御览》卷六十四引有《固安图经》,《舆地纪胜》卷八十三引有《随州图经》。清人王谟《汉唐地理书钞》辑录有《诸州图经集》、《雍州图经》佚文(《雍州图经》仅有标目)。

到了唐代,图经的编修得到了进一步的发展。唐代同隋代相比,修图经的制度更为严密。首先,朝廷设有专门官吏管理此项工作。尚书省兵部设职方郎中、员外郎各一人,"掌天下之地图,及城隍、镇戍、烽候之数,辨其邦国都鄙之远迩,及四夷之归化者"②。其次,明确规定了州县定期造送制度。《唐会要》中"职方员外郎"条记载:"建中元年(780)十一月二十九日,请州图每三年一送职方,今改至五年一造送。如州县有创造及山河改移,即不在五年之限。后复故。"③《新唐书·百官志》记载:"凡图经,非州县增废,五年乃修,岁与版籍偕上。"④《唐六典》"尚书兵部"卷记载:"凡地图委州府三年一造,与版籍偕上省。"⑤这几条记载大体相似。从中可以看出,唐代基本上是三年一修图经,与版籍即户籍一同送到尚书省,中间曾一度改为五年一修,后来又恢复旧制。但是若遇到特殊情况,如"州县增废""山河改移"等情况发生,则随时都要造送。而事实上,这个规定是得到切实贯彻的,当时的《十道图》《十道录》等就是各地图经的综合,而"见于著录的《十道图》《十道录》有多种,可见是每隔一定时期就综合制作一次"⑥。因此严格意义上来说,虽然隋朝首开官修

---

① [清]王谟:《汉唐地理书钞》,郎蔚之隋州郡图经,中华书局2006年版,第207页。
② 《唐六典》卷五,尚书兵部,景印文渊阁《四库全书》第595册,台湾商务印书馆1986年版,第61页。
③ [宋]王溥:《唐会要》卷五十九,尚书省诸司下,景印文渊阁《四库全书》第606册,台湾商务印书馆1986年版,第760页。
④ [宋]欧阳修、宋祁:《新唐书》第4册,卷四十六,志第三十六,百官志一,中华书局1975年版,第1198页。
⑤ 《唐六典》卷五,尚书兵部,景印文渊阁《四库全书》第595册,台湾商务印书馆1986年版,第61页。
⑥ 来新夏:《方志学概论》,福建人民出版社1984年版,第54页。

方志之风,但纂修方志真正制度化是从唐代开始的,这使得唐代的图经达到了前所未有的鼎盛。据《中国古方志考》粗略估计,唐代总志约有 27 种,州县图经则在 150 种以上。但唐代图经大都散佚难考,仅有《沙州图经》《沙州都督府图经》《沙州地志》《西州图经》因保存于敦煌鸣沙石室而得以幸存残卷,他如新、旧唐书均著录的《润州图经》在内今天都已经看不到了。目前可从王仲荦的《敦煌石室地志残卷考释》或原书目文献出版社出版的"敦煌吐鲁番文献研究丛书"(一)中的《敦煌社会经济文献真迹释录(一)》中查到《沙州图经》《沙州都督府图经》《沙州地志》《西州图经》的残卷影印本。

特别令人高兴的是,这种制度即使在时间短促、政局动荡不安的五代也未曾间断过。《五代会要》卷十五"职方"条记载:

> (后唐明宗——笔者注)长兴三年(932)五月二十三日,尚书吏部侍郎王权奏:"伏见诸道州府每遇闰年准例送尚书省职方地图者,顷因多事之后,诸道州府旧本虽存,其间郡邑或迁,馆递增改,添增镇戍,创造城池,窃恐尚以旧规录为正本,未专详勘,必有差殊。伏请颁下诸州,其所送职方、地图,各令按目下郡县、镇戍、城池、水陆道路或经新旧移易者,并须载之于图。其有山岭溪湖,步骑舟楫各得便于登涉者,亦须备载。"奉敕:"宜令诸道州府,据所管州县,先各进图经一本,并须点勘文字,勿令差误。所有装写工价,并以州县杂罚钱充,不得配率人户。其间或有古今事迹、地理山川、土地所宜、风俗所尚,皆须备载,不得漏略,限至年终进纳。其画图候纸到,图经别敕处分。"①

可见州县定期上报图经的制度,五代继续沿用。现存五代图经,有从敦煌石室中发现的后晋开运二年(945)的《寿昌县地境》和后汉乾祐二年(949)的《沙州城土镜》。

北宋图经继续盛行。《宋史·职官志》"兵部职方郎中、员外郎"条记载:

> 掌天下图籍,以周知方域之广袤,及郡邑、镇寨道里之远近。凡土地所产,风俗所尚,具古今兴废之因,州为之籍,遇闰岁造图以进。四夷归附,则分隶诸州,度田屋钱粮之数以给之。分案三,置吏五。旧判司事一人,以无职事朝官充,掌受闰年图经。国初,令天下每闰年造图纳仪鸾司。淳化四年(993),令再

---

① [宋]王溥:《五代会要》卷十五,职方,景印文渊阁《四库全书》第 607 册,台湾商务印书馆 1986 年版,第 584—585 页。

闰一造;咸平四年(1001),令上职方。转运画本路诸州图,十年一上。①

又据近人张国淦《中国古方志考》的粗略统计,宋代图经现见存目者共有 188 种(不包括明确为南宋所修者),其中确知为北宋所修者为 96 种,另 92 种只知是宋代所修,分不出北宋或南宋,但由于图经盛行于北宋,似可肯定其中很大一部分是北宋所修。但是由于从北宋中后期开始,诸种地方志书已开始定型为正式方志,故图经至南宋,数量上已大为减少,据粗略统计,现能查到名目并确知纂修于南宋的图经仅 31 种,尚不及北宋三分之一。及至元代,图经又进一步锐减,现能查到名目者仅有 6 种。尔后,在明、清、民国各个朝代,各种地方志书一般都以"志"命名,图经之名极少出现,几至归于消失。

唐代图经的内容,较其初始形态更为完备。今天所存的《沙州图经》残卷,其内容包括水、泊、渠、壕、驿、堰、咸卤、盐池、州学、县学、社稷坛、杂神祠、异怪、殿、庙、冢、堂、古城、祥瑞、歌谣等;而《沙州都督府图经》残卷则包括水道、堤防、驿站、学校、寺观、城隍、怪异等内容。② 残卷的内容尚且如此广泛,完整图经的内容就可想而知了。但是图经的一个很大缺陷是没有人物传,与宋代以后的定型方志相比,仍有相当的距离,所以仍然只能算是雏形方志。不过,自秦汉发端,记人、述地较为单一的郡书、都邑簿,以及虽兼及记人、述地但门类较为简单的地记,发展到唐代的图经,兼记自然及社会,门类较地记更广,一个明显的趋势是,方志的题材从单一走向多元,组织则从单题各述走向综合汇编,至宋代,终于规划出整齐完备的定型方志体例。诚如张国淦在《中国古方志考》一书中所说:"方志之书,至赵宋而体例始备。举凡舆图、疆域、山川、名胜、建置、职官、赋税、物产、乡里、风俗、人物、方技、金石、艺文、灾异无不汇于一编。隋唐以前,则多分别单行,各自为书。其门类亦不过地图、山川、风俗、人物、物产数种而已。"③

---

① [元]脱脱等:《宋史》第 12 册,卷一百六十三,志第一百一十六,职官三,中华书局 1977 年版,第 3856 页。
② 傅振伦:《中国方志学》,《傅振伦方志论著选》,浙江人民出版社 1992 年版,第 27 页。
③ 张国淦:《中国古方志考》,叙例,中华书局 1963 年版,第 2 页。

第五节 《元和郡县图志》述评

《元和郡县图志》的作者是李吉甫(758—814),字弘宪,赵州赞皇(今河北省石家庄市赞皇县)人。其父李栖筠,唐代宗朝为御史大夫,名重于时。其子李德裕唐武宗时官太尉,当国凡6年,新、旧唐书皆有传。李吉甫其人好学能文,以门荫入仕补左司御率府仓曹参军,历任太常博士、屯田员外郎、驾部员外郎等,后出任明州(今浙江省宁波市)长史,历任忠州(今重庆市忠县)、郴州(今湖南省郴州市)、饶州(今江西省上饶市鄱阳县)刺史。唐宪宗即位后,奉诏回京,征拜考功郎中、知制诰,不久召为翰林学士,转中书舍人。元和二年(807),因参与谋划讨平剑南西川节度使刘辟叛乱有功,擢升为中书侍郎、同平章事,即宰相之职。元和三年(808)受"牛党"排挤,出任淮南节度使。元和六年(811)再度为相,加授金紫光禄大夫、集贤殿大学士监修国史、上柱国,进爵赵国公。元和九年(814)冬,以暴病卒。

李吉甫一生不仅政绩卓著,为维护唐王朝中央集权统治、削弱藩镇割据势力作出了突出贡献,且著述宏富,清代学者孙星衍说:"唐宰相之善读书者,吉甫为第一人矣。"[①]著有《百司举要》1卷、《六代略》30卷、《十道图》10卷、《古今地名》3卷、《删水经》10卷、《元和国计簿》10卷、《元和郡县图志》42卷等,可惜的是这些著作大都已经散佚,只有《元和郡县图志》流传至今。

《元和郡县图志》成书于唐宪宗元和八年(813),原书40卷,目录2卷,共计42卷。该书问世后,一直以抄本形式流传,直到南宋孝宗淳熙三年(1176)才由当时在襄阳幕府任职的张子颜(南宋"中兴四大将"之一张俊之子)向程大昌索取该书,并刊刻出版,但此时原有的图已亡佚,只有文字,"图今亡矣,独志存焉耳"[②]。陈振孙在《直斋书录解题》中也说:"《元和郡县志》四十卷,李吉甫撰。自京兆至陇右,凡四十七镇。篇首有图,今不存。"[③]故宋人又称其书为《元和郡县志》。后来在流传过程中又有散佚,今缺第19、20、23、24、35、36卷,但仍然是我国现存最早而又保存比较

---

① [清]孙星衍:《元和郡县图志序》,[唐]李吉甫撰,贺次君点校:《元和郡县图志》,中华书局2005年版,第1107页。
② [宋]程大昌:《元和郡县图志跋》,[唐]李吉甫撰,贺次君点校:《元和郡县图志》,中华书局2005年版,第1101页。
③ [宋]陈振孙:《直斋书录解题》卷八,地理类,"《元和郡县志》四十卷"条,上海古籍出版社2006年版,第239页。

完整的一部全国性总志。

初唐政区最初实行州、县二级制。《元和郡县图志》的体例，是以《贞观十三年大簿》的关内、河南、河东、河北、山南、淮南、江南、剑南、岭南、陇右十道统领全志，但由于唐代的"道"只是监察区而不是行政区，反倒是节度使镇在"安史之乱"之后逐渐成了实际的行政区域，已成为凌驾于府、州之上的一级政区，所以《元和郡县图志》实际上是以当时的 47 个节度使镇为纲，取节度使理所州领衔，以府、州、县为目，十道只是作为分卷排列的顺序而已。这样的做法，符合唐后期地方行政由节度使镇—州—县三级构成的实际情况。因陇右道此时已沦于吐蕃，当时并不是唐王朝的实际辖区，故殿于诸道之后，但将其列入，本身反映了作者收复失地的志向。该志分 47 镇，每镇皆在篇首置图，冠于叙事之前，也就是说每镇一图一志，以 47 镇为纲，分镇记载府、州及属县。府、州除在节度使理所州之下注明"今为××节度使理所"及管州、管县多少以外，一般府、州记述的内容有治所、等级、户数、领乡、垦田、沿革、府（州）境、八到、贡赋、属县等项。治所，注明在府、州之下。叙述本府、州管县时，以治所所在县为首。诸州以其所在地位的轻重、辖境的大小、户口的多寡和经济开发的程度，被分为不同的等级。《通典》卷三十三"职官"载："开元中，定天下州府自京都及都督、都护府之外，以近畿之州为四辅，其余为六雄、十望、十紧，及上、中、下之差。"①《元和郡县图志》中府州的等级有雄、望、紧、上、中、下六等。"雄""望""紧"州以其政治、军事地位的重要与否及经济开发程度作为划分依据；"上""中""下"州的划分，主要依据户口多寡而定。但上州也有不以户口多寡划分的，如唐朝规定，凡京师附近的州，"户虽不满四万亦为上州"②。户数除了个别记载贞观、天宝的户数外，一般只记载开元、元和两种户数，不具口数，只有陇右道因已经陷于吐蕃而没有元和年间的户数。关于唐代的户口，《旧唐书·地理志》记载了贞观、天宝两种，《元和郡县图志》无疑又为我们保存了一份珍贵的人口资料。领乡之数均系于各州户数之下，只有京兆府、陇州缺载。垦田则只有润州载有数量，泾、原、宁、庆、鄜、坊、丹、延、陕、魏、梧、太原十二府、州仅挂"垦田"二字，其余府、州均无记载。沿革记述府、州置废的历史变迁，每每上溯三代，下迄唐代直至元和年间，叙述系统完整。府（州）境指府、州的东西南北各若干里的界限，后来也称为"四至"。"八到"是指该府（州）至都城长安、东都洛阳及八方府（州）、要地的交通路线及里距。贡、赋则分列，同时记载了开元、元和年间的贡品（若元和贡品与开元同，则略而不书）。

---

① ［唐］杜佑：《通典》卷三十三，职官十五，中华书局 1984 年版，第 188 页。
② ［唐］杜佑：《通典》卷三十三，职官十五，中华书局 1984 年版，第 188 页。

属县则首先罗列各府(州)辖县的名称,然后逐个分述,首先记载各县的等级、至府(州)里距、沿革等,山川、水利、关塞、古迹、物产、贡赋等自然地理、经济地理的内容也都记录在志,一如府(州)叙述体例。

《元和郡县图志》在舆地学上最大的影响,在于它创立了一个比较完整的地理总志的体例。其中,"四至""八到""贡赋"门类的设置,都是过去地理总志所没有的,是李吉甫的独创。尤其是"八到"的设置,使地理空间得以量化,这种详细记载的道路与当时各州郡地图配合在一起,为后人了解和掌握当时及以前的交通提供了翔实的资料。当代历史地理学者李志庭评价说:"'八到'的标目是李吉甫撰《元和郡县图志》的一种创造,所记内容言简意明,内容丰富,犹如一份唐代交通地图的说明书。"[①]该志的户口一项分别记载了开元、元和两个时期的户数与乡数,以便于比较。《汉书·地理志》虽已有户口的记载,但只记平帝元始二年(2)的户数,其后的地理书也大都是一个朝代只记一次统计数,《元和郡县图志》改变了以往的做法,记录了开元和元和两个年份的户数,为后人了解唐代前后户口变动与社会状况提供了极为宝贵的第一手资料。这些创造性的做法,为后世方志所效仿。《四库全书总目》对此高度评价:"舆记图经隋唐《志》所著录者,率散佚无存。其传于今者,惟此书为最古,其体例亦为最善。后来虽递相损益,无能出其范围。"[②]当然也不是说《元和郡县图志》毫无欠缺,诚如孙星衍评论的,"不载书传名目,又间有异说及疏漏之条,若大坏不在成皋,大别不在安丰,鱼台不载伏羲陵,曹县不载汤冢之类,是其小疵,然其大体详赡,可以证今方志乡壁虚造之说,无此书而地理之学几绝矣"[③]。

尤为可贵的是,李吉甫非常重视志书的经世致用。他批评"古今言地理者凡数十家,尚古远者或搜古而略今,采谣俗者多传疑而失实,饰州邦而叙人物,因丘墓而征鬼神,流于异端,莫切根要。至于丘壤山川,攻守利害,本于地理者,皆略而不书,将何以佐明王扼天下之吭,制群生之命,收地保势胜之利,示形束壤制之端"[④]。周

---

① 李志庭:《元和郡县图志》,仓修良:《中国史学名著评介》第1卷,山东教育出版社1990年版,第524页。
② [清]纪昀等:《钦定四库全书总目》卷六十八,史部二十四,地理类一,中华书局1997年版,第925页。
③ [清]孙星衍:《元和郡县图志序》,[唐]李吉甫撰,贺次君点校:《元和郡县图志》,中华书局2005年版,第1106页。
④ [唐]李吉甫:《元和郡县图志序》,[唐]李吉甫撰,贺次君点校:《元和郡县图志》,中华书局2005年版。

中孚评价说:"之数语,洵足为后世纂修舆地书之法。"① 其编纂《元和郡县图志》的目的非常明确,就是辅佐唐王朝中央政府控制藩镇,加强中央集权,按他的话说,是帮助当代及后世帝王"王天下",所以《元和郡县图志》于户口疆境、形势险要,必实稽当时图籍为之,最为可据,尤详于兵要地理。"宪宗得以坐览要害,而陶定策画者,图之助多也。"② 李吉甫病逝后,唐宪宗擢用裴度为相,铲平了藩镇割据,国家出现了"元和中兴"的局面。因此清人张驹贤盛赞《元和郡县图志》为"辅治经国之书","循名核实,已具大一统之规,稽户口,列垦田,辨方舆,详贡赋。以及山川关隘,兵马盐冶,仓庾桥道,河渠泽薮之属,无不悉关乎经画。按书而核,道里之远近,地形之形便,生齿之众寡,物力之盈亏,皆殷列于几案之间"。③

2.2 课后思考与拓展阅读

---

① [唐]周中孚:《郑堂读书记》,补逸卷十一,史部,地理类一,上海书店出版社 2009 年版,第 1430 页。
② [宋]程大昌:《元和郡县图志跋》,[唐]李吉甫撰,贺次君点校:《元和郡县图志》,中华书局 2005 年版,第 1101 页。
③ [唐]李吉甫撰,[清]孙星衍校,[清]张驹贤考证:《元和郡县图志 附阙卷逸文考证》,元和郡县图志考证叙,《丛书集成初编》第 3084 册,中华书局 1985 年版。

第三章 宋代方志

第一节 宋代方志发展和定型

到了宋代,确切地说,应是南宋,随着社会政治、经济、文化的发展,方志发展进入了一个兴盛以至定型的重要时期。这在我国方志发展史上具有划时代的意义。

3.1 学习目标

宋代方志

北宋建国之始,统治者就非常重视各地图经的编修,以便及时掌握全国州郡形势,了解各地风俗民情及赋税、贡品等情况。宋太祖开宝六年(973)四月,北宋使臣卢多逊出使南唐,登舟归国前,派人对南唐国主说:"朝廷重修天下图经,史馆独阙江东诸州,愿各求一本以归。"①此时北宋尚未平定南方诸国及北汉,但已开始重修天下图经。景德四年(1007)二月,宋真宗巡幸洛阳,浏览《西京图经》时,因其颇多疏漏,遂"令诸道、州、府、军、监选文学官校正图经,补其阙略来上,命知制诰孙仅等总校之。仅等言诸道所上,体制不一,遂请创例重修,奏可"②。景德四年的这次图经修撰活动,一直延续到大中祥符年间。大中祥符三年(1010)十二月,图经(即《祥符州县图经》)修成后,又诏令"重修定大小图经,令职方牒诸州,谨其藏,每闰依本录进"③。另据《宋史·职官志》"兵部职方郎中、员外郎"条记载:

掌天下图籍,以周知方域之广袤,及郡邑、镇寨道里之远近。凡土地所产,

---

① [宋]李焘:《续资治通鉴长编》第1册,卷十四,"开宝六年四月辛丑"条,中华书局2004年版,第299页。

② [宋]李焘:《续资治通鉴长编》第3册,卷六十五,"景德四年二月己卯"条,中华书局2004年版,第1445页。

③ [宋]王应麟:《玉海》第1册,卷十四,地理,地理图,"《祥符州县图经》"条,江苏古籍出版社、上海书店出版社1987年版,第274页。

风俗所尚,具古今兴废之因,州为之籍,遇闰岁造图以进。四夷归附,则分隶诸州,度田屋钱粮之数以给之。分案三,置吏五。旧判司事一人,以无职事朝官充,掌受闰年图经。国初,令天下每闰年造图纳仪鸾司。淳化四年(993),令再闰一造;咸平四年(1001),令上职方。转运画本路诸州图,十年一上。①

尤其值得一提的是,宋代继承了隋唐官修志书的制度,并且使它进一步完善。到了北宋徽宗崇宁年间(1102—1106)②,出现了专门修纂和管理图经的机构,即"九域图志所","崇宁以后,置编修国朝会要所、详定九域图志所二局于秘书省。"③虽然它存在的时间不长,至徽宗宣和二年(1120)六月,蔡京致仕,王黼掌权,当时北方女真族崛起,辽朝统治岌岌可危,北宋君臣想趁机收复燕云地区,王黼便是其中最积极者之一,为了"尽去冗费,专事燕山",王黼"罢礼制局并修书五十八所"④,其中就有九域图志所。但这毕竟是我国有据可查的朝廷设局修志的开始,从此,历代朝廷都采取这种设局修志的办法。到了南宋,官修制度进一步完善,地方当局也开始设局修志。《景定建康志》的编纂者周应合在该志《修志本末》中叙述了他受南京留守、建康知府马光祖聘请,"开书局于钟山之下","入局修纂"《建康志》的经过。周应合在这篇文章中,一一列出了书局人员的编制、分工:有主纂者的助手,有事务管理人员,有抄写人员,也有专管收发传递的人。至此,我国初步确立了由官方设立修志机构,提供编纂经费,并指派官员组织或聘用有学识的人员负责编纂,代官府立言,为官府服务的官方修志传统和修志制度。不过当时的修志机构,都是为了修某部志书而临时设立的,尚不是常设性机构。官修志书制度的确立,是我国方志发展史上的一件大事,是"志"和"官"进一步结合的显著标志,它使过去的私修及"半官修"地记、郡书逐渐为官修志书所代替,由此开创了志为官重、为官修志的新时代。

宋代统治者对修志的重视使方志发展呈现繁荣的局面,并走向定型。宋代以前,方志之书多是图经、地记、郡书,记地、记人、记物各为专书,到了宋代以后,"荟

---

① [元]脱脱等:《宋史》第12册,卷一百六十三,志第一百一十六,职官三,中华书局1977年版,第3856页。
② 关于"九域图志所"设立的时间,目前学术界尚有争议,郭声波、潘晟认为成立于北宋崇宁年间(分别见郭声波:《宋朝官方图书机构考述(下)》,《宋代文化研究》第10辑,线装书局2001年版,第188页;潘晟:《宋代图经与九域图志:从资料到系统知识》,《历史研究》2014年第1期),但桂始馨认为应成立于北宋大观元年(1107)(见桂始馨:《北宋九域图志所考》,《中国地方志》2016年第2期)。
③ [宋]程俱著,张富祥校证:《麟台故事辑本》卷二,职掌,《麟台故事校证》,中华书局2004年版,第95页。
④ [元]脱脱等:《宋史》第2册,卷二十二,本纪第二十二,徽宗四,中华书局1977年版,第406页。

萃以上各体成为方志"①。前者属于广义的方志,后者则是狭义的方志。宋代正是方志从广义走向狭义的承前启后时期,其主要特点是志书的体例已经基本定型。正如清代学者郭嵩焘所说:"地志体例,经始于北宋,至南宋而始备。"②方志学前辈专家朱士嘉也说:"宋志上承《史》、《汉》余绪,下为后代方志编纂学打下了良好的基础。如果说,汉以来修史者无不奉《史》、《汉》为圭臬,那末,宋以来修志者几乎莫不以宋志为楷式了。"③

说到宋代方志的定型,这里不能不提到北宋早期杰出的历史地理学家乐史所著的《太平寰宇记》,某种程度上说,该书为后来的方志定型开了风气之先。乐史(930—1007),字子正,江西抚州宜黄人,宋太宗太平兴国五年(980)进士,官著作郎直史馆。他为使赵宋王朝"不下堂而知五土,不出户而观万邦",于太平兴国四年(979)至雍熙四年(987),前后用 8 年时间撰成了著名的《太平寰宇记》,共 200 卷,并目录 2 卷。该书在继承前代地理志的优良传统的基础上,在记述各道、府、州、县时,创造性地增加了各地的风俗、姓氏、人物、艺文、土产等人文和经济方面的内容,并因人物而详及官爵及诗文杂事,从而使单纯的地理志发展成为历史与地理相结合的方志。这种体例在当时很受学人的重视,因而郡邑志书纷纷效仿,并直接开了后世一统志的先河。《四库全书总目》高度评价了《太平寰宇记》在中国方志史上的里程碑作用。

> 古之地志载方域、山川、风俗、物产而已,其书今不可见,然《禹贡》《周礼·职方氏》其大较矣。《元和郡县志》颇涉古迹,盖用《山海经》例。《太平寰宇记》增以人物,又偶及艺文,于是为州县志书之滥觞。元、明以后,体例相沿。列传俾乎家牒,艺文溢于总集。末大于本,而舆图反若附录。④

> 后来方志必列人物、艺文者,其体皆始于史。盖地理之书,记载至是书而始详,体例亦自是而大变。⑤

---

① 梁启超:《清代学者整理旧学之总成绩(三)——史学、方志学、地理学、传记及谱牒学》,《中国近三百年学术史》,饮冰室专集之七十五,第 299 页,《饮冰室合集》第 10 册,中华书局 1989 年版。
② [清]郭嵩焘等纂修:《光绪湘阴县图志》卷首,例言,《中国地方志集成·湖南府县志辑》第 10 册,江苏古籍出版社 2002 年版,第 3 页。
③ 朱士嘉:《〈宋元方志传记索引〉序》,李泽主编:《朱士嘉方志文集》,北京燕山出版社 1991 年版,第 254 页。
④ [清]纪昀等:《钦定四库全书总目》卷六十八,史部二十四,地理类序,中华书局 1997 年版,第 923 页。
⑤ [清]纪昀等:《钦定四库全书总目》卷六十八,史部二十四,地理类一,中华书局 1997 年版,第 925 页。

当然《太平寰宇记》也不是尽善尽美，与《元和郡县图志》相比，删去了"贡赋"和地图等项，为后人所不取，以至于北宋神宗元丰三年（1080），王存等人编修《元丰九域志》，不但重新开列"土贡"一项，而且也有过附图的打算，所以原本称此《志》为《图》，后因图无绘，"乃请改曰志"①。

宋代方志的定型表现在三个方面：一是志书的名称开始称"志"，名实开始相符，尤其是进入南宋以后，采用图经或其他称呼的志书大幅度减少，乃至接近消亡。二是就体例而言，我国旧志体例有纲目体、平列体、纪传体、三宝体、三书体、编年体、章节体（清末出现），但后4种志书出现不多，旧志的主要体例是纲目体、平列体、纪传体，这3种体例在宋代都已出现并广泛运用。纲目体，又称"分纲列目体"，其结构方式为全书先列若干大纲，每纲再分诸多细目。这种纲目体，又分为以事类为纲和以政区为纲两种类型，后者在全国性的总志编纂中运用较为普遍。现存的宋代志书中，典型的纲目体志书不多，《新安志》应属于这种体例。平列体，又称"无纲多目体""细目并列体""门目体"，是一种志书第一层次门类分类较多，诸多门类并列平行而互不统摄的结构方式，著名的《吴郡志》《嘉泰会稽志》《宝庆会稽续志》都属于这种体例，后世仿效者甚多。纪传体，是一种特殊的纲目体，仿纪传体史书的体例，是以纪、表、志、传等体裁分部类的结构方式，《景定建康志》就属于这种体例。至于志书的体裁，包括凡例、无题小序、大事记、专业分志、人物传、图、表、附录，在宋代也都出现了。三是在内容上，宋代的志书包括图、大事记、沿革、山川、物产、城郭、关隘、津梁、学校、风俗、户口、古迹、寺院、艺文、人物、姓氏、职官、选举、诗文、杂事等门类，凡后来古代方志所设置的内容，除方言等个别内容外，基本上也都已具备了。

为什么方志到宋代体例会趋于定型呢？当代著名方志学者仓修良从四个方面进行了分析：一是宋代学术空气的活跃对方志发展与体例的完善起了很大的推动作用。二是宋人研究当代史风气盛行直接推动记人、述地再度汇合一体。三是宋元方志作者已注意作志的目的性，促使大量增加人文方面的内容。诚如马光祖在《景定建康志》的序中所说："郡有志，即成周职方氏之所掌，岂徒辨其山林、川泽、都鄙之名物而已？天时验于岁月、灾祥之书；地利明于形势、险要之设；人文著于衣冠、礼乐、风俗之臧否。忠孝节义，表人才也；版籍登耗，考民力也；甲兵坚瑕，讨军实也；政教修废，察吏治也；古今是非、得失之迹，垂劝鉴也。夫如是，然后有补于

---

① ［宋］王存等撰，王文楚、魏嵩山点校：《元丰九域志》，表，中华书局2011年版。

世。郡皆然,况陪都乎?"①四是许多学者参加方志的编修是促使方志逐步形成著述体裁的重要因素。如宋敏求、朱长文、刘攽、范成大、李焘、陈振孙、高似孙、熊克、周必大、薛季宣、陈傅良等,都曾参与宋代方志的编修。②

第二节 宋代方志编修概况

北宋建立以后,仍承袭着隋唐五代各地定期修图经的制度,所以在一段时期内,各地确实修了很多图经。有学者据此认为,对于北宋方志不宜估计过高,因为北宋图经盛行,方志在数量上远非图经可比,普遍程度也差得很远,且在内容和体例方面,除少数一两种已相当充实和完备外,其余尚未完全定型。所以,北宋方志的基本状况应是:图经盛行,方志不占主要地位,图经还只是处在向定型方志过渡的阶段。而南宋图经由盛转衰,方志起而代之,并发展成为当时志书的主流,从而基本上完成了图经向方志的过渡。所以,南宋可以说是方志取代图经主要地位的时期,也是方志的发展和定型时期。③ 民国学者张国淦在《中国古方志考》中的粗略统计也证明了这一点,统计分北宋、南宋、宋三组,凡是难以确定为北宋或南宋者,一律归入宋,而对于志和图经以外称呼者,如乘、谱、记、编等,一律归入其他。根据这一原则,统计结果是:北宋计172种,其中志24种,图经96种,其他52种;南宋计304种,其中志248种,图经31种,其他25种;宋计285种,其中志150种,图经92种,其他43种。这组数字醒目地告诉我们,北宋时期图经的数量很大,到了南宋,大大减少,而称志者却是北宋的10倍,其他名称者的数量也在减少,这是宋代方志逐步趋向定型的有力证据。但也有学者认为,随着学术发展的推进,北宋图经的内容也在不断丰富,已非往日图经所能比拟。宋代以后,名实不相符的情况大量存在,即许多著作名为图经,但实际上其内容已经是既讲地理又述人文,已不像隋唐图经那样单记地理了,不能据此认为北宋图经盛行,方志在数量上远非图经可比。④ 不过从总的趋势来看,志书确实是在南宋逐渐走向名实相符的,名称只不过是内容与体例发展变化结果的体现,内容是首要的,内容丰富了,再用图经之名已不相称,诚

---

① [宋]马光祖:《〈景定建康志〉序》,[宋]马光祖修,[宋]周应合纂,李天石整理:《景定建康志》,南京出版社2022年版,第3页。
② 仓修良:《方志学通论》(增订本),华东师范大学出版社2013年版,第174—179页。
③ 黄苇等:《方志学》,复旦大学出版社1993年版,第155—157页。
④ 仓修良:《方志学通论》(增订本),华东师范大学出版社2013年版,第184页。

如章学诚所说:"名者,实之宾。实至而名归,自然之理也。"①

北宋最早称志的方志,当在北宋仁宗庆历(1041—1048)以前。据考,庆历年间陶弼的《瑞莲池》诗有这样两句:"额名旧载零陵志,碑宇新镌子厚诗。"②据此可知,在庆历之前早有《零陵志》,可惜未能流传下来。而现存最早称志的方志,则当推宋敏求的《长安志》,它也是现在所能见到的北宋所修的以志命名的唯一一部地方志,也是留传至今最早、最完备的一部记载古都的志书。

宋敏求(1019—1079),字次道,赵州平棘(今河北省石家庄市赵县)人,北宋神宗熙宁年间进士,官至史馆修撰、谏议大夫、龙图阁直学士,预修《新唐书》,又修《国史会要》《两朝正史》,著书甚多,今传仅有《春明退朝录》《长安志》。他曾修《河南志》20卷,可惜也已散佚。《宋史》有传,略云:"敏求家藏书三万卷,皆略诵习,熟于朝廷典故,士大夫疑议,必就正焉。补唐武宗以下《六世实录》百四十八卷,它所著书甚多,学者多咨之。"③《河南志》今已不可得。《长安志》20卷,成书于熙宁九年(1076)。卷首有熙宁九年赵彦若序;卷一为总叙、分野、土产、土贡、风俗、四至、管县、杂制;卷二为雍州、京都、京兆尹、府县官;卷三至卷六为宫室一至四;卷七至卷十为唐京城一至四;卷十一至卷二十为所属各县。其中,宫室和唐京城八卷之中,对历代古迹及长安的坊市、街道、宫室、官邸等都有详细记载,深得历代学者的好评。与他同时代的著名史学家司马光称:"唐丽正殿直学士韦述为《两京记》,近故龙图阁学士宋君敏求,字次道,演之为《河南(志)》《长安志》。凡其废兴迁徙,及宫室、城郭、坊市、第舍、县镇、乡里、山川、津梁、亭驿、庙寺、陵墓之名数,与古先之遗迹,人物之俊秀,守令之良能,花卉之殊尤,无不备载,考诸韦《记》,其详不啻十余倍,开编粲然,如指诸掌,其博物之书也。"④《四库全书总目》则说:"是编皆考订长安古迹,以唐韦述《西京记》疏略不备,因更博采群籍,参校成书。凡城郭、官府、山川、道里、津梁、邮驿,以至风俗、物产、宫室、寺院,纤悉毕具。其坊市曲折及唐盛时士大夫宅第所在,皆一一能举其处,粲然如指诸掌。司马光常以为考之韦《记》,其详不啻十倍,今韦氏之书久已亡佚,而此志精博宏赡,旧都遗事,借以获传,实非他地

---

① [清]章学诚著,叶瑛校注:《鍼名》,《文史通义校注》卷四,内篇四,中华书局2000年版,第444页。

② [清]邓显鹤:《沅湘耆旧集前编》卷十八,陶邕州弼三十七首,瑞莲池,《沅湘耆旧集》第1册,岳麓书社2007年版,第302页。

③ [元]脱脱等:《宋史》第28册,卷二百九十一,列传第五十,中华书局1977年版,第9737页。

④ [宋]司马光:《河南志序》,《温国文正司马公文集》卷六十五,《四部丛刊初编》第182册,商务印书馆1926年版,第487页。

志所能及。"①周中孚也说:"长安为周、秦、汉、唐建都作邑之所,事迹本夥,纪载宜详。次道以唐韦述《两京记》但详于古迹,余多阙而未备,乃创为体例,遍搜传记诸书,汇次成书,旧都古今之制,于是乎备。……凡府县之政,官尹之职,河渠、关塞、风俗、物产、宫室、街道之属,无不纲举目张,典而有体,赡而不芜。"②当然,《长安志》也有不足之处,如在其叙事中,曲台既入未央,又入之三雍,是一分为二;长门宫在都城之外长门亭畔,却列于长信宫内;宫殿园囿,又多空存其名,不著事迹。但就整体而言,"实则凌云之材,不以寸朽为病也"③。

宋代是方志发展的兴盛期,在长达1100年的汉唐年代,我国各地编撰的地方志总计不足400种④,而宋代320年中,全国就修纂了1016种方志⑤,呈现了前所未有的繁荣局面,见表3-1。

其中流传至今的34种宋代方志中,涌现出不少名志。如宋敏求的《长安志》,朱长文的《吴郡图经续记》,范成大的《吴郡志》,罗愿的《新安志》,周应合的《景定建康志》,高似孙的《剡录》,陈耆卿的《嘉定赤城志》,梁克家、陈傅良的《淳熙三山志》,还有著名的宋元"四明六志"、"会稽二志"和"临安三志"。宋元"四明六志"中的三部,即张津等的《乾道四明图经》,方万里、罗濬的《宝庆四明志》,梅应发、刘锡的《开庆四明续志》为南宋志书。"会稽二志"指南宋施宿的《嘉泰会稽志》和张淏的《宝庆会稽续志》。"临安三志"包括南宋孝宗乾道五年(1169)府尹周淙纂修的《乾道临安志》,宋理宗淳祐十二年(1252)成书、陈仁玉等纂的《淳祐临安志》,以及由知府潜说友纂修、成书于宋度宗咸淳九年(1273)以后的《咸淳临安志》。

---

① [清]纪昀等:《钦定四库全书总目》卷七十,史部二十六,地理类三,中华书局1997年版,第959页。
② [清]周中孚:《郑堂读书记》补逸卷十二,史部,地理类二,上海书店出版社2009年版,第1448页。
③ [清]纪昀等:《钦定四库全书总目》卷七十,史部二十六,地理类三,中华书局1997年版,第959页。
④ 《隋书·经籍志》引南齐陆澄《地理书》和萧梁任昉《地记》称,汉魏六朝的地方志有244种。张国淦的《中国古方志考》(中华书局1963年版)载,隋唐方志约100种。合计统计不足400种。
⑤ 据张国淦的《中国古方志考》(中华书局1963年版)统计。

表 3-1　宋代方志存佚情况一览

省别	现存	佚亡	合计
总志	5种：《太平寰宇记》200卷、《元丰九域志》10卷、《舆地广记》38卷、《舆地纪胜》200卷、《方舆胜览》70卷	35种	40种
四川		180种	180种
浙江	14种：《乾道临安志》3卷、《淳祐临安志》6卷、《咸淳临安志》95卷、《澉水志》8卷、《嘉泰吴兴志》20卷、《乾道四明图经》12卷、《宝庆四明志》21卷、《开庆四明续志》12卷、《嘉泰会稽志》20卷、《宝庆会稽续志》8卷、《剡录》10卷、《嘉定赤城志》40卷、《淳熙严州图经》(残)、《景定严州续志》10卷	127种	141种
江西		100种	100种
广东		84种	84种
江苏	8种：《景定建康志》50卷、《吴郡图经续记》3卷、《吴郡志》50卷、《云间志》3卷、《淳祐玉峰志》3卷、《咸淳玉峰续志》1卷、《咸淳毗陵志》30卷、《嘉定镇江志》22卷	72种	80种
广西		64种	64种
湖北		63种	63种
湖南	1种：《岳阳风土记》1卷	59种	60种
安徽	1种：《新安志》10卷	56种	57种
福建	2种：《淳熙三山志》40卷、《仙溪志》15卷	50种	52种
陕西	3种：《长安志》20卷、《长安图记》1卷、《雍录》10卷	26种	29种
河南		23种	23种
甘肃		15种	15种
山西		9种	9种
山东		8种	8种
河北		6种	6种
贵州		3种	3种
云南		1种	1种
新疆		1种	1种
总计	34种	982种	1016种

第三节　宋代方志述评

1.《吴郡志》

《吴郡志》,即苏州府志。作者范成大(1126—1193),字致能,因住在苏州石湖旁,又号石湖居士,南宋平江府(今江苏省苏州市)人,同杨万里、陆游、尤袤合称为南宋"中兴四大诗人"。绍兴二十四年(1154)进士,孝宗时累官至权吏部尚书,迁中大夫、参知政事。绍熙三年(1192)加资政殿大学士,知太平州(今安徽省马鞍山市当涂县),实际并未到任。著有《石湖诗集》《石湖纪行三录》《吴郡志》《桂海虞衡志》等。其中《吴郡志》是他晚年隐居苏州期间所作,成书于南宋光宗绍熙二年(1191),但直到南宋理宗绍定二年(1229)才由汪泰亨补刊。

《吴郡志》,平列体结构,50 卷,分 39 门:沿革、分野、户口税租、土贡、风俗、城郭、学校(县学附)、营寨、官宇、仓库场务(市楼附)、坊市、古迹、封爵、牧守、题名、官吏、祠庙、园亭、山、虎丘、桥梁、川、水利、人物(烈女附)、进士题名(武举附)、土物、宫观、府郭寺、郭外寺、县记、冢墓、仙事、浮屠、方技、奇事、异闻、考证、杂咏、杂志。卷帙浩博,不但以志名书,其内容文字较吴地前志及图经明显增加,门类扩大,堪称吴地志书由图经向定型方志过渡的典型代表作。

该志最大的特点是材料丰富,记事简明,"峻而整"。《吴郡志》引证材料十分丰富,有正史、野史、类书、专著、别集、笔记、方志等百余种,且对引证材料注明出处,便于查阅,反映了作者严谨的学术态度,也增强了志书的资料性和学术性,与那些例行公事的志书不可同日而语。其中,人物、土物两类搜罗文献尤其丰富,对一些不见史传的著名人物,也能在志中反映,对于历史上不太光彩的反面人物,不仅加以记载,而且注重挖掘其在家乡的事迹。如北宋真宗朝宰相丁谓是苏州人,为官不太清正,《宋史纪事本末》专门设卷二十三《丁谓之奸》,记述了其阿谀奉承、争权夺利的丑行。关于人物褒贬,地方志最常用的方法,一是对人物有褒而无贬,二是暗贬,《吴郡志》对丁谓则是采取了有褒而无贬的方法,以较多的笔墨挖掘了丁谓在家乡的事迹,丰富了丁谓的形象。如称"谓机敏有智谋,文字累数千百言,经览辄诵。善谈笑为诗,至图画、博弈、音律,无不洞晓","又尝为乡里请于朝,特免丁钱。乡人至今德之,祠于万寿寺"。①

从实际出发反映苏州地方风貌,体现志书鲜明的地方性,是该志的又一特色。苏州园林甲天下,古今如此。《吴郡志》抓住这一特点,突出记述了园林、名胜、古迹,不仅设置了"园亭""古迹"等专卷记述,而且在"山""府郭寺""郭外寺""宫观""祠庙"诸卷中有所记载。其中,虎丘虽只是一个小丘,然能与天下名山争胜,是苏州特有的标记,在苏州有着独特的地位,该志便将虎丘从"山"卷中分出来,单独设为一目,突出了它的地位,表现了作者善于抓住地方特色的卓识。此外,为了反映苏州"人文荟萃"的特色,《吴郡志》不仅少见地在志书中专设一卷"学校",还大量地记述文人墨客在苏州的活动,特别是诗文,在《吴郡志》各卷中皆有反映。如在"风俗"中有晋代陆机、唐代皮日休等人的《吴趋行》《钓侣》等诗篇;"城郭"则有唐代杜牧的《吴城》诗等;"官宇"中则有唐代陆龟蒙、白居易,宋代范仲淹等人的诗篇。对"无所附丽者",也就是其他卷不收的诗,则专列"杂咏"一目加以反映。该志的"杂咏"目,分纪咏、游览、书事、怀古、题赠、寄赠、留别、赠别 8 项,纂辑唐宋人歌咏苏州风光的诗篇,为后世的地方艺文志开了先河。

2.《新安志》

《新安志》,即徽州府志。作者罗愿(1136—1184),字端良,号存斋,安徽歙县人。绍兴二十五年(1155)以父荫补承务郎,授临安府新城县税监。乾道二年(1166)中进士,八年(1172)通判赣州,有政绩,任内纂《新安志》10 卷。淳熙十年(1183)知鄂州,卒于任上。该志成书于南宋孝宗淳熙二年(1175),是安徽唯一传世的宋代志书。一代方志学大师章学诚对此评价甚高,说:"范氏之《吴郡志》,罗氏之《新安志》,其尤善也"②,"今学者论宋人方志,亦推罗氏《新安志》与范氏《吴郡志》为称首,无异辞矣"③。

全志共 10 卷,采用分纲列目体,现抄目录如下:

卷首:序、目录。

卷一:州郡,下分沿革、分野、风俗、封建、境土、治所、城社、道路、户口、姓氏、坊市、官府、庙学、贡院、放生池、馆驿、仓库、刑狱、营寨、邮传、祠庙。

---

① [宋]范成大著,陆振岳校点:《吴郡志》卷二十五,人物,江苏古籍出版社 1999 年版,第367 页。
② [清]章学诚著,叶瑛校注:《为张吉甫司马撰大名县志序》,《文史通义校注》卷八,外篇三,中华书局 2000 年版,第 881 页。
③ [清]章学诚著,叶瑛校注:《书〈吴郡志〉后》,《文史通义校注》卷八,外篇三,中华书局 2000 年版,第 915 页。

卷二：物产、贡赋，物产下分谷粟、蔬茹、药物、木果、水族、羽族、兽类、畜扰、货贿。贡赋下分税则、杂钱、夏税物帛、小麦、秋税糙米、折帛钱、进贡、上供物帛、上供纸、酒课、税课、茶课、盐课、公用。

卷三：歙县，下分沿革、县境、镇寨、乡里、户口、田亩、租赋、酒税、城社、官廨、道路、桥梁、津渡、山阜、水源、古迹、祠庙、道观、僧寺、丘墓、碑碣、贤宰。

卷四：休宁、祁门。

卷五：婺源、绩溪、黟县。

卷六、卷七：先达。

卷八：进士题名、义民、仙释。

卷九：牧守。

卷十：杂录，下分人事、诗话、杂艺、砚、纸、墨、定数、神异、记闻。

《新安志》的编纂特色体现在以下方面：首先，在体例上它属于府、州志和属县志的联合体，或称州后附县体，即在州志后附各自为篇的县志，州郡和所属各县分别自为门目，互不相混，这就为后来编修府州志树立了范例，深得后世学者的好评。

其次，内容全面而丰富，叙事简洁，尤详于物产。《四库全书总目》称："叙述简括，引据亦极典核……其《物产》一门，乃愿专门之学，征引尤为该备。……赵不悔序称其博物洽闻，故论载甚广，而其序事又自得立言之法。愿自序亦自以为儒者之书，具有微旨，不同抄取记簿，皆不愧也。"①在《新安志》之前的志书，也有物产方面的记述，只是这些志书记述失之过简，仅录其品名而已。《新安志》不仅载录物产的名称，而且记述其性状、用途和来历。如"谷粟"目载："占禾本出于占城国，其种宜旱，大中祥符五年诏遣使福建取三万斛，并出种法而布之，江淮浙之间，亦曰旱稻粳。"②又如"蔬茹"目载："蒜之大者曰胡蒜，自西域来者也。蓼荞气荤，如小蒜而长，本草以为乳妇食之良。"③这种记载物产的方法，不但有益于读者获取知识，而且便于作开发利用的参考，和一般地方志书但录物产名目的做法大不相同，充分显示了罗愿长于记载物产这一"专门之学"的特殊本领。

但美中不足的是，《新安志》有一些地方曲笔隐讳史实，招来诸多批评。明代程

---

① [清]纪昀等：《钦定四库全书总目》卷六十八，史部二十四，地理类一，中华书局1997年版，第929页。
② [宋]罗愿：《新安志》卷二，物产，谷粟，《宋元方志丛刊》第8册，中华书局1990年版，第7616页。
③ [宋]罗愿：《新安志》卷二，物产，蔬茹，《宋元方志丛刊》第8册，中华书局1990年版，第7617页。

敏政的看法最有代表性:"乡人多称罗鄂州《新安志》谓无一字可动,仆初意亦然,后谛观鄂州文字,诚不可及,至于叙事则其间大有可憾者。盖鄂州父尚书公本出秦桧门下,故于吾郡名人,如王愈为王黼所嫉,黄葆光为蔡京所害,胡舜陟为秦桧所杀,皆讳而不书,后来方虚谷、洪潜夫稍稍辨之,仆闻已收入《文献志》中。"[①]特别是其父罗汝楫为秦桧死党,助纣为虐陷害岳飞,参与制造了这一千古奇冤,而罗愿在《新安志》卷七"先达"中,以"先君尚书"标示,用900多字写了其父罗汝楫的生平事迹,为其父隐恶吹捧,只字不提其父陷害岳飞之事,却大书特书罗汝楫的德政,说他在吏部尚书任上几次上书请求归隐,"降诏不允,请益力,除龙图阁学士知严州。绍兴十四年(1144)也,公时年五十六,秩满,请祠以归,父子白首相娱,自是不复出。凡提点江州太平兴国宫,连四任,二十六年,遭先大父忧,未终丧薨,年七十",将其父塑造成一代名臣,一副高风亮节的模样,还胡说什么"入朝七年,虽不至大位,而以全名始终",[②]不符合历史事实。罗愿在这里采用的也是对人物有褒而无贬的做法,虽然这种做法是旧志记述人物的常规做法之一,但罗汝楫毕竟是罗愿的亲生父亲,因此被认定是为亲者讳,招致更多的批评,多少影响了《新安志》的真实可靠程度和风评。

3.《景定建康志》

《景定建康志》即南京府志。历史上马光祖曾三次担任建康知府。马光祖(1200—1273),字华夫,号裕斋,又号桂山,婺州(今浙江省金华市)人,宝庆二年(1226)进士。宝祐三年(1255)八月,马光祖以宝章阁直学士、沿江制置使、江东安抚使知建康府,兼行宫留守,兼节制和州、无为军、安庆府三郡屯田使,这是他第一次担任建康知府。开庆元年(1259)三月,又以资政殿学士、沿江制置使、江东安抚使再知建康府。景定五年(1264)三月,再以观文殿学士、沿江制置使、江东安抚使、行宫留守的身份,第三次担任建康知府。咸淳三年(1267)拜参知政事,五年(1269)又任知枢密院事兼参知政事。《景定建康志》是其第二次担任建康知府时嘱其幕僚周应合所纂。周应合(1213—1280),字淳叟,自号溪园,人称"溪园先生",隆兴府武宁(今江西省九江市武宁县)人。淳祐十年(1250)进士,十三年(1253)赴江陵任府

---

① [明]程敏政:《与郑万里上舍》,《篁墩文集》卷五十四,景印文渊阁《四库全书》第1253册,台湾商务印书馆1986年版,第278页。

② [宋]罗愿:《新安志》卷七,先达,先君尚书,《宋元方志丛刊》第8册,中华书局1990年版,第7710页。

学教授,其间修纂《江陵志》。宝祐六年(1258),受时任知府马光祖赏识,成为马氏幕僚,后跟随马光祖来到建康,担任江南东路安抚使司干办公事兼明道书院山长。在完成《景定建康志》后不久,被召入临安,担任史馆检阅,在一次入对宋理宗时直谏当朝宰相贾似道的胡作非为,遭贬为饶州(今江西省上饶市鄱阳县)通判。直到德祐元年(1275),宋恭帝即位,贾似道兵败遭贬,死于途中,才重新被起用,任瑞州(今江西省高安市)知府,不久因与上司不和,归隐乡里。著有《洪崖集》《溪园集》,纂有《景定建康志》《江陵志》,但除了《景定建康志》外,其余今天均已散佚。

马光祖曾师从理学家真德秀,属于程朱理学一派的学者;周应合早年科举不仕,回乡后遂弃辞章之学,而潜心于程朱理学,"盖自孟子没,圣人之学不明。至于我宋,克生真儒,若程纯公发天理之秘,张宣公精义利之辨,真足以揭希圣希贤之正鹄,而遗后学之指南车也"①。在政治理念上两人也有相似之处,都对贾似道专权不满,并与其正面交锋,按孙星衍的话说是"俱与权贵不合,气节迈流俗者"②。共同的学术旨趣和政治倾向使两人联结在一起,完成了《景定建康志》这一千古名志。该志的修纂始于宋理宗景定二年(1261)二月,是年七月成书,当年刊刻,故曰"景定建康志"。《景定建康志》共50卷,为典型的纪传体志书,卷首有序、《景定修志本末》、《进〈建康志〉表》、《献皇太子笺》,正文分为录、图、表、志、传、拾遗6个大类,每类下又分细目,分别为"留都录"4卷、"建康图"(辨附)1卷、"建康表"9卷、"疆域志"2卷、"山川志"3卷、"城阙志"4卷、"官守志"4卷、"儒学志"5卷、"文籍志"5卷、"武卫志"2卷、"田赋志"2卷、"风土志"2卷、"祠祀志"3卷、"古今人表""古今人传"3卷、"拾遗"1卷,是目前存世的最早的一部南京地方志,记载了从周元王四年(前473)到宋理宗景定二年(1261)的历史,是我们了解从先秦到南宋时期南京情况的重要资料。因周应合在完成志书后,于"每卷每类之末,各虚梓以俟续添,固未敢以为成书也"③,也就是说在各部分正文之后空出一定的空白页,以便待到一定时日,增补后续资料,故从景定二年(1261)到宋度宗咸淳五年(1269),陆续有内容添入。至于增补的具体内容,李裕民《四库提要订误》(增订本)一书曾作考述:

---

① [宋]马光祖修,[宋]周应合纂,李天石整理:《景定建康志》卷三十,儒学志三,置县学,南京出版社2022年版,第700页。
② [清]孙星衍:《重刊〈景定建康志〉后序》,[宋]马光祖修,[宋]周应合纂,李天石整理:《景定建康志》,南京出版社2022年版,第5页。
③ [宋]周应合:《景定修志本末》,[宋]马光祖修,[宋]周应合纂,李天石整理:《景定建康志》,南京出版社2022年版,第12页。

书成即付刻,凡一千六百一十八版(本书卷一四),而本书卷三三《书版》则曰:"景定《建康志》一千七百二十八版。"可见今本比初刻增多一百十版,今本乃景定至咸淳间续补之本。考光祖于景定二年(1261)十月迁官,姚希得继任,至五年(1264)十月,光祖再知,咸淳五年(1269)三月吴革接任(本志卷一四)。志中所补,计吴革一条,姚希得二十四条,余均为光祖所补。志中未记次年吴革离任事,则增补之下限应在咸淳五年。三人所补均为己事,而不作全面补充,故未改景定《建康志》书名。①

该志的编纂特色体现在以下方面:其一,采用纪传体正史的体裁编修方志,纪、图、表、志、传,一应俱全。纪传体为我国传统史书的惯用体裁,发端于司马迁的《史记》《汉书》及以后的正史沿袭之。而《景定建康志》是我国古代志书中首先使用纪传体体例者。诚如周应合在《景定修志本末》中所说:

> 今欲先修《留都宫城录》,冠于书首,而建康地图、年表次之。十志又次之,一曰疆域,二曰山川,三曰城阙,四曰官守,五曰儒学,六曰文籍,七曰武卫,八曰田赋,九曰风土,十曰祠祀。十传又次之,一曰正学,二曰孝悌,三曰节义,四曰忠勋,五曰直臣,六曰治行,七曰耆旧,八曰隐德,九曰儒雅,十曰贞女。传之后为拾遗,图之后为地名辨。表之纬为四:曰时,年世,甲子;曰地,疆土分合,都邑更改;曰人,牧守更代,官制因革;曰事,著成败得失之迹,以寓劝戒。志之中各著事迹,各为考证,而古今记咏各附于所为作之下。②

其中"建康表"共有10表,分世表、年表两种,"其年月可考者为年表,不可考者为世表",各表横分时、地、人、事4栏,时"表其世年而记其灾祥",地"表郡县之沿革与疆土之分合",人"表牧伯之更代与官制之因革",事"表其得失之故、成败之由,美恶具书,劝戒寓焉",③实际上就是后世的大事年表。按章学诚的话说,正史中的"本纪"既是为皇帝立传,同时也起到纪年的作用,"史之有纪,肇于《吕氏春秋》十二月纪。司马迁用以载述帝王行事,冠冕百三十篇,盖《春秋》之旧法也","方志撰纪,以为一书之经,当矣"④,故"建康表"起到了志书中纪年的作用,部分扮演了正史中"本

---

① 李裕民:《四库提要订误》(增订本)卷二,史部,地理类,中华书局2005年版,第115页。
② [宋]周应合:《景定修志本末》,[宋]马光祖修,[宋]周应合纂,李天石整理:《景定建康志》,南京出版社2022年版,第11页。
③ [宋]马光祖修,[宋]周应合纂,李天石整理:《景定建康志》卷六,建康表总序,南京出版社2022年版,第95页。
④ [清]章学诚著,叶瑛校注:《永清县志皇言纪序例》,《文史通义校注》卷七,外篇二,中华书局2000年版,第703—704页。

纪"的角色。正因为该志典型的纪传体志书结构,后世方志采用纪传体,分列纪、图、表、志、传、考者,其源实始于此。也因为如此,该志能够得到后世学者的好评,被认为"体例最佳"①,"义例之善者"②。

其二,设置留都录居首,凸显了都城志的特点,而与一般府志区别开来。建康(南京)在两宋虽是府的建置,却是古代都会之地,孙吴、东晋、南朝宋、齐、梁、陈、南唐建都于此,于两宋也有特殊地位。天禧二年(1018),宋真宗改其地为江宁府,封赵祯(即后来的宋仁宗)为建康军江宁府节度使,加太保,进封昇王,江宁府为其封地,旋又册封其为皇太子,对宋仁宗而言,江宁乃其龙兴之地,故其即位后的嘉祐四年(1059),即下诏进江宁为大国。建炎南渡后,宋高宗又曾驻跸于此,一度以其为国都首选,于建炎三年(1129)诏改江宁府为建康府,后虽移都临安(杭州),但终南宋一朝,建康始终被作为留都。故此,景定志"于未成府志之先,恭修《留都录》四卷"③,卷一包括行宫记载、行宫规制、行宫留守、行宫匙钥司、养种园,卷二是建隆以来诏令,卷三是建炎以来诏令,卷四包括御制、御书、诏札碑刻(御书、御制不独系于建康而守臣立石在府者录于此)、皇帝御制,以示尊崇,而突出建康为留都的政治地位,"若我朝建隆、开宝之平江南,天禧之为潜邸,建炎、绍兴之建行宫,显谟承烈,著在留都,凤阙龙章,固宜备录,然混于六朝之编,列于庶事之目,宫府杂载,君臣并纪,殊未安也"④,故修留都录冠于志首,"揭为一书之冠冕,昭如日星,万目共睹,皆知大分之有常尊,留都之有巨典"⑤。"留都录"的设置,在宋代志书中虽不是最早(如成书更早的《乾道临安志》设置"行在所",意同"留都录"),但凸显了建康的重要性,昭示了都城志与普通府志的区别,而为后世都城志的修纂树立了一个效仿的榜样。钱大昕评说:"建康,思陵驻跸之所,守臣例兼行宫留守,故首列留都录四卷。又六朝南唐都会之地,兴废攸系,宋世列为大藩,南渡尤称重镇,故特为年表十卷,经纬其事,此义例之善者。古今人表传,意在扶正学、奖忠勋,不专为一郡而作,故

---

① [清]孙星衍:《重刊〈景定建康志〉后序》,[宋]马光祖修,[宋]周应合纂,李天石整理:《景定建康志》,南京出版社2022年版,第5页。
② [清]钱大昕:《跋景定建康志》,《潜研堂文集》卷二十九,《续修四库全书》第1439册,上海古籍出版社2002年版,第33页。
③ [宋]马光祖修,[宋]周应合纂,李天石整理:《景定建康志》卷一,留都录一,大宋中兴建康留都录,南京出版社2022年版,第18页。
④ [宋]周应合:《景定修志本末》,[宋]马光祖修,[宋]周应合纂,李天石整理:《景定建康志》,南京出版社2022年版,第11页。
⑤ [宋]马光祖修,[宋]周应合纂,李天石整理:《景定建康志》卷一,留都录一,大宋中兴建康留都录,南京出版社2022年版,第18页。

与它志之例略殊。"①

其三,该志的图不仅数量多,而且体现建康城市特点,自成一个独立的体系,与录、表、志、传并列,这在方志取代图经地位的南宋以后较为难得。存世景定志的图有 19 幅②,除《宋建康行宫之图》在卷一外,其余 18 幅图(《龙盘虎踞图》《历代城郭互见之图》《皇朝建康府境之图》《沿江大阃所部图(上)》《沿江大阃所部图(下)》《府城之图》《制司四幕官厅图》《府廨之图》《上元县图》《江宁县之图》《句容县之图》《溧水县图》《溧阳县图》《府学之图》《重建贡院之图》《明道书院之图》《青溪图》《重建社坛之图》)均在卷五,使"建康图"成为一个独立的单元,与该志的录、表、志、传相并列,系统呈现了南宋建康的地理、军事、政治、教育等情况。我们知道,随着南宋以后图经被定型方志取代,图开始沦为志书的附录,有的方志甚至没有图,如范成大的《吴郡志》等,这种做法虽增添了志书的人文气息,却失去了方志所固有的图文传统。成书于南宋的景定志其图可自成一个独立的体系,堪称难能可贵。其中《皇朝建康府境之图》采用计里画方的方法绘制,这在明代以前流传下来的中国古代地图中罕见。③ 不仅如此,"建康图"还将建康城市的特点,如龙盘虎踞、六朝古都、长江下游的军事重镇、重视教化等一一展现,可谓匠心独运。如《沿江大阃所部图(上)》《沿江大阃所部图(下)》分别记载长江上游和下游的布防情况,标示出南宋 27 处屯泊兵船地,其中长江中上游 12 处、下游 15 处,根据此图,南宋朝廷偏重下游的设防策略一目了然,此外还标出了重要战役的发生地和驻防要地,如宣城、池州、太平州以及岳飞大战金兀术的马家渡。

其四,该志"十志"中的"文籍志"独具一格,成为后世方志记录地方文献的模板。文籍志即他志的艺文志,景定志的"文籍志"下分书籍、书版、石刻、诸国论、奏议、书、露布、表状、诗章、乐府 10 类,其中书籍即建康现存图书的目录,石刻即石刻目录,露布即布告。尤其是"书版"的设立,记载了宋代建康地区刊刻的书籍,并详记了当时刊印时印版的数量,对于研究宋代雕版印刷价值极大,这在宋代方志中罕见,从而使景定志的"文籍志"成为后世方志记录地方文献的样板。"文籍志"中收录的某些与建康有关的文献,为正史所不载,从而弥补了正史记载的不足。如北宋

---

① [清]钱大昕:《跋景定建康志》,《潜研堂文集》卷二十九,《续修四库全书》第 1439 册,上海古籍出版社 2002 年版,第 33 页。

② 其中《宋建康行宫之图》《制司四幕官厅图》《重建贡院之图》《重建社坛之图》4 幅图应为后人添补,非景定二年(1261)修纂《建康志》时所绘制。

③ 胡邦波:《景定〈建康志〉、至正〈金陵新志〉中地图的绘制年代与方法》,《自然科学史研究》1988 年第 3 期。

开宝八年(975)十一月，曹彬克昇州(南京)，俘李煜，平定江南。曹彬随即发布《曹彬平李煜露布》，宣布南唐的灭亡，这是北宋王朝在江南地区稳定社会、建立政权、推行"新政"的重大举措。但《宋史》卷四七八《南唐李氏》只有"彬等上露布，以煜并其宰相汤悦等四十五人上献。太祖御明德楼，以煜尝奉正朔，诏有司勿宣露布，止令煜等白衣纱帽至楼下待罪"①短短五十余字，其具体内容不得而知，而景定志"文籍志"中的"露布"，全文登载了这一布告，站在天道、圣君的道德高地，历数朝廷对李煜的种种恩典，而李煜却"略无悛悟之心，转恣陆梁之性"，因此"事不获已，至于用兵。大江特创于长桥，锐旅寻围于逆垒"，"齐驱战士，直取孤城，奸臣无漏于网中，李煜生擒于麾下。千里之氛霾顿息，万家之生聚寻安。其在城官吏、僧道、军人、百姓等久在偏方，困于虐政，喜逢荡定，皆遂舒苏，望天朝而无不涕洟，乐皇化而惟知鼓舞"，②力陈赵宋政权的正统性，发动战争、消灭南唐的正当性，昭示吊民伐罪之功。

其五，该志人物部分有"古今人表""古今人传"，人物传全部使用类传，编次人物融进了作者自己的思想观点。"古今人表"分生于此、居于此、职于此、墓于此、祠于此、封于此6栏，记录了与建康有关人物的名录及踪迹。"古今人传"则全部为类传，分为正学、孝悌、节义、忠勋、直臣、治行、耆旧、隐德、儒雅、贞女10类。按周应合的说法，"表以迹而传以品，有表而不必传者，有传而不必表者，有表传所不及者，见之拾遗，皆以寓崇厚表章之意云"③，"古今人表"记录了283位历代建康人物的活动行迹，而"古今人传"则是表中典型人物的事迹介绍，共有48人，而志末的"拾遗"中也有48条建康人物的传闻轶事，"古今人表""古今人传""拾遗"三者互为补充，起到了表彰人物的作用。特别需要指出的是，作者在编次人物时虽遵循"述而不作"的地方志编纂原则，但通过人物标目、类传的先后顺序、内容的巧妙安排，仍融进了自己的思想立场。如马光祖是宋代著名理学家真德秀的学生，周应合也深受理学思想的影响，故景定志的人物类传首列"正学传"，共收录程颢、张栻、真德秀3位理学家，以示对理学的特别尊崇，而不是一般地将其归入"儒学传"。其中，程颢是北宋理学奠基者，与其弟程颐齐名，世称二程，其学说后来为朱熹继承和发展，世称程朱

---

① [元]脱脱等:《宋史》第40册，卷四百七十八，列传第二百三十七，世家一，中华书局1977年版，第13860页。
② [宋]马光祖修，[宋]周应合纂，李天石整理:《景定建康志》卷三十六，文籍志四，露布，曹彬平李煜露布，南京出版社2022年版，第796—797页。
③ [宋]马光祖修，[宋]周应合纂，李天石整理:《景定建康志》卷四十七，古今人表传序，南京出版社2022年版，第1027页。

学派;张栻是南宋初年的著名理学家,右相张浚之子,曾长期掌湖南岳麓书院、城南书院教事,奠定了湖湘学派的规模,其学术虽承二程,却有别于程朱又异于陆学,被称为一代学者宗师;真德秀本姓慎,因避宋孝宗讳改为真,南宋后期著名理学家,是继朱熹之后理学思想的正宗传人。之所以称"正学传"而不是《宋史》的"道学传"或是社会通行的称谓"理学传",是因为在这之前的宋宁宗时期,韩侂胄当政,将道学(理学)打成伪学,称研习理学的人为伪党,后又将伪党升格为逆党,把赵汝愚、朱熹等一大批大臣和学者纳入"伪学逆党"党籍,名列党籍者受到处分,史称"庆元党禁",直到嘉泰二年(1202)二月,才解除党禁。景定志称"正学传"显然是有意为之,与"庆元党禁"时称理学为"伪学"针锋相对,意在正本清源,旗帜鲜明地替"伪学"正名。

  或问:"十传,首《正学》,何也?"应合曰:"程子尝谓:道统不传,则百世无善治。道学不明,则千载无真儒。故能传尧舜禹汤文武周公孔孟之心者,为正道。能明尧舜禹汤文武周公孔孟之道者,为正学。周子所谓为天地立心,为生民立命,为往圣继绝学,为万世开太平者,此也。其所关系,不亦大乎?传首《正学》,不亦宜乎?"①

  "孝悌传"列于十传中的第二位,也是理学家崇尚义理、强调纲常伦理的体现。"孝悌传"之后紧接着"节义传"和"忠勋传",北宋亡国后,南宋偏安一隅,激发了人们对历史的反思,对忠义气节大加提倡。"忠勋传"之后则是"直臣传",这也是编修者马光祖、周应合所看重的,因为他们本人就是敢于硬刚权臣贾似道的直臣。再以景定志中对王安石的记载为例。该志虽然没有给王安石立传,但在"古今人表"中载其居于半山寺,后墓于半山寺后,又在"拾遗"中载其三条轶事,其内容是与苏东坡的交游、王安石的书法及其晚年删定《字说》的成就,并在"拾遗"卷中尊称其为"王荆公"。但在人物类传"直臣传"中的《郑侠传》,不仅完整地收录了郑侠上《流民图》时的奏议,还用大量篇幅叙述了王安石与郑侠关于新法的争执,而《宋史》中只是该奏议的节录,并且在《郑侠传》中称郑侠为"公",而对王安石直呼其名为"安石"。通过"古今人表""古今人传""拾遗"三者对王安石的记载,可以反映出作者虽欣赏王安石的学识,但对其新法则持反对态度,这一政治立场通过对人物的记载、编排巧妙地呈现出来。

  其六,对历史上不大光彩的反面人物,景定志采取了暗贬的手法,未在人物表

---

① [宋]马光祖修,[宋]周应合纂,李天石整理:《景定建康志》卷四十七,古今人传一,正学传,南京出版社2022年版,第1039—1040页。

传中予以记载。人物传有褒而无贬是我国古代志书千年相沿的积习,虽然有不少有识之士如章学诚等呼吁志书人物传应善恶并书,但为成见所束缚,仍是隐恶扬善的居多。对当地的历史上不大光彩的反面人物的记载,常见的办法有两种,第一种是有褒而无贬,对反面人物只记其功绩,不及其恶行;第二种是暗贬,即在科第表、职官表中予以记载,但人物传中无此人,暗示贬义,如章学诚修《乾隆永清县志》时对"选举表""职官表""人物列传""政略"有关人物的记述,"选举有表而列传无名,与职官有表而政略无志,观者依检先后,责实循名,语无褒贬而意具抑扬,岂不可为后起者劝耶"①。景定志也采取了第二种办法。秦桧是南宋高宗时的宰相,主和派的领袖,历史上著名的大奸臣,他是江宁(南京)人,进士出身,对于这样一个出生于南京、历史上不光彩但很重要的人物,景定志在"古今人传"中未予立传,在"古今人表"中也无其踪迹,但在"儒学志"下的"贡院"一目中却是记录了秦桧在北宋政和五年(1115)中进士的情况,以及其次兄秦梓中进士、继子秦熺中榜眼、孙子秦埙中探花的情况,如此选举有表而列传无名,自然隐含了暗贬的意思,同章学诚《乾隆永清县志》的做法如出一辙。同时在"建康表"的"事"栏中记载了秦桧的结局,绍兴二十五年(1155),"桧进封建康郡王,子少傅熺为少师,并致仕。埙、堪并提举江州太平兴国宫。上久知桧跋扈,秘而未发。至是,首勒熺致仕,余党以次窜逐,天下咸仰英断焉"②。只是以今天的修志观念而论,一地重要人物不入人物传,会使志书内容上有重大缺漏,所以仍是志书的一大败笔。

4.《剡录》

《剡录》即浙江嵊县志,剡为古地名,高似孙作《剡录》时,剡县已更名为嵊县③,但他以古地名来命名此志。当时方志已趋向于定型,普遍称"志",但此志却沿用古称"录",而没有称"志",足可体现作者好古之风。作者高似孙(1158—1231),字续古,号疏寮,其籍据其自称:"似孙鄞人也。"鄞人即鄞县人,也就是今天的宁波人。

---

① [清]章学诚著,叶瑛校注:《永清县志政略序例》,《文史通义校注》卷七,外篇二,中华书局2000年版,第755页。
② [宋]马光祖修,[宋]周应合纂,李天石整理:《景定建康志》卷十四,建康表十,国朝建炎以来为年表,南京出版社2022年版,第262页。
③ 今浙江省嵊州市古名剡,西汉景帝四年(前153)已置县。王莽时改名尽忠,东汉初复称剡县。唐武德四年(621)升置嵊州,并分置剡城县。八年(625),废嵊州及剡城县,重置剡县。五代后梁开平二年(908),改剡县为赡县。北宋太平兴国三年(978),仍以剡为名。北宋宣和三年(1121)始,以剡为两火一刀不利于邑,遂更名为嵊县。

但据《剡南高氏宗谱》载,"雪庐公(高文虎)自鄞迁剡,娶嵊县周世修之女,生疏寮公(高似孙)",则高似孙应是浙江嵊县人,其仍称鄞人者,只是表示不忘本。《钦定四库全书总目》谓他是余姚人,不确切。其父高文虎为南宋一代名儒,宁宗朝曾历任国子祭酒、中书舍人、侍读等职,《宋史》谓其"闻见博洽,多识典故"[1],为浙东学派的代表学者之一。高似孙为其长子,幼承庭训,长秉家风,《嵊县志·人物志·寓贤》谓"似孙博雅好古,有父风"[2],宋孝宗淳熙十一年(1184)进士,历任秘书省校书郎、著作佐郎、会稽县主簿、徽州通判、江阴军知军、处州知州等职,约在理宗绍定元年(1228)至二年(1229)由处州知州任上致仕。据考,高似孙其人人品似不足道,宋陈振孙在《直斋书录解题》卷二十"诗集类下"之"《疏寮集》三卷"条云:"少有俊声,登甲辰科,不自爱重,为馆职,上韩侂胄生日诗九首,皆暗用'锡'字(寓九锡之意——笔者注),为时清议所不齿。晚知处州,贪酷尤甚。其读书以隐僻为博,其作文以怪涩为奇,至有甚可笑者。就中诗犹可观也。"[3]《四库全书总目》在引了上述文字后,接着说:"周密《癸辛杂识》,亦记其守处州日私挟官妓洪渠事,其人品盖无足道。"[4]但毕竟家学渊博,闻见博洽,平生著述甚多,经、史、子、集均有成就,为南宋著名学者和文人,传世者文献考稽类有《史略》6卷、《子略》4卷、《蟹略》4卷、《纬略》12卷、《骚略》3卷、《唐科名记》1卷、《唐乐曲谱》1卷、《砚笺》4卷、《删定桑世昌兰亭考》12卷,志谱类有《剡录》10卷等,诗文类有《文选句图》1卷、《疏寮小集》1卷、《补遗》1卷、《剡溪诗话》1卷等。

《剡录》修于宋宁宗嘉定七年(1214),其时,适逢高文虎卒,高似孙正解职丁忧,居于嵊县,受时任嵊县县令史安之的邀请而作,于嘉定八年(1215)完成,共10卷。现抄"四库本"《剡录》目录如下:

卷　:县纪年、城境图、官治志(古令长、令丞簿尉题名)、社志、学志、廪、驿、舣雪楼、戴溪亭、放生池、版图、兵籍。

卷二:山水志。

卷三:先贤传(人士、孝行、列女、仙道、高僧)。

---

[1] [元]脱脱等:《宋史》第34册,卷三百九十四,列传第一百五十三,中华书局1977年版,第12032页。
[2] [清]张逢欢修,袁尚衷纂:《康熙嵊县志》卷九,人物志,寓贤,《中国地方志集成·浙江府县志辑》第43册,上海书店出版社1993年版,第194页。
[3] [宋]陈振孙:《直斋书录解题》卷二十,诗集类下,"《疏寮集》三卷"条,上海古籍出版社1987年版,第608页。
[4] [清]纪昀等:《钦定四库全书总目》卷六十八,史部二十四,地理类一,中华书局1997年版,第930页。

卷四:古奇迹、古阡。

卷五:书、文。

卷六:诗。

卷七:画、纸、古物。

卷八:物外记(道馆、僧庐)。

卷九至十:草木禽鱼诂(上、下)。

对这部志书的评价,我们应有个原则:高似孙的人品固不足道,但我们不能因其人品而贬其书,而应该具体问题具体分析。宋陈振孙在《直斋书录解题》中称"其读书以隐僻为博,其作文以怪涩为奇,至有甚可笑者,就中诗犹可观也"[①],这种因其人而贬其所作的做法,实不足取。而《四库全书总目》的评价就比较客观,谓高氏人品固不足道,但其所修志书犹可观:

> 征引极为该洽,唐以前佚事遗文,颇赖以存。其先贤传每事必注其所据之书,可以为地志纪人物之法。其山水记仿郦道元《水经注》例,脉络井然,而风景如覩,亦可为地志纪山水之法。统核全书,皆序述有法,简洁古雅,迥在后来《武功》诸志之上,殊不见其怪涩可笑。陈振孙云云,殆不可解。岂其他文奇僻,又异于此书欤?[②]

事实上,《剡录》还是有很高的学术价值的,保留了不少唐以前佚事遗文。加之该志布局谋篇深有法度,叙事简练古雅,为历代修志家和评志家所推崇。

《剡录》在方志体例上有两个创新。一是卷一列有"县纪年",以时间为经,以史实为纬,记载全县历代发生的大事,实际上就是我们通常所说的大事记。该志和曹叔远的《永嘉谱》一道,成为最早采用这种形式的志书之一,后世志书大事记,皆效法于《剡录》,但在民国之前,采用者甚少。二是在卷五立"书""文"二目,卷六立"诗"一目。"书"罗列了戴逵、戴颙、阮裕、王羲之、谢玄、孙绰、许询、支遁、秦系、吴筠、灵澈、郑言、谢灵运、顾欢、葛仙翁的著作和戴、阮、王、谢氏家谱的名目共42部,各有卷数;"文"是专抄谢安、戴逵等人的单篇文章15篇,皆与嵊县有关,并非都是出于本地人之手;"诗"则收录嵊县人撰写或者歌咏嵊县的诗词,是现存最早的地方志艺文志之一。虽然地方志设有艺文的开始,可追溯到方志雏形时期北齐、北周时宋

---

① [宋]陈振孙:《直斋书录解题》卷二十,诗集类下,"《疏寮集》三卷"条,上海古籍出版社1987年版,第608页。

② [清]纪昀等:《钦定四库全书总目》卷六十八,史部二十四,地理类一,中华书局1997年版,第930页。

孝王的《关东风俗传》中的"坟籍志",但该志早已散佚,所以《剡录》就成了存世最早的著有艺文的志书,成为后世志书艺文志参照的样板。明、清两代,艺文志在地方志中大量涌现,除了参照正史著录著作目录以外,往往还会汇入当地的诗文、碑刻等作品全文,"旧志书中的'艺文志',所记述的内容,主要包括两个方面的内容,一是各类书目;一是记载本地人或有关本地方的各种文章、诗词等"①。据对旧志的统计,旧志艺文志或经籍志中,仅有著作目录的和既有书目又记诗赋等遗文者大致相当。②但无论是哪种情况,或仅仅是书目,或仅是收录诗词歌赋、文章的原文,又或者两者兼顾,都可以从《剡录》中吸取营养,得到启示。当代学者王欣夫称:"《剡录》并不称为艺文志或经籍志,后来用其实而变其名,也是取法乎史志,但内容很不一致,如同称艺文而或录书目,或录诗、文,虽都源出于《剡录》,而没有统一的规定。倘为了便于认识起见,不妨把记书目的称经籍,录诗文的称艺文。"③

当然,这并不意味着《剡录》在体例和内容等方面已十分完美。事实上该志在篇目排列上是有可商榷之处的。如把"书""文""诗""画"等与"县纪年""山水志""先贤传"等并列显然是很不得体的,因为书、文、诗、画都是属于艺文或经籍一类;把"书""文""诗""画"与"纸""古物"放在一道,也是有失科学性的;"学志""廪""驿"之后,又列了"叙雪楼""戴溪亭""放生池"等项目,同样使人感到分类杂乱。

再有,该志"先贤传"述先贤而不及宋代人物,有违"详今略远"的原则,所录王导、谢安等人,是东晋时期著名的政治家和文人,也是当时的名门望族,虽曾到嵊县,但终非本地人,似有夸耀乡邦之嫌,正如清代乾嘉时期的著名学者钱大昕批评云:"前录述《先贤传》而不及宋代人物,其所录王、谢诸公,游迹虽尝至剡,亦非剡产,金庭丹水间人物可传者盖寥寥矣。"④虽然该志此举或因本地人物可记者寡,但终究与志书人物传立传的原则相违背。另据钱大昕考证:

> 疏察未通前代官制,援引史传,偶有刊落,便成疵病,如谢幼度初为征西将军桓豁司马,以叔父安举征还拜建武将军,兖州刺史,领广陵相,监江北诸军事,此《晋书》所载也。幼度本为征西府司马,其时任征西将军者为桓豁,幼度特豁之幕僚尔。今删去桓豁司马四字,则似幼度先已为征西将军矣,岂非大误乎!幼度以太傅特荐,始得专阃,所加建武军号,班次尚在征西之下,岂容初年

---

① 刘光禄:《关于批判继承方志学历史遗产的几个问题》,《中国地方志通讯》1983年第6期。
② 可参见李琳琳、沈松平:《再论附录》,《黑龙江史志》2012年第24期。
③ 王欣夫:《文献学讲义》,上海古籍出版社1986年版,第122—123页。
④ [清]钱大昕:《跋剡录》,《潜研堂文集》卷二十九,《续修四库全书》第1439册,上海古籍出版社2002年版,第32页。

便承重任,此事之显然者。若依史家省文,但可云征西司马而已。[①]

清末会稽籍学者李慈铭也提到《剡录》误记南朝梁李士明封侯事云:"萧梁时封侯者甚少,士明何功得之,不容不见于书。且《剡录》言天监初授儒林博士,除吏部尚书,封汉昌侯,此尤不可信。博士何遽得除吏部尚书?尚书何遽得封侯?(六朝时封侯非三公令仆不可)《剡录》疏谬,亦不止此一端也。"[②]这说明高似孙不熟悉前代官制,且又随意节取史传文字,造成该志在史实上有不少错误。后世之作史修志者当引以为戒,万万不能强不知以为知。

5.《嘉定赤城志》

《嘉定赤城志》是最早的一部定型台州府志,在台州方志史上具有开山之功,理所当然地成为后来台州志书参照的蓝本和范本。其文献价值对其后的台州历代编志,影响尤大,后世台州志书的内容均有采自《嘉定赤城志》的。因境内天台县有赤城山,南朝梁时在此设赤城郡,故沿用古郡名,取志名为《赤城志》。作者陈耆卿(1180—1236),字寿老,因居室窗前手植箟筜(大竹的名称),自号箟窗,台州临海城关人,为永嘉学派集大成者叶适的入门弟子,是永嘉学派最主要的传薪继焰者,也是浙东学派的代表学者之一。因《宋史》无传,其事迹只能从其作品及时人的文集中考证出一个轮廓。生于宋孝宗淳熙七年(1180),嘉定七年(1214)中进士,十年(1217)以迪功郎出任青田县主簿。嘉定十二年(1219),叶适除华文阁待制,提举西京嵩山崇福宫,相继遭遇妻、子及故交弟子辞世的一连串打击,正奉祠家居,陈耆卿求教于他,遂成为叶适的入室弟子。嘉定十三年(1220)升从事郎、庆元府府学教授,不久改任舒州府府学教授。宝庆二年(1226),召试馆职,出任校书郎,历任秘书郎、著作佐郎、著作郎、朝议大夫兼国史院编修官、将作少监,又加实录院检讨官、考功郎官、魏惠宪王府教授等职,官至国子监司业。著有《箟窗集》《箟窗集续集》。

《嘉定赤城志》的编修一波三折,初稿修于宋宁宗嘉定三年(1210),时黄𬭸知台州,请陈耆卿主其事,初稿刚成,适逢黄𬭸转知袁州,稿子因此束之高阁近十年,散失了许多,直到嘉定十四年(1221),齐硕知台州,再请陈耆卿续成此稿,当时参加纂修的还有郡博士姜容、邑大夫蔡范,资料的收集则由陈维与林表民等人承担,最后由陈耆卿审定全书,至嘉定十六年(1223)修成,共40卷。《四库全书总目》对该志作

---

① [清]钱大昕:《跋剡录》,《潜研堂文集》卷二十九,《续修四库全书》第1439册,上海古籍出版社2002年版,第32—33页。

② [清]李慈铭著,由云龙辑:《越缦堂读书记》,中华书局2012年版,第464页。

了充分的肯定,"耆卿受学于叶适,文章法度,具有师承,故叙述咸中体裁。明谢铎尝续其书,去之远甚"①。《浙江方志考》则引嘉庆重刊本宋世荦序云:"台郡有志,自宋陈筼窗耆卿《赤城志》始。积十数年参考之功,创千百载遗缺之迹,词旨博赡,笔法精严,称杰构焉。"②晚清一代方志学家王棻也极力推崇该志,称赞曰:"吾台郡县志毋虑数十部,以余所见,当推陈司业耆卿《嘉定赤城志》为最善。……陈志事立之凡,卷援之引,词旨博赡,笔法精严,繁而不芜,简而不陋,洵杰作已。"③现抄"四库本"《嘉定赤城志》目录如下:

卷首:作者自序,台州境图、罗城图及所属黄岩、天台、宁海县境图,临海、黄岩、仙居、宁海县治图(宋刊本原有图十三幅④,今已不全),无凡例。

卷一至卷三:地里门,下分叙州、叙县、城郭、乡里、坊市、馆驿、桥梁、津渡。

卷四至卷七:公廨门,下分先圣庙(学附)、社稷坛、贡院、教场、州治、通判厅、添差通判厅、教授厅、州属官厅、诸县官厅、仓库、场务(镇盐场附)。

卷八至卷十二:秩官门,下分历代郡守、国朝郡守、通判、添差通判、教授、诸县令、州属官、县诸属官。

卷十三至卷十五:版籍门,下分田、学田、寺观田、户口(僧道附)。

卷十六:财赋门,下分上供、起发诸司。

卷十七:吏役门,下分州役人、县役人、乡役人。

卷十八:军防门,下分州禁厢兵、诸县弓兵、诸县寨兵、诸县铺兵。

卷十九至卷二十六:山水门,下分山、水、水利,依次记载了州属及临海、黄岩、天台、仙居、宁海五县的山水,以及台州的水利。

卷二十七至卷三十:寺观门,下分寺院、宫观,依次记载了州属及临海、黄岩、天台、仙居、宁海五县的寺院、宫观。

卷三十一:祠庙门。

卷三十二至卷三十五:人物门,下分历代(仕进、遗逸、侨寓)、国朝(仕进、遗逸、侨寓)、释、道。

卷三十六至卷三十七:风土门,下分土贡、土产、土俗。

---

① [清]纪昀等:《钦定四库全书总目》卷六十八,史部二十四,地理类一,中华书局1997年版,第931页。
② 洪焕椿:《浙江方志考》,浙江人民出版社1984年版,第278页。
③ [清]王棻:《光绪太平续志序》,《柔桥文钞》卷九,序跋三,国光书局1914年铅印本。
④ [宋]陈振孙:《直斋书录解题》卷八,地理类,"《赤城志》四十卷"条,上海古籍出版社1987年版,第247页。

卷三十八：冢墓门。

卷三十九：纪遗门。

卷四十：辨误门。

体例小有创新，是该志的第一个特点。从体例上看，《嘉定赤城志》是典型的纲目体志书，全志分为 15 门，门下设置诸多细目，目下再按照州、县（临海、黄岩、天台、仙居、宁海）的顺序记载，纲举目张，结构严谨，层次清晰，清楚地反映了事物之间的统属关系。该志在体例上小有创新，一是设立了"辨误门"，且早于其他志书出现。这与作者治学严谨的态度是分不开的，正如陈耆卿在自序中所说："凡意所未解者，恃故老；故老所不能言者，恃碑刻；碑刻所不能判者，恃载籍；载籍之内有漫漶不白者，则断之以理而折之于人情。"①就是说，他对志书中引用的每一条材料，都作了严格的考证核实，首先是向当地的耆旧故老核实材料，如果不能核实就去找碑刻核实，如果还不能核实就去找相关书籍核实，要是以上三者都不能解决问题，那么就用逻辑推理的方法来鉴别资料正确与否。因此，该志不仅在内容上考订翔实，而且纠正了历史上关于台州的一些不实之词，明辨是非。在"辨误门"中，作者注意运用不同类型的资料来进行辨误，引文来源广博。例如在纠正《新唐书》"地理志"云"武德四年置宁海"这一误传时，作者就引用《晋书》"地理志"予以考证，谓"今以晋志考之，临海郡所统县八，宁海已居其中，安得谓置于武德四年也"，得出"故宁海创自东晋"的结论。②再如，作者通过对东晋孙绰的《天台山赋》、南朝梁时江总的《修心赋》以及北宋晏殊的《留题越州石氏山斋》进行考证，得出了"会稽本名灵越""天台山据越地之灵而正基址尔，非专以灵越为台山也"③的结论。二是在每门之前均设立小序。首次在志书中设立小序要数南宋罗愿所纂的《新安志》，但那也只是在部分卷首设小序，而《嘉定赤城志》应是最早在每一个一级目前均设立小序的志书。小序的内容简短且紧扣主题，有的阐述设置该门类的原因，有的则对该门类加以评述和高度概括。例如，"公廨门"下依次记载了先圣庙（学附）、社稷坛、贡院、教场、州治、通判厅、添差通判厅、教授厅、州属官厅、诸县官厅、仓库、场务（镇盐场附）。先圣庙和社稷坛本不属于公廨，为何编者要将其纳入其中？作者在小序中写出了原因：

---

① ［宋］黄㽦、齐硕修，陈耆卿纂：《嘉定赤城志》，陈耆卿序，《宋元方志丛刊》第 7 册，中华书局 1990 年版，第 7277 页。

② ［宋］黄㽦、齐硕修，陈耆卿纂：《嘉定赤城志》卷四十，辨误门，《宋元方志丛刊》第 7 册，中华书局 1990 年版，第 7591 页。

③ ［宋］黄㽦、齐硕修，陈耆卿纂：《嘉定赤城志》卷四十，辨误门，《宋元方志丛刊》第 7 册，中华书局 1990 年版，第 7592 页。

"先圣庙、社稷坛非公廨也,首之者何也?社稷主此土,而先圣主此道,无此道则无此土矣,无此土而欲治此土,得乎?先庙次坛,示有本也。"①关于先圣庙、社稷坛、贡院、教场的先后排列顺序,作者在小序中也作了说明:"若学宫与贡院,则为国造士,教场则为国简兵,士以宣道业善政治,兵以昭威锐詟不轨,文武二柄略具,故不敢混诸官舍,而附于庙社之后,庶览者得详焉。"②短短数语,就将"公廨门"中的分类及排序原因交代清楚,让读者能清楚地理解作者的用意。时人称:"《赤城志》作于太史陈公耆卿,凡例严辨,去取精确,诸小序凛凛乎马班书志之遗笔,莫可尚矣。"③

内容丰富、资料翔实,是该志的第二个特点。永嘉学派的治学宗旨在于事功、致用,陈耆卿作为叶适的入室弟子,自然继承了这一学术宗旨,本着志书为现实社会服务的精神,对与社会关系较为密切的公廨、秩官、版籍、财赋、吏役、军防几个门类的记载尤为详细,但即便是其他门类,其记载的详细程度也远超其他书志。例如"地里门"中记录馆驿时,不仅列出了馆驿的名称和具体位置,有的甚至还记录了馆驿名称的来由、曾用名、废建情况等;"风土门"中记录土贡时,不仅记录了上贡物产的名称,往往还注明其产地、特点、别称和用途,如"飞生鸟"条记曰:《本草》云:鼺鼠,出山都平谷,即飞生鸟也。状如蝙蝠,大如鸱鸢,毛紫色,常夜飞生子,南人多以为怪,藏其皮,谚谓临产者持之则易免。"④作者在这里不仅记录了飞生鸟的别称、产地,还记录了它的形状特点、习性和用途。

词旨博赡、笔法精严、据事直书,是该志的第三个特点。这与陈耆卿极高的文学素养有很大的关系。陈耆卿在拜叶适为师后,在文章写作上得到了叶适的真传,叶适去世后,其文"岿然为世宗",成为南宋中后期的一代文章大家。他将这种文学才华运用于《嘉定赤城志》的撰写中,章法更加严谨,文笔也更加优美。举"人物门"中对余元卿的记载为例:

> 余元卿,黄岩人,父死,元卿始生。母曰:"我不见夫,何忍见子。"自别其目,誓不他适。宣和寇乱,元卿负母而逃,力弱不胜,仰天誓曰:"天若助我全

---

① [宋]黄䧿、齐硕修,陈耆卿纂:《嘉定赤城志》卷四,公廨门一,《宋元方志丛刊》第7册,中华书局1990年版,第7310页。
② [宋]黄䧿、齐硕修,陈耆卿纂:《嘉定赤城志》卷四,公廨门一,《宋元方志丛刊》第7册,中华书局1990年版,第7310页。
③ [宋]王象祖:《赤城三志序》,[宋]林表民、[明]谢铎辑,徐三见点校:《赤城集 赤城后集》,中国文史出版社2007年版,第269页。
④ [宋]黄䧿、齐硕修,陈耆卿纂:《嘉定赤城志》卷三十六,风土门,土贡,《宋元方志丛刊》第7册,中华书局1990年版,第7558页。

母,愿焚身以报。"寇定,欲偿前誓,母力止之,燃一指以谢天贶。其后闾里欲上其事,则曰:"吾非干名者也。"旋居母丧,哀毁不离墓侧,县上之郡立碣以记其事。①

这里作者注意通过特定的场景和传主的语言来凸显人物的性格,通过"宣和寇乱"的特定场景和"天若助我全母,愿焚身以报"的人物语言,简练而又非常有力地凸显了余元卿至孝的品格和伟岸的形象,刻画人物简劲传神,真正做到了词旨博赡、笔法精严。不仅如此,陈耆卿在叙事记人时还能做到据事直书,对于权贵当道者不作奉谀之词,具有良史之风。比如编修此志,陈耆卿本受黄㽦之请,但在"秩官门"记黄㽦事迹时,仅记曰:"嘉定三年(1210)十一月一日,以朝请郎知,豫章人,兴利起废最众。嘉定五年(1212)五月十一日改袁州。"②对于这位对其有知遇之恩的一郡最高长官,只有寥寥数语,无半句阿谀奉承之词。对黄㽦尚且如此,对其他人就可想而知了。这与梅应发、刘锡所纂《开庆四明续志》是一个明显的对照,刘锡在《开庆四明续志》序中曾直言不讳地称"然则何续乎?所以志大使、丞相履斋先生吴公(吴潜——笔者注)三年治鄞,民政兵防,士习军食,兴革补废,大纲小纪也,其已作而述者不复志"③,意思是该志内容多围绕吴潜在鄞为官事实而写,有明显的奉承拍马长官的行为,以至于《四库全书总目》批评其"因一人而别修一郡之志。名为舆图,实则家传,于著作之体殊乖"④。《乾隆鄞县志》卷三十"旧志源流"亦云"此书乃吴履斋幕下士所作,名为《续志》,实皆贡谀之词"⑤。修志者当引以为戒,要学陈耆卿之直笔,不应效仿刘锡之媚上奉承。

具有浓厚的资治、教化色彩,是该志的第四个特点。志书本就具有资治、教化的功能,但陈耆卿因受到永嘉学派事功思想的影响,更为注重凸显志书的资治作用,因此该志与他志相比,资治、教化色彩更为浓厚。诚如他在自序中所说,"事立

---

① [宋]黄㽦、齐硕修,陈耆卿纂:《嘉定赤城志》卷三十四,人物门三,《宋元方志丛刊》第7册,中华书局1990年版,第7549页。
② [宋]黄㽦、齐硕修,陈耆卿纂:《嘉定赤城志》卷九,秩官门二,《宋元方志丛刊》第7册,中华书局1990年版,第7359页。
③ [宋]吴潜修,梅应发、刘锡纂:《开庆四明续志》,刘锡序,《宋元方志丛刊》第6册,中华书局1990年版,第5929页。
④ [清]纪昀等:《钦定四库全书总目》卷六十八,史部二十四,地理类一,中华书局1997年版,第932页。
⑤ [清]钱维乔修,钱大昕等纂:《乾隆鄞县志》卷三十,旧志源流,开庆四明续志十二卷,浙江古籍出版社2015年版。

之凡,卷授之引,微以存教化,识典章,非直为纪事设也"①,坦承编纂此志是意存教化,而并非仅仅为了述沿革、记故事、览旧迹、举人物而已。比如在陈耆卿所处的时代,佛教、道教依然很盛,他眼看台州地区寺观兴盛,孔庙衰颓,忧心忡忡,故在卷二十七"寺观门"开首便说:

> 自佛老氏出,摩荡掀舞,环一世而趋之,斯道殆薄蚀矣。粗之为祸福,使愚者惧;精之为清净寂灭,使智者惑。盖其窃吾说之似,以为彼术之真,如据影搏物,而熟视之则非也。以故台之为州,广不五百里,而为僧庐道宇者四百有奇,吁,盛哉!今吾孔子、孟子之像设不增,或居仆漫不治,而穹堂伟殿独于彼甘心焉?岂其无祸福以惧人,而无思无为之旨反出清净寂灭之下耶?今备录之,非以滋惑,亦使观者知彼之盛,而防吾之衰,庶少补世教云尔。②

排佛老、捍卫儒教的用意十分明显。再如他在"山水门·水利"开首写道:

> 迁书《河渠》,固志《沟洫》,得不以水利吾民之命,不容不备录之欤!每念古郑白之俦,出意疏凿,有以一渠而溉田千顷者。接于近世,非惟不能图新,而并与其旧失之矣。台虽号山郡,所在陂塘良众,顾以豪吞富噬,日堙月磨,每岁邑丞汇申,按败纸占名惟谨,何识兴坏,以故甫晴虞旱,方雨忧潦,盖人力不至而动责之天,宜其少乐岁也。余故搜按旧畎,特揭一门,庶使后之有志者可按图而得之焉,乃若溪派河流,浸灌浩博,盖水利之大者,前已详,故不重载。③

表明自己写"水利"的目的就是让后人可以"按图而得之",非常清晰地彰显了自己修志的现实意义。其中尤为明显的是卷三十七"风土门·土俗",本来该目应当记载台州的风俗,但是陈耆卿却没有在该目记载台州的民风民俗,反而是抄录了大量台州知名郡守县令的劝诫诗文。他提出的理由是:

> 古言广谷大川异制,民生其间异俗。俗诚有异也,转移之则在人焉。州介东南之陬,承平时号无事,里无贵客,百姓屡渔猎,不识官府。建炎后,官吏丛擢,兵旅绎骚,民生产作业益艰,自是机变繁滋,有逐末而哄于争者,幸王化密迩,风雅日奏,熏郁涵浸,遂为文物之邦。倘诚身以为民先,俾礼义四达,岂非

---

① [宋]黄𥐻、齐硕修,陈耆卿纂:《嘉定赤城志》,陈耆卿序,《宋元方志丛刊》第7册,中华书局1990年版,第7277页。
② [宋]黄𥐻、齐硕修,陈耆卿纂:《嘉定赤城志》卷二十七,寺观门一,《宋元方志丛刊》第7册,中华书局1990年版,第7477页。
③ [宋]黄𥐻、齐硕修,陈耆卿纂:《嘉定赤城志》卷二十六,山水门八,水利,《宋元方志丛刊》第7册,中华书局1990年版,第7473页。

学士大夫之责,而尚可议俗耶?参故常,列风土,盖古人记岁时之意,今不复赘,而惟以名守令劝戒列焉。盖不惟学士大夫之言,而尤为政者之责也。①

意在希望通过在志书中记录这些劝诫的诗文,使士大夫、读书人能以此为范,进德修身,从而带动台州地区崇仙释、轻理学的社会风气的好转。但这样做的一个后果是,最能反映地方特色的民俗文化内容流失。志书的政治性过强,导致一些有价值的内容缺失,进而影响到志书内容的完整性和资料性,这是《嘉定赤城志》这部南宋名志的一个不足之处。

6.《宝庆四明志》

《宝庆四明志》与《乾道四明图经》是宁波最古之方志,是著名的"宋元四明六志"中的志书。全祖望说:"吾乡志乘,以乾道图经与此二志(《宝庆四明志》《开庆四明续志》——笔者注)最古,实为文献之祖,可宝也。"②在宝庆志之前的《乾道四明图经》,是以今佚的北宋李廙诚所修《大观明州图经》为蓝本,由南宋明州守臣张津于孝宗乾道五年(1169)成书,体例上属于府、州志和属县志的联合体,州郡和属县分别自立门目,但叙事较为简单,舛误也不少。诚如《宝庆四明志》的序言所说:"然自明置州至是四百三十二年,而城治之迁徙,县邑之沿革,人未有知其的者。唐刺史韩察实移州城,石刻尚存,于时且未之见,他岂暇详?甚哉,作者之难!固有俟乎述于后者也。"③故宋理宗宝庆二年(1226),兵部尚书胡榘(庐陵人,今江西省吉安市人)出知庆元府兼沿海制置使后,颇有意再修新志,命校官方万里取旧图经重订之,不久因方万里调任而事遂中止,适胡榘同乡、赣州录事参军罗濬来游宁波,相谈甚欢,遂命其专任修志,于绍定元年(1228)成书。该志体现了宋代方志由图经向定型方志的转向④,图少而志繁,故以"志"名,而图冠其首。至于该志修纂时宁波已由明州改称庆元府,而书名仍题作"四明",是作者沿用旧称,这是当时文人崇尚古风的一种社会风气,即使到了明清志书体例比较成熟的年代,也还有编者偶尔为之。今本宝庆志,叙事往往及绍定、端平、嘉熙、淳祐、宝祐、开庆、咸淳年间事,为后人续

---

① [宋]黄䶮、齐硕修,陈耆卿纂:《嘉定赤城志》卷三十七,风土门,土俗,《宋元方志丛刊》第7册,中华书局1990年版,第7572页。
② [清]全祖望:《跋四明宝庆开庆二志》,《鲒埼亭集外编》卷三十五,题跋九,[清]全祖望撰,朱铸禹汇校集注:《全祖望集汇校集注》,上海古籍出版社2018年版,第1480页。
③ [宋]胡榘修,方万里、罗濬纂:《宝庆四明志》,罗濬序,宁波市人民政府地方志办公室整理:《宁波历代文献珍本选刊(一)》,宁波出版社2021年版,第5—6页。
④ 王旭:《论宋代图经向方志的转变——以图的变化为中心》,《史学史研究》2016年第2期。

增,非宝庆原刻本。全志共 21 卷,卷首有序言、目录,正文各卷门类如下:

卷一:叙郡上(沿革表、沿革论、境土、分野、风俗、郡守)。

卷二:叙郡中[社稷、城隍、学校(乡饮、酒礼及贡举附)]。

卷三:叙郡下(城郭,坊巷,仓、库、务、场、局、院等,公宇,官僚,驿铺)。

卷四:叙山、叙水(渠、堰、碶、闸、桥梁、津渡附)、叙产。

卷五:叙赋上(户口、夏税、秋税、酒、商税)。

卷六:叙赋下(市舶、牙契、杂赋、湖田、职田、常平仓、义仓、朝廷窠名、监司窠名、盐课)。

卷七:叙兵(制置司水军、禁军厢军、土军)。

卷八:叙人上(先贤事迹上)。

卷九:叙人中(先贤事迹下、列女、孝行、仙释)。

卷十:叙人下(科目人才、衣冠盛事)。

卷十一:叙祠(神庙、宫观、寺院)、叙遗(车驾巡幸、乡人义出、纪异、存古)。

卷十二至卷十三:鄞县志。

卷十四至卷十五:奉化县志。

卷十六至卷十七:慈溪县志。

卷十八至卷十九:定海县志。

卷二十:昌国县志。

卷二十一:象山县志。

宝庆志最大的特点是体例上沿袭了《乾道四明图经》的做法,属于府、州志和属县志的联合体,州郡和属县分别自立门目,前十一卷为郡志,分叙郡、叙山、叙水、叙产、叙赋、叙兵、叙人、叙祠、叙遗九门,各门又分立四十六子目,第十二卷以下,则为鄞、奉化、慈溪、定海、昌国、象山各县志,每县俱自为门目,不与郡志相混。如鄞县志卷下列门目为叙县、叙山、叙水、叙产、叙赋、叙兵、叙人、叙祠、叙遗,其他奉化、慈溪、定海、昌国、象山各县也是如此,只是所属子目少于郡志。府、州志和属县志的联合体,在旧志中并不鲜见,但宁波的情况特殊,跟其独特的行政区划有关,即宁波虽设府,但没有附郭县,"盖当时明州虽建府号,而不置倚郭之县。州与县各领疆土,如今直隶州之体,故与他郡不同也"①,因此该志将郡志和县志一裁为二,分开叙述,各不相干,这样的安排是符合宁波的实际情况的。从其郡、县所设的门类及下

---

① [清]纪昀等:《钦定四库全书总目》卷六十八,史部二十四,地理类一,中华书局 1997 年版,第 931 页。

属子目看,跟同为府、州志和属县志联合体的《乾道四明图经》比,门类较为完备,内容也较为丰富。如《乾道四明图经》卷三与卷四分别记载奉化县与定海县,奉化县仅有贤宰与人物两个门类,共记载了唐时县令赵察以及乡贤孙郃、楼郁三个人物,定海县更是简化到其下未分门类,只用了寥寥数语对定海的情况作了一个概述,门类不够齐全,内容也简单得多。

袁桷《延祐四明志》成书后,在"宋元四明六志"中独占鳌头,《宝庆四明志》诸书大有为其所湮没之势,但其史料价值仍不可小视,"然潜之书讵可全废哉?俾与《旧唐》为徒以备参考,亦自有补"①。宝庆志不仅为研究宁波区域提供了较为原始可靠的资料,同时也有相当部分史料具有独一性,可以弥补正史及宋代史学著述之不足。如宋代明州人口及赋役、税收等的详细记载,这些材料大多为被研究者视为至为重要之史料如《宋史》《宋会要辑稿》《续资治通鉴长编》《建炎以来系年要录》等所不具备。又如南宋是中国历史上海上贸易最发达的一个朝代,在宁波、泉州等地设有市舶司,宝庆志对于宁波市舶司的记录十分详细,从市舶司地址考据到宁波市舶司抽解制度都有详细记载,还包括了修志者对于抽解制度的个人看法及市舶司抽解"旧例",这些也是正史中没有记载的。再比如宝庆志卷一"郡守"目,详细记录了宁波州县长官题名,在题名中不是采取简单罗列官员名字的办法,而是详细推考记述其任期准确时间,有时甚至精确到日,这在以往史料中实属罕见,同类史料中也不多见。此外,宝庆志对于官员离任原因或去向也多有记载,这些记载为从事宋代地方官制研究提供了鲜活可信的文献依据,其价值不容低估。当然,该志的记载也有不少讹谬之处,前人对此有所批评,值得我们注意,如清代全祖望曾说:"《宝庆志》则多讹谬,如元丰之舒亶,中兴之王次翁皆为作皇皇大传,而高宪敏传不载其受杨文靖之学,又不载其拒秦桧请婚之事,何欤?史忠定传,谓其仲父签枢罢官在秦桧死后,则并国史宰执年表未之考也。袁正献公附入远祖毂传后,亦寥寥。罗濬谓是书成于一百五日,固宜其有所舛戾也夫。"②

7.《咸淳临安志》

《咸淳临安志》和《乾道临安志》《淳祐临安志》合称"临安三志"。但《乾道临安

---

① [元]赡思:《重刻四明志序》,[宋]胡榘修,方万里、罗濬纂:《宝庆四明志》,《宋元方志丛刊》第5册,中华书局1990年版,第4990页。
② [清]全祖望:《再跋四明宝庆开庆二志》,《鲒埼亭集外编》卷三十五,题跋九,[清]全祖望撰,朱铸禹汇校集注:《全祖望集汇校集注》,上海古籍出版社2018年版,第1481页。

志》和《淳祐临安志》目前只有残卷,可参见浙江人民出版社1983年出版的《南宋临安两志》一书。《乾道临安志》成书于乾道五年(1169),由时任右文殿修撰、临安知府周淙所撰,原书15卷,现只存第一至三卷,卷一是行在所,卷二是历代沿革、星度分野、风俗、州境、四至八到、去两京地里、陆路、水路、县、镇、在城八厢、城南北两厢、城东西都巡检使、城社、户口、廨舍、学校、科举、军营、坊市、界分、桥梁、物产、今产、土贡、今贡、税赋、仓场库务、馆驿、亭、堂、楼、观、阁、轩,卷三是牧守。《四库全书总目》称其"第一卷纪宫阙官署,题曰'行在所',以别于郡志。体例最善,后潜志实遵用之。……今其书虽残缺不完,而于南宋地志中为最古之本"①。《淳祐临安志》成书于南宋理宗淳祐十二年(1252),作者是陈仁玉,浙江仙居人,时以经筵列荐,入史馆,补常州文学历将作监丞,受临安知府赵与㤩委托所撰②。原书52卷,现仅存第五至十卷,卷五至卷七为城府,卷八至卷十为山川,每个门类前冠以总论,清代学者胡敬曾从《永乐大典》中辑出佚文16卷4册,后亦散佚,仅存祠庙、寺、院、宫观4类,编为《〈淳祐临安志〉辑逸》8卷,丁丙将其收入《武林掌故丛编》第二十四集。

《咸淳临安志》是"临安三志"中保存最为完整的一部志书,原书100卷,现存95卷;也是"临安三志"中仅存宋刻本者,有陆氏皕宋楼藏本(现已流至日本静嘉堂文库)、山东聊城杨氏海源阁藏本、丁氏八千卷楼藏本。该志成书于宋度宗咸淳九年(1273)以后③,作者潜说友(1216—1288),字君高,处州缙云(今浙江省丽水市缙云县)人,咸淳四年(1268)闰正月,以朝散郎直华文阁、两浙转运副使除司农少卿兼知临安府。其人品固不足道,《四库全书总目》云:"咸淳庚午以中奉大夫权户部尚书,知临安军府事,封缙云县开国男。时贾似道势方炽,说友曲意附和,故得进。越四年,以误捕似道私秣罢。明年起守平江,元兵至,弃城先遁。及宋亡,在福州降元,受其宣抚使之命。后以官军支米不得,王积翁以言激众,遂为李雄剖腹死。其人殊不足道。"④清代汪远孙所写的《跋》亦云:"说友,字君高,处州人,登淳祐四年进士

---

① [清]纪昀等:《钦定四库全书总目》卷六十八,史部二十四,地理类一,中华书局1997年版,第928页。
② 洪焕椿《浙江方志考》(浙江人民出版社1984年版,第41—45页),魏桥、王志邦、俞佐萍、王永太《浙江方志源流》(浙江人民出版社1988年版,第58页),仓修良《方志学通论》(增订本)(华东师范大学出版社2013年版,第207—209页),黄苇等《方志学》(复旦大学出版社1993年版,第449—451页),陈杏珍《〈淳祐临安志〉的卷数和纂修人》(《文献》1981年第3期)等均持此意见。
③ 因作者潜说友于咸淳七年(1271)即被罢临安知府,可知该志在潜氏之后应有增修。
④ [清]纪昀等:《钦定四库全书总目》卷六十八,史部二十四,地理类一,中华书局1997年版,第933页。

第,知临安时,贾似道方枋国,志中遇似道衔名,皆提行或空格,未免滋后人之议。"①但不能因其人品而废其书,《咸淳临安志》体例完备,资料翔实,引证广博,考核精审,远超《乾道临安志》《淳祐临安志》,不仅为研究南宋时期杭州的政治、经济、文化和社会风俗提供了大量的资料,而且对于研究宋代的历史也具有很高的史料价值,是我们今天研究杭州不可不读之书,也是研究南宋历史的必读之书。现抄目录于下:

卷一至卷十五:行在所录,下分序录、凡例、图(宫城图、京城图、浙江图、西湖图)、驻跸次第、宫阙、郊庙、朝省、御史台、谏院、六部、诸寺、秘书省、国史院、敕令所、诸监、太宗正司、省所、院辖、监当诸局、三衙、阁职、内诸司、邸第、官宇、学校、贡院、太史局、太医局、堂后官院、宫观、祠庙、苑囿、禁卫兵、省院兵、攒宫、馆驿、赋咏。

卷十六至卷二十一:疆域志,下分府县图、序、吴越考、古今郡县表、郡县境、星野、城郭、社稷、厢界、坊巷、市(行团瓦子附)、镇、乡里、桥道。

卷二十二至卷三十九:山川志,下分序、三江考、山、岩、岭、洞、石、峪、同、坞、塍田埂、关、江、海、湖、河、溪、潭、涧、洲、浦、井、泉、池、塘、堰、水闸、渡。

卷四十至卷四十一:诏令志,下分序、汉诏令、晋诏令、国朝诏令。

卷四十二:御制志,下分序、御铭、御训、御记、御序、御诗、御赞、御颂、御翰。

卷四十三至卷五十一:秩官志,下分序,封爵考,内史考,都尉考,吴、吴兴二郡考,古今郡守表,两浙转运,倅贰,县令。

卷五十二至卷五十五:官寺志,下分序、府治、漕治、幕属官厅、诸县官厅、仓、场、库、务、局、院、馆驿、邮置。

卷五十六:文事志,下分序、府学、诸县学、贡院。

卷五十七:武备志,下分序、禁军、厢军、土军、弓兵、教场、防虞。

卷五十八:风土志,下分序、风俗、户口、物产。

卷五十九:贡赋志,下分序、土贡、田税、商税。

卷六十至卷七十:人物志,下分序、古今人表、国朝进士表、中兴右科进士表、历代列传、后妃、列女、方外(方士、僧)、孝感拾遗。

卷七十一至卷七十四:祠祀志,下分序、土神、山川诸祠、节义、仕贤、寓贤、古神祠、土俗诸祠、东京旧祠、外郡行祠、诸县神祠。

卷七十五至卷八十五:寺观志,下分序、宫观(城内外)、女冠、云水堂、宫观(诸

---

① [清]汪远孙:《咸淳临安志跋》,[宋]潜说友:《咸淳临安志》,《宋元方志丛刊》第4册,中华书局1990年版,第4273页。

县)、寺院(城内、城外)、尼院、庵、塔、诸县寺院。

卷八十六:园亭志、古迹志,园亭志下分序、园、亭;古迹志下分屋宅、木石、器物。

卷八十七:冢墓志,下分序、先贤墓、客墓、古墓、僧塔。

卷八十八:恤民志、祥异志,恤民志下分序、慈幼局、施药局、养济院、漏泽园;祥异志下分祥瑞、神怪。

卷八十九至卷一百:纪遗志,下分序、纪事、纪文、历代碑刻目。

《咸淳临安志》从体例上说可算作平列体,但同时也是都城志和府志的结合体,前15卷为都城志,后85卷才是临安府志,较好地体现了"都城志"的特点,这是咸淳志最大的特点。虽地方志设置"行在所"篇目记载都城,以区别于一般府州志,始于《乾道临安志》,但乾道志全书15卷,行在所仅1卷,记载内容过于简略,如宫阙的记载,只记有"大内"和"德寿宫"两条,篇幅也短,且某些条目尚归类不当,诚如陈振孙在《直斋书录解题》中批评的:"首卷为行在所,于宫阙殿阁全不记载,籍曰禁省严秘,不敢明著。其视宋次道《东京记》,何其大不侔。其他沿革,亦多疏略。"[1]而《咸淳临安志》"首列行在所录,以尊王室,至十六卷以后乃为府志,盖体例本之周彦广乾道志,而纪载多至数倍,殊有资于考证也"[2],从而为后世修首都志树立了一个仿效的样板。《四库全书总目》称:"其人殊不足道,而其书则颇有条理。前十五卷为行在所录,记宫禁曹司之事。自十六卷以下,乃为府志。区画明晰,体例井然,可为都城纪载之法。"[3]相对于乾道志的"疏略",咸淳志在"行在所录"中的"宫阙"目下分出大内、祖宗诸阁、北宫、东宫、资善堂、学士院6处,其中"大内"对文德殿、垂拱殿、后殿、延和殿、崇政殿、福宁殿、复古殿、选德殿、缉熙殿、熙明殿、勤政殿、嘉明殿、钦先孝思殿等有翔实的叙述,这是乾道志完全没有提到的。"北宫"除德寿宫外,还有德寿宫改名后的重华宫、慈福宫、寿慈宫的记载。对于"三省"的载述,咸淳志更名为"朝省",除同样记载尚书省、中书省、门下省、枢密院外,增加了中书门下后省、检正左右司、承旨检详编修、三省枢密院监门、三省枢密院架阁。乾道志未在"行在所"卷单独设立"六部"一目,只是在"三省"目中简单地提及其属于尚书省管辖;而

---

[1] [宋]陈振孙:《直斋书录解题》卷八,地理类,"《临安志》十五卷"条,上海古籍出版社2006年版,第244页。

[2] [清]周中孚:《郑堂读书记》补逸卷十二,史部,地理类二,上海书店出版社2009年版,第1458页。

[3] [清]纪昀等:《钦定四库全书总目》卷六十八,史部二十四,地理类一,中华书局1997年版,第933页。

《咸淳临安志》则在"行在所录"中单独设置"六部"目,与朝省、御史台、谏院、秘书省、国史院、敕令所并列,其下分为吏部、户部、礼部、兵部、刑部、工部、六部监门、六部架阁。乾道志中"三省"条目仅二三十字,"三省,尚书省六部,中书省后省,门下省,枢密院承旨司,已上在和宁门外之北"①,记述颇为简略,而咸淳志在卷四和卷五却以近3万字的篇幅记述了三省六部及相关机构的位置布局、设置运作,还补充了大量诏令、题名记等,记述可谓详备而精当。至于乾道志"行在所"卷中一些不合理的归类,咸淳志则作了重新调整。如乾道志中"台阁"一目,把皇宫内的诸阁和御史台、秘书省放在一起,归类上不合理,而咸淳志则将皇宫内诸阁归入"宫阙"目"祖宗诸阁"中,"宫阙"与"御史台""秘书省"为同一级别的类目,共同归属于"行在所录"。又如乾道志将"皇子府"作为一目单独列出,而将左右仆射府、枢密知院府、执政府、嗣濮王府、吴王府、益王府、睦亲宅、台谏宅、百官宅纳入"府第"目,将官宇和邸第混在一处;而咸淳志则将诸后宅、诸王府、公主府、勋臣赐第家庙归于"邸第"目,将宰执府、侍从宅、台谏宅、省官院宅、百官宅归于"官宇"目,相较乾道志分类合理,清晰明了。尤其是咸淳志还在"行在所录"中设置了"赋咏"一卷,记录了颂扬皇宫与朝廷的诗赋及注,有助于我们今天去了解南宋皇宫的生活和典故。如魏了翁的《讲筵侍立三首》:"晨趋东朵侍天颜,奏事班回帝辇还。才向内门需少选,诸珰又趣讲筵班。须臾讲殿报班齐,拜罢东升一半西。两序公卿皆赐坐,史臣讲读右阶陼。"注云:"开讲之日,宰执亦与。宰相赐黑漆杌子,执政以下紫包草坐,分列两行。当日讲读官各一员,及当日左右史一员,自草坐之右,行至御案之右。读官先上读《太宗宝训》,微退,讲官次上讲经,亦以金篦读过,二史一员后立。"②当年南宋皇帝听读经史的情况及礼节被清晰地勾画出来。

清代学者朱彝尊曾说:"宋人地志幸存者,若宋次道之志长安,梁叔子之志三山,范致能之志吴郡,施武子之志会稽,罗端良之志新安,陈寿老之志赤城,每患其太简,惟潜氏此志独详。"③资料翔实,正是《咸淳临安志》的第二个特点。关于该志资料的翔实,我们可以举几个简单的例子予以说明,即便是对同一内容的记载,《咸淳临安志》的史料价值也远高于其他的杭州旧志。第一例,桥梁。乾道志仅笼统地列举了杭州城的74座桥名。淳祐志进一步把桥梁分为城内大河、小河、西河、城南

---

① [宋]周淙:《乾道临安志》卷一,行在所,三省,《宋元方志丛刊》第4册,中华书局1990年版,第3215页。
② [宋]潜说友:《咸淳临安志》卷十五,行在所录,赋咏,经筵,《宋元方志丛刊》第4册,中华书局1990年版,第3501页。
③ [清]朱彝尊:《曝书亭集》卷四十四,跋三,咸淳临安志跋,世界书局1937年版,第533页。

左厢、城北右厢。而咸淳志除分河流与地区列举杭州城内外 360 多座桥梁外,还一一指出桥的具体位置和部分桥的沿革及通行舟楫的情况等。第二例,物产。乾道志"物产门"虽也列谷、衣、货、药、果、花、木、竹 8 类,但每类之下仅列名称而已。如"衣"之下仅列绫、绢、布、锦、罗、绸、纱品名,其他皆无记载。而咸淳志在"物产门"下,不仅分谷之品、丝之品、货之品、菜之品、果之品、竹之品、木之品、花之品、药之品、禽之品、兽之品、虫鱼之品 12 个大类,且在每类之下,不单列举品名,往往还注明特点及其产地,前人有诗文涉及者,也都摘引记于其下。如物产之丝,乾道志仅在货类下标一"丝"字,以示临安府境产有此物。而咸淳志则于"物产门"专列"丝之品"一类,下标产品有绫、罗、锦、克丝、杜缂、鹿胎、纻丝、纱、绢、帛、绸等,并于"绫"项下注明:"白文公诗'红袖织绫夸柿蒂',注云,杭州出柿蒂,花者为佳,内司有狗蹄绫,尤光丽可爱。"①第三例,牧守。以绍兴三年(1133)担任临安知府的梁汝嘉为例,乾道志载:"绍兴三年七月初三日,右朝请郎、直秘阁、两浙转运副使梁汝嘉除直龙图阁知临安府。六年(1136)八月初五日,除户部侍郎。"②而咸淳志则记载:

> 梁汝嘉,处州人。绍兴三年癸丑七月初三日,以右朝请郎、直秘阁、两浙转运副使除直龙图阁知。七月丙子,汝嘉奏乞令本府依旧带安抚使,析浙西八州为二,分隶镇江、临安,时以防江为重,未克行。九月二十日,又奏乞将前守卢知原所置二十界地分,依旧并作六界都监,每界更差官一员,同共管辖防虞。人兵已团结保甲,别差使臣一员使唤。仍每界置望火台一处,量办防火器具,轮差兵级二十人,令使臣部辖。从之。汝嘉在郡,首缮庠序,以示风化,上自宫省,下至营屯及百司官廨,区处悉有方,始成都邑。上谕公曰:"前政宋辉俗而懒,知原谬而执,今得人矣。"绍兴四年甲寅八月,诏以余杭县南上下湖地置孳生牧马监,命临安守臣兼提举,每马五百匹为一监。绍兴五年乙卯,进显谟阁直学士知。三月丁酉,兼两浙西路安抚使。绍兴六年丙辰八月初五日,汝嘉除户部侍郎。③

梁汝嘉是南宋高宗绍兴年间的官员,从以上对其担任临安知府时的政绩的记载看,咸淳志无疑远较乾道志丰富而详备。

---

① [宋]潜说友:《咸淳临安志》卷五十八,风土,物产,《宋元方志丛刊》第 4 册,中华书局 1990 年版,第 3871 页。
② [宋]周淙:《乾道临安志》卷三,牧守,《宋元方志丛刊》第 4 册,中华书局 1990 年版,第 3251 页。
③ [宋]潜说友:《咸淳临安志》卷四十七,秩官五,《宋元方志丛刊》第 4 册,中华书局 1990 年版,第 3771—3772 页。

引证广博,辨异订误,考核精审,则是《咸淳临安志》的第三个特点。《咸淳临安志》所引用书籍不下数百种,大都注明来源。引用正史有《汉书》《后汉书》《三国志》《晋书》《南史》及新旧《唐书》等多种,所引同时代书有《国朝会要》《皇朝郡县志》《国史》《九朝通略》《中兴编年纲目》《大宋登科录》《中兴登科小录》等,都一一注明出处,由于其中不少书现在已经散佚,故该志保存了极有价值的史料。对存在的不同说法,该志少有武断,或列入正文,或用小字说明,或文后注明,不拘一格。前志如有误,则作考辨与订正。如在记述建宁湖时,《咸淳临安志》在正文中载"吴建兴中开,因名建兴湖",并在其下以小字注"旧志误作建宁"。① 又如在记述紫微山时,《咸淳临安志》在正文中载"旧志云:唐紫微舍人刘禹锡作刺史,行县至是山,望碛石湖因名,今半山有碑,镌'紫微山'三字",并作按语,认为"禹锡未尝为杭州刺史,惟白居易、裴夷直自中书舍人出守,旧志误也"。② 再比如《咸淳临安志》中坚称孙钟是孙坚的先祖,作者引用了《三国志》《太平寰宇记》《皇朝郡县志》等文献,认为"旧志谓钟卒,子坚葬钟于穴。按《三国志·孙坚传》不称父名,《寰宇记》谓坚所居,其祖种瓜,《郡县志》谓坚其元孙,则旧志称钟子者非"③,从而纠正了旧志的谬误。遇重大事件,则列专题考证。如《咸淳临安志》在"疆域志"下专列"吴越考"一目,在"山川志"下专列"三江考",在"秩官志"下专列"封爵考""内史考""都尉考""吴、吴兴二郡考"。杭州在春秋时期属吴国还是越国,秦汉以降的记载已多有不同,这是杭州沿革中的重大课题,必须弄清楚,所以《咸淳临安志》专列"吴越考",加以具体考证,在列举了杭州属吴国和属越国两说后,考证说:

  二说各有所据,今精考之,当以后说(属越——笔者注)为是。《春秋》鲁定公十四年五月,於越败吴于樵李,杜预注云:嘉兴县南樵李城。又《史记·世家》:阖闾十九年,伐越,勾践迎击之樵李。贾逵注云:樵李,越地。据此,则樵李以南皆为越境,杭在其中矣,此杭为越地一也。《吴越春秋》:勾践既臣于吴,夫差赐之书,增其封,东至句甬,西至樵李,南至姑末,北至平原(《越绝书》作武原,云今海盐),纵横八百余里,且谓越本兴国千里,吾虽封之,未尽其国。则是所封之地皆越故疆。又《越绝书·越地记》云:语儿乡,故越界,本名就李(即樵

---

① [宋]潜说友:《咸淳临安志》卷三十四,山川十三,湖下,《宋元方志丛刊》第4册,中华书局1990年版,第3671页。
② [宋]潜说友:《咸淳临安志》卷二十七,山川六,盐官县,《宋元方志丛刊》第4册,中华书局1990年版,第3619页。
③ [宋]潜说友:《咸淳临安志》卷六十二,人物三,历代列传(汉至吴),《宋元方志丛刊》第4册,中华书局1990年版,第3913页。

李),吴疆,越地以为战地,至柴辟亭。《吴地记》云:柴辟亭到语儿就李,吴侵以为战地。则吴越疆界尤极明白,此杭为越地二也。若《淳祐志》所引三说,皆有可辨论者:其一谓越群臣祖勾践于浙江(今钱塘江——笔者注),则是吴越以浙江为界。殊不知是时勾践方保栖会稽之山,浙江以西皆为吴有,宜其祖道止于江滨,况又未尝曰送之境上耶?其一谓夫差走余杭山,则余杭在吴之境内。殊不知吴自有秦余杭山,《姑苏志》云:阳山,又名秦余杭山,在长洲西北三十里,夫差栖于此,死因葬焉,至今号夫差墓。又《越绝书·吴地传》云:秦余杭山,去毗陵县五十里,有湖,水近太湖。今余杭去长洲、太湖远甚,岂可以名之偶同,强合为一?且越在东南,吴在西北,吴王不西北走苏常,而反东南走余杭,必无此理。其一谓楚伐越,尽取故吴地至浙江,则浙江之西乃吴地。殊不知此句自是两义:所谓"故吴地"者,言越故取于吴者也;所谓"至浙江"者,言并越元有之地而尽取之也。岂可概以为故吴地乎?《皇极经世》以其辞不别白,故于"楚灭越尽取其地"之下书曰:东开地至浙江。则是浙江以西本非吴境,乃楚因越地而开者也。合是三说,则前志之误可以涣然无疑矣。①

3.2 课后思考与拓展阅读

---

① [宋]潜说友:《咸淳临安志》卷十六,疆域一,吴越考,《宋元方志丛刊》第 4 册,中华书局 1990 年版,第 3519 页。

第四章　元代方志

第一节　元代方志编修概况

4.1　学习目标

元代方志

元代是中国历史上占有重要地位的封建王朝。方志在元代不仅没有陡然大落,反而继续得到发展。

元代方志发展的特点,其一,从内容和形式上看,元代方志沿袭宋代,没有改变大体格局,只是使已经定型的体例更加成熟而已。在元代方志现有存目的 160 种中,称志的有 137 种,称图经的有 6 种,方志上升到占有压倒性优势,而图经则接近消失,从而全面完成了从图经到方志的过渡,名实已完全相符。

其二,一统志的纂修始于元代。元世祖忽必烈统一中国后,建立了一个空前庞大的封建王朝,"其地北逾阴山,西极流沙,东尽辽左,南越海表","东南所至不下汉、唐,而西北则过之,有难以里数限者矣",[①]较之汉唐盛世,元代疆域更为广阔。为了颂赞一统之盛,元世祖至元二十三年(1286),集贤大学士、中奉大夫、行秘书监事札马里鼎建议纂修大一统志。元世祖忽必烈采纳了他的建议,命札马里鼎、奉直大夫秘书少监虞应龙等编纂《大一统志》,到至元二十八年(1291)成书,凡 755 卷。但由于当时资料尚有欠缺,有些地方的志书尚未送达,如《云南图志》《甘肃图志》《辽阳图志》等,原修之书缺漏甚多,因此到了元成宗大德年间(1297—1307)开始重修,由集贤大学士、资善大夫、同知宣徽院事孛兰肹,昭文馆大学士、中奉大夫、秘书监岳铉等修,成书于元大德七年(1303),取名《元大一统志》,共 1300 卷,元惠宗至正六年(1346)刊行。据清人吴骞《元大一统志残本跋》云:"其书于古今建置沿革,及山川、古迹、形势、人物、风俗、土产之类,网罗极为详备。

[①] [明]宋濂等:《元史》第 5 册,卷五十八,志第十,地理一,中华书局 2017 年版,第 1345 页。

诚可云宇宙之巨观,堪舆之宏制矣","即如各府州县废置沿革一门,《元一统志》正文既详,复取古今地理各书参互考证,而细注其下"。① 《四库全书总目》说:"考舆志之书出自官撰者,自唐《元和郡县志》、宋《元丰九域志》外,惟元岳璘等所修《大元一统志》最称繁博。"② 岳璘,应为岳铉之误。民国学者金毓黻也称:"设使全帙尚在,学者必奉为鸿宝,而《元和郡县志》《太平寰宇记》不得专美于前,明清二代之《一统志》亦未能独步于后也。"③ 但遗憾的是,《元大一统志》的初修本和再修本至清中叶已散佚不全,目前仅有 1966 年中华书局出版的《元一统志》残辑本 10 卷,这也是目前能见到的该志最全的一个版本。

其三,通志(省志)的修纂也始于元,明清沿之。今人多以为通志(省志)修纂始于明初,但事实上,自元代开始推行行省制度后,即有相应的通志(省志)出现。元代在编纂卷帙浩繁的一统志时,除大量取材于《元和郡县图志》《太平寰宇记》《元丰九域志》《舆地纪胜》等全国性区域志及唐、宋、金的旧志外,还规定当时的各行省必须先编纂本地图志,以备一统志编纂时采择。这一规定开了编修省志的先河,意义重大,是方志史上值得注意的一件大事。只是元代所修的通志(省志)数量较少而已,部分省份如浙江省,通志(省志)至明代才出现。

其四,在修志范围上,随着元代疆域的扩大,几乎遍布全国各地,边远省份也开始修志,从而改变了南宋时期集中于江苏、浙江、湖北、湖南、四川、江西、福建等地的局面。由于要编修一统志,元朝统治者督促各地修志,使全国出现南北修志之风皆盛的局面,尤其在曾长期处于战乱的北方,修志活动更是得到恢复和发展。当然,其时南方各省所修志书的数量仍明显多于北方,质量上也是南方胜于北方,尤其是江南一带,尽管南人在元朝最受歧视,但文化之盛,不减前代。

据张国淦《中国古方志考》统计,元代所修方志约 160 种,以浙江最多,约 40 种,其次是江西、江苏和湖南、福建等省区。但现存的志书不多,流传至今的元代方志(总志不计入内)有 15 种,它们是徐硕的《至元嘉禾志》,于钦的《齐乘》,袁桷、王厚孙的《延祐四明志》,王厚孙的《至正四明续志》,冯福京、郭荐的《大德昌国州图志》,张铉的《至正金陵新志》,俞希鲁的《至顺镇江志》,熊梦祥的《析津志》,骆天骧的《类编

---

① [清]吴骞:《元大一统志残本跋》,《愚谷文存》卷四,《续修四库全书》第 1454 册,上海古籍出版社 2002 年版,第 223 页。
② [清]纪昀等:《钦定四库全书总目》卷六十八,史部二十四,地理类一,中华书局 1997 年版,第 927 页。
③ 金毓黻:《大元大一统志考证》,《大元一统志残本》,《辽海丛书》第 5 册,辽海出版社 1985 年版,第 3610 页。

长安志》,李好文的《长安志图》,陈大震、吕桂孙的《大德南海志》,杨谭的《至正昆山郡志》,卢镇的《至正重修琴川志》,王仁辅的《至正无锡志》,以及佚名所纂《河南志》。

第二节　元代方志述评

1.《延祐四明志》

《延祐四明志》作者袁桷(1266—1327),字伯长,自号清容居士,鄞县(今浙江省宁波市)人。20余岁时,由"部使者举茂才异等,起为丽泽书院山长"[①],但未曾赴任。大德元年(1297),受举荐为翰林国史院检阅官,后历任应奉翰林文字、同知制诰、国史院编修官、翰林国史院待制、集贤院直学士、翰林直学士、知制诰同修国史、侍讲学士等。泰定元年(1324)辞官归里。修有《成宗实录》《武宗实录》。

《延祐四明志》成书于延祐七年(1320),应庆元路总管马泽的邀请而修,袁桷未完成部分由王厚孙续补。全志20卷,现在所存的传本仅存了17卷,卷九、卷十、卷十一缺失。卷首有序言、目录,正文各门类如下:

卷一:沿革考(辨证、境土)、土风考。

卷二:职官考上(唐刺史,五代刺史,宋节度使、知府制置,皇朝浙东道宣慰使司都元帅府、庆元路总管府、本路儒学官、司狱司、录事司)。

卷三:职官考下(鄞县、奉化县、奉化州、昌国县、昌国州、慈溪县、象山县等)。

卷四:人物考上(先贤)。

卷五:人物考中(先贤、节妇、孝行、逸士)。

卷六:人物考下(史忠定十二先生赞、王尚书八贤赞、衣冠盛事、进士)。

卷七:山川考(山、岙、陵墓、海、江、溪、潭、泉、浦溆、津渡)。

卷八:城邑考上(城、公宇、堂宇、亭、楼阁、台榭、园圃、递铺、社、乡都)。

卷九:城邑考下(镇、市、坊巷、桥道)。

卷十:河渠考上(河、湖、池、井、塘)。

卷十一:河渠考下(碶、堰、坝、闸、水步、渠、水则)。

卷十二:赋役考(鄞县、奉化州等田土、粮钞、税课等)。

---

① [明]宋濂等:《元史》第13册,卷一百七十二,列传第五十九,中华书局2017年版,第4025页。

卷十三：学校考上（本路、奉化州、鄞县、昌国州蒙古学、儒学等）。

卷十四：学校考下（慈溪、定海等县儒学、医学、书院等）。

卷十五：祠祀考（社稷坛、城隍及本路、各县神庙等）。

卷十六：释道考上（释、昌国州寺院及在城禅寺、教院、律院、庵舍等）。

卷十七：释道考中（鄞县和奉化州禅院、教院、律院等）。

卷十八：释道考下（慈溪、定海、象山等县寺庵、道观等）。

卷十九：集古考上（文）。

卷二十：集古考下（诗）。

《延祐四明志》在门类体例方面较《宝庆四明志》和《开庆四明续志》都完备，并具有以下特点：其一，通篇称"考"。以考分门，很可能是受到马端临《文献通考》的影响，属于典型的书典体。其二，每考之前均设置小序，内容简短且紧扣主题，有阐述设该考原因的，也有述源流、讲大要的。如"集古考"的小序云："郡以山川传，传莫详于前贤，广其传则凡四方之公卿与夫骚人、释子之所纪刻，益尊以传焉，裴公纪德碣屡毁盖彰，牧守宜视诸荒园、故宅，申之以感慨，丰碑磨泐，日寻于榛棘，闻见益远。桑海之喻，讵不信诸！作集古考。"①短短数语，不仅将作"集古考"的原因表达清楚，还为后面的行文做好了铺垫。"学校考"的小序更是如此，其中写到"世祖皇帝平海隅，首复儒役，谆谆然劝勉至矣。先帝崇文尚儒，慨然复立科举。……皇朝建蒙古学，复立医学、阴阳学，四学足。作学校考"②，更是突出了"学校考"中记载内容的分类，使读者一眼就能明了其所包含的内容。如此设置小序，不仅提高了志书的可读性，也避免了史料堆砌。其三，内容翔实，不支不滥。论内容详赡首推"赋役考"，不仅包括田土、租税及粮钞等基本的税赋内容，还包括织染周岁额办段匹、皮货额办、沙鱼皮额办、鱼鳔额办等四明地区特有的经济税赋，反映了四明地区特有的经济活动。又如"城邑考上"城本路条抄前志载："城周一十八里，二千五百二十七丈，唐长庆元年，刺史韩察移州治于鄞县治，撤旧城而新之。唐末，黄晟为州刺史，增筑，至宋元丰元年，守南丰曾巩受诏而完之。宝庆二年，守胡榘因其圮坏而重修之。"而后附上袁桷自己的辨证，道："旧志云：罗城，黄晟所筑。长庆所移，子城是也。按《通鉴》，唐宣宗大中十三年十二月，裘甫寇浙东，攻陷象山，明州城门昼闭。……黄晟没于梁开平间，距唐大中相去五十余载，岂有城未筑而先有门之理？

---

① ［元］马泽修，袁桷、王厚孙纂：《延祐四明志》卷十九，集古考上，《宋元方志丛刊》第6册，中华书局1990年版，第6413页。

② ［元］马泽修，袁桷、王厚孙纂：《延祐四明志》卷十三，学校考上，《宋元方志丛刊》第6册，中华书局1990年版，第6296页。

若指子城而言,其周环才四百余丈,岂足以闭门自保邪?于此则长庆所移之城,即罗城是也。"①这则辨证,包括对《资治通鉴》中的史料引证,都证明了袁桷在修志之时,不是单纯地引用前志,而是详加考证多方的史料,力求其记载准确无误。

《四库全书总目》对其评价甚高:"条例简明,最有体要。……志中考核精审,叙述清晰,不支不滥,颇有良史之风。"②周中孚亦评曰:"原书凡二十卷,今自卷九至卷十一久佚,故止有十七卷。……所亡之卷,乃城邑考下及河渠考上、下耳。其所谓集古考者,即艺文考也。每考各系小序,义理谨严,考证精审,而辞尚体要,绰有良史风裁。盖清容早从王厚斋、舒舜侯岳祥载诸遗老游,学有渊源,又博览典籍,练习词章,尤熟于乡邦掌故,宜其从事于地志,自非余子可及也。"③当然也有学者从"直笔"方面批评其不足之处,"清容文章大家,而志颇有是非失实之憾。如谢昌元、赵孟传皆立佳传,而袁镛之忠反见遗,盖清容之父亦降臣也。又累于吴丞相履斋有贬词,殆以其大父越公之怨,非直笔也"④。未给袁镛立传,的确是这部志书的一大缺憾,但袁桷为降臣立传也不是毫无道理,至于人物传有褒而无贬,也是旧志常用的做法之一,似不应仅苛责袁桷。总之,《延祐四明志》仍不失为一部体例完备、内容严谨的千古佳志。

2.《至正四明续志》

《至正四明续志》的作者是王厚孙,成书于元惠宗至正二年(1342),共 12 卷,卷首有序言、目录,正文各卷门类如下:

卷一:沿革、土风、职官(浙东道宣慰使司都元帅府、浙东海右道肃政廉访司分司、本路总管府)。

卷二:职官(万户府、市舶司、海运所、本路儒学、司狱司、录事司、鄞县、奉化州、昌国州、慈溪县、定海县、象山县)、人物(名贤、补遗、进士、中乡举)。

卷三:城邑[公宇、乡都隅社、坊巷桥道(马道附)、驿铺]。

---

① [元]马泽修,袁桷、王厚孙纂:《延祐四明志》卷八,城邑考上,城本路,《宋元方志丛刊》第 6 册,中华书局 1990 年版,第 6259 页。
② [清]纪昀等:《钦定四库全书总目》卷六十八,史部二十四,地理类一,中华书局 1997 年版,第 934—935 页。
③ [清]周中孚:《郑堂读书记》补逸卷十二,史部,地理类二,上海书店出版社 2009 年版,第 1458—1459 页。
④ [清]全祖望:《延祐四明志跋》,《鲒埼亭集外编》卷三十五,题跋九,[清]全祖望撰,朱铸禹汇校集注:《全祖望集汇校集注》,上海古籍出版社 2018 年版,第 1482 页。

卷四：山川[山、邱墓(义冢附)、溪潭浦漵]、河渠(河湖渠塘、碶堰坝闸、津渡)。

卷五：土产(市舶物货、五谷、药材、草木、果实、器用、毛族、羽族、水族)。

卷六：赋役(田土、房屋、官牛、秋税、夏税、税课、酒醋课、茶课、铁冶课、盐课、织染、杂造军器、皮货、沙鱼皮、鱼鳔、回回等户包银、历日钱、官房地钱、市舶、药味、常平仓、义仓、弓兵、狱卒、衙前祗候曳剌、站赤、急递铺)。

卷七：学校(蒙古学、儒学)。

卷八：学校[医学、阴阳学、书院(义学附)、乡饮酒礼、乡曲义田庄]。

卷九：祠祀[社稷(风雨雷师坛附)、城隍、神庙]。

卷十：释道[寺院(庵舍附)、道观(道院附)]。

卷十一：集古(古迹、文)。

卷十二：集古(诗)。

因王厚孙之前续补过《延祐四明志》，所以他自称这部志书为续志。该志大致继承了《延祐四明志》的编纂方法，只是不再通篇称"考"，每卷所载内容都呈金字塔状，先述本路，然后依次到所辖各县，脉络清楚，使人一目了然。在内容上则多少弥补了《延祐四明志》的不足，尤其是对碶堰坝闸的补充记载，"总管于吾乡为循吏，其整顿它山堤堰最有功，志中所书堤堰，补清容之所不备。元时牧守如此，盖绝少者"①。由于现在所能见到的《延祐四明志》已为残卷，缺河渠考，所以无法看到其关于碶堰坝闸的记载，对哪些是王厚孙新增补的内容也就无从考证，但是从前人的相关评论来看，《至正四明续志》所记碶堰坝闸的数量超过了《延祐四明志》应毋庸置疑，由此可见王厚孙对水利设施的重视。此外，该志还新添了"土产"一门，下分市舶物货、五谷、药材、草木、果实、器用、毛族、羽族、水族等目，详尽记载了宁波地区的物产。但令人遗憾的是，该志有一个很大的毛病，就是缺少人物记载，其卷二"人物"中"名贤"一目仅列袁桷，"补遗"一目仅列 6 人，只是对前志人物传的一个补充。虽说是由于该志距《延祐四明志》成书时间较短，因《延祐四明志》的人物考已较为详尽，故该志未再详载人物，但是，从方志批评学的角度来看，《至正四明续志》的门类和内容就显得不够完备了。

3.《至正金陵新志》

《至正金陵新志》的作者是张铉，字用鼎，光州(今河南省信阳市潢川县)人，人

---

① [清]全祖望：《至正四明续志跋》，《鲒埼亭集外编》卷三十五，题跋九，[清]全祖望撰，朱铸禹汇校集注：《全祖望集汇校集注》，上海古籍出版社 2018 年版，第 1483 页。

称"学问老成,词章典雅"①。元至正年间,此时离周应合《景定建康志》问世已有 80 余年,江南诸道行御史台都事索元岱欲修建康新志,派人礼聘张铉纂志。张铉时任陕西奉元路(今陕西省西安市)学古书院山长,但他在江苏句容县做过县尉,又因授徒往来建康十五余年,与当地士绅名流相熟,故对建康也算十分了解。他于元至正三年五月初十日(1343 年 6 月 2 日)入局修志,至同年十月望(按,"望"指农历十五,即 1343 年 11 月 2 日)定稿,至正四年(1344)刊刻。因元文宗即位前曾在建康蛰居四年,故登基后于元天历二年(1329)将"建康路"改名为"集庆路",至正三年志书纂成时,"建康"名已废,"集庆"名初用,两名都不大适合用作新志命名,故志书遵循沿用古地名的传统,以"金陵"命名,并用"新"字区别于以前的志书,故称为《金陵新志》。全志共 15 卷,纪传体结构,记载了周元王四年(前 473)至元至正三年(1343)的历史。现抄目录如下:

卷一:地理图(考各附图后)。

卷二:金陵通纪。

卷三:金陵世年表。

卷四:疆域志。

卷五:山川志。

卷六:官守志。

卷七:田赋志。

卷八:民俗志。

卷九:学校志。

卷十:兵防志。

卷十一:祠祀志。

卷十二:古迹志。

卷十三:人物志(世谱、列传)。

卷十四:摭遗。

卷十五:论辨(诸国论、奏议、辨考)。

该志编纂上最大的特色是沿用了《景定建康志》的纪传体体例,计有图考、通纪、表、志、谱、列传、摭遗、论辨,附图 21 幅,但相较景定志在篇目上有所变化,尤其是对景定志的"十志"作了较多改革。张铉编纂该志,是有意模仿景定志的纪传体

---

① [元]张铉纂修:《至正金陵新志》,修志文移,《宋元方志丛刊》第 6 册,中华书局 1990 年版,第 5280 页。

体例，按他的话说，"惟景定志五十卷用史例编纂，事类粲然，今志用为准式，参以诸志异同之论，间附所闻，折衷其后"，"今志略依景定辛酉周应合所修凡例，首为图考，以著山川、郡邑、形势所存；次述通纪，以见历代因革、古今大要；中为表、志、谱、传，所以极天人之际，究典章文物之归；终以摭遗、论辨，所以综言行得失之微，备一书之旨"。① 但相较景定志，在篇目上还是有所创新。一是改称或合并。如析"风土志"为"古迹""民俗"二志，并"城阙志"于"古迹志"中，改"儒学志"为"学校志"，改"武卫志"为"兵防志"，人物列传中"正学""儒雅"合并为"儒林"，"隐德"改称"隐逸"，"贞女"改称"列女"。二是重列或新增子目。"疆域志"中增加了"历代沿革""历代废县名""圩岸"3个子目；景定志的"官守志"仿正史职官志，设14目，至正志仅设"历代官制""本朝统属官制""题名"三目；删去了景定志"田赋志"中的"营租""沙租""圩租""蠲赋杂录"等目，将其内容并入"历代沿革"中；景定志的"风土志"分风俗、民数、灾祥、宅第、土贡、物产、古陵、诸墓、义冢等项，显得比较杂乱，至正志的"民俗志"只设"户口""风俗"两目，另设"古迹志"，包括城阙、官署、宅第、陵墓、碑碣等项，土贡、物产则纳入"田赋志"，较景定志更为合理；对于景定志的"十传"，至正志删去"正学""直臣"二目，增列"仙释""方伎"二目。三是增删门类。如删去了"留都录""文籍志"，对宫室、皇家园林、中央官署的记载则纳入"古迹志"；在"金陵世年表"之前设置"金陵通纪"，实际上就是一篇金陵建置沿革考。创设"论辨"一门，下分"诸国论""奏议""辨考"三目，这些内容本属于艺文的内容，因至正志未设文籍志，无处可归，故只能新设一门"论辨"，置于卷末。从总体上看，《至正金陵新志》对旧志门类设置的改易，更加强调了前后代事迹分述的原则，反映了作者对续修方志方法的探索。至于删去了景定志的"留都录"，将相关内容归入"古迹志"中记载，是因为至元代，八朝古都已经完全沉淀为一种文化古迹，已没有了前代留都的地位，所以这样处理还算是合乎逻辑。但"文籍志"的删除是一大败笔，虽然作者也做了一些弥补，如其所说"历代以来碑铭、记颂、诗赋、论辨、乐府、叙赞诸作，已具周氏、戚氏二志，不复详载。今辑其篇第，志于古迹卷中，其关涉考证者，随事附见"②，又设"论辨"门于志末，但艺文门类的缺失，终使一地文献目录无从记载，使该志的存史价值大打折扣。

其二，人物传是志书中不可或缺的重要组成部分，有"古来方志半人物"之称，

---

① [元]张铉纂修：《至正金陵新志》，修志本末，《宋元方志丛刊》第6册，中华书局1990年版，第5284页。

② [元]张铉纂修：《至正金陵新志》，修志本末，《宋元方志丛刊》第6册，中华书局1990年版，第5286页。

该志在人物编纂方面对景定志在继承中有所发展。至正志的"人物志"分世谱、列传两部分。"世谱"相当于景定志的"古今人表",分郡姓、游宦、封爵3类,"郡姓"相当于景定志"古今人表"中的"生于此","封爵"相当于景定志"古今人表"中的"封于此","游宦"相当于景定志"古今人表"中的"职于此",只是景定志中的"古今人表"分生于此、居于此、职于此、墓于此、祠于此、封于此6栏,分类更加细致罢了,倒是至正志因此将宋及宋以前职官题名均辟为"游宦",纳入"世谱",而不是按志书编纂惯例将其归入"官守志",成为其败笔。在人物列传方面,至正志也沿用了景定志采用类传的做法,只是相比于景定志的"十传",删去了"正学""直臣"二目,新增了"仙释""方伎"二目。这是因为张铉身上的理学色彩没有马光祖、周应合浓厚,自然也没有要替理学正名、正本清源的强烈意识,故将"正学"并入"儒林"。至于新增"仙释""方伎"二目,是因为自宋代以后佛教、道教兴盛,诚如宋人张表臣说,"杜牧诗云'南朝四百八十寺,多少楼台烟雨中',帝王所都而四百八十寺当时已为多,而诗人侈其楼阁台殿焉。近世二浙、福建诸州寺院至千区,福州千八百区,粳稻桑麻连亘阡陌,而游惰之民窜籍其间者十九"[①],元朝时又推行宗教信仰自由政策,"元自太祖起朔方时,已崇尚释教"[②],宋元时期寺庙的数量已经远远超过了佛教发达的南北朝时期,人物列传增设"仙释""方伎"二目,恰好反映了宋以来社会上佛道盛行的现象。景定志其实也记载了一些仙释、方伎的人物,如景定志"耆旧传"记载了葛洪、许迈、陶弘景等仙释人物,只是没有列出这两个类目而已,这跟马光祖、周应合刻意宣扬、推崇理学,排斥佛道之学有关。

其三,该志在人物列传的书写上继承了旧志有褒而无贬的传统,对人物只记其功绩,不显其恶行。张铉在《修志本末》中说"人物志析为世谱、列传,皆据前史,纂其名实,巨细兼该,善恶毕著,传末例有论赞,不敢僭越"[③],但实际上并不是这样做的。例如秦桧是江宁人,南宋高宗时的宰相,历史上著名的大奸臣,该志在处理时将秦桧列入人物列传"耆旧"一目,仅表其履历及绍兴和议之功,只字不提其结党营私、把持朝政、陷害忠良、构陷岳飞之事。

---

① [宋]张表臣:《珊瑚钩诗话》卷二,景印文渊阁《四库全书》第1478册,台湾商务印书馆1986年版,第972页。
② [明]陈邦瞻撰,王树民点校:《元史纪事本末》卷十八,佛教之崇,商务印书馆2018年版,第140页。
③ [元]张铉纂修:《至正金陵新志》,修志本末,《宋元方志丛刊》第6册,中华书局1990年版,第5285页。

> 秦桧,字会之,江宁人,登进士第,相高宗,与金讲和。以病同子熺致仕,二孙埙、堪乞改差在外宫观。桧进封建康郡王,少傅熺赠少师,封福国公,致仕。埙、堪并提举江州太平兴国宫。后桧追封申王,谥忠献。孙钜死节,别有传。兄梓,字楚材,自江宁居溧阳,使高丽还,登进士第,历知台、秀、袁、太平、常、湖六州,除翰林学士,出知宣州,民诣阙请留,进职再任,再移湖州,告老,赠光禄大夫。子焔、孙城皆笃学,世其家业。①

这是典型的只正面赞扬其功绩,不彰显其恶行。同样的情况也出现在陆子遹的记载中。陆子遹是南宋著名爱国诗人、大文豪陆游的第六子,担任过溧阳县令。至正志的《陆子遹传》这样记载:

> 陆子遹者,会稽山阴人,放翁务观之子,弱冠登第,所至莅政有能名。嘉定十一年,知溧阳县事。始至,即兴学校以明教化,锄强梗以植善良,审听断,恤鳏寡。先是,溧阳民多奉白云宗教,雄据阡陌,豪夺民业,不与差徭,贫下之民有赴诉者,辄连结贿吏不行,或反为所证。俗又好祷祠,大兴淫祀,病者不事医药,惟日延巫觋于家,手刃鸡雁之属,加盘水以降鬼神,椎经距踊,取饮食啗之,有顷妄曰:"吾得请于神矣。"以是诳民,牢不可解。子遹召其徒谕之曰:"有我则无汝。今奉天子命司人民社稷,山鬼何为者乱吾政,贼吾赤子。"则下令悉毁庙之自圣僧王者,夺白云宗所据民业,悉归其主。有田者当役,与齐民均,正妖巫扇惑之罪,县境肃然,旧习为之丕变。究和买虚额之弊,谨差役推排之籍,召县尉、巡检,与之面约,自邑分乡,自乡分都,自都分保,凡当役者,贫富高下,悉核其产之虚实,序其次第,吏莫能欺。又以农隙,创新官署。至于邮传、桥道,尤不整饰。去任而民思之,至今言溧阳前政之美者,必称子遹云。②

但是宋人魏了翁的《鹤山集》中却记载"臣窃见溧阳县张挺、沈成尝诉陆子遹夺其田产凡一万一千八百余亩,献之故相(指南宋宁宗、理宗朝宰相史弥远——笔者注)之家"③,这说明陆子遹也有"恶"行的一面,但在他的列传中却毫无踪迹。由此可见,至正志还是避免不了美其乡贤,并未做到"善恶毕著"。虽然,对人物有褒而

---

① [元]张铉纂修:《至正金陵新志》卷十三,人物志,列传,耆旧,《宋元方志丛刊》第6册,中华书局1990年版,第5859页。
② [元]张铉纂修:《至正金陵新志》卷十三,人物志,列传,治行,《宋元方志丛刊》第6册,中华书局1990年版,第5841页。
③ [宋]魏了翁:《鹤山集》卷二十,奏议,乙未秋七月特班奏事,景印文渊阁《四库全书》第1172册,台湾商务印书馆1986年版,第263页。

无贬是我国旧志通常的做法之一,但这毕竟有失公允,容易给后人造成误会,即使是在封建社会也不合春秋大义。

总之,作为六朝古都的南京,自宋《景定建康志》之后唯存《至正金陵新志》,"惟考元代金陵事迹者,舍是无所资耳"①,该志因此具有十分重要的史料价值,而为后人所重视。但平心而论,该志在体例编纂上还是存在一些问题的。诚如清代学者陆心源批评说:

> 体例多本《景定志》,而删《留都》《文籍》两门,改《儒学》为《学校》,《武卫》为《兵防》,《风土》为《风俗》,《城阙》为《古迹》,尚无关于出入,惟书既不名为《续志》,《官守志》宋以前职官题名,不应改为《游宦》,别为《世谱》,卷二所载数条,《疆域志》历代沿革足以该之,不应别为《通纪》,卷十三《世谱》一门,分郡姓、封爵、游宦三类,有乖纪述之体,耆旧增入秦桧,尤失是非之公,是皆体例之可议者。铉本北人,素无文名,不及《景定志》远矣。②

4.2 课后思考与拓展阅读

---

① [清]陆心源:《元椠至正金陵志跋》,《仪顾堂续跋》卷八,《续修四库全书》第930册,上海古籍出版社2002年版,第282页。
② [清]陆心源:《元椠至正金陵志跋》,《仪顾堂续跋》卷八,《续修四库全书》第930册,上海古籍出版社2002年版,第282页。

第五章 明代方志

第一节 明代方志编修概况

明代方志在元代的基础上继续发展,并开始进入我国封建社会方志发展的兴盛时期。

明代方志发展的特点,其一,在封建王朝统治者非常重视修志,多次诏令编纂志书,尤其是一统志的编修在继续,带动了省、府、州、县志书的纂修,使明代志书在种类和数量上都超过了前代。明太祖洪武三年(1370),朱元璋即下令"编类天下州郡地理形势,降附始末"[1],命儒臣魏俊民、黄篪、刘俨、丁凤、郑思先、郑权编修一统志,同年十二月,志书编成,取名为《大明志书》。遗憾的是此书久已散佚,卷数无考。明成祖朱棣夺取皇位后,深感《大明志书》过于简略,不足以反映明朝大一统的盛况,也不足以供后世了解海内古今实迹,于是重修一统志,并要求各地先编郡县志。据《明太宗实录》记载:"永乐十六年六月,……乙酉,诏纂修天下郡县志书,命行在户部尚书夏原吉、翰林院学士兼右春坊右庶子杨荣、翰林院学士兼右春坊右谕德金幼孜总之。仍命礼部遣官,遍诣郡县,博采事迹及旧志书。"[2]但由于工程浩大,至明成祖去世时,书仍未成。景泰六年(1455),明代宗(景泰帝)诏令继续编纂此书,次年五月,由大学士陈循等编成,成书119卷,名曰《寰宇通志》。景泰帝为之作序:"朕皇曾祖考、太宗文皇帝尝思广如神之智,贻谋子孙以及天下后世,遣使分行四方,旁求故实之凡有关于舆者,采录以进,付诸编辑,

---

[1] 《明太祖实录》卷五十九,《明实录》第2册,台湾"中研院"历史语言研究所1962年校印,第1149页。

[2] 《明太宗实录》卷二〇一,《明实录》第8册,台湾"中研院"历史语言研究所1962年校印,第2089页。

事方伊始,而龙驭上宾,因循至今而先至未毕,则所以成夫继述之美者,朕焉得而缓乎。"①这就是说,他之所以要编纂《寰宇通志》,是要完成先祖明成祖未竟的事业。明英宗复位后,嫌其书去取失当、繁简失宜,实际是想以自己为正统,否定代宗,遂于天顺二年(1458)命儒臣李贤等重修,五年(1461)四月成书,共90卷,命名为《大明一统志》。英宗也为之作序,在序文中指出自己修该志是为了继承明成祖的事业。

> 朕念祖宗之志有未成者,谨当继述,乃命文学之臣重加编辑,俾繁简适宜,去取惟当,务臻精要,用底全书,庶可继成文祖之志,用昭我朝一统之盛,而泛求约取,参极群书,三阅寒暑,乃克成编,名曰《大明一统志》,著其实也。……是书之传也,不独使我子孙世世相承者知祖宗开创之功广大如是,思所以保守之惟谨,而凡天下之士亦因得以考古求今故实,增其闻见,广其知识,有所感发兴起,出为用世,以辅成雍熙泰和之治,相与维持我国家一统之盛于无穷,虽与天地同其久长可也。②

弘治十一年(1498)、正德十五年(1520),明王朝又曾两次下诏"遍征天下郡邑志书"。封建中央政府的重视及前后三次修一统志,促进了省、府、州、县志书的发展。明代地方志的纂修比较普遍,成书数量亦多,远远超过了前代。有些地方的志书,还一再编修。

其二,我国由官府统一制定志书体例始于明朝。明成祖永乐十年(1412),朝廷为修《一统志》而颁降《纂修志书凡例》17则,这是迄今发现的最早由朝廷颁布的修志细则。该细则规定志书采用门目体,一般并列建置沿革、分野、疆域、城池、里至、山川、坊郭、乡镇、土产、贡赋、风俗、形势、户口、学校、军卫、廨舍、寺观、祠庙、桥梁、古迹、宦绩、人物、仙释、杂志、诗文等25门,强调各门类既要叙述发展演变,但更要叙述现状。永乐十六年(1418),朝廷诏令天下郡县卫所皆修志书,对原颁布的《纂修志书凡例》稍事修订,将原来的25个门类调整为26个门类,重新颁布,令各地遵行。这两个修志细则,是封建王朝最早制定的全国统一修志细则,对志书的内容及体例,都有统一规定,目的在于改变各地志书杂乱之弊,标志着方志编纂进入了新阶段,在中国方志史上具有开创意义。时人评价其意义说:"上以继《九丘》《禹贡》

---

① 《明英宗实录》卷二六六,《明实录》第20册,台湾"中研院"历史语言研究所1962年校印,第5644页。

② 《明英宗实录》卷三二七,《明实录》第21册,台湾"中研院"历史语言研究所1962年校印,第6741页。

《职方》之典,下以轶地理、郡国、道域之章,特为千万年鼎新立极之举,不亦重乎!"①自此以后,诸省、府、州、县志书"悉依今降条例书之"②,或略作变通。

> 大明永乐戊戌岁,朝廷颁凡例,命郡县儒生采搜山川、人物、古今事迹、户口、田粮等目编纂以进,诚我朝稽古右文之盛举也。邑民袁铧得预编纂之末,遗稿其兄铉,于课童暇辄取遍观,略者详之,浮者核之,缺者补之,紊者正之,傅会而不纯者芟去之,汇成十二卷,仍图山川、疆域于首。正统辛酉,公眍以此稿就余校正,因念元季入我朝,邑之事实不登载于志书者将百年久故,后学于古今人物、胜境灵迹未能尽知,遂重加考订,用资刊刻传远,庶来者知吾邑之概云。③

其三,至明代,各种类型的志书俱已出现。大体上可分为总志、通志、府志、州志、县志、乡镇志、卫所志、边关志、土司志、专志 10 种。其中,卫所志、边关志、土司志是明代新出现的志书。卫、所仅见于明、清两代。明以武力定天下,革元旧制,自京师达郡县,皆立卫所,外统于都司,内统于五军都督府。卫相当于府州,所相当于县,设在险要之地,尤以边地为多。卫所志载卫所之事,主要内容是兵事、武备,多由卫所长官或兵部官员主修。明代较早的卫所志是洪武《靖海卫志》和天顺《大田所志》。边关志则以边关要塞重镇为记载范围,以军备、险要为主要内容,目的是"尽知天下厄塞,士马虚实强弱之数"④,多为镇将守臣或兵部职方官所纂修。明代边防以北方为重,设有北方九边——辽东、蓟州、宣府、大同、太原、榆林、宁夏、固原、甘肃,我们这里所指的为狭义边关志,即北部边防志书。明代边关志以永乐时所修《辽东志》为最早。土司志则是记载各土司统治区情况的志书。明承元制,在我国西南、西北等地少数民族居住地区实行土司制度,即以世袭的民族首领任土司,管理本地区的事务。据考,明代所修土司志以洪武至天顺年间为多,如云南有《车里军民宣慰使司志》《干崖宣抚司志》《腾冲司志》,贵州有《清平长官司志》,广西有《上林长官司志》《安隆长官司志》《白山司志》,四川有《平茶洞长官司志》《酉阳宣抚司志》等,以后较少。除此之外,明代方志编修的一个新动向是随着地方经济的发展,乡镇志大量涌现,并进而朝专志的方向发展。不仅始于南宋《澉水志》、元代

---

① [明]佚名纂:《永乐普安州志》,沈勖序,明永乐十六年刻本。
② [明]佚名纂:《永乐普安州志》,沈勖序,明永乐十六年刻本。
③ [清]唐煦春等修,朱士黻等纂:《光绪上虞县志》卷末,旧序,郭南序,清光绪十七年刻本。
④ [清]张廷玉等撰:《明史》第 17 册,卷一百九十九,列传第八十七,中华书局 1974 年版,第 5272 页。

一度中断的乡镇志在明朝重新活跃起来,针对衙署、书院、寺庙、古迹、山水等的专门志书也发展起来,如《长芦运司志》《陕西行都司志》《太学志》《南雍志》《白鹭洲书院志》《崇正书院志》《瀛山书院志》《石湖志》《泰山志》《清凉山志》《天台山志》《吴中水利全书》等等。各衙署编纂本机关的志书,对于查考行政工作、积累历史资料有着重要的意义和作用。在专志编纂方面,明朝大大超过了宋、元两朝。

其四,明代志书在体例上虽总的来说沿袭宋元,但也有发展和创新。一是明代志书出现了一些新的体例,如"三宝体""编年体",虽然这些体例在我国古代方志中并不多见。"三宝体",也称总纲系目体,是一种特殊的纲目体。三宝,语出《孟子》"诸侯之宝有三:土地、人民、政事"①,这类志书设土地、人民、政事三门,或加上文献成为四门,每门下各缀以子目。明万历年间唐枢的《湖州府志》和陈鏊、王一龙的《广平县志》即属于此体。编年体志书,如颜木的《嘉靖随志》(即随州志)、陈士元的《嘉靖滦州志》、胡松的《嘉靖滁州志》。二是志书中普遍设立了凡例,以明著书的宗旨和原则。凡例设置虽不始于明,但与宋、元相比,明代许多方志都订立凡例,当然有的时候不称凡例,而是称叙例、义例、法例或志引。凡例最长的是《万历新昌县志》,有19条之多。三是在人物传的编写中,运用封建史家褒贬笔法,善恶并书。如《嘉靖江西通志》专设"奸宄"一门,《万历广东通志》设"罪放""贪酷"二门,仿史书奸臣酷吏传例;《弘治太仓州志》设有"杂传",仿正史中"杂传"的做法,以记述历史上不大光彩的反面人物。四是设立专篇,专门记述本地方志纂修的历史。如《万历绍兴府志》,末为"序志"一卷,"凡绍兴地志诸书,自《越绝书》《吴越春秋》以下,一一考核其源流得失,亦为创格"②。可见这种志例并非章学诚首创。

其五,明人在纂修方志的实践中,对志书的性质、功用、体裁、编纂方法等,提出许多新的见解,并引发修志者之间的讨论或争论,进而使形成修志流派成为可能。由于明代方志普遍设置"凡例",修志者常常利用"凡例"来阐述自己的编纂原则,讨论志书应采用何种体裁,阐发对方志性质、功用的看法等,成为明代方志兴盛发展的一个因素,并进而成为方志流派酝酿的土壤。有学者据此认为明代修志已形成历史、地理、实用三派。历史派的代表人物有李东阳、谢铎、胡宗宪、田汝成、严嵩、黄佐、崔铣、薛应旂、张元忭、张时彻、童承叙、颜木、沈明臣、郭子章、叶秉敬、王志坚、谈迁等;地理派的代表人物有魏俊民、陈循、李贤、金幼孜、薛敬之、何塘、程敏

---

① 杨伯峻:《孟子译注》,中华书局2016年版,第197页。
② [清]纪昀等:《钦定四库全书总目》卷七十四,史部三十,地理类存目三,中华书局1997年版,第998页。

政、戴敏、卢希哲、陈文、汪舜民、赵瓒、沈朝宣、乔世宁、沈一贯、陈继儒等；实用派的代表人物有周瑛、耿定向、徐渭、张钦、薛瑄、唐顺之、章懋、王有容、林魁、詹荣、汪尚宁、管大勋、李登、王士翘、张溥等。①

明代方志据统计约有 3470 种，流传至今的大约有 1014 种（总志不计入内），约占明代志书总数的 29%。现存的明代志书，以现行区划考其分布，浙江最多，有 118 种，江苏次之，有 107 种，河南再次之，有 99 种，以下依次是河北 89 种，福建 84 种，山东 77 种，安徽 73 种，山西 56 种，江西 51 种，广东（含海南）50 种，陕西 46 种，湖北 37 种，湖南 31 种，四川（含重庆）23 种，甘肃 15 种，上海 14 种，广西 10 种，云南 9 种，贵州 8 种，北京 7 种，宁夏 6 种，辽宁 3 种，天津 1 种。② 有明一代佳志不多，只有康海的《正德武功县志》，韩邦靖的《正德朝邑县志》，王鏊的《姑苏志》，张元忭、孙鑛的《万历绍兴府志》，张元忭、徐渭的《万历会稽县志》，唐枢、张应雷的《万历湖州府志》，董斯张的《吴兴备志》，纪宗德、李孝谦的《永乐宁波府志》，等等。

第二节　明代方志述评

1.《万历湖州府志》

《万历湖州府志》的作者唐枢（1497—1574），字惟中，号子一，人称"一庵先生"，归安县（今浙江省湖州市吴兴区）人。明嘉靖五年（1526）进士，授刑部主事。因李福达案触怒嘉靖皇帝，被削职为民，之后以在家乡讲学为生，三吴之地不少名人皆出其门下。隆庆初年复官，以年老加秩致仕。著有《嘉靖归安县志》《嘉靖乌程县志》《嘉靖孝丰县志》《万历湖州府志》等，但除了《万历湖州府志》，其他均已散佚。

《万历湖州府志》创修于隆庆末年，时湖州知府栗祁礼聘唐枢纂修，因唐枢殁于万历二年（1574），未完成部分由湖州府推官张应雷续成，万历六年（1578）刊刻。该志分土地、人民、政事 3 门，每门各缀以子目，目录如下：

土地类，下分四卷，卷一郡建（坊巷附）、疆域，卷二山川，卷三乡镇、区亩、形胜、津梁、物产，卷四古迹、陵庙。

---

① 巴兆祥：《明代方志类型、流派述略》，《江苏地方志》1992 年第 3 期。
② 巴兆祥：《论明代方志的数量与修志制度——兼答张升〈明代地方志质疑〉》，《中国地方志》2004 年第 4 期。

人民类，下分四卷，卷五户口、功贵、风俗，卷六辟召、甲科，卷七贡荫，卷八逸遗、列女、流寓、方艺。

政事类，下分六卷，卷九守令，卷十县令，卷十一赋役，卷十二学校（社学、书院附），卷十三修筑、恤录、刑禁、兵屯，卷十四廨署、邮递、坛祠。

该志最大的特点就是体例别具一格，属于明代才出现的"三宝体"结构志书，正如该志"凡例"所说："土地、人民、政事，侯邦三实。三者所存之实，不详以纪之，何以为后人立观省垂鉴戒？"①由此以土地、人民、政事构成志书第一层次的门类，下面再层层设置细目，构成最初的"三宝体"结构。这种编纂体例比之以往常见的纲目体、平列体，像是开辟了一条新思路，即如何把当地庞杂事物的分类再提高一级予以高度概括，以体现志书收录内容和分类的严谨性。但这种体例上的创新，因难以表述一地自然和社会的复杂内容，正确反映各事物之间的相互关系，而遭到广泛的批评。如郑元庆的《湖录》称："志分三类：曰土地，则郡建以下其条十；曰人民，则户口以下其条十；曰政事，则守令以下其条十。予阅天下新旧志书多矣，从未有此体例。董宗伯份以为创格，吾则谓之变调。其舛错遗失处，不可枚举。"②《四库全书总目》也称："是书分土地、人民、政事三门。每门各缀以子目，与他志小异。然如沿革之中，参述祥异，体例亦未能精当"。③

其次，该志设立"功贵"门类用于记载出生于湖州的帝王后妃等，也是其编纂上最有特色的地方之一。明清的志书记载帝王后妃，比较常见的做法是帝王入人物，后妃入列女。该志则专门设立"功贵"一门，用于记载生于湖州的皇帝、宗室，封侯于湖州的，以及因军功或政绩卓越而受到封赠，或者进入皇宫成为后妃的湖州人等。还在"功贵"门下特意设立了"褒封"这一子目，专门记载子凭父贵、父凭子贵、弟凭姐贵等因亲属关系而得到封赠的湖州人。相较后世董斯张的《吴兴备志》设立"帝胄""宫闱"分别记载帝王、后妃，虽异曲同工，但比较而言，万历志对帝王后妃的记录更为详细，大体上对出生于湖州的皇帝、王、侯及其宗室都有记录，即使一部分人没有立传但也收录其名字，这是《吴兴备志》所欠缺的。比如对于后妃，《吴兴备志》只记录了皇后和身处妃位的妃子，而万历志收录更广，甚至记录了唐高宗的婕妤徐氏、隋皇泰帝（即越王杨侗）的嫔等。

---

① ［明］栗祁修，唐枢、张应雷纂：《万历湖州府志》，凡例，明万历六年刻本。
② ［清］宗源瀚、郭式昌修，周学濬、陆心源纂：《同治湖州府志》卷九十二，府志缘起，《中国地方志集成·浙江府县志辑》第 25 册，上海书店出版社 1993 年版，第 830 页。
③ ［清］纪昀等：《钦定四库全书总目》卷七十四，史部三十，地理类存目三，中华书局 1997 年版，第 994 页。

不过,该志最大的毛病还是史料上的不足。尤其是人物传书写的薄弱,最为后人诟病。以"甲科"所记录的嘉靖四十四年(1565)前的757个人物①为例。若根据记传内容的详略,可以分为4个等级:第一级,人物有传(有基本信息,人物生平与事迹,以及如何终了等);第二级,点到为止;第三级,基本信息,后面再加上一条补充性文字;第四级,只有基本信息(哪里人,什么官职)。第一级有51人,第二级有52人,第三级有12人,第四级有642人,有较为完整传记的人只占到757人中的6.7%。且这样的情况也不只是出现在"甲科"一门,与人物相关的其他门类都是如此。就单个人物的传记而言,大多数情况下,该志的记载也远不如其他明代所修湖州府志。以"甲科"中记载的宋嘉祐年间中举的莫君陈为例,万历志的记载是"莫君陈,归安人,从胡安定学,御家严整,教子弟多显达,有声誉"②,而《吴兴备志》中的记录则远为详细,不仅提到上述的记载,还写了他受王安石器重,苏轼赠诗等,"莫君陈,字和中,从安定先生学。熙宁中,新置六法科,首中其选,甚为王安石器重。御家严整,如官府然。东坡有西湖跳珠轩诗赠莫同年,即君陈也"③。再以"辟召"门下的费汜为例,万历志的记载是,"费汜,乌程人。以孝廉除屯骑司马,迁萧令,赏罚严明。蝗不入境。拜梁相"④,而《吴兴备志》则是如下记载:"费汜,字仲虑,乌程人,察孝廉,除郎中、屯骑司马,迁萧令,视民如子,先教后罚,在位九年,奸宄不发,三年不断狱,祯祥感应,时沛有蝗,独不入界国。以状闻,拜梁相。"⑤在对人物的记载中,该志也有明显的为尊者讳的做法,为家乡人隐恶扬善,从而影响了人物史料记载的完整性。以南朝宋时的名将沈庆之之死为例,《资治通鉴》中记载:"帝乃使庆之从父兄子直合将军攸之赐庆之药。庆之不肯饮,攸之以被掩杀之,时年八十。"⑥但万历志只提到"庆之数谏争,帝忌之,遂责药赐死"⑦,未提及沈攸之之事,且在沈攸之的传中也未提及两人的亲戚关系。而在较早的《成化湖州府志》中却记载"……庆之犹力谏,帝忌之,遣其从子攸之赍药赐死"⑧,不仅点出了两人的亲属关系,并且直接

---

① 《万历湖州府志》中"甲科"所收录的下限为万历二年。考虑到人物"生不立传"的传统,本书统计时剔除了万历和隆庆年间的人物,将人物的时间下限提前至嘉靖四十四年。
② [明]栗祁修,唐枢、张应雷纂:《万历湖州府志》卷六,甲科,进士,明万历六年刻本。
③ [明]董斯张纂:《吴兴备志》卷十一,人物征,1914年刘氏嘉业堂重刊《吴兴丛书》本。
④ [明]栗祁修,唐枢、张应雷纂:《万历湖州府志》卷六,辟召,明万历六年刻本。
⑤ [明]董斯张纂:《吴兴备志》卷八,人物征,1914年刘氏嘉业堂重刊《吴兴丛书》本。
⑥ [宋]司马光编著,[元]胡三省音注:《资治通鉴》第9册,卷第一百三十,宋纪十二,中华书局1976年版,第4083页。
⑦ [明]栗祁修,唐枢、张应雷纂:《万历湖州府志》卷五,功贵,明万历六年刻本。
⑧ [明]陈顾修,劳钺续修,张渊纂:《成化湖州府志》卷十八,人物,宦达,《日本藏中国罕见地方志丛刊》第10册,书目文献出版社1991年版,第164页。

将沈庆之的死与沈攸之挂钩。两相比较，高下立判。

此外，该志与一般志书相比，门类上缺少了艺文、分野的内容。虽然该志在正文相关内容之后往往附有诗文，或是奏疏或是其他文献，但是无论如何，图书目录在志书中缺失是不争的事实，使得一地文献目录无从查考，对于当地文献的保存和推广使用是十分不利的。该志在史实记载上也存在一些舛误。如《吴兴备志》卷三十二"匡籍讹"记录了万历志的 20 则"舛错遗失"。① 另，"功贵"门中记载的陈宣帝第十六子岳阳王陈叔谨，应是"叔慎"之误，等等。

2.《万历绍兴府志》

《万历绍兴府志》由邑人张元忭、孙鑛同纂。张元忭（1538—1588），字子荩，号阳和，山阴（今浙江省绍兴市）人，曾从王畿游，是王阳明的再传弟子。明隆庆五年（1571）高中状元，授翰林院修撰，万历中官至左谕德兼侍读。著有《云门志略》《翰林诸书选粹》《不二斋文选》等，与孙鑛同纂《万历绍兴府志》，与徐渭同纂《万历会稽县志》。孙鑛（1543—1613），字文融，初号越峰，后更号月峰，浙江宁波余姚人。万历二年（1574）会试第一，殿试成二甲第四名进士，历任文选郎中、兵部侍郎，加右都御史，曾经略朝鲜，后迁南京兵部尚书，加封太子太保，参赞机务，又著作等身，故被人称作"手持书卷，坐大司马堂"。万历十二年（1584），张元忭因母亡在家丁忧，时任户部侍郎知绍兴府萧良幹与张元忭有同年之谊，又因其学私淑王阳明，与张元忭还是学宗同源，于是礼聘张元忭修《绍兴府志》。同年，孙鑛也因母亡，返乡丁忧，于是萧良幹又聘孙鑛与修，所以《万历绍兴府志》是张、孙两人共同的作品。

《万历绍兴府志》为纲目体志书，肇修于明万历十三年（1585），越年而书成，万历十五年（1587）始刊，共 50 卷，因纂修人张元忭、孙鑛都是当时的著名学者，皆为"中朝之望，良史之才"②，故该志历来被视为古代名志，清代的康熙、乾隆四部《绍兴府志》基本上沿用了《万历绍兴府志》的体例。现抄目录如下：

卷一：疆域志，下分沿革、隶州、领县、区界、坊里、市、镇、关、形胜。

卷二：城池志，下分府城、县城、卫城、所城、巡司城、古城、衢路。

卷三：署廨志，下分府、县、行署、卫、所、杂署、废署。

卷四至卷八：山川志，下分山、岭、峰、尖、峥、阜、岩、峤、屿、洞、穴、窠、石、坞、

---

① ［明］董斯张纂：《吴兴备志》卷三十二，匡籍讹，1914 年刘氏嘉业堂重刊《吴兴丛书》本。
② ［明］萧良幹修，张元忭、孙鑛纂，李能成点校：《万历〈绍兴府志〉点校本》，赵锦元序，宁波出版社 2012 年版。

岛、丘、岸、林、野、源、寨、古地名、海、江、河、湖、溪、涧、浦、泾、汇、川、渎、渚、港、水、洲、汀、滩、漾、潭、池、泉、井、渡、津、桥、步、塘。

卷九至卷十：古迹志，下分台、坛、宫、室、阙、亭、楼、阁、堂、轩、斋、榭、园、宅、墅、馆、舍、居、别业、山房、义门、仓、巢、器物。

卷十一：物产志，下分谷、蔬、果、花、木、草、竹、药、鸟、兽、鱼、介属、虫、货、器。

卷十二：风俗志。

卷十三：灾祥志，下分分野、天、日、月、星、云、雹、风、地、山川、有年、水、旱、蝗螟、饥、疫、寒、火、血、人、龙、六畜、鸟、兽、介属、虫、草木、金钱、杂异、讹言。

卷十四至卷十五：田赋志，下分户口、贡、赋、课利。

卷十六至卷十七：水利志，下分湖、溪、河、江、堤塘、坝、闸斗门、堰、碶、水碓。

卷十八：学校志，下分府学、县学、学田、社学、乡学、义学、书院。

卷十九至卷二十二：祠祀志，下分坛、庙、祠、堂、亭、陵、墓、寺、院、庵、塔、观、宫、道院、殿。

卷二十三至卷二十四：武备志，下分军制、军需、赏格、险要、教场、战船、列国、寇贼、僭据、兵变、金房、倭夷。

卷二十五至卷二十九：职官志，下分统辖、郡守、郡佐、县职、学职、武职。

卷三十至卷三十四：选举志，下分荐辟、岁贡、举人、进士、制科、武科、武乡举。

卷三十五至卷四十九：人物志，下分帝后、王侯、名宦、寓贤、乡贤（列传、理学、儒林、忠节、孝义、隐逸）、列女、仙释、方技。

卷五十：序志。

该志首要的特点，是体例上对方志发展有贡献：一是大量使用舆图，图文并茂；二是在志书中首度设立专篇记述一地前人修志思想，评点旧志得失。

图是地方志的基本体裁之一。地方志之有图，可追溯到雏形方志时期的图经，图经以图为主，经是对图所作的文字说明。宋、元、明、清的志书延续了这一传统。《万历绍兴府志》共有舆图 101 幅[①]，是在宋元明志书中舆图数量锐减的情况下，舆图使用最为丰富的一部志书。其中，疆域志附图 9 幅，城池志附图 9 幅，署廨志附图 4 幅，山川志附图 45 幅，古迹志附图 3 幅，水利志附图 10 幅，祠祀志附图 12 幅，武备志附图 9 幅，这些舆图的设置，继承了隋唐、北宋图经的优良传统，虚实相资，详略

---

① 《万历绍兴府志》原有舆图 101 幅，但今本已有缺佚，仅存 85 幅。

互见,不仅弥补了正史无图的缺憾,使万历志"较他志易于循览"①,而且对于境域形胜、地理的研究和旅游的开发利用,了解城市坊里布局,了解研究古代绍兴的水利设施,展示明代世俗生活的精神层面,以及反映明代海防设施的基本情况,都具有十分重要的参考价值。

  章学诚曾批评史传不立《史官传》:"斯亦载笔之阙典也,夫作史而不论前史之是非得失,何由见其折中考定之所从?"②章氏所编志书一般都设有"前志传",取旧志得失而论次之,"州县志书,论次前人撰述,特编列传"③。以往研究都把志书中设立专篇记载本地旧志源流得失归结于章学诚首创④,但事实并非如此,《万历绍兴府志》卷五十就设有"序志",辑录自《越绝书》《吴越春秋》以来,至明万历年间绍兴地区府县志书、各类专志共 27 种,一一考核其源流得失,《四库全书总目》称其为"创格"⑤。可见这种体例并非章学诚首创,至少目前的证据证明是《万历绍兴府志》开创了这种体例,这是万历志对中国方志发展的一大贡献。

  该志的第二个特点是引证广博,考订严谨。万历志广引诗赋文序、史地志述,古则征之金石碑刻,近则取之案牍奏章,兼及亲身经历与采访所得,详为考订,庶几完备。尤其是将大量诗文附于志书的相关条目之下,用于证史,值得提倡。万历志的考证也是非常严谨的,凡是涉及古书的地方,都详载原文出处,有所考证的地方,则附注于下。有可疑而不能决断的就逐条予以考核厘正,一一罗列考辨,述其优劣之处;或用"俗传""未详""姑存"等字样别之,或法史家阙疑之例,不予记载,以俟后续。如卷一"疆域志"中"形胜"目,有注云"此段所论山脉,与周述学所云又不同。未知孰是,今两存焉"⑥;卷二"城池志"中"古城"目,有注云"按《晋书》袁名山松,此乃以嵩城为袁遗迹,疑有误"⑦;又卷八"山川志"中"井"目,有注云"《嘉泰志》云:'丹

---

① [清]纪昀等:《钦定四库全书总目》卷七十四,史部三十,地理类存目三,中华书局 1997 年版,第 998 页。
② [清]章学诚:《湖北通志前志传》,《章学诚遗书》卷二十七,湖北通志检存稿四,文物出版社 1985 年版,第 294 页。
③ [清]章学诚著,叶瑛校注:《和州志前志列传序例下》,《文史通义校注》卷六,外篇一,中华书局 2000 年版,第 689 页。
④ 仓修良:《方志学通论》(增订本),华东师范大学出版社 2013 年版,第 361 页。
⑤ [清]纪昀等:《钦定四库全书总目》卷七十四,史部三十,地理类存目三,中华书局 1997 年版,第 998 页。
⑥ [明]萧良幹修,张元忭、孙鑛纂,李能成点校:《万历〈绍兴府志〉点校本》卷一,疆域志,形胜,宁波出版社 2012 年版,第 20 页。
⑦ [明]萧良幹修,张元忭、孙鑛纂,李能成点校:《万历〈绍兴府志〉点校本》卷二,城池志,古城,宁波出版社 2012 年版,第 46 页。

已八转,忽变化飞去。太傅乃洗炉钵水饮之数日,不疾而逝。又以余水分诸孙,饮者三人,中大伾年八十六,祠部傅年九十,承奉倚年八十三。'其说近诞,姑存之"[1]。可谓记载翔实,俱见根据,引证考据,时有卓识。

该志的第三个特点是人物传的编写较他志有特色。万历志的"人物志"虽然采用了比较传统的类传方式编写,但在人物的分类上较他志还是比较有特色,人物分帝后、王侯、名宦、寓贤、乡贤、列女、仙释、方技8类,其中乡贤又分为列传、理学、儒林、忠节、孝义、隐逸6类,乡贤人物中不便归类的统归入列传。上述人物分类中,"寓贤"是明清志书体例成熟时期才有的篇目,"帝后""王侯"的设置分别是志书中专为记载帝王后妃、诸侯而设立的篇目,而将"文苑"并入"儒林",是因为张元忭认为"前志分《儒林》《文苑》为二,弟谓道德、文章皆儒也,故欲以《儒林》该之,不欲目太碎耳"[2]。至于理学,自宋代始至明代已很发达,而绍兴[3]又是宋明理学大儒王阳明的家乡,时任知府萧良幹、编写者之一的张元忭都是王派弟子,故在"人物志"特别设立了"理学"一目,"道学之名自宋始,道学之有传亦自《宋史》始。当其时,濂洛关闽诸大儒后先迭兴,远绍洙泗,有宋文运之隆嘉轶前代矣,作史者表而出之,不使混于列传焉,宜也。明兴百数十年,王文成崛起会稽,倡明绝学,溯濂洛而上之,顷且从祀宣圣之庭矣。余为郡志,得不表而出之,以为岩壑光哉"[4]。在人物传设立"帝后""王侯""理学"类目,"儒林"与"文苑"合并,在当时志书中并不多见,较他志相比,还是比较有特色的,尤其是"王侯"的设置,相当于司马迁《史记》中的"世家",为旧志所仅见。此外,万历志人物的入志范围也较他志为广,据张元忭称:

> 《姚志》云:"人物是非,必百年而后定。"《杭郡志》传人物,亦以五十年为限,此特为避嫌远怨之计耳,非大公之心也。古今称良史,莫如左氏、司马氏,彼其所评骘,多同时之人。孔子作《春秋》,不嫌于自叙其绩。若必待百年、五十年而后书,窃恐岁月逾远,文献益湮,将使贤人哲士之懿行,卒以泯没不传,罪将焉辞?故今所列,第据各邑志之所已载,及名宦乡贤祠之所已祀者,更就

---

[1] [明]萧良幹修,张元忭、孙鑛纂,李能成点校:《万历〈绍兴府志〉点校本》卷八,山川志,井,宁波出版社2012年版,第188页。
[2] [明]张元忭撰,钱明编校:《寄孙越峰论志书事》,《张元忭集》卷五,书,上海古籍出版社2015年版,第144页。
[3] 王阳明的家乡是浙江省余姚县,当时属于绍兴,直到1949年6月,才划归宁波。
[4] [明]萧良幹修,张元忭、孙鑛纂,李能成点校:《万历〈绍兴府志〉点校本》卷四十三,人物志,乡贤之三,理学,宁波出版社2012年版,第817页。

其中删次而书之。①

至于说该志的缺点，一是作为明清方志体例成熟时期的志书，没有设置"艺文"门类，是一大缺失，致使一代地方文献无从查考。二是人物重复立传，万历志中有一人两传的，如王羲之、蔡邕在"寓贤"和"方技"门类中都有传，褚伯玉、顾欢在"隐逸"和"方技"门类中也都有传记；又有一人数传的，如戴逵，分别入了"隐逸"和"方技"门类，而在"方技"门类中又在"画"与"音乐"目中都立有传，这在古代志书中是罕见的，将某一人物的记述割裂得支离破碎。

3.《正德武功县志》

《正德武功县志》的作者是康海（1475—1540），字德涵，号对山，陕西武功县人。明代著名文学家。明孝宗弘治十五年（1502）中状元，授翰林院修撰兼经讲官，曾参与纂修宪宗、孝宗两朝实录。明武宗正德五年（1510），受同乡刘瑾牵连，被削职为民。自后，居家30年从事著述。以杂剧《中山狼》和《正德武功县志》著称于世。

《正德武功县志》共3卷，分为7篇，一地理，二建置，三祠祀，四田赋，五官师，六人物，七选举，2万余字。长期以来，《四库全书总目》等对这部志书推崇备至，"王士祯谓其'文简事核，训词文雅'。石邦教称其'义昭劝鉴，尤严而公，乡国之史，莫良于此'。非溢美也"，"后来志乘，多以康氏为宗"。② 但批评者更多。一代方志学大师章学诚对《正德武功县志》评价甚低："今观其书，芜秽特甚。盖缘不知史家法度，文章体裁，而惟以约省卷篇，谓之高简，则谁不能为高简邪？"③梁启超也说："方志之通患在芜杂，明中叶以后有起而矫之者，则如康海之《武功县志》仅三卷，二万余言，韩邦靖之《朝邑县志》仅二卷，五千七百余言，自诧为简古，而不学之文士如王渔洋、宋牧仲辈震而异之，比诸马、班，耳食之徒相率奉为修志模楷，即《四库提要》亦亟称之。"④

章学诚和梁启超的批评是有根据的。第一，《正德武功县志》属于简志体志书。

---

① ［明］张元忭撰，钱明编校：《寄孙越峰论志书事》，《张元忭集》卷五，书，上海古籍出版社2015年版，第141页。

② ［清］纪昀等：《钦定四库全书总目》卷六十八，史部二十四，地理类一，中华书局1997年版，第936—937页。

③ ［清］章学诚著，叶瑛校注：《书〈武功志〉后》，《文史通义校注》卷八，外篇三，中华书局2000年版，第905页。

④ 梁启超：《清代学者整理旧学之总成绩（三）——史学、方志学、地理学、传记及谱牒学》，《中国近三百年学术史》，饮冰室专集之七十五，第304页，《饮冰室合集》第10册，中华书局1989年版。

简志体志书之所以在明代出现,是为了克服志书篇幅过长、芜杂的弊病,但问题是《正德武功县志》虽号称"简洁",却没有达到"文简事赅",记载的内容过于简单,文简,内容也没有了。还有,《正德武功县志》不当简的简了,而当简的又没有简。如志书例不滥收诗赋,《正德武功县志》仅2万余字,诗文却逾5000字,占全志四分之一,且许多诗文与证史无关。如记述太白祠时,将李白的《登太白峰》一诗录于其下,而实际上太白峰并不在武功县;杜甫的《自京窜至凤翔喜达行在所》一诗,也根本与武功无关,但亦被收入。第二,志书应记本地事,人物志当然也应该写武功本地人物,但《正德武功县志》将许多不是武功籍的人物也写入其中,包括一大串不属于武功籍的帝王后妃,如周太王、文王、姜嫄等。第三,方志应详今略古,但《正德武功县志》的人物志记载宋及宋以前的人物80余人,元代1人,明代只有2人,且全志7门,除田赋志是以记载当代为主,其余都是详古而略今。第四,图的用法也不合理。《正德武功县志》通篇缺少疆域、沿革、山川等图,"图止有二,而苏氏《璇玑》之图,乃与舆图并列"①,不是用图去证史,而是把图变成了点缀时髦的装饰品,视为"丹青末艺之观"。

不过,《正德武功县志》在"官师志"一门中一改历代志书记载人物"有美无刺,隐恶扬善""恶者不录"的旧例,褒贬并用,善恶并书。例如,在记载严祀、苏孝等人时,用"简""诚""廉""谨"等褒义的文字;而在记载酷吏张仪时则称其"刻薄狡险,善虐其民,取之极骨髓",张进则是"科索岁无虚日,民不能堪也,乃益恣肆不悛,至长史不敢制,或有所不称,数持刃击令丞户,凶狠百种,骂令丞,夜以继日,毋有倦也"。② 关于这一点,即使是对该志颇有微词的章学诚,也给予了肯定:"惟《官师志》褒贬并施,尚为直道不泯,稍出于流俗耳。"③

4.《正德朝邑县志》

《正德朝邑县志》的作者是韩邦靖(1488—1523),字汝庆,号五泉,朝邑县(今陕西省大荔县朝邑镇)人。年十四举于乡,明武宗正德三年(1508)与其兄韩邦奇同登进士,授工部主事,后进员外郎。因疏论指斥时政,被下诏狱,夺职为民。明世宗

---

① [清]章学诚著,叶瑛校注:《书〈武功志〉后》,《文史通义校注》卷八,外篇三,中华书局2000年版,第906页。
② [明]康海:《正德武功县志》卷二,官师志第五,天一阁博物馆:《天一阁藏历代方志汇刊》第809册,国家图书馆出版社2017年版,第276页。
③ [清]章学诚著,叶瑛校注:《书〈武功志〉后》,《文史通义校注》卷八,外篇三,中华书局2000年版,第906页。

（嘉靖皇帝）即位后，起用他为山西左参议，分守大同，为饥民请粮上疏未果。嘉靖二年（1523）辞官归里，军民夹道泣送，抵家病卒，年仅36岁。

《正德朝邑县志》是韩邦靖削职在家时，应朝邑知县王道邀请而修，成书于正德十四年（1519）。全志共2卷，六七千字，分为7篇，一总志，二风俗，三物产，四田赋，五名宦，六人物，七杂记。"上卷仅七页，下卷仅十七页。古今志乘之简，无有过于是书者。而宏纲细目，包括略备。盖他志多夸饰风土，而此志能提其要，故文省而事不漏也。……自明以来，关中舆记惟康海《武功县志》与此志最为有名。"①但章学诚和梁启超均对此持有异议。梁启超的批评上文已述。章学诚则评论说："今观文笔，较康实觉简净；惟总志于古迹中，入唐诗数首为芜杂耳。康氏、韩氏皆能文之士，而不解史学，又欲求异于人，故其为书，不情至此，作者所不屑道也。然康氏犹存时人修志规模，故以志法绳之，疵谬百出。韩氏则更不可以为志，真是一篇无韵之《朝邑赋》，又是一篇强分门类之《朝邑考》；入于六朝小书短记之中，如《陈留风俗》《洛阳伽蓝》诸传记，不以史家正例求之，未始不可通也。故余于《武功》《朝邑》二家之志，以《朝邑》为稍优。"②清人栗毓美也批评说："前明武功、朝邑二志亦务为苟简，至故城旧渎皆弃之如遗，不知者以为典要过古人，然非笃论也。"③

上述批评实际上指出了《正德朝邑县志》存在的问题。第一，《正德朝邑县志》虽属简志体志书，但与《正德武功县志》犯了同一毛病，就是记述失之太简，如"人物"一门记载"李济、樊冕、萧斌、刘让、上志、韩家君名、马骧、王鎣、房瑄、韩邦奇、韩邦靖、牛斗、王朝鎏俱登进士"④。这样的记述，最多只能使人知道朝邑县曾经出过多少进士，而不知道是哪一科的进士。就以韩邦靖兄弟而言，若不是《明史》记载，单看《正德朝邑县志》也不知道其考中进士在何年。这样的志书又有什么价值呢？这样的"简"又有什么可以称颂的地方呢？第二，志书编修须据事直言，对传闻、野史的记载应慎重考订，不能道听途说。《正德朝邑县志》"人物"一门中"程济从建文事"，"滥采野史，不考事实"，⑤违背了"志属信史"的原则。第三，方志一般在记载人

---

① ［清］纪昀等：《钦定四库全书总目》卷六十八，史部二十四，地理类一，中华书局1997年版，第937页。
② ［清］章学诚著，叶瑛校注：《书〈朝邑志〉后》，《文史通义校注》卷八，外篇三，中华书局2000年版，第911页。
③ 萧国祯、李礼耕修，焦封桐、孙尚任纂：《民国修武县志》卷十六，杂记，志原，1931年铅印本。
④ ［明］王道修，韩邦靖纂：《正德朝邑县志》卷二，人物第六，天一阁博物馆：《天一阁藏历代方志汇刊》第809册，国家图书馆出版社2017年版，第387页。
⑤ ［清］章学诚著，叶瑛校注：《书〈朝邑志〉后》，《文史通义校注》卷八，外篇三，中华书局2000年版，第911页。

物时要求直书人名,临文不讳。而《正德朝邑县志》滥用避讳。如记载其父亲事时,不直录姓名,只称"家君",仅凭志书竟不知其父何名;又如列女列有"韩太宜人张氏"[1],张氏自系邦靖尊属,但这样的记载,使人至今不知张氏为何人之妻、何人之母。这种"没其先人行事,欲求加人而反损"[2]的记载缺乏实录,于后世而言不得不说是一大败笔。

5.《吴兴备志》

《吴兴备志》,即湖州府志。作者是董斯张(1587—1628),原名嗣暲,字然明,号遐周,又号借庵,乌程县(今浙江省湖州市吴兴区)人。他出身于湖州当地的显贵家庭,祖父董份是嘉靖年间进士,官至工部尚书、礼部尚书兼翰林学士;其父董道醇,官至南京工科给事中;其兄董嗣成,官至礼部员外郎。他本人是明末监生,平生酷爱读书,"于生计最拙,独耽于书,手录不下百帙,泛览百家,旁通二氏。生平契厚,皆海内名士,商榷著述,结社联吟,力扶诗教",并且"留心吴兴掌故"。[3] 著有《吴兴备志》《广博物志》《弁山志辑》《吴兴艺文补》等,这些著作多被收入民国三年(1914)刘氏嘉业堂重刊的《吴兴丛书》中,颇得人们好评。

《吴兴备志》成书于明熹宗天启四年(1624),全志分32卷,共26门,卷首无图,全面记载了湖州地区的历史地理、物产风俗、人文掌故等方面的情况。之所以命名"备志",按董斯张曾孙董熜所说"覆校原序,知此书因徐献忠《掌故集》多缺遗,而遍搜史书及《统记》、谈《志》、劳《志》以成是书。凡徐氏已载入、唐《志》所有者,不复再见,亦互备也。后人谓其书有未备,殊失考矣。《著述总录》曰:'据自序,备志之名,乃防备之备,非完备之备。'《湖录》似误解也"[4]。因此,《吴兴备志》实际上是对湖州地区所修前志的拾遗补阙之作,存在一些缺漏也是缘于其"备志"特征。现抄目录如下:

卷一:帝胄征、宫闱征、封爵征。

卷二至卷七:官师征。

---

[1] [明]王道修,韩邦靖纂:《正德朝邑县志》卷二,人物第六,天一阁博物馆:《天一阁藏历代方志汇刊》第809册,国家图书馆出版社2017年版,第397—398页。

[2] [清]章学诚著,叶瑛校注:《书〈朝邑志〉后》,《文史通义校注》卷八,外篇三,中华书局2000年版,第911页。

[3] [清]汪日桢:《咸丰南浔镇志》卷十二,董斯张传,清同治二年刻本。

[4] [清]宗源瀚、郭式昌修,周学濬、陆心源纂:《同治湖州府志》卷五十九,艺文略四,《中国地方志集成·浙江府县志辑》第25册,上海书店出版社1993年版,第222页。

卷八至卷十二：人物征。

卷十三：笫袆征、寓公征、艺术征。

卷十四：象纬征、建置征。

卷十五：岩泽征。

卷十六：田赋征。

卷十七：水利征。

卷十八：选举征。

卷十九：战守征。

卷二十：赈恤征。

卷二十一：祥孽征。

卷二十二：经籍征。

卷二十三：遗书征。

卷二十四：金石征。

卷二十五：书画征、清閟征。

卷二十六：方物征。

卷二十七至二十九：瓅征。

卷三十至三十一：诡征。

卷三十二：匪籍讹。

《吴兴备志》最大的特点是征引广博，考订详核，注明资料出处。《四库全书总目》评价说：

> 采摭极富，于吴兴一郡遗闻琐事，征引略备。每门皆全录古书，载其原文。有所考正，则附著于下。……虽意主博奥，不无以泛滥为嫌。然当时著书家影响附会之谈、剽窃掊扯之习，实能一举而空之。故所摘录，类皆典雅确核，足资考据。明季诸书，此犹为差有实际。黄茅白苇之中，可以谓之翘楚矣。①

这就是说，《吴兴备志》与明代当时普遍的"炫异居功""攘善掠美""轻改妄删""空发议论"的修志氛围格格不入，以资料繁富、征引广博而傲立于世。据粗略统计，《吴兴备志》共征引各类书籍400多种，而参阅之数则更多，除正史、前志之外，还有大量野史、杂记、文集、笔记、家谱、碑刻等，凡涉吴兴故事者，都征引甚多。不仅如此，志中每条记载，下面还都用双行小字形式注明来源出处，对所引资料加以考

---

① ［清］纪昀等：《钦定四库全书总目》卷六十八，史部二十四，地理类一，中华书局1997年版，第937—938页。

证或校订,并在志书中专列"匡籍讹"一门,集中考订史籍之误,在这一门中,共订正前书所误138条,且依之有据、考辨严谨。刘承干评价说:"近读匡籍讹一卷,于古今人书关涉吴兴者,原其来历,辩其异同,裁其舛错,一字一句,毫不假借,则知全志之所征考皆实录也。"①这种补缺备征、存信去疑的编纂体例,被后世许多修志者所效法。

其次,相较于《万历湖州府志》,《吴兴备志》不仅专设"经籍征",用以记载文献目录,还设立了"遗书""金石"二征,留存了不少稀世文献,提高了自身的学术价值和文化品位。

最后,《吴兴备志》卷一设"帝胄""宫闱"两门,专门记载出生于湖州的帝王、后妃,这在旧志体例中也是一个创新。章学诚曾说:"方志不当僭列帝王","历代帝王后妃,史尊纪传,不藉方志。修方志者,遇帝王后妃故里,表明其说可也。列帝王于人物,载后妃于列女,非惟名分混淆,且思王者,天下为家,于一县乎何有?"②在现在看来,章氏之说并不可取,历史上的人物,无论地位多高、影响多大,在其家乡的志书中都是应该入志的,因为志书是给后人看的,一地志书当然要汇集本地有影响的人物,岂有反而把最有影响的人物剔除之理? 南朝陈开国君主陈霸先是吴兴人,其皇后章氏是吴兴乌程人,世祖沈皇后也是吴兴武康人,高宗钱贵妃也是吴兴人,加之唐朝代宗的皇后沈氏也是吴兴人,所以《吴兴备志》把这些"国史有传"的帝王后妃记入志书是完全可以理解的,而且实际上董斯张也考虑到了封建正统观念和"严名分"之说,所以设置两个专门门类予以记载,而没有把帝王列于人物,后妃混于列女。不过相较于《万历湖州府志》,还是万历志对帝王后妃的记录更为全面。

至于不足之处,一是在门类上缺少分野、里至、户口的内容,并且对于古迹的记录也不够齐全,如少了春申君故宅、谢安故宅等名人故居等。二是厚古薄今。由于一味录取前史传文,对于当代文献的搜求反显得苍白贫乏,造成《吴兴备志》的内容明显详古而略今。以人物传为例,《万历湖州府志》于万历六年(1578)刊刻,但人物传下限至万历二年(1574),而成书于天启四年(1624)的《吴兴备志》,收录人物的时间下限却在元末明初;再以祥异的记录为例,《万历湖州府志》记载了自晋武帝太康九年(288)至明嘉靖四十五年(1566)的60条祥异,其中明代祥异有21条,占比35%,而成书年份更晚的《吴兴备志》记载了自东晋元帝永昌二年(323)至万历二十

---

① [明]董斯张纂:《吴兴备志》,跋,1914年刘氏嘉业堂重刊《吴兴丛书》本。
② [清]章学诚著,叶瑛校注:《书〈武功志〉后》,《文史通义校注》卷八,外篇三,中华书局2000年版,第905页。

九年(1601)的祥异84条,其中明代祥异仅8条,占比为9.52%。三是在人物传的书写上同样存在为尊者讳的曲笔。比如对于沈庆之之死,《吴兴备志》只有"废帝赐庆之死"[①]一句,不仅没有指出废帝要赐死沈庆之的原因,而且没有提及沈攸之是沈庆之从兄之子,以及他在沈庆之之死中的行为,明显存在为尊者讳、为家乡人隐恶扬善的做法。

5.2 课后思考与拓展阅读

---

① [明]董斯张纂:《吴兴备志》卷八,人物征,1914年刘氏嘉业堂重刊《吴兴丛书》本。

第六章　清代方志

第一节　清代方志编修概况

清代是我国封建社会方志编纂的全盛时代。各级官府的高度重视，修志局馆的普遍建立，名家学者的广泛参与，加上方志体例走向完备统一，使这一时期的修志规模和成书数量都远远超过以往各代。

清代方志发展的特点，其一，中央政府对修志的重视超过了以往任何时期，多次颁布修志诏令，在全国大力倡导修志。清康熙、乾隆、嘉庆三朝分别三次下令组织编纂一统志，分别为《大清一统志》（成书于乾隆八年即1743年）、《钦定大清一统志》（成书于乾隆四十九年即1784年）、《嘉庆重修一统志》（成书于道光二十二年即1842年），而每次纂修之前，都要诏令各地先编纂地方志书，由此带动了各省通志的编修。康熙十一年（1672）七月，保和殿大学士卫周祚进奏："各省通志宜修，如天下山川、形势、户口、丁徭、地亩、钱粮、风俗、人物、疆域、险要，宜汇集成帙，名曰《通志》"，以供纂修《大清一统志》之用。康熙皇帝诏允其请，令"直省各督抚聘集夙儒名贤，接古续今，纂辑成书，总发翰林院，汇为《大清一统志》"，[1]并以贾汉复于顺治十七年（1660）修纂的《河南通志》"颁诸天下以为式"[2]。康熙二十二年（1683）、二十四年（1685），礼部两次奉旨檄催天下各省设局纂修通志，并限期完成。至雍正六年（1728）冬，更因《一统志》经久未成，下诏严令各省督抚克期完成。

---

[1]　［清］万邦维修，卫元爵、张重润纂：《康熙莱阳县志》卷首，奉上修志檄文，清康熙十七年刻本。
[2]　［清］纪昀等：《钦定四库全书总目》卷六十八，史部二十四，地理类一，中华书局1997年版，第942页。

将本省通志重加修辑，务期考据详明，摭采精当，既无阙略，亦无冒滥，以成完善之书。如一年未能竣事，或宽至二三年内，纂成具奏。如所纂之书果能精详公当，而又速成，著将督抚等官，俱交部议叙。倘时日既延，而所纂之书又草率滥略，亦即从重处分。至于书中各项分类条目，仍照例排纂，其本朝人物一项，著明所请，将各省所有名宦、乡贤、孝子、节妇一应事实，即详查确核，先行汇送一统志馆，以便增辑成书。①

雍正七年（1729），又定各州县志书每六十年一修之例。除了关于编修《一统志》而颁布的有关诏令外，清代中央政府还有过其他具体的修志诏令。如：乾隆九年（1744），"诏重修《盛京通志》"；乾隆三十一年（1766），"朝廷严禁私修志书，令学臣对志书严加查核"；乾隆三十七年（1772），"乾隆审阅《一统志》，诏谕人物传要本末昭然"；光绪十年（1884），"朝廷成立会典馆，谕旨征集天下志书"。② 在清王朝的积极倡导下，编修方志在全国蔚然成风，至乾隆时，已是"下至府州县，虽僻陋荒岨，靡不有志"③。

其二，加强了对修志的控制。清朝统治者对修志工作从不放任自流，听之任之，而是严加控制，层层把关。乾隆三十一年（1766）就曾命令严禁私修志书。乾隆四十四年（1779）又传谕各省督抚：据闵鹗元奏，各省郡邑志书内如有登载应销各书名目及悖妄著书人诗文者，请一概俱行铲削等语。所奏甚是。钱谦益、屈大均、金堡等所撰诗文，久经饬禁，以裨世教而正人心。今各省郡邑志书往往于名胜古迹编入伊等诗文，而人物、艺文门内并载其生平事实及所著书目，自应逐加芟削，以杜谬妄。至从前各省节次缴到应毁书籍，经朕发交馆臣复勘，奏定应行毁销者，俱经该馆陆续咨行，各省自可遵照办理。著传谕各督抚将省志及府县志书，悉心查核，其中如有应禁诗文，而志内尚复采录并及其人事实、书目者，均详悉查明，概从芟节，不得草率从事，致有疏漏。④

因此清代的志书，大多出于官修，私人编修极少。综观清代方志，通志总是以总督、巡抚领衔，府、州、县志则由知府、知州、知县领衔。《四库全书总目》曾直言不讳地提出："通志皆以总督、巡抚董其事，然非所纂录，与总裁官之领修者有别。故

---

① 《世宗宪皇帝实录》卷七十五，雍正六年十一月，《清实录》第 7 册，中华书局 1985 年版，第 1122 页。
② 转引自黄苇等：《方志学》，复旦大学出版社 1993 年版，第 864—869 页。
③ ［清］张松孙、谢泰宸：《乾隆蓬溪县志》，张松孙序，清乾隆五十一年刻本。
④ 《高宗纯皇帝实录》卷一〇九五，乾隆四十四年十一月下，《清实录》第 22 册，中华书局 1986 年版，第 689 页。

今不题某撰而题某监修,从其实也。监修每阅数官,惟题经进一人,唐、宋以来之旧例也。"①实际上就是把总督、巡抚监修各省通志,视作历朝宰相监修国史,这就表明各省通志是不可能由个人私修的。至于府、州、县志,同样也是由各级地方官吏所把控,修成后要呈报上一级审查,基本上即由巡抚衙门和布政使司主管。清代乾隆时的文字狱,就有几宗案件直接与修志有关。如乾隆四十六年(1781),福建省漳州府知府黄彬禀称:"有海澄县民周铿声控告在籍知县叶廷推纂辑县志,载入碑传诗句,词语狂悖。"②乾隆四十七年(1782),湖南巡抚李世杰据常德府知府禀告,查获龙阳县监生高治清所刊《沧浪乡志》,"摘出各种字句,指为狂悖,并称饬属查明住址,密往各家搜讯,并将刊刻志书之高治清父子生监斥革,作序之教授翁炯解任质讯"③。很多地方的志书遭到清统治者任意删削和篡改,以至于内容支离破碎、断续不接,如《光绪常昭合志稿》曰:"吾邑适为钱谦益原籍,从前志书内叙述故事,欲使文理贯串,多有涉该故员之语,既奉删除文告,即经两县将旧志板片发回,凡有钱谦益诗文及事实、书目处,概行铲削。由此旧志内文词遂多断续不接。"④

其三,各地普遍修志,吸引了很多文人学士参加,甚至连一些名家也不例外,大大推动了修志事业的繁荣和志书质量的提高。梁启超说:"清之盛时,各省、府、州、县皆以修志相尚,其志多出硕学之手。"⑤但与宋代许多文人学者因志书地位和功能的提升,认为志书修得好,同样可以藏之名山、传之后世而涉足修志不同,清代文人学者从事修志工作很多时候是为了谋生。由于清代中叶人口猛增,文人学者即使中了科举,也没有相应空缺的官职,需要候补,因此他们往往投靠已当官的同学或同乡,做他们的幕宾谋生,修志自然也是为所依附的主官分忧的分内事,遂使清代异地编修方志成为常态。在实际修志中,虽然诸如"康熙己酉,建安魏公球延九峰公总其事,稿甫就,魏即解组,执创草于退署中,被二三幕友私心窜易,事不核实,言

---

① [清]纪昀等:《钦定四库全书总目》卷六十八,史部二十四,地理类一,中华书局1997年版,第940页。
② 《叶廷推海澄县志案》,原北平故宫博物院文献馆编:《清代文字狱档》,上海书店出版社1986年版,第513页。
③ 《高治清沧浪乡志案》,原北平故宫博物院文献馆编:《清代文字狱档》,上海书店出版社1986年版,第728页。
④ [清]郑钟祥、张瀛修,庞鸿文等纂:《光绪常昭合志稿》卷末,总叙,《中国地方志集成·江苏府县志辑》第22册,江苏古籍出版社1991年版,第817页。
⑤ 梁启超:《清代学术概论》,饮冰室专集之三十四,第40页,《饮冰室合集》第8册,中华书局1989年版。

乖体例,魏以轻信眩听,为人所卖,几成秽史。九峰公懊恨而无如何"①的类似记载绝非鲜见,但幕宾中也不乏后来成为学术大家的人物,如章学诚、邵晋涵、孙星衍、洪亮吉、武亿、杭世骏、冯桂芬、谢蒹生、赵绍祖、黄彭年、魏源、邹汉勋、缪荃孙、俞樾等人,比较典型的是章学诚,"丈夫生不为史臣,亦当从名公巨卿,执笔充书记,而因得论列当世,以文章见用于时。如纂修志乘,亦其中之一事也"②,专以修志为己任,几易其主,终身从事修志事业。这些名士学者参与修志,不但使清代名志纷出,更将学术观点浸入修志之中,既当方志纂修者又当方志学研究者,从而推动了方志理论的发展和方志学科的建立。

其四,方志体例开始走向完备统一。清代《一统志》的编修,对方志体例的影响是深远的,正因为有了钦定体式(贾汉复的《顺治河南通志》和《康熙陕西通志》)的示范作用,才确保了志书体例的规范化,有利于清《一统志》按目取材。也正由于《一统志》编修的影响,各地地方志纂修体例逐步完备统一起来。顺治十七年(1660),河南巡抚贾汉复修成《顺治河南通志》,后调任陕西巡抚,于康熙六年(1667)又修成《康熙陕西通志》。《顺治河南通志》50卷,门目体结构,分图考、建置沿革、星野(祥异附)、疆域(形势附)、山川(关津、桥梁附)、风俗、城池(兵御附)、河防、封建、户口、田赋、物产、职官、公署、学校(贡院、书院附)、选举(武勋附)、祠祀、陵墓、古迹(寺观附)、帝王(后妃附)、名宦、人物、孝义、列女、流寓、隐逸、仙释、方伎、艺文、杂辨(备遗附)30门,并列平行。《康熙陕西通志》32卷,分星野、疆域(关隘附)、山川(津梁附)、建置沿革、城池、公署、学校、祠祀、贡赋、屯田、水利、茶法、盐法(钱法附)、兵防、马政(驿传附)、帝王(后妃、封建、窃据附)、职官、名宦、选举(武宦附)、人物、孝义、烈女、隐逸、流寓、仙释(方伎附)、风俗(土产附)、古迹、陵墓、寺观、祥异、杂记、艺文32门,并列平行,亦为门目体结构。贾汉复《顺治河南通志》《康熙陕西通志》的体式成为各地纂修地方志效法的榜样。《乾隆沧州志》凡例中即说明:康熙间,圣祖"特命督抚各修省志,其成式一以贾中丞秦、豫二《志》为准。雍正间,世宗因《一统志》历久未成,复诏各省纂修通志,仍如前式。是恪遵功令,不敢因仍旧志,昭法守也"③。康熙二十九年(1690),河南巡抚阎兴邦为防止河南各地志书体例参差不齐,未能划一,还颁发了《修志牌照》,规定了23条凡例,对内容选择、实

---

① [清]诸晦香:《明斋小识》卷四,县志,《笔记小说大观》(十四),江苏广陵古籍刻印社1984年版,第36页。
② [清]章学诚著,叶瑛校注:《答甄秀才论修志第一书》,《文史通义校注》卷八,外篇三,中华书局2000年版,第821—822页。
③ [清]徐时作修,胡淦等纂:《乾隆沧州志》,凡例,清乾隆八年刻本。

地调查、探本索源、时代断限、材料取舍、文字详略、史实考订、叙事先后、如何编写，乃至地图绘制均有详细规定和具体要求。在这样的形势下，当时各地地方志的体例大多采用了朝廷认可的门目体（即我们前面所说的"平列体"或"无纲多目体"），类目与《一统志》基本相同，只是多了选举、艺文、方技等个别门类，或是个别门类改称、归并之类的调整。至于较《顺治河南通志》的类目则更相似，仅附类多些，以及个别门类归属的不同，详见表6-1。至清乾嘉时期，章学诚创立了三书体。清末，又出现了章节体志书。《光绪莲花厅志稿》是目前已知较早的章节体志书。

其五，乡土志兴起。乡土志为何物？一些人认为即乡镇志，但大多数人则认为乡土志专指肇自清光绪末期，延及宣统，贯穿于民国时期的乡土志、乡土教科书、乡土调查录一类的书，是方志的又一类型。虽然最早的乡土志可追溯到清光绪五年（1879）吴大澂编的山西《保德州乡土志》，但大规模乡土志的产生，则无疑同清末新政、教育改革及乡土教育思潮的兴起息息相关。光绪三十一年（1905），清政府废科举，兴学堂，推广乡土志作为学堂教材。

> 《奏定学堂章程》所列初等小学堂学科，于历史则讲乡土之大端故事，及本地古先名人之事实；于地理则讲乡土之道里、建置，及本地先贤之祠庙、遗迹等类；于格致则讲乡土之动物、植物、矿物，凡关于日用所必需者，使知其作用及名称。盖以幼稚之知识，遽求高深之理想，势必凿枘难入。惟乡土之事，为耳所习闻，目所常见，虽街谈巷论，一山一水，一木一石，平时供儿童之嬉戏者，一经指点，皆成学问。其引人入胜之法，无逾此者。然必由府、厅、州、县各撰乡土志，然后可以授课。①

为此，还颁布了《乡土志例目》，共分15门：历史、政绩、兵事、耆旧、人类、户口、氏族、宗教、实业、地理、山、水、道路、物产、商务。自《乡土志例目》颁行各地后，全国兴起了编修乡土志的热潮。据统计，清末光绪、宣统年间共修乡土志467种，其中463种修于1905年至1911年；清代各省中，除内蒙古、宁夏、青海、台湾外，都编辑了乡土志；民国时期的乡土志，约修有214种。②

---

① 《学务大臣奏据编书局监督编成〈乡土志例目〉拟通饬编辑片》，《东方杂志》第2卷第9期，光绪三十一年九月二十五日，第218页。
② 巴兆祥：《论近代乡土志的几个问题》，《安徽史学》2006年第6期。

表 6-1　清一统志、钦定省志程式与方志类目比照[①]

《康熙大清一统志》	《顺治河南通志》	《康熙江西通志》	《乾隆沧州志》
图表	图考	图考	
分野	星野(祥异附)	星野(祥异附)	星野
建置沿革	建置沿革	建置沿革	沿革
疆域形势	疆域(形势附)	疆域(形势、封爵附)	疆域(形胜、山川、村庄)
山川	山川(关梁、桥梁附)	山川	
风俗	风俗	风俗(物产附)	礼制(风俗附)
土产	物产		物产
城池	城池(兵御附)、公署	城池、公署(学校、贡院、书院附)	建置(城池、公署、驿递、铺舍、坊表、道路、坊集、津梁)
学校	学校(贡院、书院附)、选举(武勋附)	选举	学校、选举
职官	职官、封建	职官	职官
户口田赋	户口、田赋	户口(田赋、蠲恤附)	赋役、盐政
古迹	古迹(寺观附)	古迹(寺观附)	古迹(冢墓附)
关隘津梁		兵御(驿盐、漕运、关税附)、津梁	兵防
堤堰	河防	水利	
陵墓	陵墓		
祠庙寺观	祠祀	祠祀(丘墓附)	祠祀(坛垛、祠庙、寺观附)
名宦	名宦	名宦	人物(名宦、宦绩、武功、忠义、儒林、文学、孝友、义行、隐逸、寓贤、方技、仙释、后妃、列女、节孝、贤淑)
人物	人物	人物	
流寓	流寓	流寓	
列女	列女	列女	
仙释	仙释	仙释	
	帝王(后妃附)		
	孝义	孝义	
	隐逸	隐逸	
	方伎	方伎	
	艺文(御制、赋、诗、表、笺、疏、颂、书、启、赞、箴、论、辨、说、述、传、序、记、檄、移文、议、跋、碑记、铭、诔、吊文)	艺文(御制、表、笺、疏、赋、诗、序、记、碑记、书、论、颂、启、赞、文、箴、辨、檄、传、议、解、说、铭、跋)	艺文(诰敕、奏疏、表、箴、规、铭、碑、文、序、传、记、杂著、赋、诗、诗余)
	杂辨(备遗附)		纪事
			遗闻

[①] 参见巴兆祥:《方志学新论》,学林出版社 2004 年版,第 124—126 页。

其六，从地域上看，一些原来修志比较落后的北方省份，至清代，其方志编修的数量已经超过了以往修志发达的江苏、浙江等省，从而打破了自宋代以来方志编修独以江苏、浙江等省为盛的局面。众所周知，元、明、清三代皆建都于北京，政治中心的北移，必然伴随着经济、文化的变化，修志也不例外。据《中国地方志联合目录》中的清代方志统计，山东有385种，河北374种，河南370种，山西332种，江苏337种，浙江367种，安徽258种，山东、河北、河南等省方志编修的数量已经超过了原先修志发达的江苏、浙江、安徽等省，且由于清代时异地编纂志书已成为常态，北方各省志书的质量也未必逊色于南方。

据《中国地方志联合目录》统计，在所收8264种方志中，清代方志有5685种，约占现存全国地方志总数的70%。以现行区划考其分布，四川（包括重庆）最多，有477种，江西次之，有404种，山东再次之，有385种，以下依次是河北374种，河南370种，浙江367种，江苏337种，广东（包括海南）332种，山西332种，湖南327种，陕西288种，湖北270种，安徽258种，云南203种，福建168种，广西133种，甘肃130种，新疆99种，上海89种，贵州76种，辽宁69种，台湾42种，北京33种，吉林32种，天津19种，宁夏19种，西藏17种，内蒙古16种，黑龙江12种，青海7种。[①] 其中，乡镇志的编修发展迅猛。据统计，江苏省今存清修乡镇志有77种，明代则为5种，浙江省今存清修乡镇志也有40多种，明代6种，两相比较，增幅之大显而易见。清代著名的乡镇志，江苏有《甘棠小志》《震泽镇志》《周庄镇志》《开化乡志》《瓜洲志》《沙头里志》等，浙江有《梅里志》《双林镇志》《南浔镇志》《菱湖镇志》《桃源乡志》《剡源乡志》等，还有安徽池州的《杏花村志》，广东佛山的《忠义乡志》，天津的《杨柳青小志》，山东博山县的《颜神镇志》，山东阳谷县的《张秋志》，上海的《真如里志》《南翔镇志》等。特别是江苏、浙江一带明清时期的乡镇志，在研究明清时期经济发展和资本主义生产关系萌芽方面，已成为必不可少的重要资料。

清代名志、佳志辈出，有胡虔的《嘉庆广西通志》，陈思齐的《道光广东通志》，沈翼机、傅王露的《雍正浙江通志》，沈青崖的《雍正陕西通志》，章学诚的《乾隆永清县志》《湖北通志》，戴震的《乾隆汾州府志》《乾隆汾阳县志》，孙星衍的《乾隆直隶邠州志》《乾隆三水县志》《嘉庆庐州府志》《嘉庆松江府志》，洪亮吉的《嘉庆泾县志》《嘉庆宁国府志》，李文藻的《乾隆诸城县志》《乾隆历城县志》，李兆洛的《嘉庆凤台县志》，鲁一同的《咸丰邳州志》《咸丰清河县志》，蒋湘南的《道光泾阳县志》《咸丰同州

---

① 黄燕生：《中国历代方志概述》，来新夏：《中国地方志综览（1949—1987）》，黄山书社1988年版，第417—418页。

府志》,万经的《雍正宁波府志》,邵晋涵的《乾隆杭州府志》《乾隆余姚志》,闻性道的《康熙鄞县志》,钱大昕的《乾隆鄞县志》,董沛、张恕、徐时栋的《同治鄞县志》,缪荃孙的《光绪顺天府志》等。这些由著名学者编纂的志书,与一般例行公事所编者相比,自不可同日而语。

第二节 中国古代修志流派的历史、地理之分

虽然有学者提出明代时已形成了修志流派,但大多数的研究者认为,中国古代形成比较清晰的修志流派还是在清代乾嘉时期。因为中国古代修志流派的正式形成源自章学诚,他是我国方志学科的奠基人和"方志为史说"理论的系统阐述者,也是方志新派的旗帜,"'方志学'之成立,实自实斋始也"[①],"实斋关于斯学之贡献,首在改造方志之概念"[②],"方志,从前人不认为史。自经章氏提倡后,地位才逐渐增高"[③]。章学诚一出,方志新派的理论才算形成系统,并形成与方志传统旧派的对抗,正式宣告了中国古代修志流派的形成。正因如此,习惯上许多研究者将以章学诚为代表的方志新派称之为"历史派",而把他的对立面称之为"地理派"[④]。这里的"历史"和"地理"当然不是指现代学科意义上的"历史学"与"地理学",在近代地理学传入中国之前,地理在中国一直不是一门独立的学科,而只是作为历史学的一个分支。在我国古代,地理书属于"史"的范畴,故自《隋书·经籍志》以来的历代正史的艺文志或经籍志,以及清乾隆年间修的《四库全书》,都将方志书归入史部地理类,只不过与正史、古史等相比,地理书只是"史之支流",地位完全不可同日而语。葛剑雄据此对方志流派有历史、地理之分这种说法提出了不同的看法。

---

① 梁启超:《清代学者整理旧学之总成绩(三)——史学、方志学、地理学、传记及谱牒学》,《中国近三百年学术史》,饮冰室专集之七十五,第304页,《饮冰室合集》第10册,中华书局1989年版。
② 梁启超:《清代学者整理旧学之总成绩(三)——史学、方志学、地理学、传记及谱牒学》,《中国近三百年学术史》,饮冰室专集之七十五,第304页,《饮冰室合集》第10册,中华书局1989年版。
③ 梁启超:《中国历史研究法补编》,饮冰室专集之九十九,第33—34页,《饮冰室合集》第12册,中华书局1989年版。
④ 参见来新夏:《方志学概论》,福建人民出版社1984年版,第111—115页;黄苇等:《方志学》,复旦大学出版社1993年版,第357—373页;林衍经:《方志学综论》,华东师范大学出版社2008年版,第73—74页;刘光禄:《历史上方志的派别、类型和修志主张》,《中国档案》1981年第2期;柳维本:《章学诚和方志学》,地方史志研究组编:《中国地方志论集(1950—1983)》,吉林省地方志编纂委员会、吉林省图书馆学会1983年印刷,第211—212页;等等。

《四库全书》将地方志大多归于史部地理类,而将地方史大多列入史部载记类或传记类。因此章学诚的观点的实质只是强调了方志在历史学中的地位,而不是改变了方志的属性,因为在他之前以及与他同时代的其他人也并不否定方志总的来说也属于历史的范畴。章氏与其他人的分歧是体例门类之争,是方志在历史类中地位轻重之争,而不是像有些论著所认为的是对方志的性质之争。①

我们知道,章学诚把方志的地位抬得很高,比之于正史、古史,"夫州县志乘,比于古者列国史书,尚矣"②,"方志如古国史,本非地理专门"③,而地理书只是"史之支流",正史、古史与地理书两者在史学范畴中的地位悬殊,把这种因在史学范畴中地位轻重引发的流派区分称之为历史、地理之分,其实也勉强可以这么说。但也可以对我国古代修志流派的区分有更为确切的称呼,比如把以章学诚为代表的新派称为撰著派或文献派,把相对应的传统旧派称为纂辑派或考据派,或许更符合他们的修志特点。缪荃孙是最先研究中国古代修志流派的学者,他就是以纂辑派与撰著派来区分旧、新两派的,"作志有孙、洪与章、鲁两派。孙、洪依据载籍,言必有征;章、鲁重在自撰,成一家言"④。这里孙、洪指的是旧派的孙星衍、洪亮吉,章、鲁指的是新派的章学诚、鲁一同。民国学者王葆心、朱士嘉也表达了同样的看法。⑤

方志传统旧派,或称纂辑派、考据派、地理派,这一派的代表人物有戴震、孙星衍、洪亮吉、李文藻、傅王露等人。

戴震(1724—1777),字东原,徽州府休宁县隆阜(今属安徽省黄山市屯溪区)人。出身贫苦,当过商贩,后又以教书谋生。乾隆二十七年(1762)近四十岁时才考中举人,以后五次入京会试不第。乾隆三十八年(1773),因纪昀推荐,被特召入京为四库馆纂修官,参加《四库全书》的修纂。乾隆四十年(1775),戴震五十三岁,第六次会试又不第,因学术成就显著,乾隆皇帝特命其与录取的贡士一同参加殿试,赐同进士出身,任翰林院庶吉士,仍从事《四库全书》的编纂。乾隆四十二年五月二

---

① 葛剑雄:《编纂地方志应当重视地理》,《中国地方志通讯》1983年第5期。
② [清]章学诚著,叶瑛校注:《和州志政略序例》,《文史通义校注》卷六,外篇一,中华书局2000年版,第664页。
③ [清]章学诚著,叶瑛校注:《记与戴东原论修志》,《文史通义校注》卷八,外篇三,中华书局2000年版,第869页。
④ 万国鼎:《方志体例偶识》,《金陵学报》第5卷第2期,1935年11月,第367页。
⑤ 可参见王葆心《方志学发微》(1936年成书,现藏于湖北省博物馆)、李泽主编《朱士嘉方志文集》(北京燕山出版社1991年版,第161—166页)。

十七日(1777年7月1日)殁于北京。戴震虽是乾嘉时期的第一流学者,考据学大师,考据学皖派的开创者,在经学、天文、地理、数学、历法、音韵、训诂、哲学等方面都卓有成就,但在入四库全书馆前,也曾参与过修志活动。乾隆三十四年(1769),被山西汾州知府孙和相聘请修《汾州府志》;乾隆三十六年(1771),又因汾阳知县李文起相邀修《汾阳县志》。因此可以说是一位方志学者,又因他是与章学诚同时代的乾嘉时期的第一流学者、考据学大师,自然被视为纂辑派或考据派的旗帜性人物。这一派的其他学者,也都或多或少地从事过修志活动。如孙星衍,阳湖县(今江苏省常州市武进区)人,编纂过《长安县志》《咸宁县志》《醴泉县志》《直隶邠州志》《三水县志》《偃师县志》《庐州府志》《松江府志》等8部乾隆、嘉庆朝志书;洪亮吉,阳湖县(今江苏省常州市武进区)人,编纂过《延安府志》《淳化县志》《长武县志》《澄城县志》《固始县志》《登封县志》《怀庆县志》《泾县志》《宁国府志》等9部乾隆、嘉庆朝志书;李文藻,益都县(今山东省青州市)人,编纂过《乾隆诸城县志》《乾隆历城县志》;傅王露,会稽县(今浙江省绍兴市)人,编纂过《雍正浙江通志》。

康熙、雍正、乾隆、嘉庆时期,清政府对学术界采取高压和怀柔相结合的政策,一方面大兴文字狱,另一方面通过开"三通"、"四库"馆等手段网罗文人,在其所允许的轨道内为其所用。而清初学者反对宋明理学清谈误国,故而由顾炎武引领的朴学(即考据学)因时应势得到发展,到乾嘉时期已成为一股主流学风,盛极一时。考据学的学风是实事求是,反对凿空,精审而不轻信,重证据而不臆断,缺点是缺乏独创性和对现实的批判精神,经世致用成为一句空话。戴震作为考据学皖派的开创者,将实证主义精神和考据学的方法运用于修志的实践是历史的必然。故戴震所修的志书重视考证,对地理沿革尤为重视。他说:"古今沿革,作志首以为重"①,"志之首,沿革也。有今必先有古","故沿革定而上考往古,乃始无惑","而沿革不明,不可以道古",②"沿革不明,则志中述古,未有能免于谬悠者,故考沿革为撰志首事"③,在修志实践中往往对一地的建置变迁沿革作出详尽的考证。民国方志学者王葆心肯定其做法,"戴氏修志,注重沿革山川,考核明塙,叙述井然,故此例称沿革定而上考往古,乃始无惑;疆域辨而山川乃可得而纪","此乃戴氏一家之学说,存其

---

① [清]戴震:《应州续志序》,杨应芹、诸伟奇主编:《戴震全书》第6册,黄山书社2010年版,第331页。
② [清]戴震:《汾州府志例言》,杨应芹、诸伟奇主编:《戴震全书》第6册,黄山书社2010年版,第577—578页。
③ [清]戴震:《汾阳县志例言》,杨应芹、诸伟奇主编:《戴震全书》第6册,黄山书社2010年版,第582页。

义,深有益于方志"。① 洪亮吉认为,修志应贵因不贵创,信载籍而不信传闻,"盖撰方志之法,贵因而不贵创,信载籍而不信传闻,博考旁稽,义归一是,庶乎可继踵前修,不诬来者矣"②。戴震也说:"余撰《汾州》诸志,皆从世俗,绝不异人,亦无一定义例,惟所便尔。"③孙星衍则主张"方志以考据存文献"④。李文藻也认为,修志当做到言不出于己,"卫正叔作《礼记集说》曰:他人著书惟恐不出于己,予此编惟恐不出于人"⑤。民国著名方志学者朱士嘉曾归纳旧派的编修特点为"无一语不出于人","体例一本康熙《河南通志》(即增修顺治《河南通志》本——笔者注)、康熙《陕西通志》和雍正《浙江通志》","搜集资料大致按《日下旧闻》体裁进行排比,注明出处,显示'述而不作'的宗旨","全书出自众人之手"。⑥ 综合而言,方志旧派的特点是把方志看作"地理书",首重地理沿革,倡导纂辑体风格,强调言出有据,"无一语不出于人";重视对资料的考证。缺点是信载籍不信传闻,厚古薄今,一意抄摘旧的典籍而忽略对当代文献的搜集;志书编修贵因而不贵创,缺乏创新精神;又因为缺乏对现实的批判精神,降低了志书经世致用的功能。

但是,方志旧派把方志看作"地理书",尤重地理沿革,却并非"唯地理沿革论"。学界不少学者把戴震视作修志中的"唯地理沿革论"者,源于章学诚所撰《记与戴东原论修志》一文,记载乾隆三十八年(1773),戴震与章学诚相遇于宁波道署,曾就方志属何性质及志书中所载地理沿革与地方文献孰轻孰重问题,当面展开争论,戴震对章学诚说:"余撰《汾州》诸志,皆从世俗,绝不异人,亦无一定义例,惟所便尔。夫志以考地理,但悉心于地理沿革,则志事已竟。侈言文献,岂所谓急务哉?"并说:"沿革苟误,是通部之书皆误矣。名为此府若州之志,实非此府若州也,而可乎?"⑦章学诚在后来的《书朱陆篇后》一文中,更是严厉批评戴震说:"其于史学义例、古文法度,实无所解,而久游江湖,耻其有所不知,往往强为解事,应人之求,又不安于习

---

① [清]戴震:《乾隆汾州府志例言》,王葆心按,朱士嘉:《中国旧志名家论选》,史志文萃编辑部1986年印行,第12页。
② [清]洪亮吉:《泾县志序》,《更生斋文续集》卷二,《续修四库全书》第1468册,上海古籍出版社2002年版,第108页。
③ [清]章学诚著,叶瑛校注:《记与戴东原论修志》,《文史通义校注》卷八,外篇三,中华书局2000年版,第869页。
④ [清]孙星衍著,骈宇骞点校:《邠州志序》,《问字堂集 岱南阁集》,中华书局2006年版,第96页。
⑤ [清]胡德琳修,李文藻等纂:《乾隆历城县志》,凡例,清乾隆三十八年刻本。
⑥ 朱士嘉:《谈谈地方志中的几个问题》,《中国地方史志通讯》1981年第2期。
⑦ [清]章学诚著,叶瑛校注:《记与戴东原论修志》,《文史通义校注》卷八,外篇三,中华书局2000年版,第869页。

故,妄矜独断。如修《汾州府志》,乃谓僧僚不可列之人类,因取旧志名僧入于古迹。又谓修志贵考沿革,其他皆可任意,此则识解渐入庸妄,然不过自欺,尚未有心于欺人也。"①但《记与戴东原论修志》一文撰写的时间为乾隆五十五年(1790),盖章学诚的追忆之作,并非当时争论时的原始记录,而遍查戴氏遗著,完全没有对这次争论的记述,因此章学诚的说法是孤证,不足为凭。如果考虑到章学诚的一贯作风,如同时代学者陈诗说他"大言炎炎,不可一世","与人争,辄形于纸笔,至千百言不已",②即使是一贯力挺章学诚的梁启超也说他往往意气用事,"嫉视当时考证之学,务与戴东原立异,坐是关于沿革事项率多疏略"③,戴震说"夫志以考地理,但悉心于地理沿革,则志事已竟"很可能是章学诚强加给戴震的观点。在戴氏遗著中,"重沿革"的言论甚多,但所用词语极有分寸,谓沿革"首以为重","志之首","沿革之不易言也","志莫难于辨沿革",从未说过章氏文章中的原话及其类似语言,是以章氏之语,并不符合戴氏原意。且章氏在上述文章中,还转引了戴氏的反诘之语"余于沿革之外,非无别裁卓见者也"④,与上引戴氏的说法互相矛盾,志事既"已竟",又何须"别裁卓见"呢?这就反证章氏所说并非戴的本意。事实也确实如此,戴震重视地理沿革,但绝不是主张方志中不记载非地理方面的内容,查阅其所纂《汾州府志》,列有卷首、沿革、星野、疆域、山川、城池、官署、仓廒、学校、坛壝、关隘、营汛、驿铺、户口、田赋、盐税、职官、宦绩、食封、流寓、人物、义行、科目、仕实、列女、古迹、冢墓、祠庙、事考、杂识、艺文等门类,由此可以看出,戴震所修的志书绝非仅"悉心于地理沿革,则志事已竟",而是"于沿革之外"多有"别裁卓见者"。如基本否定"星野"说;记叙山川,各归条贯;人物主张生不立传,"详善而略恶","名宦必其德泽及民,操持可法,流寓非名贤不录","人物必大节卓然,义行必为善足风,或一事之有益于人亦附焉","有德有文者,于人物见之;专以文著者,于科目、仕实中散见之,无庸复列;至于名教所弃,犹巧饰诬欺,虽曾祀乡贤,邀声誉,今削而不录";逸事异闻"涉鄙俚荒谬亦不录";风俗物产"无取乎泛常琐滥";艺文"系之志末,与列于前者互相参证也","虽其地之人,而生平所有奏疏论著,于地无关者,例不当录";绘制地图必须精

---

① [清]章学诚著,叶瑛校注:《书朱陆篇后》,《文史通义校注》卷三,内篇三,中华书局2000年版,第275页。
② 王葆心:《清代方志学撰著派与纂辑派争持论评》,朱士嘉:《中国旧志名家论选》,史志文萃编辑部1986年印行,第117—118页。
③ 梁启超:《龙游县志序》,饮冰室文集之四十三,第1页,《饮冰室合集》第5册,中华书局1989年版。
④ [清]章学诚著,叶瑛校注:《记与戴东原论修志》,《文史通义校注》卷八,外篇三,中华书局2000年版,第870页。

确,"至若方隅之观,各州县志多有所谓八景、十景,漫列卷端,最为鄙陋,悉汰之以还雅,志内亦不涉及,其题咏间取一二";等等。① 所以对于方志旧派,我们称它为纂辑派或考据派,而不是地理派,是更为确切的称呼,因为地理派并不能完整地概括这一派的修志特点。

方志新派,或称撰著派、文献派、历史派,章学诚无疑是这一派的旗帜,其他代表人物还有鲁一同、蒋湘南、焦循、李兆洛等。鲁一同,安东县(今江苏省淮安市涟水县)人,编纂过《咸丰邳州志》《咸丰清河县志》;蒋湘南,河南省固始县人,编纂过《道光蓝田县志》《道光泾阳县志》《道光留坝厅志》《咸丰同州府志》,可惜《道光泾阳县志》为旧派所不容,被肆意篡改,面目全非,与章学诚所修《和州志》《湖北通志》遭受同样的命运;焦循,江苏扬州人,编纂过《北湖小志》,参与纂修《嘉庆重修扬州府志》;李兆洛,阳湖县(今江苏省常州市武进区)人,编纂过《嘉庆凤台县志》《嘉庆怀远县志》《嘉庆东流县志》,参与纂修《道光江阴县志》《道光武进阳湖合志》。此外,胡虔的《嘉庆广西通志》,陈思齐的《道光广东通志》等也直接或间接受到章学诚方志理论的影响。

章学诚是与考据学派学风相异的清代浙东学派的杰出代表。该学派由明末清初的黄宗羲开创,黄宗羲师从刘宗周②,为清末浙东学派的第一代人物,万斯大、万斯同为第二代,全祖望为第三代,章学诚为第四代。清代浙东学派继承、发展了浙东学术史上的优良传统,不守门户之见,贵专家之学,重史学,倡导经世致用,主张学术研究要切于"人事",反对在"人事"之外别求什么"义理",因而成为富于近代人文主义精神的学派。钱穆评价说:"此所谓浙东贵专家,善言天人性命而切于人事,史学所以经世,非空言著述,不可无宗主,又不可有门户,凡皆自道其学统之精神也。"③体现在修志实践上,章学诚一派首先是肯定方志如古代诸侯国史,本非地理专门,把方志提升到与正史、古史一样的地位。章学诚说:"方志如古国史,本非地理专门。"④针对旧派的"首重沿革",指出"考沿革者,取资载籍,载籍具在,人人得而考之。虽我今日有失,后人犹得而更正也。若夫一方文献,及时不与搜罗,编次不

---

① [清]戴震:《汾州府志例言》,杨应芹、诸伟奇主编:《戴震全书》第 6 册,黄山书社 2010 年版,第 578—581 页。
② 刘宗周师学渊源于王阳明的心学。王阳明死后,王学发生分化,一派继续发展他的主观唯心论,在浙东的代表人物是王畿;另一派着重发展王阳明提倡"力学"和"事上磨炼"的思想,代表人物是钱德洪、黄绾,明末的刘宗周是这一派的集大成者,使王学向唯物主义方向发展。
③ 钱穆:《中国近三百年学术史》,商务印书馆 1997 年版,第 430 页。
④ [清]章学诚著,叶瑛校注:《记与戴东原论修志》,《文史通义校注》卷八,外篇三,中华书局 2000 年版,第 869 页。

得其法,去取或失其宜,则他日将有放失难稽,湮没无闻者矣",所以在"沿革"与"文献"之间,章学诚选择了更重视文献,他说:"如余所见,考古固宜详慎,不得已而势不两全,无宁重文献而轻沿革耳。"①蒋湘南也说:"州县之志,古者列国诸侯之史也。"②其次是倡导撰著体的修志风格,强调自撰,"无一语不出于己"。既然方志等同于古代诸侯国史,自然就应该套用正史的写法来修志,包括运用"太史公曰"之类夹叙夹议的撰史手法,"志为史裁,全书自有体例。志中文字,俱关史法,则全书中之命辞措字,亦必有规矩准绳,不可忽也"③。据章学诚同榜进士、史学家兼考据学家陈诗称:"其(指章学诚——笔者注)论地志也,尊撰著而薄纂辑诸家,且谓纂辑者当无语不出于人,撰著者当无语不出于己。"④李兆洛也说:"志者,古外史之遗,所以辨地会,考文献,备太史之采,善长吏之治,尔雅之士以资故实,以劝民行者也。当仿史例,各成篇局,不得条琐杂志,以坏文体。"⑤焦循指出:"若郡县志书,卢牟今古,则有不可徒以纂录成书者。夫汲于古者,纂而编之,其验于今者,无书名可述,无卷数可言,岂其诡设所由来乎？若使半为纂录,半出心裁,则是醯酱合于酒浆,狐貉蒙于绨绤。前此雍正《府志》、《甘泉县志》,体例杂糅,颇堪哂笑。"⑥鲁一同也认为,修志必须做到言必己出,"凡所援引,悉改旧文,但以彼此为辞,以明一家之作"⑦,意谓修志援引成文,都要把它改造成自己的语言,唯有如此才能成"一家之作"。再次,主张厚今薄古,重视当代文献和地方档案。章学诚认为方志内容不能专记古代,必须详近略远,材料不能专抄古籍,必须依靠当代文献。

> 史部之书,详近略远,诸家类然,不独在方志也。《太史公书》详于汉制,其述虞、夏、商、周,显与六艺背者,亦颇有之。然六艺具在,人可凭而正史迁之失,则迁书虽误,犹无伤也。秦楚之际,下逮天汉,百余年间,人将一惟迁书是

---

① [清]章学诚著,叶瑛校注:《记与戴东原论修志》,《文史通义校注》卷八,外篇三,中华书局2000年版,第869页。
② [清]胡元焕修,蒋湘南纂:《道光泾阳县志》,凡例,清道光二十二年刻本。
③ [清]章学诚著,叶瑛校注:《与石首王明府论志例》,《文史通义校注》卷八,外篇三,中华书局2000年版,第861页。
④ 王葆心:《清代方志学撰著派与纂辑派争持论评》,朱士嘉:《中国旧志名家论选》,史志文萃编辑部1986年印行,第118页。
⑤ [清]吴篪修,李兆洛等纂:《嘉庆东流县志》,凡例,《续修四库全书》第712册,上海古籍出版社2002年版,第12页。
⑥ [清]焦循:《上郡守伊公书》,《雕菰集》卷十三,《续修四库全书》第1489册,上海古籍出版社2002年版,第240页。
⑦ [清]董用威、马轶群修,鲁一同纂:《咸丰邳州志》,邳州志后序,清咸丰元年刻本。

凭,迁于此而不详,后世何由考其事邪?①

所谓沿革误,而通部之书皆误者,亦止能误入载籍可稽之古事尔。古事误入,亦可凭古书而正之,事与沿革等耳。至若三数百年之内,遗文逸献之散见旁出,与夫口耳流传,未能必后人之不湮没者,以及兴举利弊,切于一方之实用者,则皆核实可稽,断无误于沿革之失考,而不切合于此府若州者也。②

从次,重视方志的实用价值,经世致用。章学诚认为,编修一部方志,不是为作装饰品,一定要求其美观,而是要讲求实用。

今之修方志者,必欲统合今古,盖为前人之修是志,率多猥陋,无所取裁,不得已而发凡起例,如创造尔。如前志无憾,则但当续其所有,前志有阙,但当补其所无。夫方志之修,远者不过百年,近者不过三数十年。今远期于三数百年,以其事虽递修,而义同创造,特宽为之计尔。若果前志可取,正不必尽方志而皆计及于三数百年也。夫修志者,非示观美,将求其实用也。③

朱士嘉曾归纳新派的编修特点为"无一语不出于己","体例一本《史记》《汉书》,按纪传体纂修,分图、记、表、志、传五类","对资料进行分析,锤炼成文,系统地重点地反映事物发展的情况","全书由一人独撰"。④ 其优点是以体裁见长,详今略古,重视当代文献和地方档案,重视志书的实用价值,强调经世致用。不足之处则是过于强调"无一语不出于己",不以征引见长,且考据功夫不如旧派,无形中削弱了志书的资料性。诚如《雍正浙江通志》的总纂傅王露在该志后序中说:

后之作志者,以为志与史异,不妨自为论撰,以成一家言,究亦未尝不掇拾前人之绪余,而不言所自出,人亦不复辨其所从来,遂尽掩古人之作以为己有,甚而割裂文义,颠倒字句,或不免以文害词,以词害意,承讹袭舛,辗转相仍,而反借口于前人之失,不亦惑欤! 至于记载时政,则多隐括其事,变易其文,而语焉不详,意指流失,使后之人无从考其颠末,何以传信于天下?⑤

---

① [清]章学诚著,叶瑛校注:《记与戴东原论修志》,《文史通义校注》卷八,外篇三,中华书局2000年版,第870页。
② [清]章学诚著,叶瑛校注:《记与戴东原论修志》,《文史通义校注》卷八,外篇三,中华书局2000年版,第869—870页。
③ [清]章学诚著,叶瑛校注:《记与戴东原论修志》,《文史通义校注》卷八,外篇三,中华书局2000年版,第870页。
④ 朱士嘉:《谈谈地方志中的几个问题》,《中国地方史志通讯》1981年第2期。
⑤ [清]方苞:《与一统志馆诸翰林书》,王葆心案,朱士嘉:《中国旧志名家论选》,史志文萃编辑部1986年印行,第7、13页。

民国著名方志学者王葆心评价道:"吾谓傅氏此说也,亦章实斋别裁独断以修志之流所宜知。"①

总的来说,在清代修志流派中,方志旧派(或称纂辑派、考据派、地理派)占据绝对优势,这是因为考据学已成为当时的时代精神,它得到官府的支持和提倡,在全国范围内得到广泛推行,影响深远。而方志新派(或称撰著派、文献派、历史派)在当时虽不能说无人问津,但远比不上方志旧派如日中天,采用章学诚理论编修方志的,多为章学诚的亲属以及师友,抑或是与章氏及其家属有密切联系者,如张维祺修纂《乾隆大名县志》时便采用了章氏之说。该志为乾隆五十年(1785)所修,张维祺时任大名知县,该志序中说:

> 往在肥乡官舍,同年友会稽章君学诚,与余论修志事。章君所言,与今之修志者异。……章君之言,余未之能尽也。然于志事,实不敢掉以轻心焉。二图包括地理,不敢流连名胜,侈景物也。七志分别纲目,不敢以附丽失伦,致散涣也。二表辨析经纬,不敢以花名卯簿,致芜秽也。五传详具事实,不敢节略文饰,失征信也。乡荐绅不余河汉,勤勤讨论,勒为斯志,庶几一方之掌故,不致如章君之所谓误于地理之偏焉耳。②

民国著名方志学者瞿宣颖在引了这段话后,点评说:"是其承章氏之绪论,卓然具深识也。"③

第三节　清代方志述评

1.《康熙平乡县志》

直隶平乡县有县志始于明万历十二年(1584)知县王应创修县志,至崇祯年间因两度遭兵祸,导致王志仅剩断简残帙,而其残篇又在清康熙、乾隆年间毁佚,故康

---

① [清]方苞:《与一统志馆诸翰林书》,王葆心案,朱士嘉:《中国旧志名家论选》,史志文萃编辑部1986年印行,第13页。
② [清]章学诚著,叶瑛校注:《为张吉甫司马撰大名县志序》,《文史通义校注》卷八,外篇三,中华书局2000年版,第880—883页。
③ 瞿宣颖:《方志考稿》(甲集)第一编,直隶,第48页,《民国丛书》第二编(81),上海书店出版社1990年版。

熙朝及以前的平乡历史赖《康熙平乡县志》以存。该志首修于清康熙十一年（1672）九月，由赵弼监修，赵培基主纂，同年十一月成书，次年付印。监修者赵弼，字子匡，号芙溪，彭县（今四川省彭州市）人，清顺治十四年（1657）举人，康熙八年（1669）出任平乡知县，县志称其"仁明敏练，善难殚述，邑旧有南马、县马、见年三大害，侯力请于上尽革之。……诸如修学宫而加意人才，筑河防而廑恤民命，尤德政之大者。至增修邑乘乃传学绪余耳"①。主纂者赵培基则为本地人，字二惟，号陆滨，曾出仕为广东陵水县知县。一般而言，知县只是领衔，并不亲自参与修志，但该志全志六卷中，前四卷题"知县事成都赵弼重修"，卷五、卷六则题"知县事成都赵弼编辑"，可见监修者赵弼实有参与修志，因此该志应视为赵弼、赵培基两人的作品。该志为古代志书中罕见的编年体志书，仿明嘉靖年间陈士元编修的《滦州志》体例而作，"节略往乘，采访时事，笔者笔，削者削，而定格摘藻，一以滦志为准"②。至康熙十九年（1680）秋，时任平乡知县卞三畏在赵弼、赵培基所修志书的基础上增修该志，但未改志书体例，只是增补了自康熙十一年至十九年的内容，将其插入原志卷五正文之后，"附遗"之前，对原志已有内容则不作删修，于是形成了我们今天看到的《康熙平乡县志》。现抄目录于下：

卷一：前朝（起高阳氏止元顺帝）。

卷二：前朝（起明洪武元年止弘治十七年）。

卷三：前朝（起明正德元年止万历十二年）。

卷四：前朝（起明万历十三年止崇祯十七年）。

卷五：我朝（起清顺治元年至康熙十一年）。

卷六：建置（附乡村）、田赋（附户口、马政、盐课）。

该志编纂方面最大的特点是采用了编年体体例，不分门类，不设篇目，仅以时间为序，把一地的史事和资料编入书中，打破了志书惯用的横排竖写的结构。这一体例在旧志编修中罕见，除了该志外，目前仅见于明颜木的《嘉靖随志》、陈士元的《嘉靖滦州志》、胡松的《嘉靖滁州志》，可谓中国古代志书编修史上的一朵奇葩。据修纂者所言，该志系仿《嘉靖滦州志》而作，"变体为编年，仿滦志也，非敢创作"③。

---

① ［清］赵弼修，赵培基纂，卞三畏增修：《康熙平乡县志》卷五，《日本藏中国罕见地方志丛刊续编》第 2 册，北京图书馆出版社 2003 年版，第 372—373 页。

② ［清］赵培基：《重修平乡县志叙》，［清］赵弼修，赵培基纂，卞三畏增修：《康熙平乡县志》，《日本藏中国罕见地方志丛刊续编》第 2 册，北京图书馆出版社 2003 年版，第 15 页。

③ ［清］赵弼修，赵培基纂，卞三畏增修：《康熙平乡县志》，志例，《日本藏中国罕见地方志丛刊续编》第 2 册，北京图书馆出版社 2003 年版，第 39 页。

纪年方法为年号干支并纪,以具体事件为核心,"甲子而分书年号于下,其甲子年号皆因事以书,无事者不书"①。全志绝大多数事件无月份、日期的确切记载,有书月份者一般为兵事、登科及灾祥事件,另有年份不可考究的事件则仅"书某朝某帝号,不敢妄属甲子"②。在纪事选择上,同一年份发生各类事件,并不根据事件发生先后顺序渐次排列,而是"先书任官,重师帅也;次书诏敕,尊王命也;政事次之,科贡又次之,杂流亦属邑人,并附记;其下至灾祥则随时记之,不拘后先"③。其中,人物中名宦、乡贤必书,忠孝节义、隐逸之类则除旧志所载不敢妄删外,新增者"必经旌表及已盖棺者始录"④。至于建置、田赋则别立一卷,"年下虽书大纲,仍别为一卷以志详悉"⑤,仍沿袭传统志书的门目层层分类形式,与前五卷的编年纪事体例迥然不同,按修纂者的解释是"既编年矣,何庸赘瘤为也?然土木营建,民力普存,特为详书,欲改作者慎之且示不忘旧也"⑥。

在具体的编年书写上,该志每卷之中择其要事,依次分条记述,一事一条,年份为首,顶格而书。同年发生之事随其后,低一格。每条仅列事件概要,简要注释以双行小字形式附于文末。详细阐释与纂者评论则低两格另起一列,凡有所引,均注明出处。该志采用年号干支并纪,遇王朝统一时期,年号在前,干支在后,如北宋"徽宗大观元年丁亥修文庙儒学"⑦。遇政权分立时期,则干支在前,年号并行纪年,如三国时期,"丁巳(汉后主建兴十五年、魏明帝景初元年)夏六月地震"⑧;西晋与北方十六国并立时期,"壬申(晋怀帝永嘉六年、汉刘聪嘉平二年)汉石勒引兵扰襄国,

---

① [清]赵弼修,赵培基纂,卞三畏增修:《康熙平乡县志》,志例,《日本藏中国罕见地方志丛刊续编》第 2 册,北京图书馆出版社 2003 年版,第 39 页。
② [清]赵弼修,赵培基纂,卞三畏增修:《康熙平乡县志》,志例,《日本藏中国罕见地方志丛刊续编》第 2 册,北京图书馆出版社 2003 年版,第 39 页。
③ [清]赵弼修,赵培基纂,卞三畏增修:《康熙平乡县志》,志例,《日本藏中国罕见地方志丛刊续编》第 2 册,北京图书馆出版社 2003 年版,第 39—40 页。
④ [清]赵弼修,赵培基纂,卞三畏增修:《康熙平乡县志》,志例,《日本藏中国罕见地方志丛刊续编》第 2 册,北京图书馆出版社 2003 年版,第 40 页。
⑤ [清]赵弼修,赵培基纂,卞三畏增修:《康熙平乡县志》,志例,《日本藏中国罕见地方志丛刊续编》第 2 册,北京图书馆出版社 2003 年版,第 41 页。
⑥ [清]赵弼修,赵培基纂,卞三畏增修:《康熙平乡县志》卷六,建置,《日本藏中国罕见地方志丛刊续编》第 2 册,北京图书馆出版社 2003 年版,第 403 页。
⑦ [清]赵弼修,赵培基纂,卞三畏增修:《康熙平乡县志》卷一,《日本藏中国罕见地方志丛刊续编》第 2 册,北京图书馆出版社 2003 年版,第 87 页。
⑧ [清]赵弼修,赵培基纂,卞三畏增修:《康熙平乡县志》卷一,《日本藏中国罕见地方志丛刊续编》第 2 册,北京图书馆出版社 2003 年版,第 71 页。

我属襄国入汉"①;南宋南北对立时期,"庚戌(高宗建炎四年、金太宗天会八年)金改信德府为邢州,我随邢州入金"②。由于汉以前资料稀缺,纪事较为简略,元明以来资料渐丰,尤其明代部分分三卷重墨记述,清代更是臻于详尽。虽为编年纪事体,无分类编目,然而其纪事依然涵盖了建置、沿革、星野、疆域、祥异、河流、水利、户口、田赋、职官、选举、人物、艺文、古迹等地方志通常具备的基本内容,由入志事项观之,主要可划分为疆域沿革、自然环境、建筑工程、人物事迹、杂琐五大类别。山川历来是志书的主要门类之一,平乡县属平原地貌,境内无山,故县志记载未有涉及。河流流经县境的主要为漳河与滏阳河,对平乡县老百姓的生活有深刻影响,志书对水灾、水利设施修建等事件的记叙就较为重视,对闸、堤、桥等一系列水利设施的修建多有详细介绍。为弥补编年体志书记载事迹散漫、不能深入书写的缺陷,以保障志书的完整性,该志还在各个事件之下引述典籍、碑记等文献,对境内河流的源流、演变等相关问题加以阐述。例如明英宗正统二年(1437)"修滏阳西堤"条附注云:"起县东南界,循滏西峤北抵任县界。《山海经》:'神囷之山,滏水出焉。'源自今磁州,经广平府曲周、鸡泽流入平乡,城东七里下至任县界,即今漳滏合流道也。其桥有八,曰张家桥、堤西桥、下庄桥、马庄桥、游赵桥、尹村桥、豆二庄桥、重义踵桥。"③而该志对历代公共建筑的营建与翻修,因别置卷六《建置》予以记载,故前五卷中对历代多数建筑事迹的记述较为简略,仅在小注中指明主持建造者及其所处方位,不复赘言其具体布局、构造规模等,如洪武六年(1373)"建城隍庙(知县藻。建在县治东北)"④。但也有例外,诸如明熹宗天启元年(1621)"敕建火神庙"条后附注云"庙在南关外",在这之后全文载录了邑人马之服撰写的碑记⑤,可以从中知悉建制原因、建造历程等细节。

人物传在旧志中所占篇幅极大,故有"古来方志半人物"之说。《康熙平乡县志》是编年体志书,故记载人物时采用因事记人的方法,即随人物某项事迹之后为

---

① [清]赵弼修,赵培基纂,卞三畏增修:《康熙平乡县志》卷一,《日本藏中国罕见地方志丛刊续编》第 2 册,北京图书馆出版社 2003 年版,第 72 页。
② [清]赵弼修,赵培基纂,卞三畏增修:《康熙平乡县志》卷一,《日本藏中国罕见地方志丛刊续编》第 2 册,北京图书馆出版社 2003 年版,第 88 页。
③ [清]赵弼修,赵培基纂,卞三畏增修:《康熙平乡县志》卷二,《日本藏中国罕见地方志丛刊续编》第 2 册,北京图书馆出版社 2003 年版,第 143—144 页。
④ [清]赵弼修,赵培基纂,卞三畏增修:《康熙平乡县志》卷二,《日本藏中国罕见地方志丛刊续编》第 2 册,北京图书馆出版社 2003 年版,第 119 页。
⑤ [清]赵弼修,赵培基纂,卞三畏增修:《康熙平乡县志》卷四,《日本藏中国罕见地方志丛刊续编》第 2 册,北京图书馆出版社 2003 年版,第 278—284 页。

人物立传,具体介绍人物生平,职官与名宦捆绑,选举与乡贤捆绑,其他如封爵、旌表(忠节、孝子、义行、隐逸、节妇)人物,一一在列,却又未尝横分门类,避免了强行给人物划分门类导致重复、归类不当或无类可归的情况。且除旌表人物外,入志人物不拘是否盖棺论定,因此该志得以记载了在世人物。譬如每遇长官来平乡县就任,辄书年份、人名,有事迹传世者通常在随后附其介绍,尤其是在当地有善政者,修纂者常对其加以评论,不吝赞颂之辞。其余仅在小注中记官员籍贯,别无介绍。如明洪武六年(1373)"知县王藻、县丞叶学文皆来任"条后,有知县王藻的简要介绍:"藻,河南归德府人,城池公署多所建置。"①同年内有多名长官来平乡县任职,叙事时则合并为一条,如泰定四年(1327)丁卯,"达鲁花赤狗儿、县尹大贞、主簿马瑞、尉张思敬、典史张良弼、儒学教谕宋祺、提领□锡初、大使阎德浩、副使冀儿皆来任"②。官吏别任他职时亦有记述,如明洪武十九年(1386)吏员时泽任考城典史,洪武二十年(1387)贾权任徐州仓大使、魏彰任龙游典史等事,在该志中也有记载。若遇人物在旧志或史书中有记载,一般直接抄录原文,注明出处。如隋文帝开皇元年(581)"县令刘旷来任"条后撮抄《隋书》:"《隋志》平乡令刘旷有异政,以义理晓谕,讼者皆引咎而去,狱中草满,庭可张罗,所得俸薪□□赈贫乏,百姓感德,更相劝勉曰:'有君如此,何得为非?'在县七年迁颍令,高颎荐旷清名善政为天下第一。上召见慰勉之,谓侍臣曰:'若不殊奖,何以为劝?'迁莒州刺史。历代祀名宦。"③为官员所立的去思碑也成了县志记载人物重要的文献来源,如元世祖中统四年(1263)"县尹朱文英来任"条下收录了旧志所载朱文英小传④,在其后中统十年(1269)朱文英去任之际,又载"立朱公去思碑"一条,并在其下抄录了刘安仁所撰碑记,包含了朱文英的家世、生平、言行、在平乡县的施政以及对其的赞颂⑤。其他有去思碑的官员如杨执、丘陵、王惠、唐泽、陈九畴等,也是如此处理。若同一人物多次到平乡县任职,为避免重复记载,仅在"立去思碑"条记载该官员情况。如明正统二年(1437)、

---

① [清]赵弼修,赵培基纂,卞三畏增修:《康熙平乡县志》卷二,《日本藏中国罕见地方志丛刊续编》第 2 册,北京图书馆出版社 2003 年版,第 119 页。

② [清]赵弼修,赵培基纂,卞三畏增修:《康熙平乡县志》卷一,《日本藏中国罕见地方志丛刊续编》第 2 册,北京图书馆出版社 2003 年版,第 96—97 页。

③ [清]赵弼修,赵培基纂,卞三畏增修:《康熙平乡县志》卷一,《日本藏中国罕见地方志丛刊续编》第 2 册,北京图书馆出版社 2003 年版,第 76—77 页。

④ [清]赵弼修,赵培基纂,卞三畏增修:《康熙平乡县志》卷一,《日本藏中国罕见地方志丛刊续编》第 2 册,北京图书馆出版社 2003 年版,第 90 页。

⑤ [清]赵弼修,赵培基纂,卞三畏增修:《康熙平乡县志》卷一,《日本藏中国罕见地方志丛刊续编》第 2 册,北京图书馆出版社 2003 年版,第 90—92 页。

六年(1441),丘陵两次出任平乡县知县时均无生平介绍,直至景泰元年(1450)平乡县"立丘公去思碑"条,才随事附丘陵记略①。又譬如对平乡县中乡贤的记载,也是在其科举中式事条记载后,附注个人生平介绍。如在明万历十九年(1591)八月"马国藩中乡试"条后,附注了马国藩的介绍,"国藩字太宇,继王公可信而登科,数十年空谷传声,时人有破天荒之称,后任朝城令,丁艰起补灵石令,贤声著于三晋"②。在正统二年(1437)"史魁贡"条下,援引旧志,叙述其离乡就任静乐令并一路升迁的经历,"旧志魁后任静乐令,焉知蔚州,奉命筑洪州、广昌、灵丘三城有绩,上劳之。及去,民立石颂德。宪宗朝诏进奉政大夫,后以子谏贵赠奉直大夫,协正庶尹"③。至于没有什么治绩的不知名乡贤,则在某某贡后以小字注其后来任何官职,如明成祖永乐十九年(1421)"张谦贡"一条下有双行小字注云:"任山西平阳府推官,治行卓异,丰庆俊伟,藩王见重,遂结姻眷。"④明宣宗宣德十年(1435),其女册封晋王妃,其子张守智进封代府仪宾等事件条下,并注明其为"谦之女""谦之子"。⑤ 县人车氏被诏选入宫为才人这样的事件也得以入志记载⑥。至于忠孝节义、隐逸之类人物则除旧志所载不敢妄删外,新增者凡遇旌表必详书,且只录已盖棺论定者,在旌奖事件发生之年加以记述。受旌表人物中尤以贞节比例最高,自明成祖永乐十八年(1420)旌表李芳妻周氏起,乃至有旌表三世贞节者,三人合并记载。旌表节妇有多种形式,例如诏建贞节堂、给匾旌奖诸如"盛世硕烈""天植完节"等。妇女受旌表而未经盖棺以及有节行而未受旌奖两种情况按例虽不入编年,不记年份,但若事迹俱备,则于卷末以"附遗"形式出现,备续志之用。其他旌表事项有孝子,如诏旌史谏、史谊兄弟;隐逸人物共记两人,一人为明洪武五年(1372)诏征的郭贤德,另一人为明嘉靖十六年(1537)旌表的赵润;以及旌表善人一人、义民一人,从而突破了编年体史书不记与政事无关人物的局限。

---

① [清]赵弼修,赵培基纂,卞三畏增修:《康熙平乡县志》卷二,《日本藏中国罕见地方志丛刊续编》第 2 册,北京图书馆出版社 2003 年版,第 151—153 页。
② [清]赵弼修,赵培基纂,卞三畏增修:《康熙平乡县志》卷四,《日本藏中国罕见地方志丛刊续编》第 2 册,北京图书馆出版社 2003 年版,第 251 页。
③ [清]赵弼修,赵培基纂,卞三畏增修:《康熙平乡县志》卷二,《日本藏中国罕见地方志丛刊续编》第 2 册,北京图书馆出版社 2003 年版,第 145 页。
④ [清]赵弼修,赵培基纂,卞三畏增修:《康熙平乡县志》卷二,《日本藏中国罕见地方志丛刊续编》第 2 册,北京图书馆出版社 2003 年版,第 142 页。
⑤ [清]赵弼修,赵培基纂,卞三畏增修:《康熙平乡县志》卷二,《日本藏中国罕见地方志丛刊续编》第 2 册,北京图书馆出版社 2003 年版,第 143 页。
⑥ [清]赵弼修,赵培基纂,卞三畏增修:《康熙平乡县志》卷三,《日本藏中国罕见地方志丛刊续编》第 2 册,北京图书馆出版社 2003 年版,第 201 页。

叙论结合的撰著体风格则是该志编纂方面的第二个特点。纂者赵培基把方志看作地方史,志即史,"古今之遥,可陈牍而知也;天下之大,可按籍而见也。谁为为之?曰:有志也。志者何?曰:即史也。古者列国各有史,秦汉而天下郡邑例得为志,以志时事,然志事矣,而不志年,非史也;而且门类纷错,载记淆杂,是兔园册耳,非史也"[1],故在纂该志时采用了史体,表现出明显的撰著体的修志风格,在是志中大量充斥着诸如"论曰""赵弼曰""赵培基曰"等评论性文字,系于事件之后。这种史实加史评的编修方式,打破了志书"述而不作""存而不论"的传统,鲜明地体现了纂者对某事件的态度。这些评论性的文字多在首次介绍某一事件时出现,或在记述某重要事件时出现,往往是撰者有感而发,起到了补体例之缺陷、释内容之隐晦、评历代之得失和抒现实之情感的作用,较为自由随性,个人情感色彩较为浓厚。如明世宗嘉靖二十一年(1542)壬寅"立市集"一条后,有大段"论曰","日中为市,乡曲走集以通有无,大都俗顽巧兢,刀锥游食,不事本业,屠狗探丸所由起也,然扰之则奸人无所容,平价息争是司疏"[2],对设立市集一事持轻视态度。而在明太祖洪武四年(1371)"春三月,韩志道登吴伯宗榜进士"条下,则同时出现"论曰"和"赵培基曰"。如"论曰"中评论平乡县科举云:"自制科设而士胥由此出矣。邑虽偏小,释褐纡紫之彦鹊起豹变,辉映后先,孰谓合抱之木不生于步仞之丘乎?"[3]而"赵培基曰"则说:"世俗颇重科名,昔人以为瑞应星云,自今观之,特白帝豕耳。然有明三百年间,指才七屈,何寥寥若是?而又无大显者,虽以韩金华之硕德重望,张侍御之奇才清操,亦未获竟其所蕴。堪舆家曰地实使然,然乎否耶?"[4]

在各卷末设置"附遗""存疑""辨误",收录因残章断简而年代不可考,或资料存疑,以及因不合志例而不便入志的事物,是该志在编纂方面的第三个特点。"附遗"主要是收录年代失考的事件或人物,或不合志例的事物,如妇女受旌表而未经盖棺以及有节行而未受旌奖者。"存疑"主要收录有疑问待后人查证的资料,或者是诸说并存的资料。"辨误"则是对旧志失误的匡正。从全志看,该志卷一末设置最为完备,三者齐全,涉及寺庙、碑铭、人物等内容,卷四末、卷五末也设有"附遗",其余

---

[1] [清]赵培基:《重修平乡县志叙》,[清]赵弼修,赵培基纂,卞三畏增修:《康熙平乡县志》,《日本藏中国罕见地方志丛刊续编》第 2 册,北京图书馆出版社 2003 年版,第 9—10 页。

[2] [清]赵弼修,赵培基纂,卞三畏增修:《康熙平乡县志》卷三,《日本藏中国罕见地方志丛刊续编》第 2 册,北京图书馆出版社 2003 年版,第 206 页。

[3] [清]赵弼修,赵培基纂,卞三畏增修:《康熙平乡县志》卷二,《日本藏中国罕见地方志丛刊续编》第 2 册,北京图书馆出版社 2003 年版,第 117 页。

[4] [清]赵弼修,赵培基纂,卞三畏增修:《康熙平乡县志》卷二,《日本藏中国罕见地方志丛刊续编》第 2 册,北京图书馆出版社 2003 年版,第 117—118 页。

卷则未设。

编年体志书循时间顺序逐年纪事的写法可将各类事件一并纳入，局限较少，且语无重出，以至于类似流贼扰掠县境、旧志编修始末、给贫民提供耕牛等难以归类的事迹皆得以记述，对编纂者别出心裁的创造要求不高，也无须考虑篇目设置的问题，避免出现诸如纲目体可能存在的各门类篇幅不均的弊病。但是编年体志书也存在缺点。诚如刘知幾在《史通》中评论的：

> 系日月而为次，列时岁以相续，中国外夷，同年共世，莫不备载其事，形于目前。理尽一言，语无重出。此其所以为长也。至于贤士贞女，高才俊德，事当冲要者，必盱衡而备言；迹在沈冥者，不枉道而详说。如绛县之老，杞梁之妻，或以酬晋卿而获记，或以对齐君而见录。其有贤如柳惠，仁若颜回，终不得彰其名氏，显其言行。故论其细也，则纤芥无遗；语其粗也，则丘山是弃。此其所以为短也。[1]

虽然在《康熙平乡县志》中也相应做了一些补救，如加强了对与当地政事无关的忠孝节义、隐逸之类人物的记载，但编年体志书终有其无法克服的痼疾，如记事往往是一个个孤立事件的记载，叙人则分散于各处，记载同一人物相关事迹如亲属诰封、恩荫只能分条陆续间隔叙述，给人以断续之感，缺乏整体性的阐述，欲知其全貌，须翻阅整部县志。也正因为该志是编年体志书，不如传统纲目体或平列体那样横排门类、事项全面，造成了某些内容的缺载。如该志缺少平乡县物产、风俗、典礼等内容，且没有专门的艺文篇。该志不仅"艺文寥寥"[2]，除碑文与部分奏疏、诗赋之外，几乎不录其他任何形式的艺文，诗赋仅见两首，邑人张学礼《思亲赋》一首，其目的在于佐证有"北方小圣人"之称的张学礼文采斐然，以及顺德府推官王锡侯长赋一首，其余诗、铭、传、序等则无存，其中一部分为纂修者主动删去，在引述碑铭中常有"诗删""铭删"等字样，散佚不存者则注"文今删"。例如刘宣所作"丘公去思碑"的碑记中有"予遂采侯之政而为诗，俾思者朝夕歌颂之云"的记载，但该志引述时将刘宣所作诗删除，并注"诗删"。[3] 而且艺文门类的缺失，使一地文献目录无从记载，从而无法查考平乡县地方文献的全貌。此外，该志缺载汉至晋代来平乡县任职地

---

[1] ［唐］刘知幾著，［清］浦起龙通释，王煦华整理：《史通通释》卷二，内篇，二体第二，上海古籍出版社 2010 年版，第 25 页。

[2] ［清］杨乔纂修：《乾隆平乡县志》，平乡县志重修凡例，清乾隆十六年刻本。

[3] ［清］赵弼修，赵培基纂，卞三畏增修：《康熙平乡县志》卷二，《日本藏中国罕见地方志丛刊续编》第 2 册，北京图书馆出版社 2003 年版，第 153 页。

方官的相关记录;平乡县内历代封爵者共有 12 人①,而该志仅记载其中鄡侯萧喜、平乡县公姚襄两人,疏漏不少。鉴于此,其后纂修的《乾隆平乡县志》又回归到了纲目体的老路,"旧志编年,事迹散漫,兹遵记传体,以《畿辅通志》为式,纲八目五十有二,非好变前人,聊以便于稽考云尔"②。著名学者、方志学家傅振伦曾指出编年体志书只适合运用于文献缺乏的边远郡县或弹丸小县,不适用于名都大邑志书的编修,"夫编年记事,同年并世之事,举目可详,语无复出,烦冗可节;然逐类以及,因果难究,施诸蕞尔小邑,及边远郡县事迹阙略等地,容或可取,用于年代悠久,幅员辽阔之名都大邑,最不相宜也"③。

2.《嘉庆凤台县志》

《嘉庆凤台县志》的作者李兆洛(1769—1841),字绅琦,后更字申耆,晚号养一老人,阳湖县(今江苏省常州市武进区)人。嘉庆十年(1805)进士,选翰林院庶吉士,充武英殿协修,嘉庆十三年(1808)散馆,外放安徽凤台知县,在位 7 年,以父卒丁忧去官。嘉庆二十二年(1817)受时任安徽巡抚康绍镛邀请成为其儿子康兆奎的老师,一度随康绍镛游幕于安徽、广东。道光三年(1823)起出任江阴暨阳书院山长,担任主讲近 20 年。李兆洛精通经史、考据、舆地、训诂之学,是一位活跃于嘉道年间博学多才、颇有声望的学者,魏源称赞其"学无不窥,而不以一艺自名,醇然粹然,莫测其际也"④。死后入祀安徽名宦祠,被老百姓永久纪念。著有《皇朝一统舆地全图》《历代舆地沿革图》《历代地理志韵篇今释》《皇朝文典》《骈体文抄》《小山嗣音》等,编纂《嘉庆凤台县志》《嘉庆怀远县志》《嘉庆东流县志》,参与纂修《道光江阴县志》《道光武进阳湖合志》,有《养一斋文集》行世。

《嘉庆凤台县志》是李兆洛在凤台知县任上所修。据考,其出任凤台知县时,下车伊始,即出示《与凤台绅士商兴修事宜书》,提出地利要讲求、读书宜鼓舞、保甲宜举行、志书宜纂修、名胜宜兴复等 5 项急待兴办的要事。在"志书宜纂修"项内,指出不了解本邑历史就像后代子孙不知祖系谱牒一样,是件羞耻的事情,"志书为一县文献所寄,犹家之有谱牒也,为子孙而不知先代谱牒世系,无不羞之;为邑中人士之

---

① [清]杨乔纂修:《乾隆平乡县志》,平乡县志重修凡例,清乾隆十六年刻本。
② [清]杨乔纂修:《乾隆平乡县志》,平乡县志重修凡例,清乾隆十六年刻本。
③ 傅振伦:《中国方志学通论》,北京燕山出版社 1988 年版,第 35 页。
④ [清]魏源:《武进李申耆先生传》,缪荃孙编:《续碑传集》第 9 册,卷七十三,儒学三,上海人民出版社 2019 年版,第 2928 页。

望,而于一邑文献不能数述,独非耻乎?"①嘉庆十六年(1811)始修《嘉庆凤台县志》,3 年后成书,由李兆洛操笔纂修,全志共 12 卷,但目前存世的《嘉庆凤台县志》都只有 10 卷(缺卷十一"图说"、卷十二"附录")。

该志最大的特点是纲举目张,结构严谨,脉络井然,是一部典型的纲目体志书。全志共 12 卷,分成 12 个大的门类:卷一,舆地;卷二,食货;卷三,营建;卷四,沟洫;卷五,官师;卷六,选举;卷七,艺文;卷八,人物;卷九,列女;卷十,古迹;卷十一,图说;卷十二,附录。在每一个大门类下,再分若干细目。如"舆地",下设沿革、疆域、坊保、山川、形胜、分野等 6 目;"食货",下设风俗、户口、田赋、税课、盐引、硝额、额解、额支、捐摊、赈恤等 10 目;"营建",下设城郭、公署、监狱、汛铺、仓廒、书院、津梁、坛庙、义冢、寺观、游观等 11 目;"艺文",下设载籍、金石和词赋等 3 目;等等。目以类归,层次清楚,结构严谨,反映了事物之间的统属关系。

其二,体现了鲜明的撰著体修志风格。李兆洛在修《嘉庆凤台县志》时运用了史书的写法,包括运用"太史公曰"之类夹叙夹议的撰史手法。在对某些重要人物的记载之后,往往会有一段评论性文字,如卷八"人物"对北宋宰相吕夷简的记载,后面有一大段评论:

> 论曰:吕夷简、张士逊皆以儒学起家,列位辅弼。仁宗之世,天下承平,因时制宜,济以宽厚,相臣预有力焉。士逊练习民事,风迹可纪,而依违曹利用以取讥。方夷简在下僚,诸父蒙正以宰相才期之,及其为相,深谋远虑,有古大臣之度焉。在位日久,颇务收恩避怨,以固权利,郭后之废,遂成其君之过,举咎莫大焉。虽然,吕氏更执国政,三世四人,世家之盛,则未之有也。②

在其他篇目中,往往也添加一些议论性文字。比如卷四"沟洫"在记述完凤台县的水利问题后,添加了一段议论性的话:

> 右所条具,皆为闾阎之利,灼灼可见。夫芍陂之饶,始自蒍敖,至今为利。南北朝时,淮南北耕屯为天下最。下蔡大崇陂、黄陂、鸡陂、湄陂,隋废而唐复置,皆溉田数百顷。今之于古,果何如也?夫举县境之地,其可堤者、可渠者,奚啻如此而已,然民疲而惰于农,吏屑而昧于计,弃稽弗务,疆畔莫修,淮北诸渠填淤者十九,诸闸坝虽稍整理,而脱一不治,废坏立见。悬耜既多,惰游日

---

① [清]李兆洛:《与凤台绅士商兴修事宜书》,《养一斋文集》卷八,《续修四库全书》第 1495 册,上海古籍出版社 2002 年版,第 118 页。
② [清]李兆洛纂修:《嘉庆凤台县志》卷八,人物志,1936 年颍上静胜斋重印本。

增,挟刀带剑,往往而是矣。是谁之责也哉!是谁之责也哉!①

其做法同章学诚在《乾隆永清县志》中的做法如出一辙。与章学诚不同的是,李兆洛虽采用了撰著体的风格,但受到乾嘉时期考据风气的影响,征引必注,引用文献都注明出处。如卷一"舆地"在记述凤台县沿革时,引用了《禹贡》《周礼》《春秋》《尔雅》《汉书》《后汉书》《三国志》《晋书》等文献,每段文字下面都有注解,清楚地交代了该结论的来源和证据。对于错误的信息,则进行了纠错。

其三,厘定篇目不拘于古例,注意突出地方特色。鉴于凤台县是雍正十一年(1733)从寿州分出的小县,建县历史不长,与寿州同城而治,故《嘉庆凤台县志》的门类设置相对较为简单,仅有舆地、食货、营建、沟洫、官师、选举、艺文、人物、列女、古迹等门类。同时李兆洛还针对凤台县易潦易旱,"百余里间无沟渠以泄之""无堤防以卫之"的特点,专设了"沟洫"门,提出了"淮南之地多宜蓄水""淮北之地多宜泻水""滨淮之地厥宜障水"的治理要旨。②

其四,经世致用,重视反映民生问题。《嘉庆凤台县志》特别注重反映民生问题,尤其是与经济相关的问题。卷二"食货"记载了一个果菜农如何通过改进生产技术,提早收获,提高质量,劳动致富的故事。

> 郑念祖者,邑素封家也,佣一兖州人治圃,问能治几何?曰:"二亩,然尚须倩一人助之。"问:"亩之粪几何?"曰:"钱二千。"其邻之闻者哗曰:"吾一人治地十亩,须粪不过千钱,然岁之所出常不足以偿值。若所治少而须钱多,地将能产钱乎?"郑亦不能尽信,姑给地而试之。日与其人辟町治畎,密其篱,疏其援,萌而培之,长而导之,燥而灌之,湿而利之,除虫蚁,驱鸟雀,虽所治少而终日揩揩不休息。他圃未苗,而其圃瓜已实,蔬已繁矣。鬻之市,以其早也,价辄倍,比他圃入市,而其所售者已偿其本。与他圃并市者,皆其赢也。又蔬瓜皆鲜美硕大,殊于他圃,市之即速售,岁终而会之,息数倍。其邻乃大羡,然亦不能夺其故习也。尝行县邑,值小旱,见苗且萎矣,其旁有塘汪然,诘之曰:"何不庤?"曰:"水少而田多,不敷也。"曰:"少救数亩不愈于尽萎乎?"曰:"无其具。"曰:"何不为?"曰:"重劳,且恐所得不足偿费。"其愚而无虑,盖大率如此。使邑之民皆如郑之圃,而募江南民为佃,师以开水田,其利岂可数计乎。③

这在其他志书中是非常少见的,反映出李兆洛善于从细微处观察,注重民生问

---

① [清]李兆洛纂修:《嘉庆凤台县志》卷四,沟洫志,1936年颍上静胜斋重印本。
② [清]李兆洛纂修:《嘉庆凤台县志》卷四,沟洫志,1936年颍上静胜斋重印本。
③ [清]李兆洛纂修:《嘉庆凤台县志》卷二,食货志,1936年颍上静胜斋重印本。

题。同样的情况也反映在田赋和水利的记载上。李兆洛在志书中详细记载了凤台县田赋征收混乱和水利废弛、易潦易旱的情况,提出了一些建设性的意见,如其指出解决田赋征收混乱的办法"捐摊非正款也,而列入交兑,与正款同条审经出,以资筹备,亦豫事之急也。又不肖书吏往往因新故相更,上下勾结,添改档册,则繁费日益增矣,尤宜名列款项,以杜其流"①,体现了他对民生问题的关注和赤诚的经世情怀。

其五,存在"越境而书"的情况。因为凤台县是从寿州分出的小县,与寿州同城而治,而李兆洛又从嘉庆十七年(1812)起兼理寿州事,故在纂修《嘉庆凤台县志》时,卷九"列女"中不仅收录了凤台县的列女,还收录了寿州的列女,按李兆洛的话说"余茸县志将成,适奉檄兼理寿州,拟并茸州志,分属采访,先得列女。如干人会罢去而州志无续修者,恐致遗落,故传著诸编末,后之为州志者可就录焉"②。这也是《嘉庆凤台县志》与其他志书不一样的地方,可以算作该志的一个特色。

3.《乾隆永清县志》

《乾隆永清县志》的作者是一代方志学大师章学诚。时章学诚方投靠时任河北清苑县县丞、署曲阳县事的周震荣,经其介绍,主讲河北定州定武书院。乾隆四十二年(1777),周震荣调任河北永清知县,延请章学诚主修《乾隆永清县志》,至四十四年(1779)七月书成,凡 6 体,共 25 篇,另有《文征》5 卷。现抄《乾隆永清县志》目录如下:

纪二:皇言、恩泽。

表三:职官、选举、士族。

图三:舆地、建置、水道。

书六:吏、户、礼、兵、刑、工。

政略一。

列传十:龙敏,史天倪,史天安,史天祥,史天泽,杜时昇,张思忠,郝彬,诸贾、二张、刘、梁,义门,列女,阙访,前志。

另附有文征五:奏议、征实(家传二、行状一、碑刻十七)、论说、诗赋、金石。

《乾隆永清县志》是由章学诚编纂的当时唯一刊刻的一部志书,体现了章学诚"方志分立三书"的编纂思想,仿纪传体正史体例,以纪、表、图、书、政略、列传 6 体编

---

① [清]李兆洛纂修:《嘉庆凤台县志》卷二,食货志,1936 年颍上静胜斋重印本。
② [清]李兆洛纂修:《嘉庆凤台县志》卷九,列女志,1936 年颍上静胜斋重印本。

纂"主体志",另外还设有文征,汇集当地人所作和外地人为当地所作的奏议、文章、诗词歌赋、碑文等。

该志在许多方面反映了章氏的史志义旨,如:对旧志"星野"存而不论;剔除"八景图",详绘"河防图";"士族表"收载城内北街贾氏、柴氏、朱氏,南街刘氏,东乡大站赵氏等家谱22种;首创"政略"篇,即他志之"名宦传",与纪、表、图、书、列传并列为志书之一体,但取材与一般的人物传有所不同,因事命篇,只载官员宦该地时之政绩,不必如人物列传那样,对官员盖棺论定;为"前志""阙访"立传;除义门、列女、阙访、前志外,人物传不再对人物强行分类,以人物单传、合传代替了人物类传;对正史、前志所载永清县历史人物诸如史天泽等,一一进行辨正,事入"传记",文载"文征",或有疑处,以待后人考定;"文征"中设"征实"之文,与志书其他部分相表里,"其传状之文,有与本志列传相仿佛者,正以详略互存,且以见列传采摭之所自,而笔削之善否工拙,可以听后人之别择审定焉,不敢自据为私也。碑刻之文,有时不入金石者,录其全文,其重在征事得实也。仍于篇后著石刻之款识,所以与金石相互见也"①。同时在修志风格上采用了典型的撰著体,运用史书"太史公曰"的手法,在该志每个人物传的最后都撰写了"志曰……"一段话,系来自章氏个人的评论,明显有别于纂辑体风格的志书。而一般纂辑体风格的志书在人物传的撰写中,不仅传后无评论,甚至在传文中间多注明资料出处,恨不能无一语不出于人。此外,还寓褒贬于志书的编纂和有关史事的记述之中,如对"选举表""职官表""列女""政略"有关人物的记述,进行了独到的处理,"选举有表而列传无名,与职官有表而政略无志,观者依检先后,责实循名,语无褒贬而意具抑扬,岂不可为后起者劝耶?"②

当然,该志也存在着一些封建糟粕。如没有大事记,志首仅列"皇言""恩泽"两纪;以"士族表"代替志书常设的"氏族表",表明章学诚以门第作为入志标准,"士亦民也,详士族而略民姓,亦犹行古之道也。……夫民贱而士贵,故夫家众寡,仅登其数,而贤能为卿大夫者,乃详世系之牒,是世系之牒,重于户口之书,其明征也。近代方志,无不详书户口,而世系之载,阒尔无闻,亦失所以重轻之义矣",还提出"士"的标准可以"量其地之盛衰,而加宽严焉。或以举贡为律,或以进士为律,至于部府

---

① [清]章学诚著,叶瑛校注:《永清县志文征序例》,《文史通义校注》卷七,外篇二,中华书局2000年版,第790—791页。
② [清]章学诚著,叶瑛校注:《永清县志政略序例》,《文史通义校注》卷七,外篇二,中华书局2000年版,第755页。

之志,则或以官至五品或至三品者为律,亦自不患其芜也",①这是历史的倒退;苦心经营"列女传",据章学诚自述,其纂《永清县志》时,"以妇人无阃外事,而贞节孝烈录于方志,文多雷同,观者无所兴感,则访其见存者,安车迎至馆中,俾自述生平,其不愿至者,或走访其家,以礼相见,引端究绪,其间悲欢情乐,殆于人心,如面之不同也。前后接见五十余人,余皆详为之传,其文随人变易,不复为方志公家之言"②。其大力宣扬节孝贞烈等封建伦理纲常,为此甚至不惜违背生人不立传的原则,终使该志打上了深深的封建时代的烙印。

4.《嘉庆广西通志》

《嘉庆广西通志》始修于嘉庆五年(1800)正月十六日,开志局于桂林秀峰书院,嘉庆六年(1801)四月完成,次年刊刻。是在谢启昆广西巡抚任上完成的[谢启昆于嘉庆四年(1799)冬至嘉庆七年(1802)夏任广西巡抚]。谢启昆(1737—1802),字蕴山,号苏潭,南康县(今江西省赣州市南康区)人。乾隆二十五年(1760)进士,初选翰林院庶吉士,散馆后授编修,充国史馆纂修,兼协修记注官。乾隆三十七年(1772)外任镇江知府。后历官扬州知府、宁国知府、江南河库道、浙江按察使、山西布政使、浙江布政使、广西巡抚等职。其间,乾隆五十四年(1789),曾掌白鹿洞书院山长年余。谢启昆是一位学者型官员,成年后虽久居官场,但从政之余,好学不倦,勤于著述。著有《树经堂文集》4卷、《树经堂诗初集》15卷、《树经堂诗续集》8卷、《西魏书》24卷、《小学考》50卷,辑有《山谷诗外集补》《山谷诗别集补》等。以往研究将《嘉庆广西通志》视作谢启昆的代表作,但实际上真正的作者却是该志的总纂胡虔。胡虔与谢启昆协定通志体例,撰《叙例》一文③,确立各分纂之职责,在资料搜罗、取裁过程中亦亲力亲为,亲自撰成"艺文略"及"金石略"大部,整部志书最后也经胡虔之手定稿,正如《嘉庆临桂县志》总纂朱依真所言:"会谢蕴山中丞来抚粤西,开通志局……统其事者,为桐城胡孝廉雒君。"④胡虔(1753—1804),字雒君,号枫

---

① [清]章学诚著,叶瑛校注:《永清县志士族表序例》,《文史通义校注》卷七,外篇二,中华书局2000年版,第722—724页。
② [清]章学诚:《周箨谷别传》,《章学诚遗书》卷十八,文集三,文物出版社1985年版,第179页。
③ 清代中后期的桐城派学者方东树、萧穆,民国方志学者王葆心等都认为《广西通志叙例》是胡虔代谢启昆纂写的。分别见[清]方东树:《先友记》,《考槃集文录》卷九,《续修四库全书》第1497册,上海古籍出版社2002年版,第408页;[清]萧穆:《记广西通志谢中丞启昆所修本》,《敬孚类稿》卷八,《续修四库全书》第1561册,上海古籍出版社2002年版,第52页;王葆心:《方志学发微》,湖北省地方志编纂委员会办公室1984年内部印刷,第296页。
④ [清]蔡呈韶、金毓奇修,胡虔、朱依真纂:《嘉庆临桂县志》,朱依真序,清光绪六年补刻本。

园,桐城县(今安徽省桐城市)人,生于书香门第,因父母早亡,由嫡母教养成人。乾隆四十一年(1776)始师事桐城派古文大家姚鼐,"精考据,尤长地理学"①。因家贫,"客游为养"②,先后游幕于翁方纲、毕沅、秦瀛、谢启昆,借助幕主之力实现其学术研究的志向。乾隆五十一年(1786)至五十三年(1788)游幕于江西学政翁方纲期间与翁方纲的高足、时丁忧在籍的谢启昆相识,从此成为学术上的知己。因胡虔常常以幕主的名义纂修书籍,故隐没无闻,留存于世的署名著述只有《识学录》和《柿叶轩笔记》。

《嘉庆广西通志》全志279卷,首1卷,分典、表、略、录、传5体,22门。即典一,训典;表四,郡县沿革、职官、选举、封建;略九,舆地、山川、关隘、建置、经政、前事、艺文、金石、胜迹;录二,宦绩、谪宦;列传六,人物、土司、列女、流寓、仙释、诸蛮。自问世以来,颇受名家赞誉,是清代最负盛名的一部通志。梁启超云:"《嘉庆广西通志》其价值与章氏鄂志埒,且未经点污,较鄂志更完好也。……故后之作者,皆奉为模楷焉"③,"吾于诸名志见者甚少,不敢细下批评。大约省志中,嘉、道间之广西谢志,浙江、广东阮志,其价值久为学界所公认"④。

该志的编纂特色,首先是在体例上基本仿正史纪传体,稍加变通,创典(即训典,按年次记载诏谕、敕令和恩泽)、表、略(即书、志)、录(间于训典、列传,犹如世家,包括宦绩和谪宦)、传之体,一定程度上承袭了章学诚《湖北通志》的基本思想。《嘉庆广西通志》所创的典、表、略、录、传5体,实际应是《湖北通志》纪、图、表、考、略、传的变体。章学诚曾云:"皇恩庆典宜作纪,官师科甲宜作谱,典籍法制宜作考,名宦人物宜作传。"⑤这便是章氏《湖北通志》诸体由来的依据。因《嘉庆广西通志》的修纂者谢启昆、胡虔都曾与章学诚共事,一定程度上受到章学诚方志理论的影响,故该志基本上继承了《湖北通志》各体,以"典"继"纪","略"继"考","录"继"略","表""传"仍其原名,在名目上虽稍有变化,但实质意义上仍上承《湖北通志》之绪。不过由于主纂者胡虔主张方志为舆地之书,"地理之学,经史钤键。志乘为地理专

---

① [清]蔡呈韶、金毓奇修,胡虔、朱依真纂:《嘉庆临桂县志》,朱依真序,清光绪六年补刻本。
② [清]方东树:《先友记》,《考槃集文录》卷九,《续修四库全书》第1497册,上海古籍出版社2002年版,第408页。
③ 梁启超:《说方志》,饮冰室文集之四十一,第94页,《饮冰室合集》第5册,中华书局1989年版。
④ 梁启超:《清代学者整理旧学之总成绩(三)——史学、方志学、地理学、传记及谱牒学》,《中国近三百年学术史》,饮冰室专集之七十五,第309页,《饮冰室合集》第10册,中华书局1989年版。
⑤ [清]章学诚著,叶瑛校注:《修志十议》,《文史通义校注》卷八,外篇三,中华书局2000年版,第843页。

书,其要尤在郡县沿革"①,《嘉庆广西通志》没有照搬章学诚的撰著体修志风格,而采取了传统的纂辑体风格,取材广泛,征引必注,述而不作,体现出乾嘉学派的治学风格。

其二,征引赅博,考据详确。《嘉庆广西通志》宗考据学派之学风,治学严谨,强调言必有据,据必可信,无征不信。不仅采撷历代正史和衙署案牍、档册资料,还大量引用了地方志、杂记、传记、奏疏、采访册等地方文献资料,且均注明出处,述而不作。试以"铜鼓考"一节为例,所引用的资料就有《后汉书·马援传》《隋书·地理志》《桂海虞衡志》《柳州府志》《博白县志》等20余种,在同时代所修志书之中,像《广西通志》这样引书之博,应当说是所见不多的。另外,该志对所引资料加以必要的考据。对于旧志所载,误者订正之;不能订正的,则存疑。如针对世人将"铜鼓"视为伏波军器的讹误,该志引用南朝梁欧阳顾所记"征蛮以获铜鼓为战功,所谓迁其重器也"来正之,并深究出此讹误之源乃陆游《老学庵笔记》中所载铜鼓"有用之战阵"之语。②

其三,对地方文献的著录编排方式也较旧志不同。我国书目著录有四部和七略分类法两种,隋以前,二者并行发展,唐修《隋书·经籍志》分群书为经、史、子、集四部,从此,我国正史艺文志和经籍志都用此法,四部成了我国史志目录的主流。北齐、北周间,宋孝王著《关东风俗传》,专录一方人士之著作,实开后世方志著录书目的风气。《嘉庆广西通志·艺文略》则另辟蹊径,分为上、下两部,上部以经、史、子、集分类,"专载粤西人作述,以正著录之体";下部则分传记、事记、地记、杂记、志乘、奏疏、诗文等,为"游宦粤西者据所见闻专为记载"。③ 且一改过去有些旧志全录著作全文的传统,仅著录文章著作的篇目和序跋,不录正文,犹如广西经籍志。对须载入的诗文则分别于相关事条下,用小字双行书之,使有关文献系于各事记载之下,便于稽考。这样,使"艺文略"既内容充实,又避免了传统志书艺文志内容冗杂的弊端。

其四,反映地方特色。广西地处边陲,又是个多民族杂居之域。对于这一地区的地方特色,《嘉庆广西通志》予以足够的重视,在门类设置及内容选载上都以此为

---

① [清]谢启昆修,胡虔纂:《嘉庆广西通志》,广西通志叙例,《续修四库全书》第677册,上海古籍出版社2002年版,第6页。

② [清]谢启昆修,胡虔纂:《嘉庆广西通志》卷二百二十九,金石略十五,铜鼓考,《续修四库全书》第680册,上海古籍出版社2002年版,第278—281页。

③ [清]谢启昆修,胡虔纂:《嘉庆广西通志》,广西通志叙例,《续修四库全书》第677册,上海古籍出版社2002年版,第8页。

重点加以突出。如专列"关隘略"以记载境内特别是边界的关口、山隘情况。"诸蛮列传"记述了本地瑶、侗、壮、苗等少数民族的语言、饮食、衣饰、礼俗等方面的资料。"土司列传"则对虽经明清两代"改土归流",但其时仍有行世的土司制度及其有关人物加以记述。"前事略"详述了境内少数民族"种族之源流,种族之盛衰",尤为可贵的是,其中还有不少历代少数民族人民反压迫、反剥削斗争的珍贵史料。再如铜鼓是广西少数民族特有的器物,多用于祭祀和欢乐时奏乐。《嘉庆广西通志》于"金石略"特辟"铜鼓考",将其见存最著者录之,又收集了见诸史册的"古今之说以备考",同时对于铜鼓的外形、装饰、质地、音响等方面的情况作了详尽的记述。

当然,《嘉庆广西通志》同样存在着不足之处。第一,"前事略"是以时为经,以事为纬,纵向叙述广西历史上的大事、要事,犹如大事记。大事记一般应置于卷首,然而该志的"前事略"却置于卷中,起不到了解一地概貌的作用,亦不合志体。第二,有的门类记载阙略不少,如在山川方面,临桂县缺记白石水、真源水、青枫潭、义井、张公洞、光明山等;关隘方面,桂林府未记古蛮隘、栏木桥隘等。第三,某些门类的记载在时间上未能做到下限统一,统合古今。谢启昆任扬州知府时,曾因"治东台徐述夔诗词悖逆狱迟缓,褫职戍军台"①,故修志时,凡涉及禁忌史事和可能犯禁之事,均不敢收录。《嘉庆广西通志》的"封建表""仙释传""前事略""谪宦录"的下限断至明代,"金石略"更甚,仅及元末,其余均述至清代。这样断限参差不齐,有违于方志"统合古今"的原则。第四,该志虽仿纪传体史书的体例,但与章氏《湖北通志》相比,少了"图"一体,仅将广西十一府二直隶州的疆域图附于"舆地略"中,其他沿革、水道诸图皆无,这不能不说是该志的一大缺憾。

5.《雍正宁波府志》

《雍正宁波府志》的作者是万经(1659—1741),字授一,号九沙,被称为九沙先生,自号小跛翁,鄞县(今浙江省宁波市鄞州区)人。他是浙东学派第二代传人万斯大(晚号跛翁)之子,其父万斯大、大伯万斯年、五伯万斯选、八叔万斯同皆为浙东学派巨子。万经早年随父亲及伯叔师承黄宗羲学习,传承了其父万斯大和其叔万斯同的经史学术,又曾向应㧑谦、阎若璩等学者请教学术,博通经史和金石书法。康熙三十六年(1697),万经投奔其八叔、时应诏在京续修《明史》的万斯同,日夜承其教诲。四十二年(1703)考中进士,被选为翰林院庶吉士,散馆后授编修。五十年

---

① 赵尔巽等撰:《清史稿》第37册,卷三百五十九,列传一百四十六,中华书局1977年版,第11356页。

(1711),著名桐城派古文家方苞因戴名世《南山集》案被牵连下狱,万经毅然为其申冤辩述,最终令方苞得以开释。参与《康熙字典》等大型官修著作的编写,又曾续补其父万斯大所撰的《礼记集解》《春秋三传明义》,重修其叔万斯同的《历代史表》,续纂其堂兄万言(万斯年子)的《尚书说》《明史举要》,以成万氏史学、经学。乾隆五年(1740),因杭州家宅失火,使先世遗书和所藏秘本尽毁,自愧负罪先人。逾年卒,年83岁。

《雍正宁波府志》始修于雍正八年(1730),据传以其伯叔万斯选、万斯同等康熙年间所纂《宁波府志》为底本采择编辑,雍正九年(1731)完成,十一年(1733)刊行,体现了浙东学派的学术风格,是我们今天研究浙东学派修志思想的重要窗口。该志在体例上系平列体志书,共分为36卷,目录如下:

卷首:御制、宸翰。

卷一:舆图。

卷二:建置。

卷三:星野。

卷四:疆域。

卷五:形胜。

卷六:风俗(附岁时节物)。

卷七:山川。

卷八:城隍(附乡里村市)。

卷九:学校(附书院)。

卷十:坛庙。

卷十一:公署(附邮舍)。

卷十二:户赋。

卷十三:盐政(附物产)。

卷十四:河渠。

卷十五:兵制(附海防)。

卷十六:秩官。

卷十七:选举。

卷十八:名宦。

卷十九:名臣。

卷二十:鄞县人物。

卷二十一:慈溪人物。

卷二十二：奉镇象定人物。

卷二十三：忠节。

卷二十四：孝义。

卷二十五：儒林。

卷二十六：文苑。

卷二十七：特行。

卷二十八：隐逸。

卷二十九：列女。

卷三十：流寓。

卷三十一：艺术。

卷三十二：仙释。

卷三十三：寺观。

卷三十四：古迹（附坊表冢墓）。

卷三十五：艺文。

卷三十六：逸事（附祥异）。

该志的首要编纂特色是厚今薄古，重视当代文献和实地采访。该志是一部通志，下限至雍正九年（1731），有大概五分之一的内容是新增补入的，材料来自当时流传的文献、谱牒及实地采访，"余遂与观察、太守二公酌定纲目，发凡起例，以授诸生，采诸张志者约十之五，采诸邱、李二本者约十之三，其续增者皆符下诸邑，周询其地之父老而后登载"①，相较于乾嘉学者的博古而不通今，脱离当代社会实际，由浙东学派学者主纂的雍正志在内容记述上秉承了厚今薄古、详近略远的编修特点。以人物为例，雍正志中"鄞县人物"共 218 人，其中清朝 25 人，占了 11.5%；"慈溪人物"共 127 人，清朝 9 人，占了 7.1%；"奉镇象定人物"共 86 人，清朝 10 人，占了 11.6%；"名臣"共 51 人，清朝 4 人，占了 7.8%；"忠节"共 68 人，清朝 4 人，占了 5.9%；"孝义"共 142 人，清朝 30 人，占了 21.1%；"儒林"共 34 人，清朝 4 人，占了 11.8%；"文苑"共 119 人，清朝 19 人，占了 16.0%；"特行"共 56 人，清朝 7 人，占了 12.5%；"隐逸"共 70 人，清朝 6 人，占了 8.6%；"艺术"共 55 人，清朝 7 人，占了 12.7%；"仙释"共 60 人，清朝 5 人，占了 8.3%。其中，"鄞县人物""奉镇象定人物""孝义""儒林""文苑""特行""艺术"，清代人物占比都超过了十分之一，是志书厚今

---

① [清]曹秉仁修，万经等纂：《雍正宁波府志》，万经序，宁波市地方志编纂委员会整理：《清代宁波府志》（五），宁波出版社 2014 年版，第 3484 页。

薄古的具体表征。不仅如此,为了编好列女传,万经等人还不辞辛苦进行实地采访,访问现存的节妇烈女,搜寻妇女"贞节"的材料,补入了许多未及表彰的在世节妇,"孝子、节妇应载已旌,但匹夫匹妇身任纲常,以无力阐扬遂致湮没,殊可矜悯,今自已旌外兼录未旌,其百年人瑞亦得附见"①。

其二,该志鲜明地体现了浙东学派的治学风格,即贵专门之学(史学),取撰著体风格,兼取诸家之长,无门户之见的特点。清代的学术文化,最突出的有两个中心:一为脱离现实的朴学系统,另一个为结合现实的史学系统。这个结合现实的史学系统就是以黄宗羲、万氏兄弟、全祖望、章学诚为首的浙东学派。相对于当时风靡全国的乾嘉学派(即朴学)的治学风格,即论必有据,据必可信,无一事无出处,无一字无来历,长于考据,浙东学派贵专门之学,贵于创造发明,而不是单纯地只是为前人的著述注释考订,尤重在史学的创发,诚如章学诚所说,"吾于史学,贵其著述成家,不取方圆求备,有同类纂"②,所以浙东学派的学者治学时虽也掌握了大量的历史文献资料,却不仅仅是纂辑罗列史料,而是既有史实铺陈又有议论阐发。章学诚曾把考证学风比喻为"桑蚕食叶而不能抽丝",称"近日学者风气,征实太多,发挥太少,有如桑蚕食叶而不能抽丝。故近日颇劝同志诸君多作古文辞,而古文辞必由纪传史学进步,方能有得"。③ 雍正志因是由浙东学派的著名学者万经领衔主纂,所以明显地呈现出撰著体的风格。以人物传中的"史浩"为例,雍正志卷二十"鄞县人物"中史浩的传记,全篇无考订纠错,也无一处征引,即不是摘自《宋史》等正史或前志,而是纯由雍正志的编修者撰写,是为典型的撰著体风格。而由考据学派(朴学)学者纂修的《乾隆鄞县志》《同治鄞县志》中"史浩"的传记,则不仅考订严密,且注有出处,甚至通篇都是双行小字的考订或注释,呈现出鲜明的纂辑体风格。雍正志与《乾隆鄞县志》《同治鄞县志》相比,撰著体与纂辑体的区别显而易见,充分体现了浙东学派学者鲜明的治学风格。浙东学派兼取诸家之长、无门户之见的特点也在雍正志中得到体现。浙东学派的特征之一是在学术上明确主张坚守所学,但又兼取朱陆之所长,兼蓄汉宋之精华,反对门户之见,故雍正志相较于李廷机等修纂的《康熙宁波府志》,在人物类传上以"儒林"代替了康熙志中的"理学","《理学》之名,起

---

① [清]曹秉仁修,万经等纂:《雍正宁波府志》,凡例,宁波市地方志编纂委员会整理:《清代宁波府志》(五),宁波出版社2014年版,第3542页。
② [清]章学诚:《家书三》,《章学诚遗书》卷九,文史通义外篇三,文物出版社1985年版,第92页。
③ [清]章学诚:《与汪龙庄书》,《章学诚遗书》卷九,文史通义外篇三,文物出版社1985年版,第82页。

于后代,今从《史》《汉》,改称《儒林》,其人或源流不一,总以发明圣学为主,无取分门别户"①。

其三,该志的人物分类标准不统一,人物记载采取暗贬手法。雍正志的人物类传有"名宦""名臣""鄞县人物""慈溪人物""奉镇象定人物""忠节""孝义""儒林""文苑""特行""隐逸""列女""流寓""艺术""仙释"。在人物传中同时设置"列传"(即各县人物)和"名臣",这在旧志中罕见。一般旧志或是有"列传"而无"名臣",如李廷机等修纂的《康熙宁波府志》;或是有"名臣"而无"列传",如《嘉靖宁波府志》。雍正志同时设置"名臣"和"列传"(即各县人物),在人物分类上不够清晰周密。"列传"按理应该收录其他类传无类可归的人物,但"名臣"单列后,归入"列传"的人物就不多了,而雍正志又把一些在政治、军事上比较突出,且影响力并不弱、地位并不低的人物(比如宋代官至宰相的史浩)纳入"列传"("鄞县人物"),分类上存在一定的不合理性。雍正志的人物入志标准不统一,使得人物分类显得冗杂,很不可取。此外,雍正志在人物记载上采取了暗贬的手法,负面人物不入列传,以此美化地方。宋朝时鄞县史家为名门望族,史浩官至南宋宰相、尚书右仆射,史浩之子史弥坚官至兵部尚书,史浩堂弟史渐的两个儿子也都功绩卓著,史弥忠在卷二十"鄞县人物"中有所记载,史弥巩在卷十九"名臣"中有所记载。史浩的第三子史弥远官至右丞相,史弥忠之子史嵩之官至右丞相兼枢密使,《宋史》对两人生平都有较为详细的记载,但因两人在历史上均是不光彩的人物,雍正志未以人物列传的形式记载其生平,仅在卷十七"选举"中提到名字(两人皆为进士)。另外,在"史浩"的人物传记中虽提到了其第三子史弥远,但也仅仅是说明了其官职以及《宋史》有传的情况,"四子弥大、弥正、弥远、弥坚,弥大、弥坚别有传,弥正终敷文馆侍制,弥远相宁宗、理宗,事详《宋史》。弥远子宅之户部尚书、签书枢密院事,幼子宇之观文殿学士"②。尽管采取暗贬是我国古代志书对人物褒贬最常规的做法之一,但以今天的修志观念而论,如此有影响力的两个大人物未入志书人物传,不仅会使志书内容上出现重大缺漏,也让志书缺少了全面性、公正性、客观性,在一定程度上降低了志书的存史价值,仍是志书的一大败笔。

作为封建时代宁波地区最后一部完整的府志,《雍正宁波府志》历来被归入名志之列,在明清宁波府志中具有极高的史料价值。但遗憾的是,该志对天一阁文化

---

① [清]曹秉仁修,万经等纂:《雍正宁波府志》,凡例,宁波市地方志编纂委员会整理:《清代宁波府志》(五),宁波出版社2014年版,第3541页。

② [清]曹秉仁修,万经等纂:《雍正宁波府志》卷二十,鄞县人物,宁波市地方志编纂委员会整理:《清代宁波府志》(七),宁波出版社2014年版,第5100页。

的记载却有所缺失。天一阁为明范钦所建私人藏书楼,是国内历史最悠久的私人藏书楼之一,保存了大量有价值的书籍,成为宁波重要的文化地标之一。《雍正宁波府志》对天一阁虽也有所记述,如卷三十四"古迹"记载:"天一阁。明兵部侍郎范钦宅之东偏左,瞰月湖,为浙东藏书家第一。旧有张时彻、丰坊二记,康熙己未,元孙廷辅请于姚江黄宗羲复为之记"[1],卷三十五"艺文"记载"范钦:天一阁集"[2],在人物传中也记录了与天一阁相关的重要人物,但跟天一阁在宁波文化中的重要地位相比,还是远远不够的。比如雍正志在府治图中绘制了月湖书院、庆云楼、天封塔等建筑,却没有天一阁的位置,也未予以标记。黄宗羲的《天一阁藏书记》作于康熙十八年(1679),全文阐述了天一阁的重要性和珍贵,是一篇关于天一阁的重要文献,但是《雍正宁波府志》"艺文"卷中并没有收录,同时也没有收录在"古迹"卷中所提到的张时彻、丰坊等人所撰的题记,甚至没有收录范钦撰写的有关天一阁的诗歌,可以看出雍正志收录的天一阁相关资料并不完整,它仅仅是将天一阁作为普通的建筑来看待,在志书中也只是简要的说明,而没有突出天一阁的文化价值。又如在天一阁相关人物的生平中,关于天一阁藏书贡献的记载也是缺乏的。雍正志卷二十"鄞县人物"记录了天一阁建造者范钦的生平,完全是把他作为一个政治人物来写的,对他的政治成就和升迁过程作了详细的介绍,但对其藏书家的身份只是简单一句带过,"聚书天一阁,至数万卷",没有对其藏书事迹及建造天一阁的情况进行说明,也未说明分遗产的情况(由谁来继承天一阁及其藏书)和范钦"代不分书,书不出阁"的祖训,在体现天一阁文化底蕴方面有明显缺失。

  范钦,字尧卿,祖诉以贡授江西德兴训导,父璧。钦登嘉靖十一年进士,知随州,有惠政,升工部员外郎。时大工频兴,武定侯郭勋总督工务,势张甚,钦以事忤之,谮于上,受杖阙下,出知袁州府。大学士严嵩乃其郡人,其子世蕃欲取宣化公宇,钦不可,世蕃怒,嵩曰:"踣之,只高其名。"乃得迁副使备兵九江。九江多盗,钦令衙所各率本伍,分驻水陆,以资策应,盗尽骇散。升广西参政,分守桂平,转福建按察使,进云南右布政,陟陕西左使,丁丙外艰,起补河南,升副都御史,巡抚南赣汀漳诸郡,擒剧寇李文彪,平其寨,赐金绮。疏请筑城程乡之濠居村,添设通判一员,以消豫章闽粤三省之奸;立二参将于漳潮惠韶间,以

---

[1] [清]曹秉仁修,万经等纂:《雍正宁波府志》卷三十四,古迹,宁波市地方志编纂委员会整理:《清代宁波府志》(八),宁波出版社2014年版,第5935页。
[2] [清]曹秉仁修,万经等纂:《雍正宁波府志》卷三十五,艺文,宁波市地方志编纂委员会整理:《清代宁波府志》(八),宁波出版社2014年版,第6000页。

备倭,从之。又擒大盗冯天爵,升兵部右侍郎。遂归家居,建祖祠,置祀产,恤亲族,训宗学,聚书天一阁,至数万卷。①

而同时期的《康熙鄞县志》及其后由乾嘉著名学者钱大昕纂的《乾隆鄞县志》中,描述上较雍正志更为详细,也突出了范钦和天一阁在藏书方面的地位。如《康熙鄞县志》记载范钦"聚书天一阁,至数万卷,尤多秘本,为四明藏书家第一"②;《乾隆鄞县志》则更进一步,记载范钦"筑居在月湖深处,林木翳然,性喜藏书,起天一阁,购海内异本,列为四部,尤善收说经诸书及先辈诗文集未传世者。浙东藏书家,以天一阁为第一"③。再比如,有关范钦去世后天一阁的发展情况,雍正志中几乎没有提及。范钦的儿子范大冲继承父志,续增藏书,校刊范钦遗著《天一阁集》及《范氏奇书》中范钦未完成的《新语》两卷等,规定藏书归子孙共同所有,共同管理,为天一阁后续的发展作出了巨大的贡献。虽然雍正志在范钦的生平中也对范大冲作了简单的说明,"子大冲,字少明,援恩例授光禄署正,居家抚侄犹子,增置先代祀田"④,但除了增置先代祀田的收入作为天一阁的管理基金外,完全没有提到范大冲作为天一阁后人的身份。到了后来,天一阁由范大冲的两个儿子范汝楠和范汝桦交由汝楠长子范光文和次子范光燮掌管。范光文在天一阁前"增构池亭",又"复购所未备,增储之"。⑤ 而雍正志仅记载"范光文,字潞公,顺治六年进士,授礼部主事,迁吏部文选司。八年,典试陕西。居官守直不阿,尝值诸曹乏人,身综四司事,案无滞牍,冢宰啧啧称能。为仪部时,见同里董文和母、妻、幼子四人没入旗下,行乞途中,贷资赎归,里人咸义之"⑥,只描述其履历政绩,对其在天一阁的修缮以及书籍的增加上的贡献只字未提。而范光燮作为沟通天一阁与学术界联系的第一人,在任嘉兴府学训导时,从天一阁抄录藏书百余部,供士子阅读,使天一阁秘藏的典籍得

---

① [清]曹秉仁修,万经等纂:《雍正宁波府志》卷二十,鄞县人物,宁波市地方志编纂委员会整理:《清代宁波府志》(七),宁波出版社2014年版,第5184页。
② [清]汪源泽修,闻性道纂:《康熙鄞县志》卷十六,品行考五,明贤传三,宁波市鄞州区人民政府地方志办公室整理:《康熙鄞县志(附鄞志稿)》,宁波出版社2018年版,第413页。
③ [清]钱维乔修,钱大昕等纂,宁波市鄞州区地方志办公室整理:《乾隆鄞县志》卷十六,人物五,浙江古籍出版社2015年版。
④ [清]曹秉仁修,万经等纂:《雍正宁波府志》卷二十,鄞县人物,宁波市地方志编纂委员会整理:《清代宁波府志》(七),宁波出版社2014年版,第5184页。
⑤ 骆兆平:《月湖西岸现存藏书二名楼》,宁波市海曙区政协文史委编:《璀璨明珠——月湖》,《宁波市海曙区文史资料》第二辑,中央文献出版社2002年版,第55页。
⑥ [清]曹秉仁修,万经等纂:《雍正宁波府志》卷二十,鄞县人物,宁波市地方志编纂委员会整理:《清代宁波府志》(七),宁波出版社2014年版,第5227—5228页。

以走出闭塞的藏书楼传播开来,促进了浙东学术的发展,但雍正志的人物传却未收录范光燮。同时,雍正志也没有记入范光文和范光燮首次破例带外姓人(即黄宗羲)登天一阁这样的重要事件,从而缺失了与天一阁相关的重要史料。雍正志之所以这样做,跟当时天一阁地位不高有一定关系。清康熙十二年(1673),黄宗羲登阁,打破了天一阁对外封闭的状态,其后天一阁有选择地向一些大学者开放,但那时并没有广为人知,直到清乾隆三十八年(1773),天一阁为编修《四库全书》献出珍本,作出了巨大贡献,使天一阁成为民间藏书楼的典范和样板,才提升了知名度,成为宁波重要的建筑和文化地标,全国私家藏书楼之最。像更早时候李廷机修纂的《康熙宁波府志》卷二十九"第宅、冢墓、古迹"中甚至都没有提到天一阁,只提到"范侍郎第"[①]。但不管怎么说,相较于同时期的《康熙鄞县志》对天一阁的记载,雍正志毕竟缺失了大量关于天一阁的史料,在体现天一阁文化底蕴方面存在明显的欠缺,这是不争的事实。

6.《乾隆汾州府志》

《乾隆汾州府志》的作者是清代修志旧派(或称纂辑派、考据派、地理派)的代表人物戴震。乾隆三十四年(1769),戴震第三次会试落第,从京师去山西入朱珪幕。朱珪是朱筠之弟,其时任山西布政使,他的赏识使戴震在山西名声大噪。朱珪的下属、汾州太守孙和相正拟重修《汾州府志》,于是聘戴氏主纂,次年成书,共34卷。该志是戴震方志学理论付诸实践的典型志书,在方志史上多有好评,有的甚至奉之为"修志楷模"。戴震曾谓自己纂志"绝不异人",是针对章学诚的某些创例而言。戴震看不惯章氏喜欢变换名称和强应旧史的做法,故说"修志不贵古雅",而他的做法"绝不异人",实际上,戴震纂修的志书,"于沿革之外"多有"别裁卓见者"。现抄《汾州府志》篇目如下:

卷首:例言、图、表。

卷一:沿革。

卷二:星野、疆域。

卷三至卷四:山川。

卷五:城池、官署、仓廒、学校、坛壝。

卷六:关隘、营汛、驿铺。

---

① [清]李廷机修,左臣黄、姚宗京纂:《康熙宁波府志》卷二十九,第宅、冢墓、古迹,宁波市地方志编纂委员会整理:《清代宁波府志》(四),宁波出版社2014年版,第3085页。

卷七：户口、田赋、盐税。

卷八至卷九：职官。

卷十至卷十一：宦绩。

卷十二：食封、流寓。

卷十三至卷十六：人物。

卷十七：义行。

卷十八至卷十九：科目。

卷二十：仕实。

卷二十一至卷二十二：列女。

卷二十三：古迹、冢墓。

卷二十四：祠庙。

卷二十五：事考。

卷二十六：杂识。

卷二十七至卷三十四：艺文。

《乾隆汾州府志》的编纂特色，首先是体例谨严得当，考核精善，纠正了不少旧志、正史中的错误，辨析地理沿革、条理山川脉络，均超乎前人。《汾州府志例言》曰："志之首，沿革也。有今必先有古。……昔人考之不审，徒检史书中涉乎西河、汾州、中都、平遥、介休、永安之名者，取而列诸名宦人物，因又祀于名宦祠乡贤祠，论其世、考其地，实非官于斯、产于斯者也，而此地之名宦人物往往遗失之。故沿革定而上考往古，乃始无惑。"[①]旧志言地理不注重考核沿革，论山川只列名目，不详其山之脉络和水之源流，"作志者往往散列，漫无叙次"，戴震使其井然有序，"务求切于民用"，远胜旧志"仅点缀嬉游胜景"。[②] 又《乾隆汾州府志》列有古迹、冢墓、祠庙等专门，而于山川中复见之，看起来重复，但实际上戴震是有深意的，列古迹等专门，是"备稽古者之检之也"[③]；而古迹等于山川中复见之，则是仿《山海经》《水经注》《元和郡县图志》等古书之例，叙山川加以采撷故实，叙一水、山脉、古迹、冢墓之类而得条贯，山川、古迹、冢墓、祠庙等本是一个整体，彼此相杂，只要使其归于条贯，

---

① ［清］戴震：《汾州府志例言》，杨应芹、诸伟奇主编：《戴震全书》第 6 册，黄山书社 2010 年版，第 577 页。

② ［清］戴震：《汾州府志例言》，杨应芹、诸伟奇主编：《戴震全书》第 6 册，黄山书社 2010 年版，第 578 页。

③ ［清］戴震：《汾州府志例言》，杨应芹、诸伟奇主编：《戴震全书》第 6 册，黄山书社 2010 年版，第 580 页。

就会给人以整体印象,不会更端重出。戴震弟子段玉裁曾节抄《乾隆汾州府志》之例言、图表、沿革、星野、疆域、山川、古迹,"将付诸梓,以为修志楷式"①。

其二,主张艺文应收录各类文章、诗赋,不另付"文征"。章学诚主张志中艺文一门当仅列著述目录,另纂文征,专收诗文记序等著述作品,即取征文佐史之意。而戴震谓"志主乎地,不取备文体也"②,将艺文系于志末,收录与一地相关的诗词、奏疏、论文等,与前者起相互参证作用,便于读者查阅,若另设"文征"容纳,则不方便发挥参证的作用。《四库全书总目》批评元明以来方志"列传侔乎家牒,艺文溢于总集,末大于本,而舆图反若附录。其间假借夸饰以侈风土者,抑又甚焉"③,不过戴震显然不在此列,"虽其地之人,而生平所有奏疏论著,于地无关者,例不当录"④。又章氏主张"艺文入志,例取盖棺论定;现存之人,虽有著作,例不入志"⑤,取材限于盖棺论定者,这一点戴震亦有不同看法,认为人物入志,当作此处理,作品则未必,故该志收录了孙和相、曹学闵、诸世器、丁宗懋、朱潓等当世人的作品,如孙和相的《治汾说》、曹学闵的《西河考》等。

其三,新创"仕实"一门。该志在"人物"之外,另创"仕实"一门,以德才兼备能为人之楷模者入于"人物",而"仕实"一门则对事不对人,仅录事之可传者,而不论其人品贤与否,"志之人物,以人品、学问、德业,而忠孝固德之大端也。有德有文者,于人物见之;专以文著者,于科目、仕实中散见之,无庸复列"⑥。这是戴震的一大创造,实际上是对人物善恶并书的一种变通做法。但后世人对此有不同意见,如民国方志学者瞿宣颖就评论说:"又仕实一门,志所特创。然按其所录,实不知与人物何殊。若谓人物必取贤者,仕实可兼不肖,则五代之相里金等何尝史有贬辞。强

---

① [清]段玉裁:《戴东原先生年谱》,戴震研究会、徽州师范专科学校古籍整理研究室、戴震纪念馆编纂:《戴震全集》第 6 册,清华大学出版社 1999 年版,第 3406 页。
② [清]戴震:《汾州府志例言》,杨应芹、诸伟奇主编:《戴震全书》第 6 册,黄山书社 2010 年版,第 580 页。
③ [清]纪昀等:《钦定四库全书总目》卷六十八,史部二十四,地理类序,中华书局 1997 年版,第 923 页。
④ [清]戴震:《汾州府志例言》,杨应芹、诸伟奇主编:《戴震全书》第 6 册,黄山书社 2010 年版,第 580 页。
⑤ [清]章学诚著,叶瑛校注:《修志十议》,《文史通义校注》卷八,外篇三,中华书局 2000 年版,第 844 页。
⑥ [清]戴震:《汾州府志例言》,杨应芹、诸伟奇主编:《戴震全书》第 6 册,黄山书社 2010 年版,第 579 页。

分名目,是何理也。"①

其四,戴震认为名僧必居古寺,故该志将"寺观"附于"祠庙"卷,又将"仙释"内容记入"寺观"之中,意在"明非正也"。戴震身为儒士,尊崇尧、舜、禹、汤、文、武、周公、孔、孟为正宗,视佛老之学为异端,故以名僧入"寺观"见之,而不与名宦、乡贤、忠烈、孝友、义行、列女等人物并列,"明非正也"②,突出体现了戴震"崇儒"的学术品格和当时"罢黜百家、独尊儒术"的时代烙印。又志书中风俗、物产不单独设目,而纳入"杂识"卷,也是戴震的创意,按他的话说"风俗、物产,非逸事异闻比,然无取乎泛常琐滥,以为铺张,则为语不多,无庸别列二目,故著之杂识之首"③。

6.2 课后思考与拓展阅读

---

① 瞿宣颖:《方志考稿》(甲集)第五编,山西,第 13 页,《民国丛书》第二编(81),上海书店出版社 1990 年版。
② [清]戴震:《汾州府志例言》,杨应芹、诸伟奇主编:《戴震全书》第 6 册,黄山书社 2010 年版,第 580 页。
③ [清]戴震:《汾州府志例言》,杨应芹、诸伟奇主编:《戴震全书》第 6 册,黄山书社 2010 年版,第 580 页。

第七章　章学诚和方志学

第一节　章学诚生平

章学诚(1738—1801)，字实斋，号少岩，上虞道墟(今浙江省绍兴市上虞区道墟街道)人，清代乾嘉时期著名的历史学家和方志学家，代表作有《文史通义》《校雠通义》，其中《文史通义》是史学理论专著，与唐代刘知幾的《史通》被视为我国封建时代史学理论的"双璧"。《文史通义》分内、外篇，内篇关于史学理论，外篇关于方志理论，是迄今所发现的方志学最早的理论著作，因此后世常常把章学诚视为我国方志学的创立者。近代著名学者、在中国资产阶级史学界具有"万流归宗"崇高地位的梁启超在《中国近三百年学术史》一书中对有清一代学术进行了系统的总结，指出中国方志学形成于清代乾嘉时期，而其创立者就是章学诚，"'方志学'之成立，实自实斋始也"，推崇章学诚为"方志之圣"[1]。但也有少数人持不同看法，如傅振伦、王广荣曾对此提出异议。傅振伦认为中国方志学的实际创立者应是民国时期的李泰棻，其标志是 1935 年他在上海商务印书馆出版了《方志学》一书[2]；而王广荣则认为直至民国，方志学都没有诞生[3]。

章学诚一生颠沛流离，贫困潦倒，因科举屡试不第，直至 41 岁才考中进士，但仍需候补，终不得入仕。因此其一生之中，主要依靠师友帮助谋求幕僚、书院教习、修

---

[1] 梁启超：《清代学者整理旧学之总成绩(三)——史学、方志学、地理学、传记及谱牒学》，《中国近三百年学术史》，饮冰室专集之七十五，第 304 页，《饮冰室合集》第 10 册，中华书局 1989 年版。
[2] 傅振伦：《方志学的创始人究竟是谁》，《方志研究》1993 年第 6 期。
[3] 王广荣：《章学诚有没有创立"方志学"》，《河北地方志》1997 年第 3 期。

志这样的差事来维持生计。但生活的苦难并不能泯灭一代史学大师的风采。诚如他自己所说:"丈夫生不为史臣,亦当从名公巨卿,执笔充书记,而因得论列当世,以文章见用于时。如纂修志乘,亦其中之一事也。"①其一生主要的成就,除了《文史通义》《校雠通义》外,就是纂修志书,一共主纂和参与编纂了《湖北通志》《和州志》《永清县志》《亳州志》《天门县志》《常德府志》《荆州府志》《顺天府志》《麻城县志》《石首县志》《广济县志》《罗田县志》等 12 部地方志,其中《湖北通志》《和州志》《永清县志》《亳州志》②4 部由他主纂。但我们今天能看到的仅有河北《永清县志》及留存于《章氏遗书》中的《湖北通志检存稿》24 卷、《湖北通志未成稿》1 卷、《和州志》3 卷。

到章学诚父亲的时候,全家已由上虞祖居迁至绍兴城内,故章学诚出生于浙江绍兴。因其祖父以上曾客游北方,入籍顺天府大兴县,故其父章镳是乾隆元年(1736)的顺天府举人③,后来章学诚也应顺天乡试,不知是否与此有关。乾隆七年(1742),章镳考中进士,至乾隆十六年(1751)谋得湖北应城知县一职,故章学诚少年时代随父于楚。乾隆二十一年(1756),章镳罢官,因为官清廉,罢官时宦囊不丰,为谋生只得仍留在应城,辗转于天门、应城等地书院担任教习。

章学诚年少时赢弱多病,"资质椎鲁"④。乾隆二十七年(1762)冬,入国子监读书,因不愿为"法律若牛毛"⑤的"举业文艺"所缚,喜好发表个人见解,不合时好,自乾隆二十五年(1760)至四十一年(1776)参加顺天乡试凡七次,均未中式。乾隆二十八年(1763),章学诚由京返湖北省亲,其父时正主持天门县讲席,天门知县议修志,邀请章父主纂,章学诚便从旁帮忙,并代其父撰写诸序。这一时期,章学诚还写了《修志十议》《答甄秀才论修志书》等文章,对于方志编修中的一些重要问题,诸如"志乃史体",另立"文选"与志相辅而行,建立志科,等等,提出了自己的看法,实际上已为后来方志学理论的建立开了先河。

乾隆三十年(1765),章学诚始师事朱筠,并参与编修由朱筠主持的《顺天府

---

① [清]章学诚著,叶瑛校注:《答甄秀才论修志第一书》,《文史通义校注》卷八,外篇三,中华书局 2000 年版,第 821—822 页。
② 前人研究大多认为章学诚曾修成《亳州志》,但晁文璧、宫为之提出异议,认为章学诚虽应亳州知州裴振邀请修《亳州志》,但实际上仅完成了《亳州志人物表例议》(上、中、下)、《亳州志掌故例议》(上、中、下)等 6 则例议,并未修成《亳州志》。见晁文璧、宫为之:《章学诚〈亳州志〉质疑》,《中国地方志通讯》1985 年第 2 期。
③ [清]吴庆坻:《章学诚事略及遗书本末》,《蕉廊脞录》,中华书局 1997 年版,第 159 页。
④ [清]章学诚:《与族孙汝南论学书》,《章学诚遗书》卷二十二,文集七,文物出版社 1985 年版,第 224 页。
⑤ [清]章学诚:《陈伯思别传》,《章学诚遗书》卷十八,文集三,文物出版社 1985 年版,第 180 页。

志》。乾隆三十三年(1768),恩师朱筠充任顺天乡试考官,章学诚兴冲冲前往应试,又一次落第。这年冬天,章父卒于应城,次年举家扶柩北上,赁居北京柳树井冯君弼居宅,时有家口十七八人。从此以后,全家生活的重担落到他一个人的身上。这期间,他在京还参与了《国子监志》的编修。

乾隆三十六年(1771)秋,朱筠奉命提督安徽学政,十月间,章学诚与好友邵晋涵等人赴皖投靠朱筠。次年初,经朱筠介绍,和州知州刘长城聘章学诚编修《和州志》,这是章学诚生平第一次独自用自己提出的方志理论进行实践,纪、表、图、书、传一应俱全。书成后,还另外编辑了《和州文征》8卷。可惜的是,书稿刚成,朱筠便失官,左迁四库全书馆行走,新上任的安徽学政秦潮,不满于章学诚的编纂形式,两人意见多不一致,这样一来,志事遂中废。他只好将此志稿删存为20篇,名曰《志隅》,今存于《章氏遗书》外篇。是年,始著《文史通义》。

乾隆四十一年(1776),章学诚"援例授国子监典籍"①,从九品,这是章学诚一生唯一的官职,但一直处于"候补"状态。是年,在恩师朱筠的推荐下,他投靠时任河北清苑县县丞、署曲阳县事的周震荣,谋得主讲河北定州定武书院的差事。四十二年(1777),周震荣调任河北永清知县,又延请其主纂《永清县志》。是年秋天,章学诚再次入京应顺天乡试,考中举人,次年中进士。这时章学诚已经41岁了,考虑到自己"晚登甲第",又"自以迂疏"②,而终不敢入仕。于是仍返永清,续修《永清县志》,至四十四年(1779)七月书成,凡6体,共25篇,另有《文征》5卷。该志是章学诚主纂、唯一正式刊印的志书。书成后,周震荣在一次酒会上"出示坐客",于是出现了张维祺(直隶大名知县)、周棨(直隶获鹿知县)"争延实斋"修志的场面。其中如张维祺虽未请得章学诚,但《大名县志》仍按章氏之说而修,章学诚还特地为他代写了序,即著名的《为张吉甫司马撰大名县志序》。

乾隆四十四年(1779),著《校雠通义》。四十六年(1781)三月,章学诚去游河南,不得志,中途又遇盗,44岁以前的著作文章,全部被抢一空。后投奔张维祺于河北肥乡县衙,担任清漳书院的教习。之后,他辗转主讲过清漳书院、永平敬胜书院和保定莲池书院,几乎一年左右就得换一个地方。特别是四十七年(1782)去永平敬胜书院时,因生活所迫,不得不自京师移家相随。自此以后,每当工作变更,全家也得跟着迁徙。

---

① [清]章学诚:《庚辛之间亡友列传》,《章学诚遗书》卷十九,文集四,文物出版社1985年版,第189页。
② [清]章学诚:《柯先生传》,《章学诚遗书》卷十七,文集二,文物出版社1985年版,第168页。

乾隆五十二年(1787),在周震荣谋划下,前往河南拜见时任河南巡抚的毕沅。毕沅对章学诚深为嘉许,便推荐他去主讲归德府文正书院,并同意开局于开封,编纂《史籍考》,由章学诚主持其事,洪亮吉、凌廷堪、武亿等人均参与其中。可是,编纂工作未及半年,毕沅升任湖广总督,靠山一走,《史籍考》的编纂不得不随之中断,而章学诚的文正书院讲席也一同失去。

乾隆五十三年(1788)冬天,章学诚移家安徽亳州,投靠同窗亳州知州裴振,裴振嘱其编纂州志,至乾隆五十五年(1790)二月完成,但未见其书。

乾隆五十五年(1790),章学诚到武昌投靠湖广总督毕沅,这一住就是五年,总算是暂时安定下来了。这一时期,他除了专心于《史籍考》的编纂外,还替毕沅主编《湖北通志》,并参与了毕沅主编的《续资治通鉴》的工作。此外,他还参与或指导了湖北几部府、县志的编修工作,如《常德府志》《荆州府志》《麻城县志》等等。其中,《湖北通志》是章学诚方志理论成熟阶段的代表作,全面体现了其"方志分立三书"的精神,也是他编纂的唯一一部省志。但令人遗憾的是,由于该志是受湖广总督毕沅的邀请而作,正当全稿杀青,准备刊印时,毕沅入觐巡幸天津的乾隆皇帝,因失察湖北奸民传教,由湖广总督降补山东巡抚。毕沅既去,湖北巡抚惠龄不喜欢章学诚的修志方式,适逢当时参与修志的嘉兴籍进士陈熷恩将仇报,指斥《湖北通志》编纂不当,认为必须重修,颇受惠龄赏识,章学诚只得离开湖北,《湖北通志》的刊印自然也就落了空。现在我们看到的《乾隆湖北通志》不是章学诚原稿,而是由其他人重新改编的。章学诚保存了《湖北通志》的原稿手稿本,并将其汇订为《湖北通志检存稿》24卷、《湖北通志未成稿》1卷,收入《章氏遗书》外篇。我们今天就是根据其留存下来的残卷,得以窥见当日其所修《湖北通志》之全貌。《史籍考》一书也仅完成了十之八九,终不得卒业。

乾隆五十九年(1794)九月,漂泊异乡40多年的章学诚返回故里绍兴,卜居城南,即今绍兴城内塔山下的章学诚故居。此后为生计故,仍在浙江附近省份做幕僚。嘉庆元年(1796)夏天,朱筠之弟朱珪实授为两广总督,六月内调,七月授川陕总督,未到任,旋补安徽巡抚。章学诚上书朱珪,希望他能资助其完成《史籍考》,未果。嘉庆二年(1797),章学诚到安徽桐城,与朋友左眉、胡虔相处了几个月,"尝一访旧交左良宇、胡雏君于桐城,居数月,纵观龙眠之山水,顾而乐之,将有终焉之志"①。是年,再次上书朱珪,请他代谋浙江巡抚谢启昆、学政阮元,借助他们的力量来完成《史籍考》的编纂,终如愿以偿。嘉庆三年(1798)之后,他便在杭州续补遗

---

① [清]吴庆坻:《章学诚事略及遗书本末》,《蕉廊脞录》,中华书局1997年版,第160页。

编,可惜书未完成,稿亦散失。

嘉庆四年(1799),章学诚辞幕,结束了寄人篱下的生活,回到绍兴。次年,贫病交加,双目失明,然烈士暮年,壮心不已,生命不息,著述不止,许多非常重要的文章,如《浙东学术》等即成于是年。

嘉庆六年(1801)十一月,章学诚在绍兴辞世,终年64岁,与妻俞氏、妾曾氏合葬于山阴芳坞(今绍兴市柯桥区漓渚镇芳坞村,其墓冢用块石垒砌,有石砌围栏、望柱、墓道等,毁于20世纪60年代),妾蔡氏分葬泾口。其与妻俞氏生有两子,一子章贻选,二子章华绂,与妾蔡氏生育三子章华绶,被章学诚堂兄章垣业收养。临终前数月,将所著文稿托付萧山籍友人王宗炎核定,汇成《章氏遗书》,后由湖州嘉业堂出版。1985年文物出版社出版的《章学诚遗书》即是以嘉业堂《章氏遗书》为底本。另有其子章华绂于道光十二年(1832)在开封刻印的大梁本《章氏遗书》。

第二节 章学诚方志思想的精华

章学诚在多年的修志过程中,建立了一套较为完整的方志编纂学理论体系,其修志理论确有许多自创之处,足为后世法。梁启超在《中国近三百年学术史》中称誉章氏修的志书是"史界独有千古之作品,不独方志之圣而已"[①]。其方志思想的精华包括以下几个方面。

第一个方面,确立"方志为史"的概念和志书存史、资治、教化的功能。

关于方志的性质,虽然早在宋代,郑兴裔就在《广陵志》序中提出了"郡国有志,犹国之有史"[②],但似乎并未引起人们的注意和重视。到了明代,这个说法便普遍流行起来,许多方志的序、跋、凡例都从不同角度说明了这个观点。但毕竟比较零碎,并无系统的论述。而长期以来,公私目录书也都把方志归入地理类,尽管明代中后期出现了朱睦㮮的《万卷堂艺文志》(又名《万卷堂书目》)和陈第的《世善堂藏书目录》,首次将方志独立成目,游离于地理,但毕竟不为正史所承认,影响不大。章学诚的横空出世,使他成了"方志为史说"理论的盖棺论定者。梁启超曾言章学诚对方志学的贡献首在改造方志之概念,"实斋关于斯学之贡献,首在改造方志之概念。

[①] 梁启超:《清代学者整理旧学之总成绩(三)——史学、方志学、地理学、传记及谱牒学》,《中国近三百年学术史》,饮冰室专集之七十五,第309页,《饮冰室合集》第10册,中华书局1989年版。

[②] [宋]郑兴裔:《广陵志序》,《郑忠肃奏议遗集》(卷下),景印文渊阁《四库全书》第1140册,台湾商务印书馆1986年版,第217页。

前此言方志者,为'图经'之概念所囿,以为仅一地理书而止。实斋则谓方志乃《周官》小史、外史之遗,其目的专以供国史取材,非深通史法不能从事"①,指的就是章学诚提出"志属信史"②,"盖方志之弊久矣……大抵有文人之书,学人之书,辞人之书,说家之书,史家之书,惟史家为得其正宗"③,并从理论上作了系统说明,使自宋代以来的"方志为史说"得以盖棺论定,在当时"志乘为地理专书"④的主流氛围中注入了一股清新的空气。"方志为史说"逐渐为世人所承认,"方志,从前人不认为史。自经章氏提倡后,地位才逐渐增高"⑤。

关于方志的作用,方志的性质既属史体,那么它的作用也就无异于"国史",具有存史、资治、教化的功能。方志的首要任务是起到"经世"作用,在封建时代,实际上就是着眼于为树立良好的社会风气作出贡献。章学诚说:"史志之书,有裨风教者,原因传述忠孝节义,凛凛烈烈,有声有色,使百世而下,怯者勇生,贪者廉立。《史记》好侠,多写刺客畸流,犹足令人轻生增气;况天地间大节大义,纲常赖以扶持,世教赖以撑柱者乎?"⑥简而言之,也就是垂鉴、惩劝和教育。当然,章氏所谓教育,就是要利用方志来对广大人民灌输封建的忠孝节义思想,目的在于扶持封建名教,建立良好的封建统治秩序。其次,章学诚认为方志还负有为朝廷修国史提供资料的任务,"方州虽小,其所承奉而施布者,吏、户、礼、兵、刑、工,无所不备,是则所谓具体而微矣。国史于是取裁,方将如《春秋》之藉资于百国宝书也"⑦。

关于修志的断限问题,章学诚提出"夫修志者,非示观美,将求其实用也",因此不必每部志书都从古修起,如当时盛行的"方志统合古今,乃为完书",而是要从实际出发,"如前志无憾,则但当续其所有,前志有阙,但当补其所无。夫方志之修,远

---

① 梁启超:《清代学者整理旧学之总成绩(三)——史学、方志学、地理学、传记及谱牒学》,《中国近三百年学术史》,饮冰室专集之七十五,第304页,《饮冰室合集》第10册,中华书局1989年版。
② [清]章学诚著,叶瑛校注:《修志十议》,《文史通义校注》卷八,外篇三,中华书局2000年版,第846页。
③ [清]章学诚著,叶瑛校注:《报广济黄大尹论修志书》,《文史通义校注》卷八,外篇三,中华书局2000年版,第873页。
④ [清]谢启昆修,胡虔纂:《嘉庆广西通志》,广西通志叙例,《续修四库全书》第677册,上海古籍出版社2002年版,第6页。
⑤ 梁启超:《中国历史研究法补编》,饮冰室专集之九十九,第33—34页,《饮冰室合集》第12册,中华书局1989年版。
⑥ [清]章学诚著,叶瑛校注:《答甄秀才论修志第一书》,《文史通义校注》卷八,外篇三,中华书局2000年版,第821页。
⑦ [清]章学诚著,叶瑛校注:《方志立三书议》,《文史通义校注》卷六,外篇一,中华书局2000年版,第573页。

者不过百年,近者不过三数十年。今远期于三数百年,以其事虽递修,而义同创造,特宽为之计尔。若果前志可取,正不必尽方志而皆计及于三数百年也"①。他十分强调必须保留前人之书不致毁灭,指出"修志者,当续前人之记载,不当毁前人之成书。即前志义例不明,文辞乖舛,我别为创制,更改成书,亦当听其并行,新新相续,不得擅毁,彼此得失,观者自有公论。仍取前书卷帙目录,作者姓氏,录入新志艺文考中,以备遗亡,庶得大公无我之意,且吾亦不致见毁于后人矣"②。此外,章学诚还反对志名中以古地名或当地山水指代今地名的文人习气,"近行志乘,去取失伦,芜陋不足观采者,不特文无体要,即其标题先已不得史法也"③,批评南宋范成大《吴郡志》④"宜其以平江路府,冒吴郡之旧称,冠全志而不知其谬也"⑤,又"滦志标题,亦甚庸妄。滦乃水名,州亦以水得名耳。今去州字,而称《滦志》,则阅题签者,疑为滦水志矣。然《明·艺文志》以陈士元撰为《滦州志》,则题删州字,或侯绍岐之所为"⑥。

第二个方面,主张方志分立三书。

章学诚方志理论的核心是"方志分立三书",即分一部志书为主体志、掌故、文征三部,"凡欲经纪一方之文献,必立三家之学,而始可以通古人之遗意也。仿纪传正史之体而作志,仿律令典例之体而作掌故,仿《文选》《文苑》之体而作文征。三书相辅而行,阙一不可,合而为一,尤不可也"⑦。梁启超称:

> 向来作志者皆将"著述"与"著述资料"混为一谈。欲求简洁断制不失著述之体耶,则资料之割舍者必多;欲将重要资料悉予保存耶,则全书繁而不杀,必芜秽而见厌。故康之《武功》、韩之《朝邑》与汗牛充栋之俗志交讥,盖此之由。实斋"三书"之法,其《通志》一部分,纯为"词尚体要""成一家之言"之著述;《掌

---

① [清]章学诚著,叶瑛校注:《记与戴东原论修志》,《文史通义校注》卷八,外篇三,中华书局2000年版,第870页。
② [清]章学诚著,叶瑛校注:《答甄秀才论修志第一书》,《文史通义校注》卷八,外篇三,中华书局2000年版,第820页。
③ [清]章学诚著,叶瑛校注:《修志十议》,《文史通义校注》卷八,外篇三,中华书局2000年版,第847页。
④ 宋政和三年(1113),苏州已改称平江府,范成大生活于1126—1193年,其所著《吴郡志》却没有署名为《平江府志》。
⑤ [清]章学诚著,叶瑛校注:《书〈吴郡志〉后》,《文史通义校注》卷八,外篇三,中华书局2000年版,第916页。
⑥ [清]章学诚著,叶瑛校注:《书〈滦志〉后》,《文史通义校注》卷八,外篇三,中华书局2000年版,第932页。
⑦ [清]章学诚著,叶瑛校注:《方志立三书议》,《文史通义校注》卷六,外篇一,中华书局2000年版,第571页。

故《文征》两部分，则专以保存著述所需之资料。既别有两书以保存资料，故"纯著述体"之《通志》，可以肃括闳深，文极简而不虞遗阙；其保存资料之书，又非徒堆积档案、谬夸繁富而已，加以别裁，组织而整理之，驭资料使适于用。[1]

《湖北通志》是全面体现"方志分立三书"思想的一部志书，该志在结构上除主体志外，尚有《湖北掌故》《湖北文征》《湖北丛谈》，主体志、掌故、文征合称为"三书"。三书当中，志是主体，是《春秋》之流别。掌故如同会要、会典，在志书之外，将当地机关的章程条例和重要文件，按类编选，勒成专书，与志相辅而成。《湖北通志》仿政府六部例，分掌故为吏、户、礼、兵、刑、工六科，凡66篇。文征则类似文鉴、文类，旨在证史，挑选那些足以反映本地生活与民情、"合于证史"的诗文，以及那些虽不合于证史，但实属名笔佳章、人所同好的诗文，汇编成书。《湖北通志》分文征为甲、乙、丙、丁4集，分别汇录正史列传、经济策画（即臣工奏议、策论）、辞章诗赋、近人诗文；每集又分上、下编，上编载他处之人为湖北而撰者，下编为湖北人自撰。三书分立，条理井然，相得益彰。三书之外，又编考据、轶事、琐语、异闻，别为《湖北丛谈》4卷，但属可有可无，故不被视为通志的一种体例，按章学诚的话说，"三书皆关经要，《丛谈》非其类也"[2]。

其中，主体志的写法仿纪传体正史体裁，分纪、图、表、考、政略、传六体。所谓纪者，指按编年体写的大事记。章学诚认为正史中的"本纪"既是为皇帝立传，同时也起到纪年的作用，故主张志首必冠以编年之纪，以为一书之经，当然，志书中的大事记不同于正史中的"本纪"，仅起到大事纪年的作用，将所在地方"古今理乱"的重大事件"粗具于编年纪"之中。

> 史之有纪，肇于《吕氏春秋》十二月纪。司马迁用以载述帝王行事，冠冕百三十篇，盖《春秋》之旧法也。厥后二十一家，迭相祖述，体肃例严，有如律令。而方州之志，则多惑于地理类书之例，不闻有所遵循，是则振衣而不知挈领，详目而不能举纲，宜其散漫无章，而失国史要删之义矣。……此则撰志诸家，不明史学之过也。……方志撰纪，以为一书之经，当矣。[3]

---

[1] 梁启超：《清代学者整理旧学之总成绩（三）——史学、方志学、地理学、传记及谱牒学》，《中国近三百年学术史》，饮冰室专集之七十五，第308—309页，《饮冰室合集》第10册，中华书局1989年版。

[2] [清]章学诚：《湖北通志凡例》，《章学诚遗书》卷二十四，湖北通志检存稿一，文物出版社1985年版，第245页。

[3] [清]章学诚著，叶瑛校注：《永清县志皇言纪序例》，《文史通义校注》卷七，外篇二，中华书局2000年版，第703—704页。

其所撰《湖北通志》有纪二,皇言纪、皇朝编年纪(附前代),这也是章学诚所纂各志中唯一一部有大事记的志书。

图、表是方志编纂中不可或缺的部分。针对当时流行的许多方志,其图往往逐于景物,以为"丹青末艺之观",变成了点缀时髦的装饰品,并未起到图的应有作用,章学诚指出:"诸图开方计里,义取切实有用,不为华美之观。"①如《湖北通志》有图三,方舆、沿革、水道。方舆、沿革,"今取两汉以迄元、明,每朝所分州郡,在今湖北境者,分别朱墨二色,朱标古界,墨画今疆,每朝各绘一图,俾考历朝沿革者,洞如观火"②;水道则"随其形象之沿革,而各为之图,所以使览之者可一望而周知也"③。至于营汛、驿铺、里甲诸图,俱关政要,但篇幅繁不可删,皆入掌故,分隶六科。表,章学诚同样重视,如《湖北通志》有表五,职官、封建、选举、族望、人物。封建即沿革,与职官、选举皆为志书旧有体例,但省志与府县志入收标准不同,"量其地之盛衰,而加宽严焉"④。《湖北通志》职官表"文职自知府为止,武职自参游为止,依表排列";选举表则"但表列进士举人,其辟举特荐诸科,亦并附之"⑤,而不像府州县志那样,选举载及捐衔贡监吏员等项。族望表、人物表是章学诚在体例上的创新。《湖北通志》仿班固《汉书·古今人表》作人物表,补列传之不足,所不同的是,它抛弃了班固强分人物为圣仁智愚九等、妄加褒贬的做法,并加以三条征引(即正史、一统志、旧志及府州县志),注明人物的出处。新征文献中的人物则编为人名别录,附于人物表后。

考,相当于《史记》的"书"、《汉书》及以后正史的"志",用于记载地方典章制度。章学诚认为,方志的考,分类不宜过细,否则将浩无统摄,如《湖北通志》考有六,即府县(建置)、舆地、食货、水利、艺文、金石。在具体编纂上,他提出古迹、寺观不得入《建置考》。《艺文考》当"详载书目,而不可类选诗文也"⑥,至于书目分类之法,

---

① [清]章学诚:《湖北通志凡例》,《章学诚遗书》卷二十四,湖北通志检存稿一,文物出版社1985年版,第244页。

② [清]章学诚:《湖北通志凡例》,《章学诚遗书》卷二十四,湖北通志检存稿一,文物出版社1985年版,第244页。

③ [清]章学诚著,叶瑛校注:《永清县志水道图序例》,《文史通义校注》卷七,外篇二,中华书局2000年版,第704页。

④ [清]章学诚著,叶瑛校注:《永清县志士族表序例》,《文史通义校注》卷七,外篇二,中华书局2000年版,第724页。

⑤ [清]章学诚:《湖北通志凡例》,《章学诚遗书》卷二十四,湖北通志检存稿一,文物出版社1985年版,第244页。

⑥ [清]章学诚著,叶瑛校注:《为张吉甫司马撰大名县志序》,《文史通义校注》卷八,外篇三,中华书局2000年版,第882页。

《湖北通志·艺文考》初纂时曾提出按《四库全书》四部分类法，但综观章学诚的方志理论，他还是比较倾向于刘歆《七略》分类之法，分辑略、六艺、诸子、诗赋、兵书、术数、方技七类，"取是邦学士著选书籍，分其部汇，首标目录，次序颠末，删芜撷秀，掇取大旨，论其得失，比类成编，乃使后人得所考据，或可为馆阁雠校取材，斯不失为志乘体尔"①。又说："艺文入志，例取盖棺论定；现存之人，虽有著作，例不入志。"②

"政略"为章学诚独创的体例，相当于他志之名宦传，与纪、图、表、考、传并列为"志"书之一体，分经济、循良、捍御、师儒四门。之所以题名"政略"，是章学诚认为对任职当地的官员的记载，其取材与一般的人物传有所不同，"盖人物包该全体，大行小善，无所不收，而名宦则仅取其政事之有造于斯地耳。虽有他善，而无与斯地，或间出旁文，而非其要义；虽有不善，而于斯地实有功德，则亦不容遽泯，故不得以传名，而以政略为名"③。既然"政略"止载官员宦该地时政绩，也就不必如人物列传那样，须盖棺论定，对去任之官，"虽未经没身论定，于法亦得立传。盖志为此县而作，为宰有功此县，则甘棠可留；虽或缘故被劾，及乡论未详，安得没其现施事迹？且其人已去，即无谀颂之嫌，而隔越方州，亦无遥访其人存否之例。惟其人现居本县，或现升本省上官及有统辖者，仍不立传，所以远迎合之嫌，杜是非之议耳"④。

人物列传是主体志的一个重要部分，用来记载一地杰出人物的生平事迹。对人物传的写法，章学诚的原则是："编年文字简严，传以申其未究，或则述事，或则书人，惟用所宜，不敢执于一也。"⑤也就是说，传可以写人，也可以书事，既可独传、合传，亦可事类相从，一切从实际出发，"惟用所宜"。他反对近世志人物者每好合并，必专标色目，名宦、乡贤、忠孝、节义、儒林、卓行、文苑数端，将古今人物硬塞入这些门类中，犹如类书纂法，指出"传人略以类次，不须明作标目，《忠孝》《文学》《仙释》《艺术》数篇之外，概以名姓标题"，因为"人之行事，难以一端而尽，强作标目，则近

---

① ［清］章学诚著，叶瑛校注：《答甄秀才论修志第一书》，《文史通义校注》卷八，外篇三，中华书局2000年版，第820页。
② ［清］章学诚著，叶瑛校注：《修志十议》，《文史通义校注》卷八，外篇三，中华书局2000年版，第844页。
③ ［清］章学诚：《湖北通志凡例》，《章学诚遗书》卷二十四，湖北通志检存稿一，文物出版社1985年版，第245页。
④ ［清］章学诚著，叶瑛校注：《修志十议》，《文史通义校注》卷八，外篇三，中华书局2000年版，第845页。
⑤ ［清］章学诚：《湖北通志序传》，《章学诚遗书》卷二十四，湖北通志检存稿一，文物出版社1985年版，第251页。

于班氏之九品论人矣"。①《湖北通志》体现了章学诚的这一思想,该志有传五十三,既有独传、合传,亦有"理学""文苑""忠义""孝友""列女"等类传,更兼以事命篇,其记事之传如"开禧守襄阳传""嘉定蕲难传""明季寇难传""平夏逆传",以事件为线索,条理分明,犹如史书中的纪事本末体。在人物传的具体编写上,章学诚也有许多真知灼见。首先是在所志人物的选择上,"列传亦以名宦乡贤,忠孝节义,儒林卓行为重。文苑方技有长可见者,次之。如职官而无可纪之迹,科目而无可著之业,于法均不得立传。盖志属信史,非如宪纲册籍,一以爵秩衣冠为序者也。"②正史已立传之本地人物,志不再重复立传,但列其名于人物表,并将正史之传收于《湖北文征》。但若其人尚多遗闻逸事,出正史外者,则"志复作传,以补其缺,而详其略"③。又如人物例取盖棺论定,不为生人立传;流寓人物只可列于府州县志,不宜用于通志;等等。其次是在所志人物内容的取舍上,方志为国史取裁,则人物列传,宜较国史加详,而不能像当时流行的许多志书那样仿类书纂法,仅仅满足于删略事实,总撷大意,约略方幅,区分门类,以至于品皆曾、史,治尽龚、黄,学必汉儒,贞皆姜女,面目如一,情性难求,达不到为国史取裁和"有裨风教"的目的。此外,章学诚还设立了"前志传""阙访列传",与人物各传并列。其中"前志传"用于记载旧志义例、目录、作者姓氏、编撰情形等,犹如《史记·太史公序》;而"阙访列传"则用以记载那些够得上立传标准但史实不详、只存片言只语资料的人物,以待后人考求补充。

> 凡作史者,宜取论次之余,或有人著而事不详,若传岐而论不一者,与夫显列名品,未征事实,清标夷齐,而失载西山之薇;学著颜曾,而不传东国之业,一隅三反,其类实繁。或由载笔误删,或是虚声泛采,难凭臆断,当付传疑;列传将竟,别裁阙访之篇,以副慎言之训;后之观者,得以考求。使若陈寿之季汉名臣,常璩之华阳士女,不亦善乎?④

章学诚还指出,既然志即史,那么修志也要像修史一样,据事直书,寓褒贬于志书的编纂和有关史事的记述之中。"善恶惩创,自不可废。……据事直书,善否自

---

① [清]章学诚:《湖北通志凡例》,《章学诚遗书》卷二十四,湖北通志检存稿一,文物出版社1985年版,第245页。
② [清]章学诚著,叶瑛校注:《修志十议》,《文史通义校注》卷八,外篇三,中华书局2000年版,第846页。
③ [清]章学诚:《修湖北通志驳陈熷议》,《章学诚遗书》外编,补遗,文物出版社1985年版,第619页。
④ [清]章学诚著,叶瑛校注:《和州志阙访列传序例》,《文史通义校注》卷六,外篇一,中华书局2000年版,第675—676页。

见,直宽隐彰之意同,不可专事浮文,以虚誉为事也。"①"志传之有褒无贬,本非定例,前代名志,亦多褒贬并行。马氏《安邱志》有丑德门,何氏《闽书》有崔苇篇,郭氏《广东志》有贪酷传,林氏《江西志》有奸宄类,前人不以为非。今议者但见志家鲜用此例,因误会为褒贬并行权在国史,方志之例,止应录善,若有一定之式,非也。"②在编撰《永清县志》时,他曾对"选举表""职官表""列女""政略"有关人物的记述,进行了独到的处理,"选举有表而列传无名,与职官有表而政略无志,观者依检先后,责实循名,语无褒贬而意具抑扬,岂不可为后起者劝耶?"③笔法婉转微妙,褒贬抑扬,颇合史志义旨。

第三个方面,辨清各类方志记载的范围和界限。

章学诚认为,各类方志有各自的内容范围,也有各自的撰写方法与要求,切不可简单地加以任意分合,否则将不成为书。他指出,通志与府州县志的体例应有所区别,不是一个简单合并与拆分的过程。

> 如修统部通志,必集所部府州而成。然统部自有统部志例,非但集诸府州志可称通志,亦非分拆统部通志之文即可散为府州志也。诸府之志,又有府志一定义例,既非可以上分通志而成,亦不可以下合州县属志而成。苟通志及府州县志可以互相分合为书,则天下亦安用此重见叠出之缀疣为哉!④

他还说:"所贵乎通志者,为能合府州县志所不能合,则全书义例,自当详府州县志所不能详,既已详人之所不详,势必略人之所不略。……情理必然之事。"⑤在编修《湖北通志》时,他十分注重通志与所属府州县志在体例上的差别,如《湖北通志》中的"舆地考"山川一门,章学诚认为"通志譬之登高指挥,明于形势,而略于间架"⑥,只需将湖北十一府州山川形势作一长篇总论,明其通省经纬大势即可,不必

---

① [清]章学诚著,叶瑛校注:《答甄秀才论修志第一书》,《文史通义校注》卷八,外篇三,中华书局2000年版,第821页。
② [清]章学诚:《湖北通志辨例》,《章学诚遗书》卷二十七,湖北通志检存稿四,文物出版社1985年版,第302页。
③ [清]章学诚著,叶瑛校注:《永清县志政略序例》,《文史通义校注》卷七,外篇二,中华书局2000年版,第755页。
④ [清]章学诚:《方志辨体》,《章学诚遗书》卷十四,方志略例一,文物出版社1985年版,第120页。
⑤ [清]章学诚:《方志辨体》,《章学诚遗书》卷十四,方志略例一,文物出版社1985年版,第121页。
⑥ [清]章学诚:《湖北通志凡例》,《章学诚遗书》卷二十四,湖北通志检存稿一,文物出版社1985年版,第244页。

像旧志"但载山川名目,篇幅十倍增多,而通省经纬形势茫不可考"①。至于"山川、古迹、陵墓,皆府县所领之地也;城池、坛庙、祠宇,皆其地所建也。此则例详府州县志,通志重复详之,失其体矣"②。又如通志中的"食货考"赋役门,仅取布政司总册入志,登其款数;而取议论文辞之有关系者以贯串之,做到文简事明,使读者于十一州府数百年间财赋沿革利弊,洞若观火。至于府州县赋役全书,自当于府州县志详之,通志"食货考"不必代为纂载,只需录于掌故户科项下。

第四个方面,建议州县设立志科。

章学诚有感于修志过程中收集材料的困难,建议清政府在各州县建立常设性机构——"志科",专门掌管搜集乡邦文献,为编好各类方志创造条件。

> 州县之志,不可取办于一时,平日当于诸典吏中特立志科,佥典吏之稍明于文法者以充其选。而且立为成法,俾如法以纪载,略如案牍之有公式焉,则无妄作聪明之弊矣。积数十年之久,则访能文学而通史裁者,笔削以为成书,所谓待其人而后行也。如是又积而又修之,于事不劳,而功效已为文史之儒所不能及。③

至于志科搜集、储存资料的范围,章学诚也给出了他的意见:

> 六科案牍,约取大略,而录藏其副可也。官长师儒,去官之日,取其平日行事善恶有实据者,录其始末可也。所属之中,家修其谱,人撰其传志状述,必呈其副;学校师儒,采取公论,核正而藏于志科可也。所属人士,或有经史撰著,诗辞文笔,论定成编,必呈其副,藏于志科,兼录部目可也。衙廨城池,学庙祠宇,堤堰桥梁,有所修建,必告于科,而呈其端委可也。铭金刻石,纪事橘辞,必摩其本,而藏之于科可也。宾兴乡饮,读法讲书,凡有举行,必书一时官秩及诸名姓,录其所闻所见可也。④

此外,他还主张在志科之外,四乡还应各设采访一人,聘请"绅士之公正符人望

---

① [清]章学诚:《湖北通志辨例》,《章学诚遗书》卷二十七,湖北通志检存稿四,文物出版社1985年版,第302页。

② [清]章学诚:《湖北通志凡例》,《章学诚遗书》卷二十四,湖北通志检存稿一,文物出版社1985年版,第244页。

③ [清]章学诚著,叶瑛校注:《州县请立志科议》,《文史通义校注》卷六,外篇一,中华书局2000年版,第589页。

④ [清]章学诚著,叶瑛校注:《州县请立志科议》,《文史通义校注》卷六,外篇一,中华书局2000年版,第589页。

者为之"①,平时负责采访、搜集遗文逸事,及时呈报志科。

第三节 章学诚方志思想批评

当然,章学诚的方志学理论体系并非无瑕白璧,也有其缺陷,即使是对章学诚推崇备至的梁启超也称其方志学理论"尚有未能尽慊人意者。专注重作史别裁,而于史料之搜辑用力较鲜,一也。嫉视当时考证之学,务与戴东原立异,坐是关于沿革事项率多疏略,二也。其所自创之义例,虽泰半精思独辟,然亦间有为旧史观念所束缚,或时讳所牵掣,不能自贯彻其主张者,三也"②。因此我们对于章学诚的方志思想也不能一味称颂,对其中可非议之处应作具体分析。

章学诚作为封建时代的方志学家,没有也不可能超越时代和阶级的局限,旧时代的封建糟粕在他的方志思想中时有体现。首先是封建正统观念和忠君思想根深蒂固。他早期主修的方志,卷首必冠以"皇言""恩泽"二纪,缺一不可,本来编年纪是要记一方之"古今理乱",起全志之"经"的作用,而"皇言""恩泽"二纪显然不能起到这个作用。至于后期的《湖北通志》,"纪"首仍冠以"皇言纪",登录当朝皇帝的诏谕,而又以清朝为正统,将前代诏谕录于文征;次之才是编年体"大事记",但只以清代发生在湖北的编年大事为正文,至于前代大事,录为附文,"今取自汉以后,凡当以年次者,统合为《编年纪》,附于《皇朝编年纪》后"③。其次是章学诚所修的方志是为世家大族服务的,普通老百姓难以有入志的机会。在章学诚看来,"民贱,故仅登户口众寡之数,卿大夫贵,则详系世之牒,理势之自然也"④。如《湖北通志》的"族望表"(即他志之"氏族表")以门第为收录标准,"凡族有进士二人,及京官四品,外官三品,武职二品者,皆得列表。其世系以甲第仕宦之人为主,上详其始祖,下至其子

---

① [清]章学诚著,叶瑛校注:《州县请立志科议》,《文史通义校注》卷六,外篇一,中华书局2000年版,第589页。
② 梁启超:《龙游县志序》,饮冰室文集之四十三,第1页,《饮冰室合集》第5册,中华书局1989年版。
③ [清]章学诚:《湖北通志凡例》,《章学诚遗书》卷二十四,湖北通志检存稿一,文物出版社1985年版,第244页。
④ [清]章学诚:《湖北通志族望表叙例》,《章学诚遗书》卷二十四,湖北通志检存稿一,文物出版社1985年版,第247页。

孙,旁及其分派之人而止"①。其"义仆传"也是旨在表彰忠心耿耿为统治者效劳的奴才,并不是真正为普通劳动群众树碑立传。再次是章学诚虽然强调志书的"经世"作用,但其所修志书中所谓起"经世"作用的"不外官吏政绩、绅士行为、寡妇贞操以及地方学者之著述或吟咏"②,内容上集中于人文方面的记载,对于经济、社会状况和自然科学一笔带过,这也是封建时代志书的通病。从次是章学诚在志书中特别重视"列女传"的撰述,大力宣扬节孝贞烈等封建伦理纲常,为了编好"列女传",他多次不辞辛苦,访问现存的节妇烈女,或安车迎至馆中,或走访其地,搜寻妇女"贞节"的材料,甚至不惜违背生人不立传的原则,"邑志列传,全用史例,凡现存之人,例不入传。惟妇人守节,已邀旌典,或虽未旌奖,而年例已符,操守粹白者,统得破格录入。盖妇人从一而终,既无他志,其一生责任已毕,可无更俟没身。……今日不予表章,恐后此修志,不免遗漏,故搜求至汲汲也"③,反映了他浓厚的封建卫道思想。最后是章学诚的方志观仍不可避免地带有封建迷信的色彩,如星野、风水等记载仍可从他所修各志中找到,"至星土之说,存其大概,以天道远而人事迩也"④,不能像民国后期方志学者那样根本杜绝之。

但是除了时代局限造成的方志思想的缺陷外,章学诚修志理论也存在着一些主观认识上的偏差,以及实践与理论相悖之处。其一,史、志不分,倡导极端的撰著体修志风格。章学诚方志思想中认识上的一大误区是把方志等同于地方史,造成史、志不分,以史代志。章学诚奠定了自宋代以来的"方志为史说",这是他在方志学上的一大贡献,但问题是章学诚在这个问题上有些矫枉过正,在他眼中,方志即是地方史,史、志不分,两者毫无区别,"志乘为一县之书,即古者一国之史也"⑤,"夫家有谱,州县有志,国有史,其义一也"⑥,从而混淆了史、志的概念,造成事实上的史、志不分,以史代志。我们说,方志是史学的一个分支,固然不错,但它又是一种特殊的史书,即具备了地方性、时限性、资料性、叙述性、官修性五种基本属性的史

---

① [清]章学诚:《湖北通志族望表叙例》,《章学诚遗书》卷二十四,湖北通志检存稿一,文物出版社1985年版,第247页。
② 李泰棻:《方志学》,河北人民出版社1990年版,第81页。
③ [清]章学诚著,叶瑛校注:《修志十议》,《文史通义校注》卷八,外篇三,中华书局2000年版,第845页。
④ [清]章学诚:《湖北通志凡例》,《章学诚遗书》卷二十四,湖北通志检存稿一,文物出版社1985年版,第244页。
⑤ [清]章学诚著,叶瑛校注:《永清县志前志列传序例》,《文史通义校注》卷七,外篇二,中华书局2000年版,第782页。
⑥ [清]章学诚著,叶瑛校注:《为张吉甫司马撰大名县志序》,《文史通义校注》卷八,外篇三,中华书局2000年版,第882页。

书,与一般意义上的史书是有所区别的,如听任史、志不分,以史代志,方志这一民族文化特有的瑰宝将失去其存在于著作之林的意义。但在章学诚看来,方志等同于地方史,自然应该套用史书的写法来修志,包括运用"太史公曰"之类夹叙夹议的撰史手法,"志为史裁,全书自有体例。志中文字,俱关史法,则全书中之命辞措字,亦必有规矩准绳,不可忽也"①,其所撰《湖北通志》的"人物传"中插入议论,"凡传志之类,是非不谬于圣人,忌讳不干于功令,斯其道矣。至于叙述有所轻重,辞气有所抑扬,本无一定科律,皆听作者自为,难以拘定。罗愿所谓儒者之书不同钞取记簿,正谓此等处也"②。故修志风格上倾向撰著体,反复论述志书不是"纂辑",不是"比次之书","方志为外史所领,义备国史取裁,犹《春秋》之必资百国宝书也。而世儒误为地理图经,或等例于纂辑比类,失其义矣"③,批评纂辑体志书"猥琐繁碎,不啻市井泉货注簿,米盐凌杂"④。平心而论,撰著体与纂辑体皆为传统方志的纂修方法,就可读性而言,撰著体似胜一筹;但以可信性而言,自然以纂辑体为优。因为即便标有资料出处的纂辑体,尚难避免因见闻所囿、考订欠精而致所据不当,亦有态度草率、队伍参差而致引证疏漏诸问题,但毕竟可以核查之。撰著体却因无法复核,令人有杜撰之虞。况且志书的资料性和著述性始终是一对矛盾,增强了著述性,势必削弱资料性,需要在修志中掌握好平衡。关键是章学诚在修志风格上又好走极端,他把撰著体风格发展到极致,据章学诚同榜进士、史学家兼考据学家陈诗称"其论地志也,尊撰著而薄纂辑诸家,且谓纂辑者当无语不出于人,撰著者当无语不出于己"⑤,又云"纪略表传创凡例,要与述旧分鸿沟;一传一篇自下意,序论往往千言遒,散钱无串穿不得,旧闻习事一笔勾"⑥,这样的做法势必削弱志书的资料性特长,与方志"述而不作"的原则背道而驰,造成事实上的以史代志,故章氏所修志

---

① [清]章学诚著,叶瑛校注:《与石首王明府论志例》,《文史通义校注》卷八,外篇三,中华书局2000年版,第861页。
② [清]章学诚:《湖北通志辨例》,《章学诚遗书》卷二十七,湖北通志检存稿四,文物出版社1985年版,第303—304页。
③ [清]章学诚:《为毕制府撰湖北通志序》,《章学诚遗书》卷二十四,湖北通志检存稿一,文物出版社1985年版,第243页。
④ [清]章学诚著,叶瑛校注:《答甄秀才论修志第二书》,《文史通义校注》卷八,外篇三,中华书局2000年版,第826页。
⑤ 王葆心:《清代方志学撰著派与纂辑派争持论评》,朱士嘉:《中国旧志名家论选》,史志文萃编辑部1986年印行,第118页。
⑥ 王葆心:《清代方志学撰著派与纂辑派争持论评》,朱士嘉:《中国旧志名家论选》,史志文萃编辑部1986年印行,第119页。

书"以体裁见长,而考据乃其所短"①,"绝不以征引见长"②。如果我们今天编修方志,采用章氏主张的修志风格,那么志书也就不成其为志书,而成为一般意义上的史书了,这是我们今天批评章学诚方志思想时不能不予以特别指出的。正是由于章学诚把方志看作地方史,因此在方志起源问题上,他认为春秋战国时期那些记载各诸侯国史事的史书,如晋之《乘》、楚之《梼杌》、鲁之《春秋》等,应是最早的方志,"百国春秋,实称方志"③,"夫州县志乘,比于古者列国史书,尚矣"④,而唐宋时期的图经则不是方志,他甚至把元明清所修的《一统志》也排除在方志门外。这种看法,造成了方志观念的偏狭性,无形中也割断了方志发展的历史。

> 郡县志乘,即封建时列国史官之遗,而近代修志诸家,误仿唐宋州郡图经而失之者也。《周官》外史掌四方之志,注谓若晋之《乘》,楚之《梼杌》,鲁之《春秋》。是一国之史,无所不载,乃可为一朝之史之所取裁。夫子作《春秋》,而必征百国宝书,是其义矣。若夫图经之用,乃是地理专门。按天官司会所掌书契版图,注:版谓户籍,图谓土地形象,田地广狭,即后世图经所由仿也。是方志之与图经,其体截然不同,而后人不辨其类,盖已久矣。⑤

> 今之图经,则州县舆图,与六条宪纲之册,其散著也。若元明之《一统志》书,其总汇也。散著之篇,存于官府文书,本无文理,学者所不屑道。统汇之书,则固地理专门,而人物流寓,形胜土产,古迹祠庙诸名目,则因地理而类撮之,取供文学词章之所采用,而非所以为书之本意也。故形胜必用骈俪,人物节取要略,古迹流连景物,祠庙亦载游观,此则地理中之类纂,而不为一方文献之征,甚皎然也。⑥

其二,在具体方志编纂体例中存在若干误区。章学诚在方志具体编纂体例方

---

① 王葆心:《清代方志学撰著派与纂辑派争持论评》,朱士嘉:《中国旧志名家论选》,史志文萃编辑部1986年印行,第118页。
② 王葆心:《清代方志学撰著派与纂辑派争持论评》,朱士嘉:《中国旧志名家论选》,史志文萃编辑部1986年印行,第123页。
③ [清]章学诚:《湖北文征叙例》,《章学诚遗书》卷二十七,湖北通志检存稿四,文物出版社1985年版,第298页。
④ [清]章学诚著,叶瑛校注:《和州志政略序例》,《文史通义校注》卷六,外篇一,中华书局2000年版,第664页。
⑤ [清]章学诚著,叶瑛校注:《为张吉甫司马撰大名县志序》,《文史通义校注》卷八,外篇三,中华书局2000年版,第880页。
⑥ [清]章学诚著,叶瑛校注:《为张吉甫司马撰大名县志序》,《文史通义校注》卷八,外篇三,中华书局2000年版,第881页。

面确有许多自创之处,足为后世法。但有些体例并非章学诚首倡,后世研究者多受章学诚误导,常常把这些思想的闪光点加到章学诚头上,实为过誉。如章学诚在志书中曾设立"前志传"这个门类,用于记载前志义例、目录、作者姓氏、编纂情形等,他自认为这是他的一大发明,"州县志书,论次前人撰述,特编列传,盖创例也"①。但事实并非如此,明《万历绍兴府志》末尾即有"序志"卷,"凡绍兴地志诸书,自《越绝书》《吴越春秋》以下,一一考核其源流得失,亦为创格"②,可见这种做法并非章学诚首创,至少目前的证据表明是《万历绍兴府志》开创了这种体例。还有一些做法,诸如对帝王后妃和正史已立传人物入志的态度,即使是放在封建时代的氛围中,也是没有什么道理可言的。章学诚认为帝王后妃在志书中仅允许以人物表的形式出现,不得僭列于《人物传》,"夫诸侯不祖天子,大夫不祖诸侯,严名分也。历代帝王后妃,史尊纪传,不藉方志。修方志者,遇帝王后妃故里,表明其说可也。列帝王于人物,载后妃于列女,非惟名分混淆,且思王者天下为家,于一县乎何有"③;又认为正史已立传之本地人物,志书中不应重复立传,但可列其名于人物表,并将正史之传收于《文征》,"史如日月,志乘如灯。灯者,所以补日月所不及也。故方志之十人物,但当补史之缺、参史之错、详史之略、续史之无,方为有功纪载。如史传人物本已昭如日月,志乘又为之传,岂其人身依日月而犹借光于灯火耶?"④这些做法纯属作法自毙,毫无道理可言。历史上的人物,无论地位多高,影响多大,在其家乡的志书中都是应该入志的,因为志书是给后人看的,一地志书的人物传当然要汇集本地有影响的人物,岂有反而把最有影响的人物剔除之理?即使在同时代的旧志中一般也不这样做,明清方志中帝王后妃一般都是入人物传的,清代由康熙皇帝钦定为全国修志样板的《顺治河南通志》和《康熙陕西通志》也不例外。抑或有改换门目,在志书中为帝王后妃树碑立传的,如成书于明天启年间的《吴兴备志》专门设置了"帝胄""宫闱"两个门类,分别用以记载出生于湖州的帝王、后妃。可见,章学诚的上述做法即使是在封建时代也不被广泛认同。此外,章学诚强调志书在体例、篇目上要符合史裁,故反对志书为表现地方特色而在篇目设置上进行"升格"等创制,这

---

① [清]章学诚著,叶瑛校注:《和州志前志列传序例下》,《文史通义校注》卷六,外篇一,中华书局2000年版,第689页。
② [清]纪昀等:《钦定四库全书总目》卷七十四,史部三十,地理类存目三,中华书局1997年版,第998页。
③ [清]章学诚著,叶瑛校注:《书〈武功志〉后》,《文史通义校注》卷八,外篇三,中华书局2000年版,第905页。
④ [清]章学诚:《修湖北通志驳陈熷议》,《章学诚遗书》外编,补遗,文物出版社1985年版,第619页。

是其史志不分、以史代志思维的延续。众所周知,苏州的特色是园林甲天下,故南宋绍熙年间范成大所修《吴郡志》专门设置了"园亭""古迹"等门类加以记述,其中虎丘虽只是一个小丘,然能与天下名山争胜,在苏州有独特的地位,因此该志将其从"山"中分出来,单列"虎丘"门类,与"山"并立,以突出其地位,但章学诚却不以为然,批评其"古迹与祠庙、官宇、园亭、冢墓、宫观、寺、山、川等,颇相混乱。别出虎丘一门于山之外,不解类例牵连详略互注之法,则触手皆荆棘矣"①。我们认为,地方性是方志的首要属性,突出地方特色是方志编纂的第一要求,而升格是体现志书地方特色的一种很好的方法,章学诚反对志书在篇目设置上进行"升格",显然是从方志即地方史的观点出发的,结论自然失之偏颇。

其三,章学诚的有些修志观念虽十分精到,但在他实际的修志实践中却并未实施,理论与实践有相悖之处。诚如梁启超批评的:"其所自创之义例,虽泰半精思独辟,然亦间有为旧史观念所束缚,或时讳所牵掣,不能自贯彻其主张者。"②如章学诚十分重视"大事记"的编写,主张志首必冠以编年体的大事记,记载一方之"古今理乱",起到全志之"经"的作用,"方志撰纪,以为一书之经"。③ 但综观其所修志书,除《湖北通志》外,其他各志均没有设编年体的大事记,却必在志首冠以"皇言""恩泽"二纪,而这二纪记录的是皇帝的诏谕,根本起不到用以编年、经理全志的作用,这显然与其倡导编年体大事记的主张背道而驰。又如"列女传"的编写,章学诚本意并非专为贞节烈妇所立。

> 列女名传,创于刘向。……然后世史家所谓列女,则节烈之谓,而刘向所叙,乃罗列之谓也。节烈之烈为列女传,则贞节之与殉烈,已自有殊;若孝女义妇,更不相入,而闺秀才妇,道姑仙女,永无入传之例矣。夫妇道无成,节烈孝义之外,原可稍略;然班姬之盛德,曹昭之史才,蔡琰之文学,岂转不及方技伶官之伦,更无可传之道哉? 刘向传中,节烈孝义之外,才如妾婧,奇如鲁女,无所不载;即下至施、旦,亦胥附焉。列之为义,可为广矣。自东汉以后,诸史误以罗列之列,为殉烈之烈,于是法律之外,可载者少;而蔡文姬之入史,人亦议之。今当另立贞节之传,以载旌奖之名;其正载之外,苟有才情卓越,操守不

---

① [清]章学诚著,叶瑛校注:《书〈吴郡志〉后》,《文史通义校注》卷八,外篇三,中华书局2000年版,第916页。
② 梁启超:《龙游县志序》,饮冰室文集之四十三,第1页,《饮冰室合集》第5册,中华书局1989年版。
③ [清]章学诚著,叶瑛校注:《永清县志皇言纪序例》,《文史通义校注》卷七,外篇二,中华书局2000年版,第704页。

同,或有文采可观,一长擅绝者,不妨入于列女,以附方技、文苑、独行诸传之例;庶妇德之不尽出于节烈,而苟有一长足录者,亦不致有湮没之叹云。①

但观其所修各志,"列女传"表彰的仍是清一色的节妇烈女。再如善恶同书、褒贬并用是章学诚一贯提倡的修志理念。

> 志传之有褒无贬,本非定例,前代名志,亦多褒贬并行。马氏《安邱志》有丑德门,何氏《闽书》有萑苇篇,郭氏《广东志》有贪酷传,林氏《江西志》有奸宄类,前人不以为非。今议者但见志家鲜用此例,因误会为褒贬并行权在国史,方志之例,止应录善,若有一定之式,非也。据事直书,史志一例。②

但通观其所修各志,人物传也是有褒无贬,虽然章学诚在志书中对一些历史上不大光彩的人物的记载采用了暗贬的手法,"夫选举为人物之纲目,犹职官为名宦之纲目也。选举职官之不计贤否,犹名宦人物之不计崇卑,例不相侔而义实相资也。选举有表而列传无名,与职官有表而政略无志,观者依检先后,责实循名,语无褒贬而意具抑扬,岂不可为后起者劝耶?"③但毕竟与前述《万历安丘县志》《闽书》《万历广东通志》《嘉靖江西通志》各志直书褒贬不可同日而语。章学诚曾谓:"今之志书,从无录及不善者,一则善善欲长之习见,一则惧罹后患之虚心尔"④,不知他是否也正因为此,而未能贯彻其善恶并书的主张。

第四节　章学诚方志思想在清代及后世的影响

章学诚所处的乾嘉时代,在方志撰著派(或称文献派、历史派、新派)与纂辑派(或称考据派、地理派、旧派)的流派之争中,无疑纂辑派占据了绝对优势,这是因为考据学已成为当时的时代精神。诚如梁启超在《中国近三百年学术史》中说的:

---

① [清]章学诚著,叶瑛校注:《答甄秀才论修志第二书》,《文史通义校注》卷八,外篇三,中华书局2000年版,第829页。
② [清]章学诚:《湖北通志辨例》,《章学诚遗书》卷二十七,湖北通志检存稿四,文物出版社1985年版,第302页。
③ [清]章学诚著,叶瑛校注:《永清县志政略序例》,《文史通义校注》卷七,外篇二,中华书局2000年版,第755页。
④ [清]章学诚著,叶瑛校注:《答甄秀才论修志第一书》,《文史通义校注》卷八,外篇三,中华书局2000年版,第821页。

乾嘉间之考证学，几乎独占学界势力，虽以素崇宋学之清室帝王，尚且从风而靡，其他更不必说了。所以稍为时髦一点的阔官乃至富商大贾，都要"附庸风雅"，跟着这些大学者学几句考证的内行话，这些学者得这种有力的外护，对于他们的工作进行，所得利便也不少。总而言之，乾嘉间考证学，可以说是清代三百年文化的结晶体。①

章学诚"志属信史"的观点及由此而倡导的撰著体的编修风格，在考据成风的乾嘉时代很难被当时的主流学风所接受，以至于曲高和寡，知音难觅，"撰著一派，则惟实斋为集成之祖，因此遂树无数之敌，到处皆受弹射以去"②，"当时人务反章氏修志之种种，可见方志学新派撰著家初倡时，大不容于世口矣！……此章氏孤行修志之高作，率绝迹于世之总因欤？"③事实也的确如此，章学诚受湖广总督毕沅之邀在武昌修《湖北通志》时，曾指导过湖北荆州、麻城、罗田及湖南常德等几部府县志的总纂或裁定体例，但后来不仅《湖北通志》未能刊印，章学诚帮助裁定的这几部府县志的体例和篇目，也无一不受到当地士人的强烈抵触。后来正式刊印的如《嘉庆常德府志》等，章氏体例几乎都被改窜。《乾隆罗田县志》虽未刊印，但体例也遭改窜。《乾隆麻城县志》为章氏总纂，书成未及刊印而版毁，仅遗未校定之本，"至光绪初修志时犹存。其时纂《麻城县志》者……因不满章书之故，并仅存未校之红本，但供取材，而不用其书焉。是章氏之方志学，至光绪初犹被攻诘，此新派修志之所以终难推拓于时人也"④。

但是，曲高和寡并不意味着就无人来和，知音难觅也并不意味着就没有知音，章学诚的方志理论，在其同时代也不是无人问津。实际上，当时也有人采用章氏主张编修方志，如周震荣（直隶永清知县）、张维祺（直隶大名知县）、周棨（直隶获鹿知县）、王维屏（湖北石首知县）等。周震荣为章学诚《庚辛之间亡友传》所作的跋文，清楚地显示了章学诚在修志上对张维祺、周棨的影响。

---

① 梁启超：《清代学术变迁与政治的影响（上）》，《中国近三百年学术史》，饮冰室专集之七十五，第24页，《饮冰室合集》第10册，中华书局1989年版。
② 王葆心：《清代方志学撰著派与纂辑派争持论评》，朱士嘉：《中国旧志名家论选》，史志文萃编辑部1986年印行，第120页。
③ 王葆心：《清代方志学撰著派与纂辑派争持论评》，朱士嘉：《中国旧志名家论选》，史志文萃编辑部1986年印行，第135页。
④ 王葆心：《清代方志学撰著派与纂辑派争持论评》，朱士嘉：《中国旧志名家论选》，史志文萃编辑部1986年印行，第134页。

辛丑孟秋,余于役顺义,得与两君(指张维祺、周榮——笔者注)相比。实斋自京来视余,余置酒邀与相见。时《永清志》新成,余出示坐客,两君色然,若不肯让余独步者,争延实斋。实斋已就相国梁师之约,未之诺也。两君遂各就其所治,采缀成书。云湄大名,晴坡获鹿,皆旧所官之地也。云湄之书,实斋已为订定。晴坡因移剧,旋被吏议,又丁内忧,书虽成,深藏箧中,未尝以示人。其除广东曲江知县,戊申七月也将行。余询之,晴坡曰:"我闻之实斋矣。"余曰:"实斋云何?"晴坡曰:"实斋云,志者志也,其事其文之外有义焉,史家著作之微旨也,国史所取裁也,史部之要删也。序人物当详于史传,不可节录大概,如官府之点卯簿。载书籍当详其目录、卷次、凡例,不可采录华词绮言,如诗文之类选册本。官名、地名必遵一朝制度,不可假借古称。甲子、干支必冠年号,以日纪事,必志晦朔。词赋膏粉勿入纪传,文乡里以桑梓,饰昆弟以埙箎,苟乖理而怼义,则触讳于转喉。"①

而在《为张吉甫司马撰大名县志序》中,也谈到了张维祺与章学诚在修志上的交往。从字里行间看出,张维祺是接受并采纳了章氏的方志思想,其主纂的河北《大名县志》,在体例、章法上皆仿自章氏《乾隆永清县志》。

往在肥乡官舍,同年友会稽章君学诚,与余论修志事。章君所言,与今之修志者异。……章君之言,余未之能尽也。然于志事,实不敢掉之以轻心焉。二图包括地理,不敢流连名胜,侈景物也。七志分别纲目,不敢以附丽失伦,致散涣也。二表辨析经纬,不敢以花名卯簿,致芜秽也。五传详具事实,不敢节略文饰,失征信也。乡荐绅不余河汉,勤勤讨论,勒为斯志,庶几一方之掌故,不致如章君之所谓误于地理之偏焉耳。②

章学诚还在《与石首王明府论志例》一文中提及湖北《石首县志》的编修,从中可反映出这样一个事实,即该志的义例,固定自章学诚,而该志的文词,也由章学诚所润饰,由此可见石首知县王维屏也接受了章氏的方志思想。

体例本无一定,但取全书足以自覆,不致互歧;毋庸以意见异同,轻为改易。即原定八门大纲,中分数十子目,略施调剂,亦足自成一家,为目录以就正

---

① [清]周震荣:《书庚辛之间亡友传后》,《章学诚遗书》卷十九,文集四,文物出版社1985年版,第196页。
② [清]章学诚著,叶瑛校注:《为张吉甫司马撰大名县志序》,《文史通义校注》卷八,外篇三,中华书局2000年版,第880—883页。

矣。……惟法度义例,不知斟酌,不惟辞不雅驯,难以行远;抑且害于事理,失其所以为言。今既随文改正,附商榷矣。①

但是如果细究一下这一时期推崇章学诚的学者之背景,不难发现,其中多为章学诚的亲属以及师友,抑或与章氏及其家属有较密切联系者,可见这一时期,章学诚虽非湮没无闻,但始终未能进入学术地图的中心。他本人也在穷困潦倒中度过自己的一生,去世后很长一段时期一直处于默默无闻、少为人知的状态。进入晚清,章学诚的学术影响才有所提升。在光绪年间的《国史·文苑传》第四稿中,章学诚首次获立为正传。晚清名士李慈铭和叶昌炽都推章学诚为"志学专家"②。鹿传霖在《重修定兴县志》序中将章学诚和洪亮吉、孙星衍、董祐诚并列为乾嘉时期的修志名家。③ 庆文序《光绪汾阳县志》也说:"以方志论,首重体例,我朝自洪稚存先生著《乾隆府厅州县志》、章实斋先生著《文史通义》,后贤循墨守迹,执柯伐柯,其则未远"。④ 同样认为章学诚可以和与他同时代的一流考据名家洪亮吉并驾齐驱,这在考据学盛极一时的乾嘉时期是难以想象的。但不管怎么说,终清一代章氏之学终究未能成为显学。直到进入民国后,经胡适和梁启超对章学诚的推崇,才使得研究章学诚的学术思想成为一门显学。

1920年,日本学者内藤虎次郎编纂了《章实斋先生年谱》,是为章学诚的第一部年谱。1922年,胡适完成了《章实斋先生年谱》⑤,交由商务印书馆出版,称"很替章学诚抱不平。他生平眼高一世,瞧不起那班'擘绩补苴'的汉学家;他想不到那班'擘绩补苴'的汉学家的权威竟能使他的著作迟至一百二十年后方才有完全见天日的机会,竟能使他的生平事迹埋没了一百二十年无人知道"⑥。梁启超则于1924年6月发表了《清代学者整理旧学之总成绩》一文(即后来出版的《中国近三百年学术史》一书的一部分),《东方杂志》第21卷第12期起连载,该文对清代学术进行了系统的总结,方志学成为清代学术的十一个门类之一。在该文中,他指出中国方志学形成于清代乾嘉时期,而其奠基人就是章学诚,"'方志学'之成立,实自实斋始也",

---

① [清]章学诚著,叶瑛校注:《与石首王明府论志例》,《文史通义校注》卷八,外篇三,中华书局2000年版,第861页。
② [清]李慈铭:《越缦堂日记》第6册,广陵书社2004年版,第4353页;[清]叶昌炽:《上海县志札记序》,《奇觚廎文集》卷上,《续修四库全书》第1575册,上海古籍出版社2002年版,第267页。
③ [清]张主敬等修,杨晨纂:《光绪定兴县志》,鹿传霖序,清光绪十六年刻本。
④ [清]方家驹、庆文修,王文员纂:《光绪汾阳县志》,庆文序,清光绪十年刻本。
⑤ 民国学人为章学诚作的年谱主要有胡适著、姚名达订补的《章实斋先生年谱》,陶存煦的《胡适姚名达章实斋先生年谱举正》,吴孝琳根据孙次舟《章实斋著述流传谱》订补的《章实斋年谱补正》。
⑥ 胡适著,姚名达订补:《章实斋先生年谱》,胡适序,商务印书馆1933年版。

推崇章学诚为"方志之圣"。① 在梁启超看来,章学诚对于方志学的贡献主要有两个方面:第一是改造方志的概念,即奠定"方志为史说";第二是改造志书的组织,创立"三书体"。胡适(1891—1962),字适之,安徽省绩溪县人,美国哥伦比亚大学哲学博士,中国新文化运动的领袖,民国时期的著名学者和学界领袖,曾任北京大学教授、校长,驻美大使,台湾"中研院"院长等职。梁启超(1873—1929),字卓如,号任公,又号饮冰室主人,新会县(今广东省江门市新会区)人,近代中国著名思想家、政治家和学者,早年与康有为并称"康梁",领导戊戌变法,民国建立后一度担任北洋政府要职,其间曾力主民主共和,参加反对袁世凯复辟帝制的护国运动,晚年以学者自任,与王国维、陈寅恪、赵元任同为清华大学国学研究院"四大导师"。他还是中国近代新史学的开创者,在中国资产阶级史学界具有"万流归宗"的崇高地位。经胡适和梁启超的推崇,章学诚研究瞬间成为热潮,章学诚本人也获得了前所未有的关注。在此之前,章学诚属于被忽视的学者,在此之后,则一跃成为与戴震齐名的清代学术界著名人物,他的学术地位也一直居高不下,始终是学术界研究的热点人物,以至于当时的西洋史学者何炳松担心"章学"过热,怕读者会因此看不起西洋史家的贡献。

  我以为章实斋的学说,固然值得我们的研究,但是我觉得现在这样程度已经足够了。我们似乎不应该过分的热心。我以为过分了就有"腐化"的危险。现在我们中国人有下面这种风气:就是凡是我国原有的东西,不管好坏总要加上一个很时髦的"国"字来做保镖的武器。……我们倘使把章实斋的史学鼓吹得过分了,那不但要使章氏和我们自己都流入腐化的一条路上去,而且容易使得读者看不起西洋史家近来对于史学上的许多重要的贡献。②

  自然,方志学产生于清代乾嘉时期和章学诚是中国方志学奠基人的说法在民国以后也就深入人心,章学诚遂被公认为我国方志学的奠基人、"方志之圣"。章氏之学俨然成为传统方志学的标杆,民国的方志学者,无论是继承还是批评、扬弃传统方志学理论,都言必称章氏之学,其中不乏李泰棻、傅振伦、黎锦熙、吴宗慈、余绍宋这样的佼佼者。吴宗慈在《修志丛论》的前言中说,"章学诚氏在方志学史上创一代宗风,虽时代不同,未能刻舟求剑以从事,第原则所存,实为现今修志者所不能外。平日阅《章氏遗书》时,其关修志讨论,偶有意见出入,辄随笔纪录",又说他写

---

① 梁启超:《清代学者整理旧学之总成绩(三)——史学、方志学、地理学、传记及谱牒学》,《中国近三百年学术史》,饮冰室专集之七十五,第304页,《饮冰室合集》第10册,中华书局1989年版。

② 胡适著,姚名达订补:《章实斋先生年谱》,何炳松序,商务印书馆1933年版。

此文,是因为"现各县修县志,来函询问县志体例及编纂与调查方法者颇多。因将笔录删芜求精……汇次印行,以供研究方志学及各县修县志者之参考云尔"。① 黎锦熙在《方志今议》序中也自述写该书是受到了章学诚方志学说的启发,"未冠时,习史地,研究章实斋氏之书,初读其《文史通义·内篇》,颇不喜之,因其文不但如戴东原氏之所讥:有八股气;且确有'绍兴师爷'气也。及读至《外篇》创论方志之学,又读其《校雠通义》阐明目录之要,而所主修之方志,其'艺文'一篇又便能打通而实践其'校雠'之旨,则'闻其风而大悦之'。自是好览方志。……民初入北平,教育部之图书室承清末学部之所藏,全国各省道府厅州县新旧方志殆无不备,一一览之,其修于章氏前者,真多不成东西,无怪章氏之奋起而改革也"②。李泰棻的《方志学》、傅振伦的《中国方志学通论》、王葆心的《方志学发微》、寿鹏飞的《方志通义》、吴宗慈的《修志丛论》、瞿宣颖的《志例丛话》等专著,大都有专章论述章学诚的方志学理论,或表赞同,或提出质疑,间或也有批评者。万国鼎等学者在各自的论文中对章学诚的方志思想也有所论及。他们所修的志书,如余绍宋的《民国龙游县志》、吴宗慈的《民国江西通志》等,序例中也多次提及章氏之学。

7.2 课后思考与拓展阅读

---

① 吴宗慈:《修志丛论》,前言,1947年铅印本。
② 黎锦熙:《〈方志今议〉序》,黎锦熙、甘鹏云:《方志学两种》,岳麓书社1984年版,第17页。

第八章　民国方志

第一节　民国方志编修与方志学研究概况

1. 民国方志编修概况

　　1911年爆发的辛亥革命，推翻了清王朝的封建统治，结束了在中国延续了2000多年的封建君主专制制度，建立了具有资产阶级共和国性质的中华民国。但孙中山领导的中华民国南京临时政府为时短暂，袁世凯继任中华民国临时大总统，中国历史进入了北洋军阀统治的黑暗时期，诚如孙中山所说："夫去一满洲之专制，转生出无数强盗之专制，其为毒之烈，较前尤甚。于是而民愈不聊生矣！"[①]虽然接踵而至的是连年军阀混战，社会动荡，但修志工作却身处乱世，一直没有中断。1917年，北洋政府内务部会同教育部通咨全国各地纂修地方志书。袁世凯倒台前就有4个省成立了修志机构，即黑龙江省通志局、浙江省通志局、山东省通志局、广东省通志局。至北洋政府的通咨下发后，山西、四川、陕西、福建、江苏、贵州、河南等省也相继成立了通志局（馆），颁布了修志的"凡例"或办法。1917年，山西省公署首开其端，颁发了编修新志的训令。次年即颁布由郭象升拟稿的《山西各县志书凡例》，规定县志的体例应由图、略、传、表、考五部分组成："图"包括方里图、山脉图、河道图、城郭图；"略"包括

[①]　孙中山：《建国方略》，《孙中山全集》第6卷，中华书局2006年版，第158页。

疆域略、沟洫略、赋税略、丁役略、礼俗略、生业略、物产略、氏族略、方言略、兵防略；"传"包括名宦传、名贤传、文儒传、孝义传、士女传、杂传；"表"包括官事表、选举表、学校表；"考"包括沿革考、营建考、古迹考、金石考、著述考、旧闻考、丛考等。各目之下，均注明注意事项。如方里图，要求用新的测绘方法绘制，务须精审，不得以旧志图充之；又如生业略，应包括士、农、工、商，记载要翔实，调查要精确；等等。1918年，史学家邓之诚发表了《省志今例发凡》一文，提出国体改变，省志体例也必须改变，新编省志的体例应由图、表、纪、志、传组成。还具体要求"图"不仅要有疆域表里图，且须包括建置、人物、草木鱼虫等图，绘图应用科学方法绘制；"表"应列沿革、职官、人物、学制、户口、商务等项内容；"通纪"即大事记，撰述本地古今大事；"志"要因时创新，不拘泥守旧；"传"要包罗各阶层各类人物。[1] 上述通咨、凡例及发凡在民国纂修方志的起步阶段，具有重要指导作用。但限于人力、财力准备不足，又缺乏与时代同步的新的理论指导和实践经验，因此从民国建立到20世纪30年代前的一个阶段，志书编修受清代旧志影响较深，有的本身就出自清朝遗老之手，虽然其间也涌现出诸如余绍宋的《龙游县志》、张相文的《泗阳县志》等在思想上和内容上俱佳的名志，但总体上说，志书在体例和内容上因袭清代旧志，没有体现出新时代的特点。如毛承霖的《续修历城县志》修于民国十三年(1924)，但该志记事起自乾隆三十六年(1771)，止于宣统三年(1911)，辛亥革命以后的史实，概付阙如。毛承霖是光绪年间举人，曾任同知、道员等官职，之所以这样做，是因为他以清朝遗老自居，"尤诟病新政，故凡光绪末季更张各端，建学校，置巡警，筑铁路，开商埠，仅皆略识始末，无俾史实。以视列女等传之篇帙浩繁者，去取殊为不当。而卷首各图，仍用旧制，舆地非图难明，近日图绘之学，渐臻精密，是书知而不孚，泥古失今，尤可惜也"[2]。因为该志是《乾隆历城县志》的续修，所以体例因袭而未改，且"凡称清帝庙号、御讳，皆沿旧制，低格换行，民国纪年，但署干支"[3]。可见内容与体例，直至书写格式，均无创新之处。李泰棻评价这一阶段的志书说：

> 国府通令各省，省府通令各县，催促续志，急如星火。既为功令，势必奉行，故省无问南北，县不分大小，莫不各续志书，待梓报命。然省、县数千，未闻

---

[1] 邓之诚：《省志今例发凡》，《地学杂志》第9卷第4—5合期，1918年5月24日，第369—384页。

[2] 王云五：《续修四库全书提要》第9册，史部，地理类，都会郡县之属，台湾商务印书馆1972年版，第1921页。

[3] 王云五：《续修四库全书提要》第9册，史部，地理类，都会郡县之属，台湾商务印书馆1972年版，第1922页。

有某志之作可以表现当时史潮者,甚至求如清代章(学诚)、戴(震)、洪(亮吉)、杨(笃)诸家之作,亦复不可多得。……以较清代,反多远逊。①

这一时期编修的方志,较为著名的有余绍宋的《龙游县志》、孙奂仑的《洪洞县志》、张相文的《泗阳县志》等。

20世纪30年代初至全面抗战爆发前,是民国方志发展的黄金期,也是近代方志的转型时期,这一时期所修的志书,无论在体例上还是内容上都摆脱了清代旧志的束缚,开始向近代方志过渡,在时代性和科学性方面前进了一大步。自宋代定型以来的传统方志向近代方志的转型,既不始于1840年鸦片战争,也不始于1912年民国的建立,而形成于20世纪20年代末至30年代前期,与中国社会形态的演进过程既有一致性,又表现为一定程度上的不同步性。这一转型有时代及行政因素的推动,尤其是1929年12月南京国民政府颁布的《修志事例概要》,作为官方关于修志的第一个制度性文件,对民国修志的影响非以往可比。一是试图建立常设修志机构,二是对志书体例的影响。1929年12月,南京国民政府内政部颁布了《修志事例概要》二十二条,开始统一规定各地的修志行为,令各省设立通志馆,负责通志编修,各县及各特别市、各普通市兴修志书,应行规定事项,由各省通志馆参照本概要制定,并对志书的体例、结构、内容、编纂手法及各门类的具体要求等作了明确规定。如对大事记、舆图、统计表、照片、艺文、歌谣戏剧、书目、奇异现象都有相关要求:各省志书,除将建置沿革另列入沿革志外,并须特列大事记一门;旧志舆图,多不精确,本届志书,舆图应由专门人员以最新科学方法制绘精印,订列专册,以裨实用;志书中应多列统计表,如土地、户口、物产、实业、地质、气候、交通、赋税、教育、卫生,以及人民生活、社会经济各种状况,均应分年精确调查,制成统计比较表编入;地方名胜古迹、金石拓片,以及公家私家所藏各种古物,在历史上有重要价值者,均应摄制影片编入,以存真迹;各地方重要及特殊方物,均应将原物摄制影片编入,并详加说明,以资考证;艺文一门,须以文学与艺术并重,如书画、雕刻及其他有关艺术各事项,均宜兼采,武卫技击,可另列一门;收编诗文词曲,无分新旧,应以有关文献及民情者为限,歌谣戏剧,亦可甄采;旧志艺文书目,仅列书名、卷数及作者姓名,颇嫌简略,本届志书,应仿《四库全书提要》例,编列提要,以资参考;天时人事,发现异状,确有事实可征者,应调查明确,据实编入,以供科学之研究,但不得稍

---

① 刘志鸿修,李泰棻纂:《民国阳原县志》,李泰棻序,1935年铅印本,第23页。

涉迷信;等等。①《修志事例概要》等的出台,带来了民国修志的热潮。当时尚未建立修志机构的省、市大部分纷纷成立相应的修志机构,新成立的有奉天通志馆、甘肃省通志局、云南通志馆、绥远通志馆、察哈尔通志馆、上海通志馆、湖北通志馆、广西修志局、宁夏通志馆等。但是,民国方志学者学术思想(方志思想)的演进所带来的对传统方志学说的扬弃,却是近代方志转型的主要因素。这一时期(1927—1937)方志纂修不仅数量最多,占民国方志总数的 39.8％②,而且大多数有特色、有影响的名志修成于此时,如黄炎培的《川沙县志》,傅振伦的《新河县志》,李泰棻的《阳原县志》,王焕镳的《首都志》,王树枏、张国淦、瞿宣颖等的《河北通志稿》,傅增湘、李泰棻等的《绥远通志稿》,向楚、龚春岩的《巴县志》,贾恩绂的《定县志》《南宫县志》,王重民的《重修无极县志》,陈训正的《鄞县通志》,等等。

　　1937 年抗日战争全面爆发后,尽管政府西迁,山河破碎,国统区的修志活动较之全面抗战前大为减少,却仍经久未绝。在修志为抗日服务的号召下,撤退到西北、西南后方的学校和公私学术团体中的一些热心于方志事业的学者,以及当地士绅在极其艰苦的条件下,编修了一部分志书。如迁往陕西城固的西北联合大学(全面抗战期间,北平师范大学、北平大学、北洋工学院联合组成西北联合大学——笔者注)的教授黎锦熙提出以修志为抗日服务的号召——"抗战建国! 我以为文化界中人要真正负起责任来,第一步工作,就是给所在的地方修县志"③,主持编修了陕西《城固县志》《洛川县志》《黄陵县志》《同官县志》《宜川县志》。迁往云南昆明的西南联合大学(全面抗战期间,北京大学、清华大学、南开大学联合组成西南联合大学——笔者注)史学系、生物学系的师生,合作编纂了云南《呈贡新志》。迁到贵州遵义的浙江大学史地系教授张其昀组织师生编纂了《遵义新志》。尤其值得一提的是重庆《北碚志》的编修。该志由顾颉刚和傅振伦主持编修,云集重庆的研究机关和高等学校的 200 多名学者、教授共同参与,历史上像这样由各学科专家共同参加编修志书是旷古未有的。该志体例完备,分大事谱、地理考、政治略、经济略、文化略、社会略、列传、聚落记 8 编,卷末附别录,是一部从内容到形式、编纂手法都较具创新精神的志书。惜在抗战胜利后有关方面忙于复员返回故里,使得全志没有完成。

---

　　① 《修志事例概要》,《浙江省通志馆馆刊》第 1 卷第 3 期,杭州古籍书店 1986 年影印本,第 109 页。
　　② 黄燕生:《中国历代方志概述》,来新夏:《中国地方志综览(1949—1987)》,黄山书社 1988 年版,第 431 页。
　　③ 黎锦熙:《〈方志今议〉序》,黎锦熙、甘鹏云:《方志学两种》,岳麓书社 1984 年版,第 15 页。

全面抗战时期,伪满洲国和汪伪政权统治地区也编修了一些志书。日本扶植的傀儡政权伪满洲国,据统计共编纂了55种志书,其中总志1种,辽宁20种,吉林24种,黑龙江10种。① 汪伪统治区,以河南省为例,1942年,伪河南省政府恢复河南通志馆的工作,伪河南省长陈静斋聘任伪省民政厅厅长赵筱山兼任馆长,伪省博物馆馆长关百益兼任总纂,最终以搜罗图书馆藏的前此已修成的部分通志手稿付梓刊印,但对当时河南的修志还是起了一定的推动作用,在此期间,河南所修方志不足10种,一半出于伪政权。由吴廷燮任主编,夏仁虎、瞿宣颖等学者名流参与编纂的《北京市志稿》也是这一时期的作品,始修于1938年,完稿于1940年。这些志书自然带有汉奸色彩,宣扬"王道乐土""大东亚共荣",美化日本的侵略暴行,充斥着封建伦理道德、封建迷信或皇权至上的说教和诬蔑人民抗日斗争的记述,但是,方志的编纂者毕竟也无法忽视中国丰富的历史文献记载和实际调查的结果,而完全地迎合日本推行殖民统治的需要。据不完全统计,这一时期纂修及刊印的各类方志约有219种,约占民国时期方志编纂总数的14%②,已远不及国民政府前期的状况。

1944年5月,其时尚在抗日烽火中,国民政府内政部颁布《地方志书纂修办法》,重新启动修志。该办法规定修志分省志、市志、县志3种,省志30年纂修一次,市县志15年纂修一次;各地应设立修志馆从事编辑;志书编就,应将志稿送请内政部组织的"志书审核委员会"核定;志书出版后,还应送存内政部、军政部、教育部、中央图书馆等备查。在这之前,应张澜、李璜的提议,四川省主席张群已于1942年9月正式成立了四川省通志馆,而浙江省政府主席黄绍竑也在同年5月启动重修浙江省志,并于次年8月在省政府临时驻地云和县重建浙江省通志馆,余绍宋任馆长。抗战胜利后,1946年10月1日,国民政府内政部又重新公布了《地方志书纂修办法》,其内容与前次不同的是修志机构的设置,要求各省、市、县未成立通志馆者,设立文献委员会,负责收集地方文献,以备将来编修方志。同时,内政部还公布了《市县文献委员会组织规程》,共12条,其中第八条规定:"文献委员会征集保存之各种材料,于本市县着手兴修志书时,应全部移送修志机关甄采。"③这些政令对促进各地编志事业的恢复和发展起到了一定的推动作用,一些因抗战而中断的修志活动

---

① 杜娟:《伪满时期方志的编纂》,2010年复旦大学历史地理学专业硕士学位论文,第7页。
② 黄燕生:《中国历代方志概述》,来新夏:《中国地方志综览(1949—1987)》,黄山书社1988年版,第432页。
③ 《市县文献委员会组织规程》,中国地方志指导小组办公室编:《中国方志文献汇编》,方志出版社1999年版,第1458页。

陆续恢复,各地纷纷成立文献委员会,修成和印行了一批志书,如《贵州通志》《新纂云南通志》等。

据《中国地方志联合目录》统计,现存的民国志书共有 1571 种。以现行区划考其分布,北京 14 种,上海 32 种,天津 6 种,河北 104 种,山西 44 种,内蒙古 34 种,辽宁 56 种,吉林 58 种,黑龙江 55 种,陕西 67 种,甘肃 53 种,宁夏 7 种,青海 29 种,新疆 13 种,山东 83 种,江苏 100 种,浙江 85 种,安徽 42 种,江西 25 种,福建 57 种,台湾 5 种,河南 80 种,湖北 25 种,湖南 44 种,广东(含海南)60 种,广西 73 种,四川(含重庆)163 种,贵州 54 种,云南 76 种,西藏 27 种。[①] 一些边远省份,如吉林、黑龙江、内蒙古、西藏,较清代又有较大增长。民国时期涌现出了不少名志,如黄炎培的《川沙县志》,余绍宋的《龙游县志》和《重修浙江通志稿》,王树枏、张国淦、瞿宣颖等的《河北通志稿》,吴宗慈的《江西通志稿》,傅振伦的《新河县志》和《北碚志》,李泰棻的《阳原县志》,黎锦熙的《洛川县志》《黄陵县志》《同官县志》《宜川县志》,王焕镳的《首都志》,陈训正的《鄞县通志》,张其昀的《遵义新志》,等等。因而有人说民国方志处于"衰落"时期、"沉沦"时期,或谓"清代的余绪",是不符合历史事实的。

2."方志废止案"

辛亥革命后,关于方志编纂何去何从,曾引起一场空前的争论,主张守旧者有之,主张改良者有之,主张以年鉴代替者亦有之。1929 年,时任南京国民政府浙江省政府委员、国立浙江大学校长的蒋梦麟在浙江省政府委员会第 191 次会议上提出"酌拟嗣后续修新志体例及进行办法请公决案",主张解散方志旧体,以年鉴、专门调查及省史三书代之,"省志问题,在现代之立场,以切用为目的……其材料应一,侧重现状,二,切于实用,三,注重物质方面,……非此,下焉者,则同仿造之古物;上焉者,亦类改制之旧衣。实用苟尚有未周,款项即虞其虚耗。今拟解散方志旧体,分为一,浙江省年鉴,二,浙江省各种专门调查,及三,浙江省史,三部分"。其所拟订的年鉴门目是:一、地理(省市县图、疆域沿革、面积、行政区域、山脉、河流、气候);二、地质、矿物及动植物概论;三、户口;四、民族(方言、风俗附);五、党部组织;六、行政组织;七、治安(军备、警察);八、教育;九、宗教;十、农业;十一、工业;十二、商业及金融;十三、交通;十四、财政;十五、建设;十六、民生(生活程度、职业分配、物价、工资、财产之调查或估计及其与人口之比例、救济)。专门调查的门目是:全

---

① 黄燕生:《中国历代方志概述》,来新夏:《中国地方志综览(1949—1987)》,黄山书社 1988 年版,第 434 页。

省地图、地质调查、气象调查、民族调查、经济调查、教育调查。省史则拟分为九门：一、建置沿革；二、大事记；三、度支志(历代民户丁漕、各项课税、省费支出)；四、工程志(塘工、疏浚、兴修之事)；五、民生志(物价及生活状况)；六、教育志；七、人物志(治绩、懿行、学术、技术)；八、民俗志(附宗教、语言、民族)；九、志余(古迹、名胜)。① 他还主张"自今以后，只须有省志(新拟之三部分)而不必再有县志"②。这个建议当时虽未付诸实行，但在方志界已然掀起了轩然大波。万国鼎认为，"年鉴及各种专门调查，各自为书，尽可并行不悖也"，至于"不必再有县志"的说法则"期期以为不可"，因为"县志所详者，决非省志所能尽容。且二者各有其体裁，决非集合县志可称省志，亦非分拆省志之文即可散为县志"。③ 瞿宣颖认为方志是"地方之史"，不能等同于年鉴，年鉴及专门调查都是"备修史之史料"，是"地方史之长编"，二者是史与史料的关系。④ 但他提议在完成修志任务以后，"可以每年出一种年鉴，以记载流动的事实。其他的事也可以在这里附带的补充修正，使其日异而月新"⑤。黎锦熙在《方志今议》中也谈到了对方志与年鉴关系的看法，他认为蒋梦麟的建议与章学诚"志立三书"之说用意相仿，年鉴及专门调查的作用近似于"掌故"和"文征"，"特其目标一重在存史，一重在致用耳"。⑥ 而他提出方志"广四用"的主张中，其中之一就是作为"地方年鉴"。他认为年鉴是方志的"长编"，即方志的重要资料，有此"长编"，然后加上沿革考证，删并其繁称琐录，县志的基础便扎实了，所以"年鉴之用，仍须存于方志之中"。⑦ 由上述争论我们可以得知，当时主张对旧志体例进行改革而利用者俨然成为这一时期方志编纂思想的主流，绝大多数的民国方志学者在对传统方志学扬弃的同时，吸取了外国的先进文化，使近现代方志实践在方志发展史上起着承上启下的作用。

3. 民国方志学研究概况

方志学的创立可追溯到清代乾嘉时期的章学诚，但直到民国时期，方志学的研

---

① 蒋梦麟：《酌拟嗣后续修新志体例及进行办法请公决案》，《国立中山大学语言历史学研究所周刊》第7集第81号，1929年5月15日，第34—38页。
② 蒋梦麟：《酌拟嗣后续修新志体例及进行办法请公决案》，《国立中山大学语言历史学研究所周刊》第7集第81号，1929年5月15日，第39页。
③ 万国鼎：《方志体例偶识》，《金陵学报》第5卷第2期，1935年11月，第367页。
④ 瞿宣颖：《志例丛话》，《东方杂志》第31卷第1号，1934年1月1日，第279—280页。
⑤ 瞿兑之(瞿宣颖)：《读李氏方志学》，《禹贡》第3卷第6期，1935年5月16日，第37页。
⑥ 黎锦熙：《方志今议》，黎锦熙、甘鹏云：《方志学两种》，岳麓书社1984年版，第21页。
⑦ 黎锦熙：《方志今议》，黎锦熙、甘鹏云：《方志学两种》，岳麓书社1984年版，第23页。

究才形成气候,呈现出前所未有的活跃景象,出现了一批方志学者,出版了一大批影响很大的方志学著作、刊物和目录书,奠定了方志目录学的基石。

1918年5月,著名地理学家、教育家张相文创办的中国地学会杂志——《地学杂志》第9卷第4、5合期率先发表了邓之诚的《省志今例发凡》一文。1924年6月,梁启超将其《中国近三百年学术史》讲义中的《清代学者整理旧学之总成绩》,自《东方杂志》第21卷第12期起连载,引起了学术界的瞩目。1932年,著名地理学家、历史学家张其昀将竺可桢1928年创办的国立中央大学地理学系刊物《地理杂志》改名为《方志月刊》。张其昀在改刊卷首语中谓:"余尝谓中国人地学之前途,应从事两种工作,一曰方志学,一曰国势学,可称为人地学之双轨。方志学乃纯粹研究之性质,国势学则以方志学为基础,而注重于中外实际问题之研究。本志所以定名为方志月刊者,其宗旨即在于此。"①出版至第9卷第3、4合期后停刊。1934年,著名历史学家顾颉刚与其弟子谭其骧创办了以沿革地理和方志学为主的《禹贡》半月刊,共出版7卷82期,因"七七事变"停刊。这几个刊物及其他学术刊物,发表了学术界关于方志学研究的大量文章。据统计,梁启超、万国鼎、邓之诚、张国淦、张其昀、侯仁之、金毓黻、向达、谭其骧、史念海、傅振伦、朱士嘉、瞿宣颖、余绍宋、陈训正、陈训慈等学者在《东方杂志》《禹贡》《方志月刊》《地学杂志》《食货》《建国学术》《文澜学报》《金陵学报》《燕京学报》《厦门大学学报》等杂志上发表了有关方志学的论文200多篇。尤其是出现了近10种方志学专著,如李泰棻的《方志学》、傅振伦的《中国方志学通论》、黎锦熙的《方志今议》、王葆心的《方志学发微》、甘鹏云的《方志商》、寿鹏飞的《方志通义》、吴宗慈的《修志丛论》、瞿宣颖的《志例丛话》、邬庆时的《方志序例》等。这些专著和关于方志学的高质量学术论文的问世,标志着民国时期方志理论的日渐成熟和理论研究的纵深拓展。

第二节 民国方志学者和修志名家对传统方志学理论的扬弃

修志是中华民族的优良传统,方志的编纂是在一代代的继承和创新中发展的。民国时期,学术研究的活跃促进了方志的近代转型,使民国方志在时代性和科学性方面都前进了一大步,在中国方志发展史上起到了承上启下的作用。

---

① 张其昀:《卷头语》,《方志月刊》第5卷第3期,1932年11月1日,第1页。

其一,民国方志诸家赞同章学诚"志属信史"的观点,但也注意到"史""志"的不同,已认识到方志是有别于史书、地理书的另一类性质的书。他们在各自的方志学论著中,几乎都进一步探讨、阐说了方志的性质问题。总的来说,他们赞同章氏的"志属信史"的观点,认为地方志即地方史,"方志者,地方之史也"[①],"汇记一地方古今纵横之史迹曰方志"[②],"方志者,即地方之志,盖以区别国史也。依诸向例,在中央者谓之史,在地方者谓之志,故志即史"[③],"一省通志,即一省之历史也;一县志、乘,即一县之历史也"[④],"志乘为郡邑正史"[⑤]。但是,他们并非全盘地继承章氏成说,而是在继承的基础上加以发挥,对方志性质作了新的认识。众所周知,在章学诚方志属史的观念中,史、志是不分家的,但民国时期一部分方志学者却注意到了"史""志"的不同,认为仅承认方志是史,未免失之偏颇,方志应该具有多重性,若仅局限于史的范畴去给方志性质下定义显然是不够的。黎锦熙提出"方志为物,史地两性,兼而有之",认为方志的性质是"地志之历史化"和"历史之地志化",[⑥]于乃仁将方志性质归结为"方志者,以地方为单位之历史与人文地理也"[⑦],均突破了章氏以方志为地方全史的观念。在此基础上,傅振伦进一步认为,"方志之书,自有其特质,虽兼记史、地,而与史书、地记皆不相同",并从"方志与地记""方志与史书""方志与方记""方志之诸志"等几个方面论证方志的性质。[⑧] 由此可知,傅振伦已认识到方志是有别于一般史书、地理书的另一类性质的书,已初步意识到方志应是一门独立学科或称边缘学科。这一方志性质认识上的飞跃,打破了乾嘉以来各执一偏的说法,反映了民国时期的学者已开始基于方志内在的特征规律对方志的性质问题进行分析研究。

其二,发展了章学诚的经世致用思想,赋予了"经世"新的内涵,即志书的编纂应有裨于民生实用。章学诚方志理论的一大特色是注重志书的实用价值,他从经

---

① 瞿宣颖:《志例丛话》,《东方杂志》第31卷第1号,1934年1月1日,第279页。
② 吴宗慈:《论今日之方志学》,江西师范大学历史系编:《江西省地方史志资料选辑》第1辑,1985年油印本,第92页。
③ 李泰棻:《方志学》,河北人民出版社1990年版,第1页。
④ 甘鹏云:《修志答问》,《方志商》,黎锦熙、甘鹏云:《方志学两种》,岳麓书社1984年版,第177页。
⑤ 寿鹏飞:《方志通义》,1941年铅印本,第2页。
⑥ 黎锦熙:《方志今议》,黎锦熙、甘鹏云:《方志学两种》,岳麓书社1984年版,第21—22页。
⑦ 于乃仁:《方志学略述》,《建国学术》创刊号,1940年5月10日,第21页。
⑧ 傅振伦:《中国方志学通论》,北京燕山出版社1988年版,第5页。

世致用的史学观出发,强调"夫修志者,非示观美,将求其实用也"①,指出方志的功用有二:一是"裨风教",二是为"国史之要删"。② 经章学诚的大力提倡,以及近代经世致用史学思潮的影响,编纂方志以有裨实用为主旨,遂成为后世绝大多数修志人的追求。如林则徐要求修纂的志书必须做到"此书出而阖郡风俗、政治犁然毕陈,即君莅官以来所以治是郡之实政亦灼然见其梗概。后之官斯土者,如导行之有津梁,制器之有模范。果其循习则效,择善而从,又岂滑吏莠民所能障蔽其听睹哉"③。

民国方志诸家不仅对章氏"以供国史取材"的"存史"观点加以继承,而且在实践中推陈出新,对章学诚的经世致用思想进行了发展。他们对章学诚的"实学"提出了异议,如吴宗慈首先肯定了章学诚强调方志必须有裨实用的主张,但接着便赋予了"经世"新的内容,即志书的编纂应有裨于民生实用。

> 顾章氏当时所谓实学者,乃偏重于史裁,若今日则方志所重在实学,乃为一切民族、社会、经济与科学问题。中国旧史书,最为人疵议,即对当时民族、社会、经济等事,均摈之不谈,即有所纪述,亦东鳞西爪,无统系可寻。……然则今之为中国方志者,若能有统系的纪述各时代民族、社会、经济等问题,宁非大有价值之事?④

明清方志,重人文轻经济,有关社会方面的内容"不外官吏政绩、绅士行为、寡妇贞操以及地方学者之著述或吟咏"⑤,关于社会经济情况的记载甚微。而民国志家则一反旧志传统,以"民本""专详民事"为修志之宗旨,"方志立言,当从平民立场,乃得痛陈疾苦,盖志为地方人民而作"⑥,这就要求志书不再代圣人立言,替君主歌功颂德,而是站在平民立场,替人民说话。在材料取舍上,"有关民生实用,疾苦利弊,虽小必志,既志又必详且尽焉"⑦,"往日修志,于民事殊略;近日修志,应于民事加详。民主国,民为重也"⑧。民国出版的志书中,有关国计民生方面的记载比重

---

① [清]章学诚著,叶瑛校注:《记与戴东原论修志》,《文史通义校注》卷八,外篇三,中华书局2000年版,第870页。
② [清]章学诚著,叶瑛校注:《和州志氏族表序例上》,《文史通义校注》卷六,外篇一,中华书局2000年版,第621页。
③ [清]黄宅中修,邹汉勋纂:《道光大定府志》,林则徐序,清道光二十九年刻本。
④ 吴宗慈:《方志中之实学问题》,《修志丛论》,1947年铅印本,第2—3页。
⑤ 李泰棻:《方志学》,河北人民出版社1990年版,第81页。
⑥ 寿鹏飞:《方志通义》,1941年铅印本,第6页。
⑦ 寿鹏飞:《方志通义》,1941年铅印本,第14页。
⑧ 甘鹏云:《〈湖北通志〉义例商榷书》,《方志商》,黎锦熙、甘鹏云:《方志学两种》,岳麓书社1984年版,第159页。

大大增加,如黄炎培的《川沙县志》,经济类的内容占到全书的 20% 以上,志书中除反映农、工、商各业的生产贸易情况外,还注意反映近代资本主义企业的兴办情况,尤其是志书中注意反映民生疾苦,这是明清方志难以比拟的。此外,黎锦熙还提出方志有"科学资源""地方年鉴""教学材料""旅行指导"的"四用"之说。① 这些认识超越了旧说,表明随着社会的发展和人们对方志认识的加深,对方志功用的认识也越来越充分。

其三,主张"类不关文""文不拘体",志书内容不再以文章体裁分类,志书中每一门类均可诸体并用,图照、表等被广泛运用于志书的各个门类之中。古代志书无论是否纪传体,在编纂上往往以文体分类,追求的是志体的表面形式。这一点颇为民国方志诸家所诟病,将其列为"四障"之首,予以打破。

> 类者,方志之事类;文者,文章之体裁。两不相干,方为正办。……今当首破此障,文无伤质,以后方志,决不当再以文章体裁分类。类者事类;某类用何文体,一随其事之宜;类可但标名目,或仍缀一"志"字。……某类中之文体,既一随其事之宜,图可也,表可也,谱或考以及其他皆可也;且一类之中,有时众体咸备,亦无不可,且属必要也。②

> 方志体例,各有不同。标目之下,横加志、考、略、传等名,全书既已名志,分目不应再用斯名;若考若略,更无定义,文献可考,山川自亦可考,政事可略,人物自亦可略;传之由来虽久,然记事记人原能通用,记事出于左氏,记人原于史迁,而史记龟策、货殖等传亦闻记事,是其应用,靡有定途。……但标名目,如山川、建置、田赋、人物等,而不加志、略、传、记等字最为合理。③

故民国所修志书,无不都是"类不关文""文不拘体"思想的实践者,志书内容与体裁已完全脱钩,打破了传统旧志以文章体裁分类的束缚,除序、跋外,志书通称志,各门类诸体并用,且但标建置、山川、田赋、职官、人物等名目,不再添加"图""表""考""略""传"等字样,追求志体的表面形式。

其四,民国志书在篇目分类上开始尝试按现代知识体系划分,采用近代方志的分类方法。以傅振伦主编的《新河县志》和《北碚志》为例,如果说完成于 20 世纪 20 年代末的《新河县志》篇目的拟定仍受到传统方志学的影响,列有舆地、经政、氏族、故实、艺文、风土诸考,细目中亦新旧兼容,如经政考中既有传统的食货、营膳,又有

---

① 黎锦熙:《方志今议》,黎锦熙、甘鹏云:《方志学两种》,岳麓书社 1984 年版,第 22—24 页。
② 黎锦熙:《方志今议》,黎锦熙、甘鹏云:《方志学两种》,岳麓书社 1984 年版,第 24—25 页。
③ 李泰棻:《方志学》,河北人民出版社 1990 年版,第 94 页。

顺应时代潮流的政务、党务、教育、建设,那么,其40年代中期主修的《北碚志》,则从内容到形式都较传统旧志有了质的飞跃,已是当代志书的体例了。该志草拟的体例篇目依次为卷首、大事谱、地理考、政治略、经济略、文教略、社会略、列传、聚落记、卷末别录,下列章节以地理考为例,包括疆域、政区、聚落、气象、地质、地磁、地形、土壤、矿产、生物、人口等项内容,与当代志书何其相似。又如陈训正的《鄞县通志》,学术界一致称赞其"资料完备,内容新颖,称得上地方志步入现代科学的嚆矢"①。该志也是按现代知识体系划分为舆地、政治(政教)、经济(食货)、工程等若干大类,人物、职官等已不作为主要门类。在每一大类下细目的划分上,也强调采用现代自然科学、社会科学的分类方法,如"食货志"分为农业、林业、渔业、盐业、工业、商业、产销、金融、生计等部分,其中产销编又分为生产、输入、输出、运输统计等,生计编分为物价、工资、职业统计、劳资纠纷、合作事业等,完全按现代经济学的观点加以设置,其他"舆地""政教""博物""文献""工程"各志的内容设置与"食货志"相似。

民国志书在篇目设计上删去了旧志体现皇权特色的"诏谕""圣制"卷,以及荒渺无凭的星野说、堪舆(风水)说、祥异等,"星野之说,求之科学,全属诞妄,即稽古籍,亦多自相舛误"②,"堪舆之术荒诞不经……兹一律删去"③,而"祥异多涉神怪……重修时拟将水、旱、风、蝗及地震、疫疠等灾荒编入大事记,其星犯、山崩、灵芝生、甘露降、一产数男、寿逾百岁等等悉删之"④。同时,时代进步、科学昌明、民为邦本的理念在志书中得到了反映,许多旧志没有的新篇目得以设立。如竺可桢提出以经纬度代替没有科学依据的"星野"或"分野"。《徐沟县志》绘制了全县图和城关图,测绘了子午线、磁偏角、经纬度、海拔和等高线,还绘制了地质图。《首都志》的气候门,有概论和分论(气压、温度、雨量、湿度、风、云、天气之变动),反映出当时的科技水平。《重修浙江通志稿》设置了体现民国时代立法、司法、行政三权分立政治体制的"议会略""司法略""行政略";反映抗战时期田赋改征实物的"粮政略";其他如"党会略""实业略""计政略""田地考""艺术考"等等,也都是旧志所未曾有过

---

① 陈桥驿:《宁波市志序》,俞福海主编:《宁波市志》,中华书局1995年版,第7页。
② 竺可桢:《论通志星野存废问题》,《浙江省通志馆馆刊》创刊号,杭州古籍书店1986年影印本,第110页。
③ 余绍宋:《民国龙游县志》卷首,叙例,《中国地方志集成·浙江府县志辑》第57册,上海书店出版社1993年版,第6页。
④ 余绍宋:《略评旧浙江通志兼述重修意见》,《浙江省通志馆馆刊》创刊号,杭州古籍书店1986年影印本,第6—7页。

的新篇目,体现了鲜明的民国时代特色。《鄞县通志》创设了许多反映人民群众日常生活状况和经济状况的新篇目。如在"食货志"设农林、渔盐、工业、商业、产销、金融、生计等编,记载了大量反映劳动人民生产斗争经验的内容,对渔获节令及产销、食盐产销、灾害天气、病虫害防治、工商业活动等情况都有详细记载,并附有米类价格升降图、食米价格升降表、主要食用品价格比较表、各业厂工每日工资统计表、各业工匠每日工资统计表、各项工价比较表、县民职业统计表、县民失业及废疾者统计表等反映居民经济生活的图表。

其五,志书中大事记的编写已非常普遍,且别具一格。大事记虽古已有之,中经章学诚大力提倡,但通观章氏所修各志,撰有编年体大事记的唯有未刊的《湖北通志》,且章氏所谓编年之"纪",更多的是指志首的"皇言""恩泽"二纪,但这二纪仅是为封建统治者歌功颂德的工具而已,根本起不到编年、经理全书的作用,故客观地说,旧志少有编年体大事记。而民国方志诸家则十分强调新修方志中列大事记的重要性,"一般方志,偏于横剖,而缺于纵贯,则因果之效不彰",所以"编方志,必先列大事表",[①]加之南京国民政府出台的《修志事例概要》作了强行规定,民国志书中大事记的设置已经比较普遍。且编纂上也独具一格,《川沙县志》首创一地大事年表,必取同时国内外大事并列的做法,"一地方之治乱盛衰,往往根于其国运",故"一县乃至一省之大事表,必取同时国内外大事并列,以广参证"。[②] 此做法在后来的志书中得到了一定程度的推广,如黎锦熙编纂的《洛川县志》《黄陵县志》《同官县志》《宜川县志》,其大事记都采用了这一做法,在"本县大事"之外,并列"国内外大事参考"一栏。

其六,人物传记在志书中的地位下降,有关人物的篇幅已大为减少,一改原来的"古来方志半人物"的局面,在分类上也部分体现了民国新风尚。在传统志书中,有关人物的载述占有显著的地位,故有"古来方志半人物"的说法。这是由于在封建社会,少数个人被看作社会发展的决定因素。而民国志家以"重近世而轻古代""重现在而轻过去""重改革而轻保守""重演变而轻固定""重群众而轻个人""重社会团体而轻家族及少数人""重通俗文艺而轻寻章摘句""重耳目实验而轻引经据

[①] 方鸿铠、陆炳麟修,黄炎培纂:《民国川沙县志》,导言,《中国地方志集成·上海府县志辑》第7册,上海书店出版社1991年版,第25页。
[②] 方鸿铠、陆炳麟修,黄炎培纂:《民国川沙县志》,导言,《中国地方志集成·上海府县志辑》第7册,上海书店出版社1991年版,第25页。

典"①为修志的指导原则,载述个人事迹的人物传记的地位自然就降低了,篇幅占比也不像旧方志中那么高。如《鄞县通志》中,人物传记已不再作为与舆地、食货并列的部分,而只是作为文献志下属的一部分出现,且全用表的形式将人物列出来,不设人物传,这与旧志注重人物传的做法大不相同。同时,在人物的分类上,也部分地体现了民国的新风尚,大多数志书对于佛道诸家、能工巧匠不再单独列以类传以示贬义,而是将之统归于人物。

其七,新兴编撰手法在志书中得到运用。一是民国时期统计学、绘图学、测绘学、摄影、印刷等新兴学科、技术在社会上推广应用,促使志书中广泛采用图表、照片,用形象、直观和精密的表现方式,改善了旧志一味用冗长的文字进行记述的单调方法,使志书增加了科学性、趣味性和可读性。李泰棻指出,表应较旧志有更大的适用范围,"旧志除沿革、职官、封爵、人物、选举以外,余不列表,且仿正史,表别为卷"是为不妥,因为"方志所述,无外地理、史事、人物等项",故"均可酌量作表……随附本文之后"。② 这样不仅便于检索,且可以使正文与表相对照,体例更趋自然、统一。陈训正也认为,表可化繁就简,便于查阅,"盖县志之为用,本为一邑建设改革之参考。……况社会演变愈速,人事亦日孳繁,当施政措事之际,谁耐详索细阅哉! 故各列为表,俾循其大书之目而即观其下载之事,一索即得,一阅即了,不必自始至终读毕方知"③。其所编《鄞县通志》,各志、编及下列细目除开头总论外,其后全是各种表,甚至整个人物编也全用表的形式组织起来。图则一般"延请专门人员测量,据科学方法制绘精印"④。此外,"按部颁修志事例,地方名胜、古迹、金石拓片以及公家私家所藏各种古物,在历史上有价值者,均应制影片(照片)编入"⑤,如李泰棻纂修的《阳原县志》即列有"影片"卷,收录了大量关于清朝到民国不同身份者的服饰、住宅的照片,清晰地说明了服饰在不同时期的变化,以及财富差别对住房的影响,保存了重要史料。如此删繁就简、文省事明,避免了志书的烦琐芜杂,也容纳了更多的信息,与旧志相比是一个不小的进步。二是民国志书开创了方志设立"概述""索引"的先河,这是传统方志向近代方志转型最鲜明的特征之一。"概

---

① 张传保修,陈训正、马瀛纂:《民国鄞县通志》,例言,《中国地方志集成·浙江府县志辑》第16册,上海书店出版社1993年版,第4页。
② 李泰棻:《方志学》,河北人民出版社1990年版,第98页。
③ 张传保修,陈训正、马瀛纂:《民国鄞县通志》,例言,《中国地方志集成·浙江府县志辑》第16册,上海书店出版社1993年版,第2—3页。
④ 余绍宋:《略评旧浙江通志兼述重修意见》,《浙江省通志馆馆刊》创刊号,杭州古籍书店1986年影印本,第4页。
⑤ 李泰棻:《方志学》,河北人民出版社1990年版,第94页。

述"起始于民国黄炎培编纂的《川沙县志》,他有感于旧志"偏于横剖,而缺于纵贯,则因果之效不彰",故创设"概述","重在简略说明本志内容之大要,而不尽阐明义例也。将使手此书者读概述后,进而浏览全文,其繁者可以用志不纷,其简者亦将推阐焉而有得,或竟不及读全文而大致了了"。[1] 编制索引则完全是陈训正的创举,其所编《鄞县通志》原拟编制索引4册,从一字至十余字之词语,凡为书图所载一切人、地、事物名称,莫不标记各志页数及地图张数,行格皆依各字笔画多寡、部首先后排列,以便阅者翻检。后限于经费,"不得已将首册之目录详加编列,且后附子目分编索引,共计二百四十二面之多,所以使阅者对此巨编不致有无从索骥之叹也"[2]。同时,该志在文献志人物编附有姓名分类索引,"以姓名笔划多寡为次第列之,使阅者检得其类,再由目录中检得其页数,则一举手之劳即可检得其人矣"[3]。这种编制索引的做法,为读者查阅相关资料提供了方便。当代著名方志学者陈桥驿曾大力提倡方志要编制索引,但直至新中国首轮新志编修,编制同步索引的新志仍是少之又少,而陈训正能在20世纪30年代就提倡并采用这一做法,足以显示民国志家的远见卓识和与时俱进、变革创新的勇气。三是民国志书十分注意运用和吸收现代自然科学和社会科学的理论和方法,包括地理学、经济学、社会学、测绘学、人口学等各个学科的积极成果,以充实方志的时代内容,增强志书的科学性。如传统志书记载有关植物,多用习惯性名称,而以习惯性名称记载并不科学,受地域、时间的限制,《鄞县通志·博物志》则按植物学知识对当地的植物加以分类,标注国际上通用的学名,还对各类植物的形态等加以详细描写,使人们可以根据其所载的植物形态等判别其分类,对照植物学著作比较鄞县地区某些植物种类是否有变异等。《鄞县通志·舆地志》中的"河渠"编,对全县各乡村水井的分布、深度、水质等均有记载,此项记载对当时及后世都具有珍贵的科学资料价值。至于用人口学的方法记述其有关内容,用气候学知识载气温、降水,以水文学知识述潮汐,在当时其他志书中鲜见,而在《鄞县通志》中则是极为普通的记载方法。这种全面采用现代自然科学、社会科学知识的编纂方法,即使是在当代所纂的志书中也不多见。

当然,毋庸讳饰,民国方志诸家在方志编纂上也带有旧时代的弊病,诸如文体

---

[1] 方鸿铠、陆炳麟修,黄炎培纂:《民国川沙县志》,导言,《中国地方志集成·上海府县志辑》第7册,上海书店出版社1991年版,第25页。

[2] 张传保修,陈训正、马瀛纂:《民国鄞县通志》,例言,《中国地方志集成·浙江府县志辑》第16册,上海书店出版社1993年版,第2页。

[3] 张传保修,陈训正、马瀛纂:《民国鄞县通志》,例言,《中国地方志集成·浙江府县志辑》第16册,上海书店出版社1993年版,第2页。

陈旧、沿用文言文且无句读,修志实践与作者所持理论相悖,残存旧时代封建糟粕,等等。首先,虽有方志名家如傅振伦大声疾呼修志要用通俗易懂的当代文字,反对滥陈古语,"《史通·言语篇》力排史家以古语记述史事之失。盖史者,当代之文也。载笔书事,勇效昔言,其何以考古今之变,民俗之殊?"①但综观民国时期的志书,在文体上大都仍旧沿用文言文且无句读,阅读时很不方便。而当时不仅白话文早已普遍用于口语和书面语,新式标点符号也已普及,在此背景下仍沿用旧文体,在反映时代特征方面稍嫌不足,也不利于志书的使用和流传。其次,诚如梁启超批评章学诚"其所自创之义例,虽泰半精思独辟,然亦间有为旧史观念所束缚,或时讳所牵掣,不能自贯彻其主张者"②,民国方志诸家的修志实践受客观环境的影响亦有与其理论相悖之处。如民国著名方志学者李泰棻主张"善恶同书"、人物卷特列"劣绅"一目,但这并未在他纂修的《阳原县志》中得到体现;他认为"今世界进化,男女罔分,法律既已平等,史传何庸性别",故志书当"但设人物,不分列女"③,以体现男女平等的精神,但他在《阳原县志》中又单设列女卷。这些调整显然与他倡导的"成科学的方志"的主张背道而驰,因此在《阳原县志》序中,他才会无奈地说:"要对余之主张,相差尚远","甚矣,志乘之难也"。④ 最后,民国时期虽说比起封建帝制统治下的时代要进步得多,但毕竟进入民主社会时间不长,还处于旧时代文化的变化延伸之下,其文化必然会受到旧时代的羁绊。反映在志书的编修上,也就不可能超越社会发展阶段的局限,彻底地脱胎换骨,因此民国的志书中仍不可避免地带有一些旧时代的封建糟粕。如在人物传编写时,不少民国志书仍将妇女单独列为类传,大力宣扬节孝贞烈等封建伦理纲常,"贞烈一事,今世颇多非议,然二千年来律令所重,公论所崇,其苦行绝诣亦多出于自然,非尽出于强致,徇足以发挥性情,维持卫教,不可诬也。兹编凡有事实可稽者必为立传,其事实湮没不能立传者别为略或别录,以存其梗概焉"⑤。《万历龙游县志》所载列女仅23人,《康熙龙游县志》增12人,而余绍宋纂《民国龙游县志》补入列女,计传略、别录竟高达1224人。上述学术思想的演进带来的修志观念的变化及其不足,充分凸显了民国方志鲜明的"过渡"特征,其

---

① 傅振伦:《编辑北平志蠡测》,《傅振伦方志论著选》,浙江人民出版社1992年版,第127页。
② 梁启超:《龙游县志序》,饮冰室文集之四十三,第1页,《饮冰室合集》第5册,中华书局1989年版。
③ 李泰棻:《方志学》,河北人民出版社1990年版,第97页。
④ 刘志鸿修,李泰棻纂:《民国阳原县志》,李泰棻序,1935年铅印本,第24页。
⑤ 余绍宋:《民国龙游县志》卷首,叙例,《中国地方志集成·浙江府县志辑》第57册,上海书店出版社1993年版,第18页。

在传统方志向近代方志的过渡过程中起着承上启下的作用。

第三节　民国方志述评

1.《川沙县志》

《川沙县志》的作者黄炎培(1878—1965),字任之,号楚南,笔名抱一,江苏省川沙县(今上海市浦东新区)人。中国近现代著名的爱国主义者和民主主义教育家,中国近代职业教育的创始人和理论家。清末举人,后留学日本,由蔡元培介绍加入中国同盟会。辛亥革命后,任江苏省教育司司长、江苏省议会议员等职。1915年随农商部游美实业团赴美国考察。1917年又赴英国考察,回国后与孙起孟、江恒源等组织中华职业教育社,任理事长。五四运动后,与陈独秀、李大钊等共产党人结识交往。抗日战争时期,任国民参政会参议员,1941年与张澜等发起创立中国民主政团同盟。1945年访问延安后,著《延安归来》一书,如实介绍延安。同年年底,与胡厥文等一起创建中国民主建国会。中华人民共和国成立后,担任中央人民政府委员、政务院副总理兼轻工业部部长、全国人民代表大会常务委员会副委员长、全国政协副主席、中国民主建国会中央委员会主任委员等职。

《川沙县志》的成书过程颇为曲折。1914年,川沙创议新志。1915年,黄炎培"游美初归,被聘主纂",其间因国难频仍,两次被迫中断修志活动,至1933年才重拾修志工作,"至二十四年十二月,甫告脱稿"。[①] 全志24卷,卷首有目次、序文、职名、例言、导言、图,正文各卷门类如下:

卷一:大事年表。

卷二:舆地志。

卷三:户口志。

卷四:物产志。

卷五:实业志。

卷六:工程志。

卷七:交通志。

[①] 方鸿铠、陆炳麟修,黄炎培纂:《民国川沙县志》卷首,导言,《中国地方志集成·上海府县志辑》第7册,上海书店出版社1991年版,第24—25页。

卷八:财赋志。

卷九:教育志。

卷十:卫生志。

卷十一:慈善志。

卷十二:祠祀志。

卷十三:宗教志。

卷十四:方俗志。

卷十五:艺文志。

卷十六:人物志。

卷十七:职官志。

卷十八:选举志。

卷十九:议会志。

卷二十:司法志。

卷二十一:警务志。

卷二十二:兵防志。

卷二十三:故实志。

卷二十四:叙录。

《川沙县志》的首要编纂特色是,志书篇目在旧志的基础上有了较大改进。该志门类新颖,摒弃了封建时代一些陈旧的门类,增加了不少旧志中从未有过的新门类,诸如实业、工程、交通、教育、议会、司法、警务等等,一定程度上反映了近代社会的时代气息。

其二,专设大事年表。方志有大事年表虽始于宋代,但民国以前志书中少见,而且《川沙县志》的大事年表与民国以前志书中的大事记不同,不仅记县境内的大事,还与同时期国内、国外的重大事件联系起来考察,"今始自明嘉靖间川沙筑城,迄于本志终限,附录国内外大事,以广参考"[①]。

其三,该志中每卷开始皆有"概述",简明扼要地说明本卷的主要内容和编纂义例。《导言》中说:"本书各志,皆先以概述。有类实斋所为序例,而实则不同,盖重在简略说明本志内容之大要,而不尽阐明义例也。将使手此书者读概述后,进而浏览全文,其繁者可以用志不纷,其简者亦将推阐焉而有得,或竟不及读全文而大致

[①] 方鸿铠、陆炳麟修,黄炎培纂:《民国川沙县志》卷首,例言,《中国地方志集成·上海府县志辑》第 7 册,上海书店出版社 1991 年版,第 24 页。

了了,此亦余所期期以为不可无者。"①这一做法虽不是该志独创,但命名为"概述"却是该志首先提出来的。《川沙县志》每卷卷首字数不多的无题概述在实际运用中产生了很好的效果,不但方便读者获知每卷的基本内容,而且恰当地表达了编纂者的主要观点,同时也不违背志书"述而不议"的原则。

其四,广泛采用图表。该志卷首列有川沙县全境图、川沙市区图等,都按科学方法制作,比例恰当,图例明晰。而表的运用在该志中更称一绝,"表说相资最便读者。今凡可列表者,多用表式焉"②。如"舆地志"中就有《川沙县政区名沿革表》《川沙县行政区画表》《川沙县各乡区镇集表》《川沙县诸水表》4种。"户口志"中则有《清宣统二年川沙户口统计表》《民国十五年川沙户口统计表》《民国十七年川沙户口统计表》《民国二十四年川沙户口统计表》《民国四年耆男统计表》5种,特别是《民国二十四年川沙户口统计表》,所分类别特别详细,有户、口、现住、他住、壮丁、残废、本籍、客籍、识字、不识字、有职业、无职业12类统计,每类又分列男、女。又如"实业志"中,有《农会职名表》《川沙县校农场历年收支盈亏表》《川沙县立农场历年经常费收支对照表》《农具一览表》《肥料一览表》《农家种植管理收获方法一览表》《农家预防病虫害方法一览表》《川沙农民耕获状况一览表》《商会职名表》《典业一览表》《出品得奖一览表》《布业一览表》《毛巾厂调查表》《花边业调查表》《渔具一览表》《民国十五年后逐年官盐销额表》,共计16种,一卷能有如此详细的表格,实不多见,特别是许多表格必须经过实地调查才能够做出来。如《川沙农民耕获状况一览表》,分乡别、户名、总亩数、己田、分种田、租田、副业、一年净得数8项。又如《毛巾厂调查表》,有厂名、地址、经理人姓名、商标、开办年月、注册年月、织机数、织工数、种类、每年产额10项。《花边业调查表》分地名、厂名、组织及开始期、经理人姓名、女工人数、出品、全年出品价额、工资额、备注9项。这些通过实地调查取得的资料和数据,都极具历史研究价值和社会学研究价值。

其五,颇具创意地设置了"赘录"。关于设立"赘录"的缘由,黄炎培说:"本书断限既定民国十五年止,下距脱稿八九年间,又积成若干重要材料,弃置既觉可惜,戛然中止,又为叙事所不许。"③它不同于其他志书里的"附录""杂录",主要是有关资

---

① 方鸿铠、陆炳麟修,黄炎培纂:《民国川沙县志》卷首,导言,《中国地方志集成·上海府县志辑》第7册,上海书店出版社1991年版,第25页。
② 方鸿铠、陆炳麟修,黄炎培纂:《民国川沙县志》卷首,例言,《中国地方志集成·上海府县志辑》第7册,上海书店出版社1991年版,第24页。
③ 方鸿铠、陆炳麟修,黄炎培纂:《民国川沙县志》卷首,导言,《中国地方志集成·上海府县志辑》第7册,上海书店出版社1991年版,第25页。

料时间上的下续补充,因而不是置于卷末,而是置于每一卷中相关事项之后,"命名赘录,赘于每事之末"①,排比有关资料,以资考证。据统计,该志共有81处赘录,除大事年表、人物志及叙录外,各卷皆有。如"兵防志"记述历史上倭寇海患,特在其后"赘录"中附川沙县长李泠所撰《沪变期内日本军舰、飞机行动日记》:"一二八日记,二十一年一二八一役,川沙虽未直接受灾,然飞机大炮,民众耳目所及,亦已不胜忧愤。李县长泠按日有记,付之赘录,资后人警惕焉。……"②此赘录长达9页,详细记载了川沙境内观察到的日本军舰、飞机的行动,为赘录中之最,存史价值极高。

其六,在编写中采用互见法。采用这种方法,既可以节省篇幅,又可使全书避免重复,保持完整性。它可以用于书写人物,也可以用于记事。如该志在"舆地志"中记载了"川沙农田面积,分列总额如下(详见'财赋志')③,这里只将"漕田""盐田""沙田"三项面积总额列出,如果要查具体分布,则可查阅"财赋志"④。尤其到了近代,志书篇目内容的交叉情况很多,已在某个篇目中写了相关内容,在其他的篇目中又要涉及,这种情况下,只有采用互见法,才能避免重复,做到简而有要。

就缺点而论,作为我国方志近代转型的奠基之作,《川沙县志》除了沿用文言文且无句读以外,最大的败笔应是卷十六"人物志"中仍沿袭旧志传统,将医术、工艺、绘画、武术、贤妇、孝妇等在旧志中归属"方技""列女"的人物排除于"统传"之外,单独设传,以示贬义,尤其是设立"节妇""烈妇""贞女""烈女"门类,在反映黄炎培自己强调的"自国人吸受世界文化,最近五十年间,恰为思想转变时期"⑤方面稍显不足。

2.《龙游县志》

《龙游县志》的作者是余绍宋(1883—1949),字樾园、越园,晚号寒柯,浙江省龙

---

① 方鸿铠、陆炳麟修,黄炎培纂:《民国川沙县志》卷首,导言,《中国地方志集成·上海府县志辑》第7册,上海书店出版社1991年版,第25页。
② 方鸿铠、陆炳麟修,黄炎培纂:《民国川沙县志》卷二十二,兵防志,《中国地方志集成·上海府县志辑》第7册,上海书店出版社1991年版,第380—385页。
③ 方鸿铠、陆炳麟修,黄炎培纂:《民国川沙县志》卷二,舆地志,《中国地方志集成·上海府县志辑》第7册,上海书店出版社1991年版,第48页。
④ 相关内容见方鸿铠、陆炳麟修,黄炎培纂:《民国川沙县志》卷八,财赋志,《中国地方志集成·上海府县志辑》第7册,上海书店出版社1991年版,第145—152页。
⑤ 方鸿铠、陆炳麟修,黄炎培纂:《民国川沙县志》卷十六,人物志,《中国地方志集成·上海府县志辑》第7册,上海书店出版社1991年版,第285页。

游县人,民国著名的方志学家、书画家。光绪九年(1883)出生于浙江省衢州府城化龙巷一个书香世家,光绪二十五年(1899)应秀才试,获府试第五名。1905年留学日本,毕业于东京法政大学,研习法律。宣统二年(1910)回国,经廷试授予法律科举人,又经表伯梁鼎芬举荐,就职外务部主事。民国后历任众议院秘书、司法部佥事、司法部参事,并两次出任司法部次长。1927年1月,担任司法储才馆学长兼教务长(学长即副馆长,馆长为梁启超)。1912年至1928年,兼任北京师范大学、国立法政大学教授,北京法政专门学校、北京美术专门学校校长。1927年秋辞官后返回杭州,隐居西湖边。全面抗战爆发后,避居永康、云和等地,1939年任第一届浙江省临时参议会参议员,1942年起任第二届浙江省临时参议会副议长。1947年以"社会贤达"被选为龙游县"国大代表"。1949年6月病逝于杭州寓所。1951年8月被错定为"官僚反革命分子",1984年9月获得平反纠错,恢复名誉。

《龙游县志》是余绍宋首次涉足修志。1921年10月,还在司法部次长任上的余绍宋返衢州省亲,龙游乡亲来衢相见,议及修志,遂聘其为《龙游县志》总纂。该志于1925年完稿,在全国学术界享有很高的声誉,被很多学者誉为民国志苑佳作。梁启超称赞说:"以此书与实斋诸志较,其史识与史才突过之者盖不鲜","以越园书较实斋书,其所进则既若是矣,无实斋则不能有越园,吾信之,越园宜亦伏焉;然有实斋不可无越园,吾信之,实斋有知,当亦颔首于地下也"。[1]《浙江方志考》亦说:"辛亥革命以后,浙江新纂地方志中,本志为不可多得之佳构。"[2]现抄《龙游县志》目录如下:

前录

  叙例

正志

  卷一:通纪。

  卷二:地理考(沿革、疆里、山川、风俗)。

  卷三至卷四:氏族考。

  卷五:建置考(城池、廨舍、学校、邮传、津梁、祠祀)。

  卷六:食货考(户口、田赋、水利、仓储、物产)。

  卷七:艺文考。

---

[1] 梁启超:《龙游县志序》,饮冰室文集之四十三,第2—4页,《饮冰室合集》第5册,中华书局1989年版。

[2] 洪焕椿:《浙江方志考》,浙江人民出版社1984年版,第369页。

卷八:都图表。

卷九至卷十二:职官表。

卷十三:宦绩略。

卷十四至卷十六:选举表。

卷十七至卷十九:人物传。

卷二十:人物阙访及别录。

卷二十一:列女传。

卷二十二:节妇略。

卷二十三:烈女略、列女别录。

附志

卷二十四:丛载(古迹、寺观、轶闻、志异)。

卷二十五至卷三十二:掌故。

卷三十三至卷四十:文征。

后录

前志源流及修志始末

余绍宋与章学诚一样,把方志看作地方史,志即史,"或有疑方志渊源于昔日之图经,不当绳以史法……其实虽讳言史法,而方志记载,其本体本质,仍为史实,特掩耳盗铃耳"①,加之他特别推崇章学诚,故其所修各志是民国志书中模仿章学诚"方志分立三书"做法最得其精妙的。《龙游县志》也是由主体志(正志)及掌故、文征、丛载构成,与章学诚不同的是,余绍宋将主体志及掌故、文征、丛载同列于一书,其中掌故、文征、丛载设为附志。掌故摘录地方档案文献;文征采辑诗文,"意在佐本志之参证,辑金石之要略,兼以存散佚之遗文,初非专尚文艺,今兹采录诸篇,悉本斯旨,否则文虽精妙,亦从割爱"②;"古迹、寺观虽无关弘旨,然足以资观感、警贪顽,不可删也,因别为丛载,其前人轶事足资佐证及怪异足资谈助者亦入之,是为附志之一"③。其主体志(正志)也仿章学诚《湖北通志》,由纪(大事记)、考、表、图、传、略(宦绩略)六体组成。首列通纪(即大事记),明确大事记是志时间上的纲领,与志

---

① 余绍宋:《略评旧浙江通志兼述重修意见》,《浙江省通志馆馆刊》创刊号,杭州古籍书店1986年影印本,第3页。

② 余绍宋:《民国龙游县志》,叙例,《中国地方志集成·浙江府县志辑》第57册,上海书店出版社1993年版,第21页。

③ 余绍宋:《民国龙游县志》,叙例,《中国地方志集成·浙江府县志辑》第57册,上海书店出版社1993年版,第5—6页。

的其他部分呈经纬之势,"正史本纪效法《春秋》记载大事,所以为全书之经,非尽出于尊崇皇帝也,历来方志家狃于地理类书之例,不措意于一地方之大事,又习于忌讳不敢作纪,遂使全书纪载散漫无所统系,甚有乖于史裁","意在为考、表、传之经,故专重一县之大事,汇而纪之,使二千年来情事萃于一帙,不惟全书若网在纲,亦足为知人论世之助"。① 宦绩略,则相当于《湖北通志》的"政略",仅记官员任职该地时的政绩,区别于人物列传贯穿传主生平始终的写法,"如其未仕之前、乡评未允,去官之后、晚节不终,苟为一时循良,便纪一方善政。吴起杀妻而效奏,西河于志不当追既往也;黄霸为相而誉减,颍川于志不当逆将来也。以政为重,而他事皆在所轻,岂与斯土之人原始要终而编列传者可同其体例欤?兹故称为宦绩略"②。

该志无论在篇目、内容还是入志观点等方面都体现了一定的民国时代精神。其一,氏族考,余绍宋与章学诚对采用什么样的家族入志所见不同,章志以门第为入志标准,而《龙游县志》则破除了门第观念,意在用客观的记载反映当地社会结构。

> 余序次氏族,虽师实斋然绝不效其所为士族表也,实斋贵世族,欲以世族率齐民,以州县领世族,故其作士族表,必有生员以上之族始录之。……斯诚启门第之渐者矣。余今所为考则不然,不问其是否著姓,是否大族,抑有无生员以上之人,但使有谱而合于是编体例者罔不著录,故不称士族而称氏族,与实斋成法各不相侔,断无门第之见存也,是故吾师实斋之叙士族,仅师其意而不师其成法也。……余为斯考,将以探吾一县古今异同得失之原,而求其所以然之,故其意原不在此数端也。盖一地方文化之优劣,人才之盛衰,风俗之良窳,食货之荣悴,胥于氏族变迁有息息相关之理。余将于此启其秘而宣其奥焉,是故吾师实斋之叙士族,又仅师其氏族应入志之意而不师其所谓助化里而惠士民之意也。③

其二,地理考,与旧志相比,删去了荒渺无凭的星野说、堪舆(风水)说,"方志舆地首列分野,盖通例也。今案星野之说,起于《周礼》九州之分星,《春秋》详列国分星,系指分野而言。后世以郡县隶之于古州国,往往龃龉不合,盖汉唐间已失其传,

---

① 余绍宋:《民国龙游县志》,叙例,《中国地方志集成·浙江府县志辑》第57册,上海书店出版社1993年版,第6—7页。
② 余绍宋:《民国龙游县志》,叙例,《中国地方志集成·浙江府县志辑》第57册,上海书店出版社1993年版,第13页。
③ 余绍宋:《民国龙游县志》,叙例,《中国地方志集成·浙江府县志辑》第57册,上海书店出版社1993年版,第8页。

非实有所见而分之也。况星一度略当一百六十里,县大者或有之,小县不过百余里,必欲按度占验,岂不谬哉?是以削而不载"①,"堪舆之术荒诞不经……兹一律删去"②,祥异等涉及迷信的内容则归入"丛载","山川、建置、人物诸类中时涉灵异怪诞之说,虽云天地之大,何所不有,然王乔凫履、左慈羊鸣载在史编,已为子元(即刘知幾——笔者注)所诮,史志一例,岂取自贬其书。兹故一律摘入丛载志异一类,不入正志,所以严史体也"③。

其三,对佛道诸家的处理,因时处民国,学术平等,故不再像章志那样,单独列为类传,"道家、释家例称方外,方志记载皆别自为编,殿于各类之后,此由昔日尊崇儒学,指为异端,故秉笔者均不敢持异议。……方今学术大同,不当更拘成见"④。

该志在体例方面较以往方志也有所创新。第一,新创都图(都鄙)表。都,指京城,泛指城市;图作"鄙"字,指边远的地方,泛指乡村。都图(都鄙)表的内容包括村落的归属、地名、距县城的里数、交通位置和居民状况等,相当于现在志书的行政区划篇或乡镇篇。余绍宋认为志书若仅列村落的名称毫无意义,故龙游志的都图(都鄙)表分为八格,"一、二两格表其所属都图,第三格表其所属之区,第四格为地名,第五格为距城里数,第六格为上通何处、下达何处,第七格为居民大概,第八格为备考,皆自我作古者"⑤。第二,该志宦绩略仿明代康海《武功县志》,惩恶扬善,"于官吏之劣迹亦不为讳,惟既称宦绩,则不得如武功志厕入良吏之中,故散载于各处,如光绪间知县朱朴劣迹见于通纪及人物劳承燠传,陈瑜劣迹见于周锐宦绩及轶闻之类,皆不惮笔伐口诛,以为将来者戒"⑥,这在旧志中实不多见。章学诚虽也主张志书人物传应善恶并书,但在其所纂各志中却犹沿袭旧志成见,扬善隐恶。第三,《龙游县志》仿正史例,在人物传、列女传后设有"论赞",夹叙夹议,"传后论赞,史家通例……方志人物传后例无论赞,兹编姑试为之,将以发抒感触,亦以寄其长言咏叹

---

① 余绍宋:《民国龙游县志》,叙例,《中国地方志集成·浙江府县志辑》第 57 册,上海书店出版社 1993 年版,第 7 页。
② 余绍宋:《民国龙游县志》,叙例,《中国地方志集成·浙江府县志辑》第 57 册,上海书店出版社 1993 年版,第 6 页。
③ 余绍宋:《民国龙游县志》,叙例,《中国地方志集成·浙江府县志辑》第 57 册,上海书店出版社 1993 年版,第 6 页。
④ 余绍宋:《民国龙游县志》,叙例,《中国地方志集成·浙江府县志辑》第 57 册,上海书店出版社 1993 年版,第 15 页。
⑤ 余绍宋:《民国龙游县志》,叙例,《中国地方志集成·浙江府县志辑》第 57 册,上海书店出版社 1993 年版,第 12 页。
⑥ 余绍宋:《民国龙游县志》,叙例,《中国地方志集成·浙江府县志辑》第 57 册,上海书店出版社 1993 年版,第 13 页。

之情,但必有为而后发,不欲如正史每传必书,致为刘子元所诮也"①。

需要指出的是,编纂《龙游县志》时,进入民国时间不长,还处于旧时代文化的变化延伸之下,封建主义还残存于余绍宋的脑子里,在志书中还是会不经意地表现出来。比如还残存着大汉族主义思想,主张"畲民本属异族,不必入志。……爰于氏族考后附考其源流,其风俗有甚奇异者并附于地理考之末,窃比正史列蛮夷传例,亦备通志国史采取之资"②,与民国时代五族共和、民族平等的时代精神格格不入。再比如重男轻女,将妇女单独列为类传,以示贬义,大力宣扬节孝贞烈等封建伦理纲常。此外,由于当时余绍宋身在北京,只能雇用当地人帮他查找资料,故资料上肯定有所缺漏,尤其是缺少地图,作为一部县志,该志竟连一幅疆域形势图都不绘制,而仅在《叙例》中写上"宁从盖阙",是为该志的又一败笔。

3.《重修浙江通志稿》

浙江有通志(省志)始于明《嘉靖浙江通志》,清代康熙、雍正朝两次纂修《浙江通志》。民国时又两次续(重)修省志,分别为沈曾植主纂的《浙江续通志稿》和余绍宋主纂的《重修浙江通志稿》,因种种原因均未能完成。所以《重修浙江通志稿》是一部未完稿,是余绍宋于全面抗战时期始主持编修的一部志书。抗战全面爆发后,时任浙江省政府主席的国民党桂系首领黄绍竑在戎马倥偬之际重启省志编修,于1942年5月设立浙江省史料征集委员会,聘余绍宋为主任委员,主持编修事宜。次年8月,史料征集委员会改组为通志馆,余绍宋担任馆长。因各种原因,《重修浙江通志稿》至1949年3月通志馆解散时尚未完成,仅遗留稿本125册,未分卷,现藏于浙江图书馆,其编排并非按原编纂大纲的形式,而是以类别相近加以排列,从遗留稿本和余绍宋所纂《浙江省通志编纂大纲草案》《略评旧浙江通志兼述重修意见》《〈重修浙江通志〉初稿体例纲要及目录》《浙江通志人物总表及列传例议》《答修志三问》等文章中可见该志的编纂义例。

其一,该志体例上虽仍模仿章学诚"三书体",但因时世殊异,打上了新时代的烙印。他主张:"一时代之政治制度,有所变易,尽可因其需要而别立新裁,本无循用旧志体例之必要。况不问旧志体例适用于今时与否,而但依类指归以为之续,则

---

① 余绍宋:《民国龙游县志》,叙例,《中国地方志集成·浙江府县志辑》第57册,上海书店出版社1993年版,第18页。
② 余绍宋:《民国龙游县志》,叙例,《中国地方志集成·浙江府县志辑》第57册,上海书店出版社1993年版,第10页。

非依样葫芦,即是削趾就履,其非良志,可以断言"①,"身居现代,究非古人,现代科学既昌,安可不采用其方法与精神,而使记述合乎其原则;……故今兹修志,必以史法为归,以现代为准,无可訾议"②。是以该志与余绍宋当年编修《龙游县志》时又有所不同,全志由志、文征和杂记构成,掌故的内容仍在,但形式略有变化,"凡掌故及档案有关系者,悉附注于本文之下,不仿实斋别辑之例"③。其中主体志也仿章学诚套用正史的写法修志,由纪、考、略、传、谱构成。"纪"即大事记,用编年体形式记载浙省自古以来的大事。"考"与"略"相当于《史记》的"书"、《汉书》及以后正史的"志",用于记载地方典章制度。该志实际有十一考,分别是疆域、地理、民族、社会、田地、物产、建置、名胜古迹、金石、著述、艺术,述自然现象及历史遗迹,属于追溯历史;十三略,分别是党会、议会、司法、行政、教育文化、实业、交通、水利、财务、计政、粮政、军事、宗教,记载当前事务。"传"即人物传,有人物、列女、宦绩记三类。"谱"仿正史表之例,有考选、职官两类。与章学诚《湖北通志》相比,主体志的体例所不同者只是"考"分为"考""略"两部分,"表"改称为"谱",而恰恰是改"表"为"谱",与民国时代修志思想的演进有关。受"类不关文""文不拘体"思想的影响,图表在民国时期志书中随处使用,而余绍宋又想在表面上维持主体志采正史纪传体的体例,故采取了折中的做法,将主体志中的"表"这一体裁改了一个名字存在,按余绍宋自己的话说,"不曰'表'而曰'谱'者,编中各类,多用表式,以省篇幅之繁,不能提归一处,以自乱其例耳"④,这就使他的"仿三书体"打上了鲜明的民国时代烙印。

其二,该志在篇目设计和内容上较之《龙游县志》,更具民国时代气息,不仅删去了旧志体现皇权特色的"诏谕""圣制"卷,荒渺无凭的"星野""祥异"卷,以及没有实际意义的"形胜"卷,而且设立了许多符合新时代特征的新篇目。比如设置了体现民国时代立法、司法、行政三权分立政治体制的"议会略""司法略""行政略";反映抗战时期田赋改征实物的"粮政略";其他如"党会略""实业略""计政略""田地考""艺术考"等等,也都是旧志未曾有过的新篇目,体现了鲜明的民国时代烙印。又如,在民为邦本、修志应详于民事的思想指导下,改"风俗"为"社会"(实际上后来

---

① 余绍宋:《答修志三问》,《浙江省通志馆馆刊》第 1 卷第 3 期,杭州古籍书店 1986 年影印本,第 1 页。

② 余绍宋:《略评旧浙江通志兼述重修意见》,《浙江省通志馆馆刊》创刊号,杭州古籍书店 1986 年影印本,第 3—4 页。

③ 余绍宋:《浙江省通志编纂大纲草案》,《浙江省通志馆馆刊》创刊号,杭州古籍书店 1986 年影印本,第 17 页。

④ 余绍宋:《浙江省通志编纂大纲草案》,《浙江省通志馆馆刊》创刊号,杭州古籍书店 1986 年影印本,第 10 页。

成为"民族""社会"两编),新增了氏族、移民、方言、生活情形、职业概况、社会团体、社会事业等内容,"风俗……此类所辑,关于全省者仅十一条,余皆抄撮各府县志而成,亦多文章家随意抒写之词,不实不尽,殊不足存,重修时宜大加删汰,而偏重社会事情,以求实用。往昔无论修史修志,多详于政治而略于社会,最为失之,今当弥此缺憾,故不宜限于风俗一端,宜特标社会也"①;改"学校"为"教育文化",除原有的学校教育外,新增了社会教育、留学、文化事业等内容;改"田赋""盐法""榷税"为"财务",除旧志原有的田赋、盐务、榷税、厘金诸门外,新增了海关、国税(包括统税、印花税、所得税、利得税、直接税、货物税等)、地方捐税(包括厘金、营业、屠宰、房捐、警捐等)、省公债、公产公款;改"驿传"为"交通",增加了铁路、公路、航运、航空、邮政、电话电报等;改"兵制"为"军事",新增了空防、要塞及堡垒、军械、征兵、自卫团、保安队、军医、军法、军民合作;艺文方面,除在"著述考"中新增科学类目,"举凡妇女及方外之作,与夫省外国外学人所著有关本省之书,咸登于录"②,还另立"艺术考"(包括书画、棋弈、镌刻、雕刻、纬绣、音乐戏剧、工业艺术)、"金石考",与"著述考"并列;改"选举"为"考选",新增了学制、议员两门,"选举二字,初本乡举里选之义,自汉行征辟,隋置制科,于是国家抡才取士,乃出于考试一途。自来方志所载历代科第题名,本非由于选举,而今日之公职普选,则与古人所谓乡举里选,差可相拟。本志为顾名思义,求合实际,故易其总称曰考选,内区考试、选举为二类。凡汉唐以来科目中人,悉予列入考试;选举则专载近四十年政治上各项选举而已"③;其他还有改"寺观"为"宗教",改"碑碣"为"金石",均扩充了原有的相关内容。在反映人物的篇目上,方技、仙释(即佛道)均不再单独列为类传,"方技,亦人物也,何以别列一门?岂方技不得称为人物耶?窃意新志宜列入人物中,而书画医卜等必为分析,如龙门龟策、蔚宗方术之列,各为之传;其有渊源可溯者,并为合传","仙释,亦人物也,昔人指为方外,不免门户之见,窃意亦宜列于人物中,而区其宗派,各为合传;其无宗派而有事实者,亦为之传"。④ 不仅如此,即使是一些沿袭旧志的门类,也融入了富有时代色彩的新内容。旧志"建置考"仅记沿革一项,《重修浙江通志稿》

---

① 余绍宋:《略评旧浙江通志兼述重修意见》,《浙江省通志馆馆刊》创刊号,杭州古籍书店 1986 年影印本,第 6 页。
② 余绍宋:《〈重修浙江通志〉初稿体例纲要及目录》,民国浙江省通志馆编、浙江省地方志编纂委员会整理:《重修浙江通志稿》第一册,方志出版社 2010 年版,第 36 页。
③ 余绍宋:《〈重修浙江通志〉初稿体例纲要及目录》,民国浙江省通志馆编、浙江省地方志编纂委员会整理:《重修浙江通志稿》第一册,方志出版社 2010 年版,第 45 页。
④ 余绍宋:《略评旧浙江通志兼述重修意见》,《浙江省通志馆馆刊》创刊号,杭州古籍书店 1986 年影印本,第 8 页。

除将沿革纳入"疆域考"外,还将原有的城池、宫室、公署、祠祀等内容均纳入"建置考",包括故城、废署、其他昔时建置已废者,陵墓则归入"名胜古迹考",寺观则纳入"宗教略";"疆域考"新增了沿革、经纬度数;"地理考"新增了气候、雨量、潮汐、地质;"物产考"新增了矿物、工业品。

其三,省志的编纂不能混同于府县志的编纂。余绍宋赞同章学诚"所贵乎通志者,为能合府州县志所不能合,则全书义例,自当详府州县志所不能详,既已详人之所不详,势必略人之所不略"①的观点,指出省志的编纂应与府县志的体例有所区别,这不是一个简单合并与拆分的过程,不能简单地合并诸府州县志的内容成为省志,"窃谓通志之体例,须通于各县而为综合会通之记载,使阅者了然于全省之情形,察往知来,而因以为因革损益之依据,庶为得之;而志乘之为用,亦即在此,非徒以为观美或借以标榜也"②。这一点也在《重修浙江通志稿》中得到了体现。如"地理考"山川一门,旧志"俱汇录各府县志成编,且一山一水分记,涉于琐屑,非通志体例所宜",而《重修浙江通志稿》则"别请精于地理学者,根据最新测绘方法,将全省山川、形势、脉络、支流,与夫分合迥互曲直向背之致,撰山川总记一篇,其起讫以及经过各县仍为叙明,使人一览而全省形势可以了如指掌,庶为得之。各县散碎山川,不必复列。"③又如"财务略"田赋一门,旧志"汇抄各县田地山荡实在数及其征银数,尚称简要,惟于全省则赋利病得失与夫沿革,未曾叙及,犹是类书体裁",而《重修浙江通志稿》则"将关于全省则赋之理论与公牍,尽量采掇,加以论断,使人了然于其利病得失;又本省科则重于他者,并宜采集他省科则,列表比较,为他日改进之方,庶裨实用"。④

其四,该志在撰志笔法上强调站在客观立场,据事直书,善恶并书。余绍宋指出:

> 书法虽古所重,然时异势殊,往往随之而变。盖在昔史家每依其所处时势境况而有转移,初无一定,正统之争,自昔然矣。……故谓书法含有褒贬之义

---

① [清]章学诚:《方志辨体》,《章学诚遗书》卷十四,方志略例一,文物出版社 1985 年版,第 121 页。

② 余绍宋:《略评旧浙江通志兼述重修意见》,《浙江省通志馆馆刊》创刊号,杭州古籍书店 1986 年影印本,第 3 页。

③ 余绍宋:《略评旧浙江通志兼述重修意见》,《浙江省通志馆馆刊》创刊号,杭州古籍书店 1986 年影印本,第 4 页。

④ 余绍宋:《略评旧浙江通志兼述重修意见》,《浙江省通志馆馆刊》创刊号,杭州古籍书店 1986 年影印本,第 5 页。

者，不免为古人所欺者也。盖在帝制时代，出于不得不然，衡以史学精义，殆无是处。①

作史志者，必宜处于第三者地位，全任客观，始能得正确之见解，而不失其真，以传信于来世，是史家之风度也。依此准则，清朝死节之人，固不妨称为忠义；即太平军之死难者，亦当以忠义许之。书贼书匪，固当删除，而对于清朝亦不得加以胡虏之号。……若谓太平军暴戾恣睢，毒痛全省，则尽可援事直书，记其真相。初无须于书法中定其是非曲直也，但亦不得专据清代官书，肆加污蔑，以失史家风度耳！②

在人物的褒贬上，他提出了"善恶同书"的原则，"夫方志本无仅奖善而不惩恶之例"③。章学诚虽也主张志书人物传应善恶并书，但在所纂各志中却犹沿旧志成见，扬善隐恶。而余绍宋却能言行如一，《重修浙江通志稿》特作一《叛逆人名别录》，附于人物传后，"记其姓名籍贯，所任伪职，并已诛或漏网……虽生存者亦著之，所以示泾渭薰莸之别，俾垂戒也"④。

其五，该志在编纂手法上引领了方志新文体，促进了志书的使用和流传。《重修浙江通志稿》采用了新的章节体结构，分章叙述，章下又分节、目，"此不徒视浙江旧志各本为改观，即晚近所出各地志书，如是编法者，亦尚罕觏"⑤，这种方法能完整地叙述有关事项及其间的联系，又能分门别类地讲清楚有关问题，层次清楚，便于读者的阅读和理解。更难能可贵的是余绍宋主张修志用语也应随时而变，"至若文辞之体，一时代有一时代之语言，自然有一时代之文字，不容貌为高古，等于优孟衣冠。……则今日语体文字，既应运而盛行（语体文宋时语录及小说久已通行，并非属于近时之创作，不过近二三十年，有人提倡而已）。修志自可酌量采用"⑥，故该志

---

① 余绍宋：《答修志三问》，《浙江省通志馆馆刊》第1卷第3期，杭州古籍书店1986年影印本，第2页。
② 余绍宋：《答修志三问》，《浙江省通志馆馆刊》第1卷第3期，杭州古籍书店1986年影印本，第2页。
③ 余绍宋：《浙江通志人物总表及列传例议》，《浙江省通志馆馆刊》第1卷第4期，杭州古籍书店1986年影印本，第5页。
④ 余绍宋：《浙江通志人物总表及列传例议》，《浙江省通志馆馆刊》第1卷第4期，杭州古籍书店1986年影印本，第9页。
⑤ 余绍宋：《〈重修浙江通志〉初稿体例纲要及目录》，民国浙江省通志馆编、浙江省地方志编纂委员会整理：《重修浙江通志稿》第一册，方志出版社2010年版，第27页。
⑥ 余绍宋：《答修志三问》，《浙江省通志馆馆刊》第1卷第3期，杭州古籍书店1986年影印本，第3页。

不仅在文体上参用了当时流行的通俗易懂的语体文（即白话文），而且采用了新式标点，"文中附加句读，而引书起讫处表以引用符号，此虽前人志例所无，顾应时之宜，从众之便，不亦可乎"①，成为新式志书文体上的一个范本，起到了引领方志新文体的作用，促进了志书的使用和流传。此外，他还在志书的各门类之前设置了无题概述。无题概述又名无题小序，是一种传统的编写方法，可追溯到《淳祐临安志》的"总论"、《咸淳临安志》的"序"、《景定建康志》的"志序"以及章学诚创立的"序例"等，《民国川沙县志》首次将其命名为"概述"。《重修浙江通志稿》在一些考、略之首设置了"概述"，对该考、略起到了"钩玄提要"的作用。图表也被广泛地运用于志书的各个门类，并使用了前人未曾用过的现代科技——照片，如名胜、特产、陵墓、古物均摄制照片附后，在形式上增强了时代性，增加了志书的科学性、趣味性和可读性。

相比于《龙游县志》，《重修浙江通志稿》作为余绍宋后期编纂的志书，表现出了与时俱进的思想变化。如确立了各民族平等的思想，该志"民族考"第一章"概述"中设有民族之由来、民族之特质、民族之分布三节，把汉族和少数民族放在同等地位进行叙述。编纂《龙游县志》时，由于当时白话文和新式标点尚未普及，故文体上仍沿用了文言文且无句读，阅读时很不方便，而到了编修《重修浙江通志稿》时，就采用了新的章节体、白话文和新式标点。尽管如此，该志的不足也是显而易见的。比如，轻视妇女，宣扬节孝贞烈等封建伦理纲常，这在其前后期修志中是一以贯之的。该志在编写人物传时，仍将妇女单独列为类传，重男轻女，"列女亦人物也，以其性别而事殊，则不能不别为一传矣"②，"窃谓列女本亦属于人物，徒以其职与男殊，所表见者惟节烈两事，故刘向别为列女传，后世宗之"③，"夫节烈之事，根于天性，激于伦理，其从一而终，与夫抚孤事亲之义，充类至尽，可以教忠卫国，未宜菲薄也……今拟就其事之可歌可泣者为立专传，其县志有传者，为列一表，余者悉让县志载之，通志从略"④，与民国时代男女平等的时代潮流背道而驰。再比如，在编纂《重修浙江通志稿》时，他竟效仿章学诚，提出帝王后妃，志书仅许表列，不可僭列于

---

① 余绍宋：《〈重修浙江通志〉初稿体例纲要及目录》，民国浙江省通志馆编、浙江省地方志编纂委员会整理：《重修浙江通志稿》第一册，方志出版社2010年版，第27页。
② 余绍宋：《浙江通志人物总表及列传例议》，《浙江省通志馆馆刊》第1卷第4期，杭州古籍书店1986年影印本，第7页。
③ 余绍宋：《略评旧浙江通志兼述重修意见》，《浙江省通志馆馆刊》创刊号，杭州古籍书店1986年影印本，第8页。
④ 余绍宋：《略评旧浙江通志兼述重修意见》，《浙江省通志馆馆刊》创刊号，杭州古籍书店1986年影印本，第8页。

人物传,"吾浙旧志,即不载越王勾践与吴帝孙权,知其别有难书之隐,得此说则涣然冰释,可入于表矣"[1],又正史有传之人,不复列传,而将其文录入文征,于表中注明即可,这是残存的封建忠君思想、正统观念以及传统史学思想在作祟,即使旧志一般也不这样做,而身处民国的余绍宋竟还这样处理,那就更没有道理了。这些弊病缺陷,是我们今天应当加以批判并引以为戒的。

4.《鄞县通志》

《鄞县通志》的作者陈训正(1872—1943),字屺怀,中年以后又字无邪,号玄婴,因其书室名曰天婴室,故亦号天婴,晚号晚山人,慈溪县西乡官桥村(今浙江省余姚市三七市镇二六市村)人,集政治家、报人、教育家和诗人、学者于一身,与其堂弟陈布雷、陈训慈并称为"甬上陈氏三文豪",成为宁波近现代历史上的风云人物。光绪二十八年(1902)中举人,后投身辛亥革命,宣统二年(1910)正式加入中国同盟会,成为中国同盟会中部总会宁波分会副会长,是1911年辛亥之役宁波和平光复的主导者之一。1905年至1911年,担任宁波府教育会副会长,对清末和民国宁波的教育事业建树颇多,"宁波除教会所办学校外,公私立中学殆莫不与先生有关系"[2]。1927年4月18日南京国民政府成立后,陈训正一度弃文从政,1927年至1931年历任浙江省政府代主席、常务委员,浙江省民政厅代理厅长,西湖博物馆馆长,国民政府文官处参事等要职,还于1927年、1930年两度出任杭州市市长。1937年"七七事变"后,抗日战争全面爆发,浙江省政府南迁永康、云和,陈训正于1939年3月被国民政府行政院指定为浙江省临时参议会副议长,1942年又迁任议长,以高年衰弱之躯,主持浙省议坛,匡济时艰。其一生著述颇丰,除了我们熟知的《天婴室丛稿》《国民革命军战史初稿》外,还有《论语时训》《孟子学说》《读礼籯记》《天婴文存》《天婴诗辑》《岁寒述学》《泽畔吟》《晚山人集》《悲回风》《倪言》《倪林》《甬谚名谓籯记》等,可谓著作等身,但其学术上最具影响力、最为后人称道的,还数在方志学方面的理论和实践,他主持纂修了《定海县志》《鄞县通志》《掖县新志》,参与《慈溪县志》的编修。其中,《鄞县通志》是陈训正方志思想成熟时期的代表作,创修于1933年,由陈训正担任志书总纂,马瀛任编纂主任。至1937年,除文献志外,其余各编均已完成,但因志书篇幅浩大,编印工作十分艰巨,加之抗日战争的全面爆发和经费困难,其

---

[1] 余绍宋:《浙江通志人物总表及列传例议》,《浙江省通志馆馆刊》第1卷第4期,杭州古籍书店1986年影印本,第1页。

[2] 赵志勤:《陈屺怀先生生平事略》,陈训正:《天婴诗辑》(下),附录,1988年油印本。

出版被搁置了十余年之久,直到中华人民共和国成立后的1951年4月才得以全部出版,马瀛在陈训正病故后续任总纂之职,完成了志书的收尾工作。

《鄞县通志》不分卷,计36册,全志纲目体结构,分舆地、政教、博物、文献、食货、工程6志,下辖51编,每编之下又分目及子目若干,具体为:

一、舆地志:建置沿革、疆界、形势、山林、海洋、河渠、乡区、村落、户口、氏族、气候、营建、交通、庙社、市集、古迹。

二、政教志:历代行政制度沿革、现制行政、财政、司法、自治、公共卫生、教育、交通、宗教、祀典、救济事业、党部团体、社会现象。

三、博物志:动植矿物类、工艺制造品。

四、文献志:人物、选举、职官、故实、艺文、礼俗、方言。

五、食货志:农林、渔盐、工业、商业、产销、金融、生计。

六、工程志:建设计划、水利工程、道路工程、公用工程、卫生工程、营造工程。

该志所拟体例颇有创新,内容和编纂方法也较为科学,已粗具当代方志的雏形,为民国时期浙江所修志书中最具代表性的一部志书,时人推崇该志"足为旧中国所修方志之殿军"[1]。即使到了今天,仍被学术界称赞其"资料完备,内容新颖,称得上地方志步入现代科学的嚆矢。……非特流馨国内,抑且蜚声海外"[2]。

《鄞县通志》的科学性和时代性体现在体例上已完全摆脱了传统旧志的束缚。陈训正按照现代知识体系将该志划分为地理(舆地)、政治(政教)、经济(食货)、工程等若干大类,人物、职官等已不作为主要门类。在每一大类下细目的划分上,他也强调采用现代自然科学、社会科学的分类方法。如"食货志"分为农业、林业、渔业、盐业、工业、商业、产销、金融、生计等部分,其中产销编又分为生产、输入、输出、运输统计等,生计编分为物价、工资、职业统计、劳资纠纷、合作事业等,完全按照现代经济学的观点加以设置。其他"舆地""政教""博物""文献""工程"各志的内容设置与"食货志"相似。在篇目设计上,陈训正删去了旧志体现皇权色彩的帝纪和荒渺的分野说、祥异说。同时,在民为邦本、修志应详于民事的思想指导下,创设了许多反映人民群众日常生活状况和经济状况的新篇目。《鄞县通志》设"食货志",下设农林、渔盐、工业、商业、产销、金融、生计等编,集中记载了大量反映劳动人民生产斗争经验的内容,对渔获节令及产销、食盐产销、灾害天气及病虫害防治、工商业活动等情况都有详细记载,还附有米类价格升降图、食米价格升降表、主要食用品

---

[1] 赵志勤:《陈屺怀先生生平事略》,陈训正:《天婴诗辑》(下),附录,1988年油印本。
[2] 陈桥驿:《〈宁波市志〉序》,《陈桥驿方志论集》,杭州大学出版社1997年版,第332页。

价格比较表、各业厂工工资统计表、各业工匠工资统计表、各项工价比较表、县民职业统计表、县民失业及废疾者统计表等反映居民经济生活的图表。又如动植物、矿物等在旧志中的记载往往是无足轻重的,明清时大多数志书仅是在舆地考中出于描绘景色的需要,附带几笔,但《鄞县通志》特设"博物志",下设"动植矿物类"编,把与工农业发展有关的资源内容摆到了志书的重要位置,且对动植物、矿物的分类也较为科学,内容较为全面,描述也比较细致。如把植物划分为食用植物、工艺植物、药用植物、园林植物、观赏植物等类,以表格的方式分别予以列举,栏目包括种名或别称、科属、学名、品种、用途、产地、备注等,内容较为齐全,其中"学名"一栏更是采用了国际上通行的拉丁文的二名法表示。再如有关工程的内容,旧志一般仅记水利,对有关当地水利方面的堰、碶等冠以文字性的描述,而《鄞县通志》专设"工程志",广载各种工程建设,并对新修建的工程附其设计图表,以及与其相关的预算表、实施细则等,使读者对当地的各项工程有一个全面直观的了解。《鄞县通志》中的"政教志"还新设了社会现象编,列有《社会动态统计》《民刑诉讼统计》《罪犯状况统计》《治安妨害统计》《社会救济统计》等66个表,由统计数字反映人事演变消长的情况,为"讲贯治理者所欲取"[①]。与此相对应的是,人物传记在志书中的地位降低了。在《鄞县通志》中,人物传记已不再作为与舆地、食货并列的部分,而只是作为文献志下属的一部分出现,且全用表的形式将人物列出来,不设人物传,这与旧志注重人物传的做法大不相同。更何况《鄞县通志·文献志》"注重艺文、方言"[②],人物编也非其重点。

《鄞县通志》的科学性与时代性,也体现在志书的内容上。陈训正强调以科学的态度与方法修志,十分注意运用和吸收现代自然科学和社会科学的理论与方法,包括地理学、经济学、社会学、测绘学、人口学等各个学科的积极成果,以充实方志的时代内容,增强志书的科学性。该志取自董沛所修《同治鄞县志》的材料,只占全志的十之二三,其余十之七八,都是通过广征博访、实地勘测以及查阅各机关团体档案、刊物、近世出版的有关鄞县掌故的书籍而整理出来的,且大量聘用专业人士修志,如"舆地志"由精通史地的蔡和坚纂修,"文献志"中的藏书碑刻由宁波著名藏书家、伏跗室主人冯贞群纂修,"博物志"中的地质矿藏和动植物特产则延聘西湖博物馆的盛莘夫、钟国仪等专家纂修,"鄞志图凡二十六张(食货、工程、文献等志附图

[①] 张传保修,陈训正、马瀛纂:《民国鄞县通志》,政教志寅编,社会现象,《中国地方志集成·浙江府县志辑》第16册,上海书店出版社1993年版,第931页。

[②] 张传保修,陈训正、马瀛纂:《民国鄞县通志》,例言,《中国地方志集成·浙江府县志辑》第16册,上海书店出版社1993年版,第4页。

与图样未计),除总图皆本自近代测制者,其城郭、营建分图则为当时专人用新法测绘。《博物志》中不仅地质出于专家踏勘,即动植矿物亦悉由君(指陈训正——笔者注)联系委托浙江博物馆自然部之专业人员实地调查,分任研究考定而后结撰,此在并世县志、省志实所仅见"①,体现了志书的科学元素和时代特征。

《鄞县通志》在志书的编撰手法上也有所创新。除了继承横排竖写的修志传统外,在修志手法上也大胆创新。一是大量使用图表。《鄞县通志》各志、编及下列细目除开头总论外,其后设置了各类表格,甚至整个人物编也全用列表的形式组织起来。同时,还采用图来说明情况,发挥图的"无言之史"的作用。除有各种地图外,还有气候、潮汐统计图,金融、运输、物产等统计图,各类工程图样和历代著名人物图等,甚至曾拟用照片,后因经费不足未成。图与表结合,相得益彰,删繁就简,文省事明,既避免了志书的烦琐冗长,也容纳了更多的信息。今观《鄞县通志》全书五六百万字,读起来却并不觉得烦琐芜杂,这在很大程度上是因为使用了图表,与旧志相比这是一个不小的进步。二是在每志及以下各编、目之前设置"概述",全志编有"索引",这是传统方志向近代方志转型最鲜明的特征之一。《鄞县通志》"每志之前冠以叙目。……且一志之中各编、各目亦多各有短叙,以述其内容及观念,所以便于检阅也"②,尽管它不像当代新志那样在志首设有"总述",但毕竟"概述"在该志中通篇采用,有一定的系统性,用以说明各志、编、目内容大要,使各横分门类的叙述通过"概述"予以勾连,全志浑然一体。如果说概述的设置还是借鉴了黄炎培《川沙县志》的做法,那么编制索引则完全是陈训正的创举。《鄞县通志》撰有目录索引和人物姓名分类索引,这在当时的志书编纂中是非常超前的做法,为读者查阅相关数据提供了方便。三是在纂志笔法上颇具史识,继承了我国古代史家据事直书、寓褒贬于叙事之中的优良传统。陈训正批评旧志报喜不报忧、无端夸耀本地的做法,"所记载不过少数贤哲嘉言懿行,与群众疾苦无涉,且守恭敬桑梓古训,良风美俗,虽非本邑所习,亦必牵率附会;若鄙俚陋劣者,恐为乡邦羞,则掩饰不遑"③。在《鄞县通志》中,他能实事求是地对各种人、事、物进行考证,决不人云亦云,无中生有,

---

① 陈训慈:《陈君玘怀事略》,陈训正:《晚山人集》,附录,1985年油印本。
② 张传保修,陈训正、马瀛纂:《民国鄞县通志》,例言,《中国地方志集成·浙江府县志辑》第16册,上海书店出版社1993年版,第2页。
③ 张传保修,陈训正、马瀛纂:《民国鄞县通志》,政教志寅编,社会现象,《中国地方志集成·浙江府县志辑》第16册,上海书店出版社1993年版,第931页。

文过饰非。如他不客气地指出本地人投机取巧,"仿模异俗偷窃之工事"①,制造假冒伪劣商品,唯利是图;揭露辛亥革命的不彻底性,"辛亥革命格于势地,未能即澈贯主义,旧日大僚巨阀依然横据高位,垄断大权,其所鸣施非以国家人民为质的,东贩西贸,貌是神非,徒为新政粉饰而已。故其进也,颠颠而动,无尺寸之展发;其动也,蠕蠕而滞,无蜕化之实迹,与向日所谓睡眠状态者无以异也"②。对人物褒贬的处理,则效法了章学诚《乾隆永清县志》中"暗贬"的做法。

但是我们也应该看到,尽管《鄞县通志》在体例、内容和编纂手法上有不少创新,反映了与时俱进的科学元素和时代特征,但是从志书的某些方面也能看出,陈训正还不是一个完全的新式学者,其方志编纂思想也还带有许多旧时代的弊病。其一,《鄞县通志》在文体上仍沿用文言文且无句读,而不是使用当时已经普及的白话文和新式标点,反映时代特征方面稍嫌不足,也不利于志书的使用和流传。其二,《鄞县通志》某些志目的设置有待改进,如将"大事记"改为"故实",纳入"文献志",采用纪事本末体的形式,相当于当代新志中普遍采用的"大事记略"或"要事记略",但这样一来,就起不到与志书的其他部分呈经纬之势、经理全书的作用,不如仍将其放于志首,发挥"一志之经"的作用;又如人物编全以表格形式罗列,废置人物传,虽然其意在"重群众而轻个人""重社会团体而轻家族及少数人",③但似有矫枉过正之嫌,把人物编置于"文献志"中更是不伦不类,而以表格形式列人物虽然新颖,但由于人物事迹多寡不一,表格大小要依其而定,不仅烦琐,而且留下许多空格,浪费篇幅,不如给重要人物列传,述其事迹,再表列次要人物,这样既省时又省力。其三,《鄞县通志》仍不可避免地带有旧时代封建糟粕的烙印。如在人物编中将妇女单独列表,重男轻女;又如将方技(能工巧匠)、仙释(佛道)单独列表,编为"方外"等,与民国时代潮流背道而驰。

5.《遵义新志》

《遵义新志》的作者张其昀(1901—1985),字晓峰,鄞县(今浙江省宁波市鄞州区)人,出身于当地的一个书香世家,近代著名地理学家、历史学家和教育家,是学

---

① 张传保修,陈训正、马瀛纂:《民国鄞县通志》,食货志丙编,工业,《中国地方志集成·浙江府县志辑》第 17 册,上海书店出版社 1993 年版,第 958 页。

② 张传保修,陈训正、马瀛纂:《民国鄞县通志》,政教志叙目,《中国地方志集成·浙江府县志辑》第 16 册,上海书店出版社 1993 年版,第 529 页。

③ 张传保修,陈训正、马瀛纂:《民国鄞县通志》,例言,《中国地方志集成·浙江府县志辑》第 16 册,上海书店出版社 1993 年版,第 4 页。

者从政的典范。1919年考入南京高等师范学校(1921年改组为国立东南大学)国文史地部,1923年大学毕业,进入上海商务印书馆工作,编辑中学地理教科书。1927年经老师柳诒徵推荐,回母校东南大学(1928年改组扩充为国立中央大学)任教,先后被聘为讲师、副教授、教授。1935年中央研究院成立第一届评议会,张其昀当选为41名评议员之一。1936年4月,竺可桢出任国立浙江大学校长,应竺可桢邀请,张其昀赴浙江大学任教,创办了国内第一个史地学系,并长期担任该系系主任兼史地研究所所长,其时浙大史地学系群贤毕至,当时史学界、地学界著名的学者叶良辅、朱庭祐、涂长望、幺枕生、黄秉维、任美锷、李春芬、张荫麟、严钦尚、李海晨、谭其骧等都应邀来浙大任教。抗战胜利后,张其昀还兼任浙江大学文学院院长。1949年去台湾后,历任国民党"中央宣传部长"等职,创办台湾中国文化学院(今台湾中国文化大学)。著有《中国地理学研究》《中国经济地理》《中国民族志》《中国区域志》《中国地理大纲》《中华五千年史》《中国文化新论》《中华历代大教育家史略》《中国军事史略》等专著或译著,其主编的高中《本国地理》,与戴运轨的高中物理教科书、林语堂的高中英语课本并称为民国高中三大课本。

《遵义新志》是张其昀抗战时期随浙江大学流亡遵义期间所修。在当时修志为抗日服务的背景下,由他牵头,带领浙大史地系师生编修而成,历来被视为方志"新地学派"[①]的扛鼎之作。《遵义新志》始修于1942年,1948年付印。全志采用章节体,共11章,17万字,绘制地图22幅,目录如下:引言;第一章,地质;第二章,气候;第三章,地形(上);第四章,地形(下);第五章,相对地势;第六章,土壤;第七章,土地利用;第八章,产业与资源;第九章,聚落;第十章,区域地理;第十一章,历史地理;附录,遵义史地文献目录。从其自序可以看出,该志原来规划的记述范围要更广泛,除了现存的内容外,还有38个已经完成的专题研究,但种种原因使之没有纳入志书,附其目录于志末的《遵义史地文献目录》中,像谭其骧的《播州杨保考》、胡玉堂的《郑子尹别录》《莫友芝别录》、管佩韦的《黎庶昌别录》、王爱云的《贵州开发史》、陈光崇的《明代之贵州》等篇,都是关于人物、氏族、历史的内容。

《遵义新志》和未完稿的《北碚志》一样,在民国志书中属于另类。其一,该志偏重于地理方面的记述,与那些只重桑梓文献、偏重地方史料的传统志书从体例到内

---

① 清代乾嘉中期以后,中国古代修志始形成两个清晰的流派:历史派(或称撰著派、文献派、新派)、地理派(或称纂辑派、考据派、旧派)。进入民国以后,李泰棻、王葆心、余绍宋、吴宗慈等大部分方志学者承继了历史派的思想,而张其昀则承继了地理派的思想。而之所以将张其昀归入方志"新地学派",是因为他修的志书建立在近代分类地理科学进步成果的基础上,需要与以戴震、孙星衍、洪亮吉为代表的古代地理派相区分。

容都有明显的不同。张其昀作为"新地学派"的开山鼻祖,与当时大多数民国学者把方志看作地方史不同,主张效法外国的"区域地理",用现代地理学的观点改造传统方志,按张其昀自己的话说,"顾中国过去之方志,意在保存桑梓文献,故其记载偏重于地方史料。此次本所编纂之《遵义新志》,大都为地学著作,特重地图之表现,与旧志体例不同,适足以补其所缺"①。《遵义新志》很好地实践了他的这一设想,从正文内容看,该志以地理方面为主,其中关于土地利用调查工作和相对高度的研究,属中国地理研究中的两项首创。基本资料大多通过实测获得,如气象资料和水系变迁史;或进行专题研究,得出研究结论,如相对地势、地形、土地利用、产业与旅游、聚落等。全志抄录其他文献的极少,与传统志书以搜集地方文献为主有着明显的不同。志书中收录的与遵义地区有关的22张地图,分类极其细致,从种类上来说较传统志书为多,且在这22张图中,除《遵义附近地质柱状图》《遵义县地质剖面图》《遵义雨量变化柱状图》《遵义地景素描》《遵义土壤标准剖面图》《遵义附近立体图》外,皆有精确的比例尺标注,这对于亲身测绘的地图来说是难能可贵的。但不能由此就认为张其昀口中的"方志"不是志书,而是一种纯粹的区域地理学著作,因为从张其昀的相关论述中可以看出,他口中的"方志学"(或者说比附之"区域地理")是包含了乡土地理和乡土历史内容的一个综合性学科,"方志学之内容,包括乡土地理与乡土历史,中外皆然。现代方志学之趋势,对小区域之研究,极尽精详之能事,插图与照片至为丰富,借以奠定国家地图集之基础。所谓分者极其详,然后合者能择善而无憾也"②。《遵义新志》按原撰写计划是有人文历史方面的内容的。

其二,该志是以学术论著方式撰写的一部方志,每一章单独拎出来,都是一篇专业水平极高的学术论文。我们知道,写文史哲方面的论文,其过程基本上是从资料到资料,借助于前人的东西多,实地调查少。而社会学的论文,不但需要已有的资料,而且要进行相关内容的实地考察论证。至于自然科学的论文,则比前两者的实践性更强,大量的测量实验、对比分析是论文的可靠保证。《遵义新志》的基本资料都是通过实际观测或实地调查研究取得的,抄录其他文献的极少。也正因为采用了"论文式"的编纂方法,因此该志在行文上是"论述并重"的"撰修",而不像其他志书那样是"述而不作"。如"地质"一章,刘之远教授采用图文结合、数据说明等方

---

① 张其昀:《遵义新志》,引言,1948年浙江大学铅印本。
② 张其昀:《地略学之涵义、方法与功用》,《张其昀先生文集》第1册,中国文化大学出版部1988年版,第215页。

式记载了遵义的地质情况,对各种自然现象的变化、成因等作了科学的分析,并在对遵义地质的勘探中,发现了团溪锰矿,对战时的重庆钢铁业和西南工业建设影响甚巨。又比如"土地利用"一章,以1940年陆地测量局出版的五万分之一地形图为蓝本,根据实际调查资料,把耕地、森林、荒地、道路、房屋的分布,填绘于图,加以解释,并提出相应的具体建议,夹叙夹议的行文风格跃然纸上。因为是用写学术论文的方式编纂的志书,《遵义新志》在学术规范上堪称完美。如在叙述古生物时,采用拉丁文学名;气候资料注明时限;专业术语注明国际通用名称,如第五章"相对地势"述及相对地势的概念,即注明国际规范的称呼"local relief"。不仅如此,志书中对所采用的计算方法也加以说明,如第二章"气候"说明使用了"调和分析法"(harmonic analysis)这一研究方法,第五章"相对地势"说明其研究方法是"方格法"。至于志中所有的引文、参考文献,均按一般学术规范,在文末注明出处,或加注说明。

其三,该志是"专家修志"的典范。该志的主编和参与撰写各分志的人员都是当时相关专业的一流专家学者。主编张其昀是中国人文地理学的创建者,是继张相文、竺可桢之后的一代地理学宗师。统稿人叶良辅是中国地貌学的开创者,主编过中国第一部区域地质专著——《北京西山地质志》,引导学生建立了许多地质学的分支学科。各分志的撰写人员,也都是学有专长的专家,仅后来成为中国科学院学部委员、中国科学院院士、中国工程院院士的就有10多人,他们分别是:侯学煜、任美锷、熊毅、陈述彭、施雅风、叶笃正、谢义炳、毛汉礼、陈吉余、谭其骧、涂长望。其中,陈述彭是我国遥感学的开创者,施雅风是我国冰川学的开拓者,叶笃正、谢义炳是气象学的权威,毛汉礼、陈吉余在海洋学和河流水文学方面作出过卓越的贡献。所以,《遵义新志》实是在抗日战争的特殊历史条件下,专家学者史无前例的一次修志大合作所取得的成果。进入民国以后,随着现代社会分工渐趋细密,政府的设置也日益严密,机构众多,团体如云,资料搜集的难度较之古代不可同日而语,已不再像古代方志那样可以靠三五文人便能修成。因此,"众手成志"已成为一种趋势。但这样做带来的一个问题,就是参与修志的人员水平参差不齐,进而影响到志书的质量。张其昀适时提出"专家修志"的想法,主张"众手成志"应与"专家修志"相结合,既保证了志书资料搜集的完整性和权威性,也提升了志书的质量,是一个很好的修志办法,不仅在当时令人耳目一新,对于今人编修新方志也是一个很好的启发。

第四节　中国传统方志实践经久不绝的原因

地方志的编修,在我国有着悠久的历史。如果从《周官》算起,那么发展到今天已经有 3000 多年的历史,其间由雏形方志——郡书、地记、都邑簿、图经逐步发展到宋代方志定型,至清代修志事业大盛。民国后,虽时局动荡,内忧外患频仍,但方志编修的传统并未中断,不但没有成衰季之风,反而呈现出极强的生命力,诸多名志佳作涌现,个中原因不由不令人仔细探究。

1. 政府的重视和积极干预

我国地方志的官修制度始于隋。随着中央集权的加强,地方豪强地主势力的削弱,地记被图经取代,成为当时中央政府了解与控制地方的有效手段之一。隋代统治时间虽只有 30 年,但政府已建立起一套完整的定期编修图经的制度,《隋书·经籍志》云:"隋大业中,普诏天下诸郡,条其风俗、物产、地图,上于尚书。"① 唐、两宋继承了隋代官修志书的制度。唐代,朝廷设有专门官吏管理图经编修工作,尚书省兵部设职方郎中、员外郎各一人,"掌天下之地图,及城隍、镇戍、烽候之数,辨其邦国都鄙之远迩,及四夷之归化者"②,还明确规定了州县定期造送制度。宋代不仅图经编修制度稳定,而且还建立了从中央到地方的临时专门修志机构。据《宋史·职官志》"兵部职方郎中、员外郎"条记载:

> 掌天下图籍,以周知方域之广袤,及郡邑、镇寨道里之远近。凡土地所产,风俗所尚,具古今兴废之因,州为之籍,遇闰岁造图以进。四夷归附,则分隶诸州,度田屋钱粮之数以给之。分案三,置吏五。旧判司事一人,以无职事朝官充,掌受闰年图经。国初,令天下每闰年造图纳仪鸾司。淳化四年(993),令再闰一造;咸平四年(1001),令上职方。转运画本路诸州图,十年一上。③

---

① [唐]魏徵、令狐德棻:《隋书》第 4 册,卷三十三,志第二十八,经籍二,史,中华书局 1973 年版,第 988 页。
② 《唐六典》卷五,尚书兵部,景印文渊阁《四库全书》第 595 册,台湾商务印书馆 1986 年版,第 61 页。
③ [元]脱脱等:《宋史》第 12 册,卷一百六十三,志第一百一十六,职官三,中华书局 1977 年版,第 3856 页。

即使是战火频仍的五代，州府上报图经的制度也得到了延续。《五代会要》称，后唐明宗天成三年（928）闰八月敕："诸道州府每于闰年合送图经、地图，今后权罢。"①又记载：

> 长兴三年（932）五月二十三日，尚书吏部侍郎王权奏："伏见诸道州府每遇闰年准例送尚书省职方地图者，顷因多事之后，诸道州府旧本虽存，其间郡邑或迁，馆递增改，添增镇戍，创造城池，窃恐尚以旧规录为正本，未专详勘，必有差殊。伏请颁下诸州，其所送职方、地图，各令按目下郡县、镇戍、城池、水陆道路或经新旧移易者，并须载之于图。其有山岭溪湖，步骑舟楫各得便于登涉者，亦须备载。"奉敕："宜令诸道州府，据所管州县，先各进图经一本，并须点勘文字，勿令差误。所有装写工价，并以州县杂罚钱充，不得配率人户。其间或有古今事迹、地理山川、土地所宜、风俗所尚，皆须备载，不得漏略，限至年终进纳。其画图候纸到，图经别敕处分"。②

明朝，政府对修志的重视表现为修志制度的完备。首先，由官府统一制定志书体例。永乐十年（1412）颁发的《纂修志书凡例》17则，是迄今发现最早的由国家颁布的修志规定。永乐十六年（1418），朝廷又诏天下郡县卫所修志，对原有凡例作了修订，重新颁布，改善了各地旧志体例杂乱的现象。其次，出现了志书申详呈报的制度，即地方向上级行政机关发出详文要求修志，在得到上级认可批复后，地方负责纂修志书，并在志书纂修完成后送交上级行政机关。最后，建立了乡绅呈请和公告制度。所谓乡绅呈请，就是先由地方乡绅口头提出修志申请，然后提交申请公文。公文内容包括呈请修志人员的名单、修志的理由及编纂工作的人选等，对公文的格式有严格的要求。修志的公告制度就是告知各界本地修志情形、人员安排，并敬请各界关照和支持。一系列修志制度的建立，体现了政府对修志的重视，规范了各地修志行为，引导了社会各界积极参与修志。

至清代，政府对修志的重视更甚于前代，中央政府多次颁布修志诏令，如康熙十一年（1672）七月，康熙皇帝应保和殿大学士卫周祚的呈请，拟编修康熙一统志，要求各省先行编修通志（省志）进呈，并以河南巡抚贾汉复顺治十七年（1660）主修

---

① ［宋］王溥：《五代会要》卷十五，职方，景印文渊阁《四库全书》第607册，台湾商务印书馆1986年版，第584页。
② ［宋］王溥：《五代会要》卷十五，职方，景印文渊阁《四库全书》第607册，台湾商务印书馆1986年版，第584—585页。

的《河南通志》"颁诸天下以为式"①。康熙二十二年(1683)、康熙二十四年(1685)、雍正六年(1728),礼部三次奉旨檄催天下各省设局纂修通志,并限期完成。一时间,全国各省、府、州、县纷纷开设志局,加紧了修志工作。至雍正七年(1729),政府更是颁令修志上谕,定各州县志书每60年一修之例。

即使是在动荡不安的民国时期,政府也十分重视地方志的编修,并数次由中央政府相关部门出面颁发若干政令。民国六年(1917),还在北洋政府统治时期,即由内务部、教育部通饬续修省县志书,教育部训令各县征集最近修刻志书送部。南京国民政府成立后,更是先后3次颁布修志政令。民国十八年(1929)十二月,内政部颁布了《修志事例概要》22条,统一规定各地的修志行为,令各省设立通志馆,负责通志编修,各县及各普通市兴修志书,应行规定事项,由各省通志馆参照本概要定之,开始试图建立常设的修志机构。全面抗战期间,国民政府内迁重庆。民国三十三年(1944)五月,内政部颁布《地方志书纂修办法》,规定修志分省志、市志、县志3种,省志30年纂修一次,市县志15年纂修一次,各地应设立修志馆从事编辑。民国三十五年(1946)十月一日,内政部又重新公布了《地方志书纂修办法》,其内容与前次有所不同的是,在修志机构的设置上,要求各省、市、县未成立通志馆者,设立文献委员会,负责收集地方文献,以备将来编修方志。这两个文件的颁布,使曾经一度因抗战而中断的各地方志事业得到恢复与发展,对方志编修传统的承继起了积极的促进作用。

正是由于自隋以后,方志开始有了官修的性质,历代政府十分重视和积极干预修志活动,才保证了地方志传统文化的绵延发展。传统方志实践在3000多年的历史发展中连绵不绝,且愈来愈兴旺。据不完全统计,汉唐方志不足400种,宋代方志有1016种,元代方志有160余种,明代方志有3470种,清代现存方志有5685种,民国虽处战乱,修志成果不及清代,但仍有1571种志书存世。美国芝加哥大学历史系教授阿利托(Guy Alitto)在谈到中国传统方志为什么在经历了时间和空间的改变后仍能经久不衰时称:"所有早期方志,以及宋和后来的方志,事实上是向中央政府提供'情报'的纪录,就每个地方的情况向政府当局提出的报告。"②这个说法虽然对方志的定义不是很恰当,但有一点却说到了关键,那就是传统方志实践之所以绵延发展并走向兴盛,是因为它对政府有用,政府的重视和积极干预是传统方志实践经

---

① [清]纪昀等:《钦定四库全书总目》卷六十八,史部二十四,地理类一,中华书局1997年版,第942页。

② Guy Alitto:《中国方志与西方史的比较》,《汉学研究》第3卷第2期,1985年12月,第60页。

久不绝的根本原因。

2. 一统志的编修

一统志始于元。元朝建立起空前统一的大帝国以后,"薄海内外,人迹所及,皆置驿传,使驿往来,如行国中"①。在这样的情形下,为了更好地掌握全国形势,表达大一统的思想,元世祖忽必烈采纳了集贤大学士、中奉大夫、行秘书监事札马里鼎的建议,编纂一统志,以元代的中书省及十一行省为纲,下以宣慰司辖路,路辖府州县,内容包括建置沿革、坊郭乡镇、里至、名山大川、形胜、风俗、土产、古迹、寺观、祠庙、宦迹、人物等。但是由于该志纂修时资料尚有欠缺,有些地方的志书尚未送到,如《云南图志》《甘肃图志》《辽阳图志》等,缺漏甚多,所以到了元成宗的时候,命岳铉等重修一统志,至大德七年(1303)完成,共1300卷,定名为《元大一统志》,以内容宏富、体例周备著称后世,成为一统志之范本。

明朝建立后,明太祖朱元璋出于中央集权的需要,先后四次下令纂修总志,绘制舆图,编有《大明志书》。明成祖、景泰帝、明英宗在位期间,也曾诏令纂修天下郡县志书,为一统志的编纂做准备,也就有了后来的《寰宇通志》和《大明一统志》。由于封建政府的三令五申,各地方志编修工作得到了迅速发展。有些地方不但修志,而且一修再修,如《山西通志》于成化、嘉靖、万历年间3次编修,广东《潮阳县志》、江苏《六合县志》6次编修,而《云南通志》竟纂修达8次之多。

清朝统治者对一统志的编修也非常重视。康熙二十四年(1685),敕纂《大清一统志》,徐乾学擢内阁学士,任《大清一统志》副总裁,撰《大清一统志凡例》,后因事被劾,《大清一统志》未能完书。雍正十一年(1733),方苞擢内阁大学士,任《大清一统志》总裁,至乾隆八年(1743)修成《大清一统志》,共342卷。乾隆二十九年(1764)、嘉庆十六年(1811),朝廷又两次诏修一统志。

元、明、清编修一统志,每次编修之前,朝廷必先令各地撰送图志,以备采用,这种行政命令,地方官自然要奉命照办,这就使地方志的编修得到了普遍的发展。于是,在统治者的积极倡导下,各地大量纂修各类方志,大规模的修志活动推动我国传统方志进入全盛时期。所以说,一统志的编修实是我国传统方志实践经久不绝的重要原因之一。

---

① [明]宋濂等:《元史》第5册,卷六十三,地理志六,河源附录,中华书局2017年版,第1563页。

3. 中国史学的发达,方志功用的变化和地方文人、学者浓厚的乡土意识及对修志的积极参与

中华文明源远流长,史学是其中最为发达的一部分。梁启超在《中国历史研究法》中指出:"中国于各种学问中,惟史学为最发达。史学在世界各国中,惟中国为最发达。"①以史资政是中国古代史学发达的原因之一。唐太宗李世民曾说:"以铜为鉴,可正衣冠;以古为鉴,可知兴替;以人为鉴,可明得失。"②历代统治者都非常重视史学,由此形成了中国发达的史官制度和史学文化。方志属于史学范畴,传统方志实践经久不绝与中国史学的发达紧密相关,抑或可以说传统方志的发达即是我国史学发达的表现之一。

宋代方志定型以后,就不断有人提出方志为史的见解,尤其是清代乾嘉时期的一代方志大师章学诚提出"志属信史"③,并从理论上作了系统说明,使自宋代以来的"方志为史说"得以盖棺论定,并逐渐为世人所承认,"方志,从前人不认为史。自经章氏提倡后,地位才逐渐增高"④。既然方志被认为是史学的一个分支,那么,方志的功用也就自然而然地被定义为"存史、资治、教化"。方志地位的提高和功用的变化,使得人们认识到如果志书修得好,同样可以藏之名山,传之后世,这就吸引了一些著名文人、学者参与编修方志,他们的参加,大大推动了方志编修工作的发展,对于方志内容的丰富、体例的完善,乃至学术性的加强,都起到了极为重要的作用。中国是一个农业民族,人们有着非常强烈的土地观念,"家乡"这个概念深植于地方文人、学者心中。家乡,在古代中国,首先表现为县,其次表现为州,最后表现为省,"盖君子之不忘乎乡,而后能及于天下"⑤。方志是家乡的历史,修国史是中国人的使命,而修方志则是地方文人的使命。在爱乡观念的支配下,地方文人、学者自觉地把修志当作自己的一种社会责任,更何况由于方志功用的变化,修志还是一项利

---

① 梁启超:《中国历史研究法》,饮冰室专集之七十三,第 9 页,《饮冰室合集》第 10 册,中华书局 1989 年版。
② [宋]欧阳修、宋祁:《新唐书》第 12 册,卷九十七,列传第二十二,中华书局 1975 年版,第 3880 页。
③ [清]章学诚著,叶瑛校注:《修志十议》,《文史通义校注》卷八,外篇三,中华书局 2000 年版,第 846 页。
④ 梁启超:《中国历史研究法补编》,饮冰室专集之九十九,第 33—34 页,《饮冰室合集》第 12 册,中华书局 1989 年版。
⑤ [明]归有光:《汉口志序》,《震川先生集》,上海人民出版社 2020 年版,第 39 页。

在千秋万代的伟大功业,志书修得好,修志者的名字也可以永垂后世,因此也就不难理解为什么历代地方文人、学者都热衷于编修地方志。

从宋代开始,一流的文人、学者开始参与编修方志,如宋敏求、朱长文、刘攽、范成大、李焘、熊克、薛季宣、陈傅良、陈振孙等。而明清以后,著名文人、学者投身修志,更是不胜枚举,即使像乾嘉时期的一流学者、考据学大师戴震这样的学者,在入四库全书馆前,也曾纂修过《乾隆汾州府志》《乾隆汾阳县志》。这些名家参与编修方志,自然与专门应付官样文章者不可同日而语,促使作志的目的性大大加强。同时,他们关注方志对社会所起的作用,强调方志的实用价值,促使方志的学术性、生命力显著提高。

即使是在动荡不安的民国时期,地方文人、学者强烈的责任感和使命感也使得这一时期地方志的编修仍能取得一定的成就。抗战时期,地方文人、学者把志书编纂同抗日救国结合起来,视修志为抗战救国的一项重要任务。很多沦陷区的学校和公私学术团体撤退到西部大后方以后,一些学者和地方文人在动荡年月的艰苦环境下,以编修志书服务抗日为号召,以搜集整理国家典章、乡邦遗逸为己任,积极编纂志书。较为著名的一个例子是北平师范大学的教授黎锦熙在西迁陕西之后,提出以修志为抗日服务的号召,主持编纂了陕西《洛川县志》《黄陵县志》《同官县志》《宜川县志》,对于抗战,"凡一才一艺,一言一行,一事一物,犹谆谆不厌其详,务使人人知国家兴亡,匹夫有责之义,借以振衰起懦,敌忾同仇,共赴国难,以期最后胜利之早来"[①]。在当时引起了较大反响。实际上,修志在当时表达了一种抗战救国的态度,故许多地方的文人、学者在烽火战乱时期以极大的热忱坚持完成了修志工作,尽自己最大的力量来报效祖国。所以说,我国史学的发达,方志功用的变化和众多地方文人、学者浓厚的乡土意识及对修志的积极参与,寄爱国爱乡之情于所修志书之中,丰富了方志的记载内容,完善了方志的编修体例,促进了传统方志的不断发展。

4. 修志经费的保障

修志经费是方志事业的基本保障。方志编修的特殊性决定了对经费的特殊需要方式,修志经费的充足与否,极大地影响着方志编修工作能否顺利进行。

两汉时期,地方豪族为标榜门第,维持豪族的政治特权,纷纷私修具有家传性质的郡书、地记等。虽然此类书籍带有浓厚的为地方豪强地主服务的色彩,但如果

---

① 余正东修,黎锦熙、吴致勋纂:《民国洛川县志》,跋言,1944年铅印本。

没有豪族势力给予经济上的支持,早期雏形方志的修纂显然无法完成。私人出资是这一时期修志经费的主要来源。

隋唐以后,图经取代地记,至宋代形成定型方志,方志逐步由私修转为官修。官修即由政府出资、政府主持,为政府"存史、资治、教化"而修。到清代,我国方志编修事业进入全盛时期。若无政府及统治者的大力倡导,尤其是在经费上的支持,修志事业是无法走向高潮的。

民国时期,社会动乱,国内财政非常紧张,各地筹款困难重重,但是,由于政府的重视以及社会对方志编修地位、作用和价值的认识,如辽宁省清原县"知事以为县志关系文献,与其草率塞责,难资考证,不如力求精详,辅助国史,故编辑不得不慎重,而经费不得不充绰也"①,各地仍能采取较为有效的方式保障方志经费的供给。1929年12月国民政府内政部《修志事例概要》的颁布,规定了各省市通志馆由地方政府拨款。政府出资,加上部分社会劝募,基本满足了大多数基层政权修志的经费需要,使这一时期修志事业得以继续发展。民国时期,修志人员的待遇尚属丰厚。如民国九年(1920)热河省通志馆的正编纂月薪380元、副编纂360元、编纂240元、采访110元、绘图110元。②"元"的概念是一个现大洋,民国六年(1917)时,每0.174元现大洋可购大米1公斤,到了民国九年(1920),去掉物价上涨等因素,热河省通志馆的工作人员也可谓收入丰厚。另据胡道静回忆,1932年上海通志馆成立时,馆长工资是每月300元,编辑主任每月200元,编辑人员则分为两档:编纂每月100元,编辑每月60元,事务员跟编辑一样,也是60元,练习生的津贴是每人每月15元。当时胡道静的工资是60元,父亲胡怀琛是100元,家里有五口人,开销完全足够。住的地方离通志馆走路要20分钟,如果来不及可以叫黄包车。③ 根据1936年的调查,一个五口之家的上海市公务人员(一家之主)每月必须挣得的工资数额为52.16元,其家庭必需的生活费用为61.29元,而同期上海市工人家庭每月的生活费支出仅为15.02元。④ 由此可见,战前上海通志馆的馆员工资收入具有较强的购买力,基本可负担中等以上水平的生活。这也从一个侧面反映出民国统治者对方志工作的重视。在当时看来,"纂修通志,体大思精,事繁责重,非延揽宏才,

---

① 单辉:《关于民国时期方志经费支出的几点启示》,《黑龙江史志》1995年第3期。
② 单辉:《关于民国时期方志经费支出的几点启示》,《黑龙江史志》1995年第3期。
③ 胡道静:《关于上海通志馆的回忆》,《胡道静文集:序跋题记·学事杂忆》,上海人民出版社2011年版,第334页。
④ 岩见一弘、甘慧杰:《1940年前后上海职员阶层的生活情况》,《史林》2003年第4期。

难肩大任"①,而"延揽宏才"的重要条件之一便是给"宏才"以较为优厚的物质待遇。只有解决好修志人员的后顾之忧,方志工作者才能以满腔的热情投入方志编修中,编纂出高质量的志书,这点在今天的地方志工作中仍有较强的借鉴意义。

综上所述,政府的重视和积极干预,一统志的编修,中国史学的发达,方志功用的变化,地方文人、学者浓厚的乡土意识及对修志的积极参与,修志经费的保障,是我国传统方志实践经久不绝的主要原因。当然,我们也应该看到,中国地大物博,国土面积庞大,地方行政区划制度相当完备,这也是我国传统方志发达的原因之一。

8.2 课后思考与拓展阅读

---

① 单辉:《关于民国时期方志经费支出的几点启示》,《黑龙江史志》1995年第3期。

第九章　中华人民共和国方志编修概况

第一节　新中国方志编修的序幕
——20世纪五六十年代新志编修始末

9.1　学习目标

中华人民共和国方志编修概况

思政融合点：新中国历代领导人对地方志工作的批示和关怀

新中国成立后，百废待兴。随着国民经济的恢复和对农业、手工业、资本主义工商业的社会主义改造的完成，各项事业呈现蒸蒸日上的势头，编纂社会主义新方志的工作也被提上了议事日程。

1954年9月一届全国人大一次会议上，郭沫若、马寅初等著名学者和山东省人大代表、省教育厅副厅长、著名教育家王祝晨等提出了"早早动手编辑地方志"的议案。在1956年6月召开的一届全国人大三次会议上，王祝晨再次提出编修地方志的建议。6月29日，《人民日报》第7版刊登了王祝晨的《早早动手编辑地方志》一文，建议各省、自治区和直辖市先着手编纂地方志资料汇编。文章还对编修新方志的意义给予了初步阐述，指出中国是一个大国，南北东西都有上万里，气候、物产、地势、土壤、风俗等，各地情况不同，应有因地制宜的准备。他还说："在广大的中小学校里，讲授本国历史和中国地理援引和利用当地的乡土教材，无论在知识方面或教育方面都具有重要意义。因为根据'由近及远'、'由已知到未知'的原则，使教学可以增加高度的直观性和具体性，从而易于发展学生学习上的积极，也帮助发展学生的爱国主义精神。"[①]其他全国性和地方的多家报刊也相继发表了倡导编修地方志的文章，如

---

① 王祝晨：《早早动手编辑地方志》，《人民日报》1956年6月29日，第7版。

《光明日报》发表陆士武的《保护"地方志"》与《民革云南省委召开座谈会讨论编修地方志问题》的报道,《文汇报》发表雪雍的《打开几千年的历史宝库》,《大众日报》发表余修的《为什么要进行地方志资料征集工作》,《浙江日报》发表于龙的《谈修志的几项准备工作》,等等。一些具有史志背景的专家学者也加入了鼓动的行列,1956年的《新建设》杂志连续刊发了金毓黻的《普修新地方志的拟议》、傅振伦的《整理旧方志与编辑新方志问题》、居漱庵的《对编辑新方志及整理旧方志的几点意见》等文章,呼吁开展新方志编修,提出"现当国家制订长远计划之时,应将普修地方志列为项目之一","先择一二县、市,作为重点,编纂成书,以起示范作用"。① 1957年3月,在全国政协二届三次会议上,著名史学大师顾颉刚联合李培基(全国政协文史委员)、叶恭绰(全国政协常委、中央文史馆副馆长)在会上作了"继续编纂地方志"的发言,认为地方志"这种传统的优良纪载办法,是不该令其中断的,因为它以地区为中心,丰富地保存了乡土各种资料,做多种多样的纪载,掌握了那一区的民族、历史、经济、文化各事实,不但提供国家建设和科学研究的参考,而且足以激发人民爱国爱乡的精神"②,还提出了8条实施纲要作为具体建议。《人民日报》及时刊发了这一联合发言。同年7月,在一届全国人大四次会议上,王祝晨再次作了题为"进一步开展地方志工作"的发言,并提出了开展有关工作的几项具体建议。这些著名专家、学者在新中国成立的初创时期,以知识分子特有的敏锐和超前思维,呼吁修新志,谋高策,献雅言,为启动共和国的修志事业推波助澜。

党和政府非常重视来自群众的意见和要求,尤其是新中国第一代领导人对地方志工作极为关注,推动了新中国方志事业的起步。无论是在战火纷飞的革命战争年代,还是社会主义改造和建设时期,毛泽东都十分注重调阅地方志,并充分利用地方志承载的经验和智慧领导中国革命和社会主义建设。1958年3月,时任中共中央主席的毛泽东在成都主持中央工作会议,专门调来《四川通志》《蜀本纪》《华阳国志》《都江堰水利述要》《灌县志》等一批四川志书阅读,并在书上批、划、圈、点,还挑选唐、宋、明三朝诗人写的有关四川的一些诗词,连同《华阳国志》一并印发给与会同志,让大家了解四川的历史和风土人情。③ 据当事人回忆:"毛泽东同志来成都时就带了不少书籍,但他几乎每天还要工作人员为他借书。他所借的书籍中,除《马克思恩格斯选集》、《列宁选集》和《威廉斯土壤学》等外,绝大多数是有关四川的

---

① 金毓黻:《普修新地方志的拟议》,《新建设》1956年5月号。
② 顾颉刚、李培基、叶恭绰:《继续编纂地方志》,《人民日报》1957年3月18日,第3版。
③ 龚育之、逄先知、石仲泉:《毛泽东的读书生活》,生活·读书·新知三联书店2010年版,第6页。

一些著作,其中包括四川省志一百多本,杜甫草堂各种版本的'杜诗'十二部,一百零八本。"①由于毛泽东在读志用志上率先垂范,使得许多党政干部争相效仿,重视方志,相继查用方志,形成了一种可贵的风气,推动了新中国方志事业的起步和发展。时任国务院总理周恩来也非常重视修志工作。1959年4月29日,他在招待60岁以上全国政协委员的茶话会上说:

> 过去编的府志、县志,保留了许多有用的史料。收集旧社会的典型事迹也很有价值,如近百年来有代表性的人物、家庭和家族的情况就值得研究,看看他们是如何产生、发展和衰亡的。那些典型人物,他们所代表的那个社会虽然灭亡了,有的本人也死亡了,但事迹可以作为史料记载下来。我国大小凉山有过半奴隶制,现在已经进行了民主改革。西藏是农奴制,再过几年也要改革的,有些东西不赶快记载下来就会消失。从最落后的到最先进的都要记载下来。要勇于暴露旧的东西……使后人知道老根子,这样就不会割断历史。②

1958年,周恩来在与国家档案局局长曾三的谈话中,要求档案工作者充分利用档案资料编修新的地方志。③ 1959年6月,他在接见全国档案资料工作经验交流会的代表时,又向曾三询问地方志编修情况,并且指示国家档案局:"对新旧地方志,你们都要把它收集起来。"④1959年夏,国家副主席董必武在湖北视察期间,亲自指导和督促湖北省的方志编修工作。他说:

> 我考虑要修地方志,应增加以下内容:一写政治、经济、军事的统一行动,着重写人民群众是历史的主人这一点;一是要写方言志、风俗志和食品志,如红安的绿豆丸子,黄州的豆腐,麻城的肉糕,蕲春的油姜,浠水的鱼片,广济的酥糖,黄梅的蓑衣丸子、乌鱼片,罗田的板栗等;一是要写新人物志、艺文志、科技志等。总之,地方志要成为这个地区的"百科全书",成为中国历史的有机的组成部分,成为中华民族文化的一个"切片"、一个因子或元素。这样的地方志,历时愈久,则愈有价值。……要修好一个地方志,先修简志,重点放在经济方面。要舍得花功夫,舍得本钱(人力、财力),要有专人负责,一抓到底。要调

---

① 薛哲:《二十多天翻阅一车书》,《四川日报》1983年12月26日,第3版。
② 周恩来:《把知识和经验留给后代》,中共中央文献编辑委员会编:《周恩来选集》(下卷),人民出版社2004年版,第297页。
③ 诸葛计:《中国方志五十年史事录(一九四九年至二〇〇〇年)》,方志出版社2002年版,第13页。
④ 曾三:《回忆周总理领导我们建设档案事业》,《人民日报》1980年1月7日,第3版。

动各个部门、各种人才的积极性。①

在国家领导人的重视、党和政府的关怀下,新中国的方志编修工作在全国得以迅速展开。

1956年,国务院科学规划委员会在拟定自然科学发展规划的同时,根据国家需要、哲学社会科学研究力量的现状及未来几年可能的发展,制定《1956—1967哲学社会科学规划纲要(草案)》,把编修地方志列为该方案20个重点项目之一,准备从条件成熟的市、县着手,逐步推广,从1958年开始,计划10年内在全国大部分市、县编出新方志。到1958年2月,国务院科学规划委员会征集有关方面意见,在原草案基础上进行部分修改,形成《1956—1967哲学社会科学规划纲要(修正草案)》,并经1958年3月国务院科学规划委员会第五次会议审议原则通过。修正草案与原草案意思基本相同,其中第8条"地方志的编纂"指出:

> 1967年以前编出全国大部分县市(包括少数民族地区)的新的地方志,记载当地自然条件和经济、政治、文化等方面的历史和现状。1958年开始进行试点和取得经验后逐步推广。对北京、上海、天津等大城市进行研究,写出这些城市的历史,和其他有关著作。此项工作由科学院提出具体计划,并负责实施。②

1958年6月,国务院科学规划委员会成立了地方志小组,1958年下半年,因科委的社会科学部分并入中国科学院,地方志小组也转到中国科学院。随着全国修志工作的逐步开展,为了加强领导,中国科学院和国家档案局于1959年联合成立了中国地方志小组,作为全国性的修志领导机构,具体指导全国各地的地方志编纂工作,行政上隶属于中国科学院哲学社会科学部,由中共中央办公厅副主任、国家档案局局长曾三任组长。从1962年10月起,中国地方志小组行政上虽仍隶属于中国科学院哲学社会科学部,但具体工作由国家档案局实际负责,办公室设在国家档案局,仍由曾三担任组长,其成员有姜君辰、吴晗、齐燕铭、王冶秋、侯仁之、李秉枢、严中平、刘大年、林涧青、郝化村、裴桐、施宣岑、程桂芬等。

1958年10月20日,中国科学院地方志小组发布了《关于新修方志的几点意见》,对新方志的体例、记述的重点、应遵循的原则、方法及种类等问题作了规定,指出:

---

① 诸葛计:《中国方志五十年史事录(一九四九年至二〇〇〇年)》,方志出版社2002年版,第18—19页。

② 《1956—1967哲学社会科学规划纲要(修正草案)》,1958年7月,中央档案馆,卷宗号G229-22-24-1。

> 新志应贯彻执行厚今薄古的原则。内容上可以革命斗争史,经济建设发展情况以及革命斗争和生产建设中的模范人物志作为重点。在断限上,革命斗争史与人物二项,可以近代史为范围;经济一项可以现代史为范围。……方志可分省、市、县、社四种。在编纂时间上,孰先孰后,或者同时进行;在编纂内容上,或繁或简,或着重写几个部分,或根据具体情况,增加一定项目;甚至另创新的编纂方法,均不必强求一律。各省市可根据具体条件和可能组织起来的力量(高等学校历史系与地理系、政府机关干部、中学教员、文化馆、博物馆、档案馆、科学研究机关、科普分会),自行决定。但希望每个县、市都有新修的志书。修志的组织应在各省、市、县党委和人民委员会的领导之下,进行工作。编纂新方志的过程就是各种史料和实物搜集整理的过程。各地应当指定一定的机构(如档案馆、博物馆)对已搜集的史料和实物加以保存,并且应当考虑把修订方志形成一个制度。①

同时还起草了《新修地方志体例(草案)》,发至各地征求意见。1961年3月,中国地方志小组发布了《新修地方志提纲(草案)》,提出新编地方志除前言、概况外,其主要部分应当包括政治斗争、经济建设、文化教育、政治工作、民情风俗习惯、宗教、名胜古迹、人物8个门类。② 在后来的实践中,中国科学院哲学社会科学部、国家档案局发现在新方志编纂过程及新方志成果中存在各种各样的问题,遂建议中共中央宣传部调整原来的新方志编纂规划,放缓新方志编纂速度。1963年7月23日,中国科学院哲学社会科学部和国家档案局共同向中共中央宣传部提出《关于编写地方志工作的几点意见》的请示报告,针对新编地方志工作中存在的问题,提出"建立审阅制度,控制出版发行""有计划有步骤地进行编写""加强组织领导,发挥档案馆的作用"等意见。同年8月16日,中共中央宣传部批转了《关于编写地方志工作的几点意见》(即"中宣发〔63〕373号"文件),要求各地参照办理,指出:

> 编修地方志的工作是一项很复杂的工作,不可能一蹴而就,应该有计划有步骤地进行。目前还没有进行系统地编写地方志的地方,应该积极收集各种有关资料……资料应该边收集边整理,除了分门别类地汇编资料,以供编写村史、社史、厂史、文艺创作、科学研究等使用以外,也应该把所有原始材料在档

---

① 《中国科学院地方志小组关于新修方志的几点意见》,中国地方志指导小组办公室编:《中国方志文献汇编》,方志出版社1999年版,第268—269页。
② 诸葛计:《中国方志五十年史事录(一九四九年至二〇〇〇年)》,方志出版社2002年版,第34页。

案馆妥为保存,为以后编写新的地方志打好基础。①

在这种情况下,各地纷纷调整原有的新方志编纂工作进度,"1967年以前编出全国大部分县市(包括少数民族地区)的新的地方志"②的规划并没有持续贯彻下去。

在中央相关机构的推动下,地方各级政府也开始设立修志机构,配备人员并着手纂修新志。湖北、湖南、山东是当时开展新方志编纂比较早的省份。湖北省是最早成立修志机构的省份。1956年3月,湖北省以省文史馆为主体,成立省方志纂修委员会③,颁布《湖北省市县简志凡例》,规定从各县、市着手"先修简志,后修完全志",1958—1959年两年间完成了15部志书,正式出版6部④。湖南省的修志机构设置也比较早。1957年11月,湖南省委决定新修《湖南省志》,1958年6月正式成立省志编纂委员会,计划用3年时间完成省志的编写工作,市、县、自治州也陆续开始修志。1959年2月出版了《湖南省志·湖南近百年大事纪述》,1961年3月、1962年10月分别出版了《湖南省志·地理志》上、下册。沅陵、大庸、江永、湘乡等县的县志稿也以油印本的形式上报和内部交流。山东省则于1957年2月成立了省地方资料征集委员会,王祝晨任副主任。该委员会有别于其他省的编纂委员会,它担负的资料征集工作重于指导编修。至1960年前后,山东省各地相继成立了修志机构80余个。据不完全统计,1958年至1962年,山东省普遍开展了修志工作,取得初步成果共57种⑤。北京、陕西、青海、甘肃、广西、四川、河北等地也陆续成立了相应的修志机构,开展了修志活动。

据1960年国家档案局的调查,当时全国总计有20多个省、市、自治区和530多个县开展了地方志编纂工作,大约250个县完成了初稿⑥,神州大地上出现了新中国成立后的第一次修志热潮。但由于诸种原因,正式出版的志书并不多,据《方志

---

① 《中共中央宣传部转发中国科学院哲学社会科学部、国家档案局〈关于编写地方志工作的几点意见〉》,来新夏:《中国地方志综览(1949—1987)》,黄山书社1988年版,第259—260页。

② 《1956—1967哲学社会科学规划纲要(修正草案)》,1958年7月,中央档案馆,卷宗号G229-22-24-1。

③ 有当代学者提出异议,认为湖北省方志纂修委员会应成立于1957年2月。见王张强:《浅述1956—1966年中国新方志的编纂规划、模式及程序》,《中国地方志》2019年第1期。

④ 诸葛计:《中国方志五十年史事录(一九四九年至二〇〇〇年)》,方志出版社2002年版,第13—23页。

⑤ 诸葛计:《中国方志五十年史事录(一九四九年至二〇〇〇年)》,方志出版社2002年版,第38—39页。

⑥ 诸葛计:《中国方志五十年史事录(一九四九年至二〇〇〇年)》,方志出版社2002年版,第30页。

学通论》统计,县志仅为10种,简志9种,省市专业分志8种,类似方志的有2种。①具体包括:《北京植物志》、《北京鸟类志》、《北京气候志》、《湖南省志·湖南近百年大事纪述》、《湖南省志·地理志》(上、下)、《甘肃气候志》、《西藏大事记(1949—1959)》、《昌黎方言志》(河北)、《应山县志》(湖北)、《应城县志》(湖北)、《黄陂县志》(湖北)、《石首县志》(湖北)、《怀来县志》(河北)、《镇宁新志》(贵州)、《大方新志——高歌猛进的大方》(贵州)、《集美志》(福建)、《惠阳县志》(广东)、《泗阳县志》(江苏)、《咸宁县简志》(湖北)、《浠水县简志》(湖北)、《维吾尔族简史简志合编(初稿)》(新疆)、《哈萨克族简史简志合编(初稿)》(新疆)、《柯尔克孜族简史简志合编(初稿)》(新疆)、《塔吉克族简史简志合编(初稿)》(新疆)、《锡伯族简史简志合编(初稿)》(新疆)、《乌孜别克族简史简志合编(初稿)》(新疆)、《达斡尔族简史简志合编(初稿)》(新疆)、《桐梓十年的巨变》(贵州)、《绿色的锦屏》(贵州)。而更多的新修方志还只是停留在稿本阶段或内部印行。故有当代学者撰文提出,20世纪五六十年代的修志为我国社会主义时期第一轮修志②,遭到大多数同时代方志学者的反驳,认为将其称作"我国社会主义时期第一轮修志"是不合适的,说这是新方志编纂的一个序幕、一次兴起,倒是名副其实的③。因为五六十年代的新方志编纂在全国开展是很不均衡的,并没有在全国全面铺开,有相当部分省份、地区几乎没有开展,如历史上被称作"方志之乡"的浙江省,当时只有衢县(今浙江省衢州市衢江区)启动过修志,但也只是在"以阶级斗争为纲"的思想指导下,收集了一些资料,后来也未曾成书。④

新中国第一次修志热潮一直持续到20世纪60年代中期。已开展修志的省份,除湖南省外⑤,大多数省份直到1966年"文化大革命"风暴骤起,修志机构才不能正常工作,继之便纷纷被撤销,修志工作被迫中辍。

---

① 据仓修良《方志学通论》(增订本)(华东师范大学出版社2013年版)第292页"五六十年代正式出版志书简目"一表统计所得,鉴于《湖南省志·湖南近百年大事纪述》已由湖南人民出版社于1959年2月正式出版,但仓书没有记载,特补入统计。
② 许卫平:《略论我国社会主义时期第一轮修志的时间》,《中国地方志》2007年第1期。
③ 魏桥:《贵在总结经验,不宜急于更名——读〈略论我国社会主义时期第一轮修志的时间〉有感》,《中国地方志》2007年第5期。
④ 魏桥:《贵在总结经验,不宜急于更名——读〈略论我国社会主义时期第一轮修志的时间〉有感》,《中国地方志》2007年第5期。
⑤ 有当代学者提出,《湖南省志》的编修不是因"文化大革命"而被迫中断,而是中止于1959年庐山会议后的不正常政治气候。见李跃龙:《全国第一个启动新方志编修工作省份的考证》,《中国地方志》2015年第3期。

第二节 20世纪80年代以来全国普修方志及其巨大成就

1976年10月,"文化大革命"结束,春回大地,全国拨乱反正,各项工作逐步走向正轨,方志工作也重获生机。20世纪五六十年代启动、业已中断的方志编纂此时再度兴起,并逐步走向繁荣,进入了盛世修志的时代。1977年,个别地方自发开始了修志工作。时任山西省寿阳县委书记常继宗最先倡导编修新的《寿阳县志》,并于该年底正式建立了县志编纂委员会,下设办公室开始了修志工作。1978年春,黑龙江省的呼玛县和广西壮族自治区的武宣县也成立了修志办公室,开展修志。这是"文化大革命"后县一级最早恢复修志的地方。① 1979年8月24日,湖南省革命委员会发出《关于恢复编纂〈湖南省志〉工作的通知》,成立了以省委第二书记万达为主任委员的第一届《湖南省志》编纂委员会,成为全国最早恢复修志的省一级机构。1979年5月1日,中共山西省临汾市委组织部干部李百玉给中共中央宣传部写信,阐明编修地方志书的重要性,倡导在全国开展修志工作,并就如何开展提出了建议。② 同年7月9日,时任中共中央政治局委员、中宣部部长的胡耀邦在李百玉的来信上批示:"大力支持在全国开展修志工作。"③1980年2月14日,中共中央、国务院下发16号文件,批转国家档案局关于全国档案工作会议的报告,其中提出:工作基础较好的档案馆,要"号召编史修志,为历史研究服务"④。1980年4月8—12日,中国史学会代表大会在北京召开,时任中共中央书记处书记、中国社会科学院院长胡乔木在大会上作重要讲话,倡议重修志书,"地方志的编纂,也是迫切需要的工作。现在这方面的工作处于停顿状态。我们要大声疾呼,予以提倡。要用新的观点、新的方法、新的材料,继续编写地方志。不要让将来的历史学家责备我们

---

① 诸葛计:《70年代末至今新编地方志工作概述》,《当代中国史研究》1994年第3期。
② 李百玉此信书写两份,以《〈县志〉应当续订重修》为题,分别寄给中共中央宣传部、《光明日报》编辑部;1979年6月五届人大二次会议召开时,他又将题目改成《建议续修县志》,寄给大会秘书处。全国普修方志后,李百玉于1986年底调任临汾市地方志办公室主任。
③ 胡耀邦:《对临汾市委组织部李百玉〈县志〉应当续订重修报告的批示》,中国地方志指导小组办公室编:《中国方志文献汇编》,方志出版社1999年版,第16页。
④ 诸葛计:《中国方志五十年史事录(一九四九年至二○○○年)》,方志出版社2002年版,第67页。

这一代的历史学家,说我们把中国历史这样一个好传统割断了"①。胡乔木所说的"三新"是指:新观点,即马克思主义的立场、观点、方法;新方法,即现代科学的方法;新材料,即新时代涌现出来的新事物、新情况和新问题。只有"三新"紧密结合才能达到"三性"(思想性、科学性和资料性)的统一。《人民日报》《光明日报》《红旗》等中央重要报刊随即纷纷发表相关文章,强调要重视并加紧开展地方志的编修与研究工作。同年12月,中共中央办公厅副主任、中央档案馆馆长曾三在中国档案学会第三次筹备会议上的讲话中强调要把档案工作同编修地方志工作结合起来,并专就地方志工作提出具体建议,包括:全国成立各级编修地方志组织工作的机构;积极筹划和开展地方志的编修工作,也可以对旧的地方志进行收集、整理工作;成立中国地方志学会,开展学术研究活动;等等。② 这一系列非同寻常的重要事件,实际上传递了国家启动新时期新方志编修的号令,正式揭开了社会主义时期首轮新方志编修在全国全面铺开的序幕。

还是在1980年4月召开的中国史学会代表大会上,与会代表、福建师范大学副校长张立提出《关于成立中国地方史研究会的倡议书》,得到了与会的天津、湖北等地代表的响应,大会主席团成员、中国史学会秘书长、中国社会科学院历史研究所副所长梁寒冰十分重视这个倡议,会后委托天津市社会科学院历史所筹备组织中国地方史研究会。1981年7月25日—8月1日,中国地方史志协会③成立大会暨首届地方史志学术讨论会在山西省太原市隆重召开,这是中华人民共和国成立以来第一次规模盛大、意义深远的全国性地方史志工作会议和学术会议。会议所要解决的主要问题是怎样加强组织领导,统筹规划,大力开展地方史志工作。正如中共中央办公厅副主任、中央档案馆馆长曾三在开幕式上指出的,这次大会是"为编修出一批具有我们这个伟大时代的特点的新型地方志进行一次大动员,将为我国方志学的发展写下新的一页","这也是社会主义文化建设新高潮到来的一个标志,我们应该举起双手来迎接这一个新高潮"。④大会还收到了地方史志论文和经验总结材料共150篇,因此也是中华人民共和国建立32年来地方史志科研成果的第一

---

① 胡乔木:《对地方志工作的指示、批示》,中国地方志指导小组办公室编:《中国方志文献汇编》,方志出版社1999年版,第21页。

② 诸葛计:《中国方志五十年史事录(一九四九年至二〇〇〇年)》,方志出版社2002年版,第72—73页。

③ 在筹备中国地方史研究会过程中,因其时中国地方志指导小组尚未恢复,考虑到地方志研究编纂工作不仅是学术研究问题,还要得到各实际工作部门的协作,故决定更改拟设中的"中国地方史研究会"为"中国地方史志协会"。

④ 曾三:《在开幕式上的讲话》,《中国地方史志通讯》1981年第5、6期合刊。

次汇报检阅,是各地开展新方志编纂工作以来的第一次经验交流。大会通过了《中国地方史志协会章程》,关于新省志、新市志、新县志编纂方案的建议(草案)及关于旧方志整理研究的计划(草案)。明确中国地方史志协会是推动中国地方史和地方志研究、编修、教学、出版事业的群众性学术团体。协会的基本任务是团结广大地方史志研究、编纂、教学、出版工作者,协助有关领导部门,制定统筹规划,组织分工协作;提倡中国地方史的研究、编写和教学,努力提高地方史理论,普及地方史知识;推动对历代地方志及方志学的整理、研究和出版工作;开展宣传工作,协同有关部门,广泛深入持久地征集地方史志资料;积极倡导用新的观点、新的方法、新的资料编修新的地方志;加强国内外学术交流,引进外国研究中国地方史志的成果和资料;编辑出版会刊《中国地方史志通讯》[1],作为全国地方史志工作者进行联络和交流学术的中心。[2] 经过民主协商,选举产生了协会的第一届理事会,共有57名理事和21名常务理事,推举王首道(全国政协副主席、全国政协文史资料研究委员会主任)、曾三为协会名誉会长,选举梁寒冰为协会会长,韩毓虎(国家档案局副局长)、董一博(全国政协文史资料研究委员会办公室主任)、李志敏(山西省政协副主席、山西省地方志编纂委员会副主任委员)、朱士嘉(湖北省文史馆副馆长)为副会长,秘书长由李志敏兼任,副秘书长左健(天津市社会科学院历史研究所所长)、周雷(北京市社会科学研究所助理研究员)[3]。协会常设联络处暂设于山西省太原市[4],由山西省地方志编纂委员会负责处理日常会务工作。鉴于当时全国性的修志行政机构——"文革"前成立的中国地方志小组尚未恢复,中国地方史志协会在一个时期内实际替代了中国地方志小组的职能,担负起了宣传、联络、发动和领导全国地方志工作的任务,对新中国修志在全国的全面铺开起到了积极的推动作用。

1983年1月,中国社会科学院同意恢复中国地方志小组的活动,由中国社会科学院领导,并建议将"中国地方志小组"改名为"中国地方志指导小组",由中国社会

---

[1] 《中国地方史志通讯》1982年易名为《中国地方史志》,1983年易名为《中国地方志通讯》。中国地方志指导小组恢复后,该刊改由协会和指导小组合办。至1985年7月,又改为指导小组的机关刊物,由指导小组主编,协会不再参与。1986年1月刊物更名为《中国地方志》,陈云亲笔题写了刊名。

[2] 《中国地方史志协会章程》,《中国地方史志通讯》1981年第5、6期合刊。

[3] 1984年1月起增聘左开一(湖南省地方志办公室主任)、朱文尧(武汉市地方志办公室负责人)、刘光禄(中国人民大学档案系讲师)、欧阳发(安徽省地方志办公室省志编纂处处长)为中国地方史志协会副秘书长。

[4] 1985年8月21—24日,中国地方史志协会二届一次理事会(即包头会议)后,协会联络处迁至北京市建国门内大街5号中国社会科学院内。1986年3月,又将联络处由北京移至天津社会科学院历史研究所。至2000年才移回北京,先后挂靠在中国地方志指导小组办公室理论研究室和科研处

科学院、中国科学院、国家档案局、全国政协等单位人员组成,所需 10 名编制由劳动人事部拨给,经费由中国社会科学院拨给。中共中央书记处批复同意。同年 4 月 8 日,中国地方志指导小组在北京宣布成立,正式开始接手领导全国的修志工作。时有指导小组成员 11 人,组长是曾三,副组长是梁寒冰、韩毓虎,成员有刘大年(中国社会科学院近代史研究所名誉所长、研究员、原中国地方志小组成员)、严中平(中国社会科学院经济研究所顾问、研究员、原中国地方志小组成员)、牙含章(中国社会科学院民族研究所所长)、侯仁之(原中国地方志小组成员)、朱士嘉、陈元方(中共陕西省委书记、省地方志编纂委员会主任委员)、李志敏、章夷白(全国政协常委)。至 1985 年 3 月,指导小组成员扩充至 18 人,章夷白去世,严中平辞职,增补了邵文杰(河南省地方志编纂委员会主任)、陆天虹(武汉市地方志编纂委员会副主任)、黄光学(国家民族事务委员会副主任)、黄秉维(中国科学院原地理研究所所长)、左大康(中国科学院地理研究所所长)、董一博(中国地方史志协会副会长)、梅关桦(中国社会科学院原规划局副局长)、高德(中国社会科学院科研办公室)、骊家驹(中国社会科学院历史研究所副所长)。同年 4 月 19 日,国务院办公厅以国办发〔1985〕33 号文件转发了中国社会科学院《关于加强全国地方志编纂工作领导的报告》,同意中国地方志指导小组作为一个独立机构,由国务院委托中国社会科学院代管,在京指导小组成员中委派几人作为常务成员,主持日常工作。文件同时提出各级政府要加强对本地区修志工作的领导,设置相应的修志常设机构,有关人员编制、经费、出版等问题,则由地方各级政府根据实际情况,予以适当解决[①],标志着由政府主持修志局面的形成。骊家驹兼任中国地方志指导小组秘书长,孔令士(中国社会科学院历史研究所党委副书记)任副秘书长兼办公室主任。指导小组成员的这次调整和扩充,从体制上充实了指导小组的力量,经费由财政部、社科院单独下达,有了专职办事人员,并由中国社会科学院负责解决指导小组工作中的一些困难,使得指导小组与中国地方史志协会(1985 年 8 月包头会议易名为"中国地方志协会")的关系有了进一步的调整。指导小组成立以后,协会由直接归属中国社会科学院领导改为归属指导小组领导,配合、支持指导小组的工作,开始成为"中国地方志指导小组和各地地方志编纂委员会的得力助手"[②],但仍承担指导小组的日常工作。从此时起,中国地方史志协会(中国地方志协会)不再承担指导小组的日常

[①] 《国务院办公厅转发中国社会科学院关于加强全国地方志编纂工作领导报告的通知》,中国地方志指导小组办公室编:《中国方志文献汇编》,方志出版社 1999 年版,第 238—240 页。

[②] 《王忍之同志在中国地方志协会第三届理事会上的讲话》,《中国地方志》1996 年第 3、4 期合刊。

工作,协会的性质明确为一个纯粹的全国性的群众性学术团体,和指导小组行政机构的性质有了明确的区别。中国地方志指导小组为了便于进行专业分类指导,在其下设立了几个专业指导组,除了1984年3月成立的以董一博为主任的旧志整理工作委员会外,1986年1月成立了以中国地方志指导小组成员、武汉市地方志编纂委员会副主任陆天虹为组长,中国地方志指导小组成员、中国社会科学院科研局局长梅关桦为副组长的城市志指导组。1986年6月,又成立了以中国地方志指导小组成员、国家民族事务委员会副主任黄光学为组长,中国地方志指导小组成员、中国社会科学院民族研究所顾问牙含章为副组长的民族志指导组。

  地方一级修志机构中,1979年8月24日,湖南省志编纂委员会恢复,成为最早恢复修志的省级机构。1980年,山西、湖北省地方志编纂委员会成立。1981年,又有云南、广西、四川、河南、山东、安徽省的省级方志编纂机构成立。其他各省也陆续恢复修志工作。1987年5月26日,上海市地方志编纂委员会成立,江泽民同志在会上作了重要讲话:"修志工作是一项不容易引起重视的重要工作","编纂新方志,不是一件可有可无的工作,而是一项认识过去,服务现在,开创未来,不仅有近期社会效益,而且可以产生久远社会效益的意义重大的事业"。他还指出:"新编方志必须具有严格的科学性和鲜明时代特点。编纂新方志要用新的观点、新的方法、新的材料。我们要用辩证唯物主义和历史唯物主义的观点,坚持实事求是的原则,编写出真实地反映上海历史和社会实际的新方志。这是马列主义、毛泽东思想指导的具体体现,也是新旧方志的根本区别。"[①]截至1989年1月,全国除了西藏、香港、澳门、台湾地区以外,都建立了省(自治区、直辖市)、市(地区、州、盟、经济特区)、县(自治县、旗、不设区的市)三级修志机构。省一级地方志编纂委员会主任一般都由省委、省政府的主要领导人担任,市、县级地方志编纂委员会由市、县主要领导人担任主任委员。西藏自治区首轮修志工作的启动晚于其他各省,1996年6月,西藏自治区才成立了地方志编纂委员会,开始组织西藏地区新方志的编修工作。1997年7月1日,中国政府对香港恢复行使主权,2007年2月启动修志,由香港特别行政区政府注册的非营利性团体香港地方志基金会主导进行,下设香港地方志办公室及《香港通志》编辑部。香港地方志办公室从2004年开始筹备,2007年正式挂牌成立,与香港岭南大学的香港与华南历史研究部合署办公,主要负责日常行政和业务工作,也是联系和收集社会各方面信息的资源中心。《香港通志》编辑部则

---

  ① 江泽民:《在上海市地方志编纂委员会成立大会上的讲话》,中国地方志指导小组办公室编:《中国方志文献汇编》,方志出版社1999年版,第8—9页。

主要负责编修《香港通志》,编辑部的主编、副主编、编辑及各研究人员均由香港素有研究的学者担任。《香港通志》编辑部内设"HONGKONG LOCAL RECORDS"英文编辑部,负责编修《香港通志》英文版。香港特别行政区政府支持编修地方志,但没有拨给专项经费,因此《香港通志》的编修主要依靠香港地方志基金会的资助和向香港岭南大学申请研究课题经费。2019年9月后,由香港特别行政区首任行政长官董建华任主席的团结香港基金会强势介入,成立香港地方志中心,承担起编修首部《香港志》的重责。1999年12月20日,中国政府对澳门恢复行使主权,2008年12月1日启动《澳门通志》的编修,由政府提供经费支持和资料方便,委托高校组建项目组负责具体实施,项目组招聘全职教授和访问学者参与编纂,或者以招标方式邀请目标专家参与编纂。启动之初由澳门理工学院牵头,其成人教育及特别计划中心和澳门口述历史学会承担了前期基础工作,后来转由澳门大学牵头协调修志工作。[①]

中国地方志指导小组和地方各级修志机构的建立,很快形成了党委领导、政府主持、地方志编纂委员会办公室具体组织实施、社会各界广泛参与的修志格局,将全国性的修志工作逐步纳入了有序、正规、常规化的轨道。1985年7月15日,中国地方志指导小组颁布了《新编地方志工作暂行规定》,这是80年代恢复修志以来的第一个关于地方志的条例性规定,分总则、志书体例、组织领导三部分,确定了首轮修志在体例、内容、编纂原则和方法、组织领导方面的一系列重要原则,作为共同遵循的依据。1986年12月22—24日,第一次全国地方志工作会议在北京召开,中国地方志指导小组组长曾三作了《为编纂社会主义时代新方志而开拓前进》的主题报告。鉴于新编地方志的编纂已被列为国家"七五"计划重点项目,会议提出了"七五"规划(1985—1990)及长远规划,计划到2000年底完成省、市、县三级志书的编纂。会议期间,中共中央政治局委员、中央书记处书记、国务院副总理万里接见了与会全体代表,发表了简短的讲话,他特别强调:"地方志工作很重要,各级政府都要关心这个事情,要动员一些专家还有老同志来参加这个工作。这是一个文化建设,很重要的文化建设。这是一门专门的学问,一门知识。"[②]1995年7月,中国地方志指导小组重组,时任中共中央政治局委员、国务委员李铁映出任组长,常务副组长为郁文(中国社会科学院原党组书记、副院长),副组长王忍之(中国社会科学院

---

① 刘丹:《中国地方志学术交流团赴香港、澳门出访报告》,《中国地方志》2017年第5期。
② 万里:《接见全国地方志第一次工作会议代表时的讲话》,中国地方志指导小组办公室编:《中国方志文献汇编》,方志出版社1999年版,第20页。

党组书记、副院长)、王刚(中共中央办公厅副主任、国家档案局局长、中央档案馆馆长)。1996年5月4—7日,第二次全国地方志工作会议在北京召开,中国地方志指导小组常务副组长郁文作了题为《加强领导,开拓进取,把地方志事业推向发展新阶段》的工作报告,指导小组组长李铁映在闭幕会上作了《求真存实,修志资治,服务当代,垂鉴后世》的重要讲话:

> 修志工作绝不是可有可无的事,而是各级政府的职责,主要是省、市、县三级政府主要领导同志的职责,是两个文明建设的重要组成部分。因此,要坚持"一纳入",即把修志工作纳入各地经济社会发展计划和各地政府的任务之中。要坚持"五到位",即领导到位,机构到位,经费到位,队伍(特别是职称)到位,条件到位。要坚持党委领导,政府主持,专家修志,三审定稿制度。①

会议期间,中共中央政治局常委、国务院总理李鹏在中南海接见与会全体代表,发表了《努力做好新编地方志的工作》的讲话,指出:

> 中国有五千多年悠久的历史,是人类文明的发源地之一,对人类历史的发展做出了特殊的贡献。我国有重视编写历史的传统……此外还有编修地方志的优良传统,把一个地方的历史沿革,以及人口、土地、物产、人物等各方面的情况记载下来,代代相续,连绵不断。这都是非常宝贵的历史材料,而且有不少内容是不见于"正史"记载的。大量的历史记载,包括各种地方志,给我们提供了很好的条件,使我们今天能够从中了解我们祖先的智慧和创造,了解他们几千年来在祖国大地上是如何生息、繁衍、发展的,了解各地的历史和我国的国情,以史为鉴,达到鉴古知今的目的。……新编地方志工作是社会主义文化建设事业的一个组成部分,一定要认真做好。②

同年11月9日,国务院办公厅下发《关于进一步加强地方志编纂工作的通知》(国办发〔1996〕47号),明确提出三级修志:省、自治区、直辖市编纂的地方志,设区的市、地区、自治州、盟编纂的地方志,县、自治县、旗、不设区的市、市辖区编纂的地方志;每二十年左右续修一次;要求将编修方志正式列入全国各级政府的议事日程,明确一位领导同志负责,及时协调解决工作中出现的问题;按照"编辑职务"有

---

① 李铁映:《求真存实,修志资治,服务当代,垂鉴后世——在全国地方志第二次工作会议上的讲话》,中国地方志指导小组办公室编:《地方志工作文献选编》,方志出版社2009年版,第131页。
② 李鹏:《努力做好新编地方志的工作》,中国地方志指导小组办公室编:《中国方志文献汇编》,方志出版社1999年版,第12页。

关条例评聘地方志专职编纂人员的专业技术职务,妥善解决他们的生活福利待遇等问题,稳定好修志队伍。① 1998年2月10日,中国地方志指导小组又颁布了《关于地方志编纂工作的规定》,以替代原来的《新编地方志工作暂行规定》。该规定与前一个规定相比,在指导思想方面写进了"以邓小平理论为指导";规定"各级地方志每20年左右续修一次";明确了"党委领导,政府主持"的修志体制,要求各级政府要加强对地方志编纂工作的领导,将其列入政府的议事日程,明确一位领导同志负责,及时协调和解决工作中出现的问题;明确三级修志,市辖区志的编纂纳入国家规定必修的志书序列;规定全书要附有索引;规定了志稿三审验收制度;同时还要求各级修志机构要组织和推动用志,要运用现代化的手段建立方志地情资料库,推向社会,逐步实现信息网络化,有条件的地区要建立方志馆。②

为了保证新志的编纂质量,中国地方史志协会早在1984年6月23—30日,在北京香山召开了新编五县县志学术讨论会,召集部分省市代表、专家学者,以会议形式集体讨论、评议黑龙江呼玛、辽宁台安、江西万年、江苏如东、辽宁本溪五部县志稿。后来又如法炮制,于同年7月16—23日,委托黑龙江省地方志编审委员会办公室在黑河市举办了北片十三省市的县志稿评议会;同年10月9—18日,委托广西壮族自治区通志馆在桂林市举办了南片十省区十四个县的县志稿评议会;同年11月21—30日,委托湖南省地方志编纂委员会在岳阳市召开了首次全国省志稿评议会;1985年1月14日—22日,委托武汉市地方志编纂委员会办公室在武汉市召开了十城市志稿评议会。志稿评议会集思广益、群策群力,促进了各地的交流学习,有效地保证了新编志书的质量。至1980年1月,黑龙江省《呼玛县志》内部印行,成为80年代全国普修方志以来修成出版的第一部志书。1983年9月,江苏人民出版社出版《如东县志》,成为80年代恢复修志以来第一部公开出版的新志书,也是首轮修志中先期出版的志书中比较成功的一部。截至2014年5月,首轮新方志编纂任务全面完成,全国累计出版原规划内省、市、县三级志书8000多部。③ 安徽省是全国第一个全部完成三级志书编纂出版的省份。黑龙江、山东、河南、湖北、湖南、重庆、四川、云南也是首轮修志中完成三级修志任务比较早的省份。城市区志虽然直

---

① 《国务院办公厅关于进一步加强地方志编纂工作的通知》,中国地方志指导小组办公室编:《中国方志文献汇编》,方志出版社1999年版,第241—242页。

② 《关于地方志编纂工作的规定》,中国地方志指导小组办公室编:《中国方志文献汇编》,方志出版社1999年版,第280—283页。

③ 中国地方志指导小组办公室《中国方志发展报告(2015)》课题组:《2014年方志事业发展的现状与趋势》,冀祥德主编:《中国方志发展报告(2015)》,方志出版社2015年版,第3页。

到新中国首轮修志末期才被纳入国家必修的志书序列,但在中国地方志指导小组城市志指导组的影响下,部分直辖市下辖的区和市辖区也编修了新志。1990年6月9—12日,由中国地方志指导小组城市志指导组策动,北京市朝阳区、上海市普陀区、南京市白下区、昆明市盘龙区、沈阳市铁西区、洛阳市涧西区和广州市越秀区共同发起的城市区志研讨会在江苏省南京市举行,这是全国首次城市区志协作研讨会,有16个城市区的代表参加了这次会议。此后,全国城市区志协作研讨会形成了学术年会制度,至中国地方志协会城市区志专业委员会[①]成立前,已成功举办了14次全国城市区志研讨会,出版了14本会议论文集。在其影响下,全国部分城市区编纂出版了城市区志,如1988年出版的江苏省南京市《白下区志》、河南省洛阳市《涧西区志》《西工区志》,1989年出版的山东省淄博市《临淄区志》、湖南省长沙市《西区志》、重庆市《北碚区志》、辽宁省沈阳市《和平区志》《于洪区志》等,这些志书成为我国有史以来的第一批城市区志。除此以外,新中国首轮修志期间还编写出版了诸多乡镇志、村志、街道志、专业志、部门志、山水志、祠庙志、名胜志等各式各样的"小志"。1999年10月18—23日,为庆祝中华人民共和国成立50周年,中国地方志指导小组在北京中国革命博物馆举办了全国新编地方志成果展,展出省、市、县三级新方志近4000部,加上部门志、行业志及其他各类志书、年鉴等,总计1万余部,约70亿字,是全国新编地方志成果的一次大汇展,也是全国方志工作者对新中国成立50周年的郑重献礼。仅仅用了20年时间,就创造出了如此巨大的成绩,这在中外著作史上都不能不说是个奇迹,它凝聚着10万修志大军的劳动结晶,在中国方志发展史上树起了一块丰碑。但是首轮修志中也存在少许遗憾。由于城市区志直到国务院办公厅《关于进一步加强地方志编纂工作的通知》和其后中国地方志指导小组颁布的《关于地方志编纂工作的规定》才列入我国三级修志范围,此时已临近首轮新方志编修的尾声,故首轮修志中编修的城市区志极少,大规模编修城市区志,尤其是省辖市、地级市的城区编修书,实始于新中国第二轮新方志编修时期,国家三级修志存有缺憾。西藏的情况比较特殊,因为它启动比较慢,所以首轮修志与第二轮修志合并进行。此外另有个别省份没有修省志,拖了全国的后腿等。

在首轮修志中,涌现了一批特色显著、质量上乘的志书。1993年9月3—9日,在北京举办了第一次全国新编地方志优秀成果评奖会,评选出一等奖志书164部,

---

[①] 中国地方志协会城市区志专业委员会正式成立于2003年9月22—26日在贵州省贵阳市南明区举行的全国第十五次城市区志研讨会,是从全国城市区志协作研讨会演变而来的。

二等奖志书 247 部,三等奖志书 129 部[①]。至 1997 年,又进行了全国新方志第二次评奖活动,《上海县志》《绍兴市志》《宁波市志》《苏州市志》《江都县志》《桐城县志》《静海县志》《秦皇岛市志》《大足县志》《渭南地区志》《广东省志·华侨志》《河南省志·民俗志》《江苏省志·财政志》等 51 部志书被评为一等奖,《上海市静安区志》《东阳市志》《桐乡县志》《无锡市志》《镇江市志》《广陵区志》《江苏省志·供销合作社志》等 127 部志书被评为二等奖[②]。其他未获奖的如《杭州市志》《温州市志》《绍兴县志》《龙游县志》等,也都是风采各异、难得一见的优秀志书。许多历史上从未修过志书的地区,尤其是边远地区和少数民族地区,这次也编纂出版了有史以来的第一部志书,例如新疆《哈密县志》《莎车县志》,广西《金秀瑶族自治县志》,贵州《道真仡佬族苗族自治县志》等。其中有的还出了少数民族文字版(蒙古文、维吾尔文和藏文),1991 年 10 月出版的维吾尔文版《哈密县志》,便是我国第一部用维吾尔文出版的志书。部分地方在编修纸质版志书的同时,还编制了影视声音像志书,如浙江省《东阳市志》《浙江省名村志》,《河南省志》,福建省《晋江市志》,陕西省《黄陵县志》等。这是方志载体形式走向现代化的先声,预示着地方志未来全面实现光盘化、数字化、网络化。

第三节　新中国第二轮修志的全面完成

2001 年 12 月,第三届中国地方志指导小组成立,仍由李铁映(时任中共中央政治局委员、中国社会科学院院长兼党组书记)任组长,中国社会科学院副院长朱佳木任常务副组长,副组长为高强(国务院副秘书长)、徐根初(军事科学院副院长)、毛福民(国家档案局局长、中央档案馆馆长)。[③] 同年 12 月 20—21 日,第三次全国地方志工作会议在北京召开,这次会议普遍被认为是新中国第二轮修志的开始。会上李铁映发表了重要讲话,指出第二轮修志要坚持质量第一的原则。

我们现在修志的基础和条件,已不是"文化大革命"结束时的基础和条

[①] 诸葛计:《中国方志五十年史事录(一九四九年至二〇〇〇年)》,方志出版社 2002 年版,第 471—472 页。

[②] 《全国地方志奖获奖志书名单》,《中国地方志》1997 年第 5 期。

[③] 2003 年 12 月,因政府换届和机构改革,李铁映担任全国人大常务委员会副委员长,不再兼任中国地方志指导小组组长,改由全国政协副主席、中国社会科学院院长兼党组书记陈奎元担任,国务院副秘书长陈进玉替代高强任副组长。

件。……既然基础不同了,条件不同了,任务和要求也要有所不同。对于续修志书和新一轮的修志工作,在质量上应该有新的更高的要求,从一开始就把质量放在第一位。要把精品意识贯穿到工作的全过程和各个环节,一切工作都以出精品作为纂修志书的基本精神,不要在数量和速度上做文章。①

朱佳木作了题为《总结经验,乘胜前进,开创新世纪方志工作的新局面》的工作报告,动员并部署了在全国启动新一轮修志工作,要求今后五年各省市要逐一启动续修工作,对于尚未完成首轮三级志书的省份,也要求在今后五年内全部完成。随着这次会议的召开,新一轮的社会主义新方志编修工作(即新中国第二轮修志)陆续在全国各地开展起来。2008年10月,成立第四届中国地方志指导小组,全国政协副主席、中国社会科学院院长兼党组书记陈奎元任组长,朱佳木续任常务副组长,副组长有项兆伦(国务院副秘书长)、刘继贤(军事科学院副院长、全军军事志指导小组副组长)、杨冬权(国家档案局局长)。同年11月6—7日,召开第四次全国地方志工作会议,中共中央政治局委员、国务委员刘延东,中国地方志指导小组组长陈奎元出席会议并发表重要讲话。中国地方志指导小组常务副组长朱佳木作了题为《深入贯彻落实科学发展观,努力促进地方志工作又好又快发展》的工作报告,以科学发展观为指导,对7年来全国地方志工作所取得的成绩及存在的问题、地方志工作的基本经验作了全面总结,部署了今后5年地方志工作的方针和主要任务,把提高志书编纂质量放在更加突出的位置,要求促进地方志工作又好又快向前发展,强调"在修志中真正落实质量第一的原则,把'好'字放在'快'字的前面"②。

在各地开展新一轮地方志编修的同时,中国地方志指导小组及其办公室致力于地方志工作的顶层设计和建设。2004年10月在广州市举办了方志性质研讨会,对方志界20多年来关于方志性质问题的讨论成果作了一个归纳,统一了在方志性质问题上的歧义,为形成全国性地方志法律法规中关于方志定义的表述扫清了理论上的障碍,至2006年5月18日,促成首部地方志全国性法律法规《地方志工作条例》的出台,使地方志工作从此步入了法治化的轨道。2007年11月28日,印发了《中国地方志指导小组关于第二轮地方志书编纂的若干意见》和《中国地方志指导小组关于建立地方志书编纂规划备案制度的规定》。2000年5月、2006年4月、

---

① 李铁映:《在第三次全国地方志工作会议上的讲话》,中国地方志指导小组办公室编:《地方志工作文献选编》,方志出版社2009年版,第137—138页。
② 朱佳木:《深入贯彻落实科学发展观,努力促进地方志工作又好又快发展——在第四次全国地方志工作会议上的工作报告》,中国地方志指导小组办公室编:《地方志工作文献选编》,方志出版社2009年版,第310页。

2007年5—6月分别在长沙市、桂林市、广州市举办了3次志书质量标准体系研讨会,旨在总结20多年修志实践经验的基础上,逐步建立一个评价志书质量的标准体系。至2008年9月16日正式出台了《地方志书质量规定》,分总则、观点、体例、内容、记述、资料、行文、出版、附则九章,对志书的观点和体例、记述的内容和方法、资料的运用和行文的规范,以及版式、封面等给出了具体标准,使志书质量有了一套切实可行的评价体系,保证志书质量、审查验收志书做到了有章可循。2009年4月21—23日,又在浙江省杭州市召开了地方志书篇目要素研讨会。因为《地方志书质量规定》只是规定了地方志书记述内容的大致范围和注意事项,未对记述内容的要素问题作明确规定,故此次会议讨论的主题旨在进一步深化对《地方志书质量规定》中第四章"内容"部分的规定,进一步推动志书质量标准体系的建设。为指导全国第二轮修志工作,全面提升志书的质量,中国地方志指导小组办公室于2003年3月启动了全国第二轮修志试点工作,2004年6月、2006年10月、2008年7月、2012年4月分别在秦皇岛市、青岛市、呼和浩特市、海口市召开全国第二轮修志试点工作经验交流会,2005年6月在上海举办全国第二轮修志试点单位方志理论与编纂研修班,四川省地方志编纂委员会、河南地方史志办公室、河北省秦皇岛市地方志办公室、山东省威海市地方史志办公室、浙江省杭州市地方志办公室、浙江省萧山市地方志办公室、浙江省宁波市地方志办公室、浙江省海盐县史志办公室、天津市北辰区地方志办公室、四川省交通厅等23个单位成为全国第二轮修志工作试点单位。至2015年8月25日国务院办公厅发布《全国地方志事业发展规划纲要(2015—2020年)》后,为落实该规划纲要,中国地方志指导小组办公室又于同年10月底下发了《关于实施"中国志书精品工程"的通知》,适时推出"中国志书精品工程",要求在2020年底前完成全国三级规划志书的基础上,贯彻质量第一原则,打造经得起历史检验的精品佳志。《天津市志·公安志》《北辰区志(1979—2009)》《威海市志》《常州市志(1986—2010)》《赣州市志(1986—2000)》等新编志书入选"中国志书精品工程"。2008年5月12日,四川省汶川县发生8.0级特大地震。国务院决定编纂《汶川特大地震抗震救灾志》,具体交由中国地方志指导小组办公室承办,11月6日召开汶川特大地震抗震救灾志编纂委员会成立大会暨第一次全体会议,正式启动编纂《汶川特大地震抗震救灾志》,至2015年8月出版。这是中华人民共和国成立以来第一部由国家层面组织编纂的志书,它的出版正如中国社会科学院院长兼党组书记王伟光在《汶川特大地震抗震救灾志》出版座谈会上所说的,"大规模、全方位地记述一场抗震救灾和灾后恢复重建斗争,在历史上没有先例可循,没有现成经验可以借鉴,无论是组织还是编写,都是一次全新的尝试。……在理论创新、制度创新、管理创新、方法创新等方面都取得了很大成绩,不仅成功创造出了一个全新的编纂模式,还创造出了很多行之有效的工作制度与工作方法"①,由此诞生了一个新的志种——重大专题志②,并在方志界迅速流行,主要记载短时段发生的特大灾害、特大型运动会、特大型会议等(也有反映较长时期发生发展的事物的),其后编写出版的《北京奥运会志》(北京出版社2012年版)、《青岛奥帆赛志》(中国国际文化出版社2010年版)、《广州亚运会志》(广州出版社2014年版)、《上海世博会志》(上海人民出版社2020年版)以及在全国各地编纂的《扶贫志》《全面小康志》《中国抗日战争志》等,都属于这一范畴。

党的十八大以来,党和国家领导人倍加关心地方志工作。中共中央总书记、国家主席习近平早在担任福建省宁德地区地委书记的时候就非常重视地方志的编纂。他说:

> 要马上了解一个地方的重要情况,就要了解它的历史。了解历史的可靠的方法就是看志,这是我的一个习惯。过去,我无论走到哪里,第一件事就是要看地方志,这样做,可以较快地了解到一个地方的山川地貌、乡情民俗、名流商贾、桑麻农事。可以从中把握很多带有规律性的东西。可谓"开卷有益"。……修志是一项很有意义的工作。其意义,说通俗一点,就是使我们做一个明白人,"以古为鉴,可知兴替"。……一个人无论从事社会工作,还是自然工作,懂得历史是基本素质,从历史上借鉴一些有益的东西,把握历史发展的规律。志书就给我们提供了一个为现实工作服务的有利辅助手段。我们是搞领导工作的,"以古为鉴"可达到"知己境地"作出科学的决策。③

担任总书记以后,他更是多次对修史修志工作作出重要指示、批示。2014年2月25日,他在首都博物馆考察时强调,搞历史博物展览,为的是见证历史、以史鉴今、启迪后人。要在展览的同时高度重视修史修志,让文物说话,把历史智慧告诉人们,激发我们的民族自豪感和自信心,坚定全体人民振兴中华、实现中国梦的信

---

① 王伟光:《在〈汶川特大地震抗震救灾志〉出版座谈会上的讲话》,《中国地方志》2016年第8期。
② 上海市地方志办公室的梅森率先将其命名为"重大事件志",认为重大事件志是站在记述的内容而非政区角度,独立编纂成书,记述重大的具有大范围长久影响的灾害应急、特大型运动会、特大型会议展览或其他重大事件的志书。见梅森:《新志种——重大事件志编纂刍议》,《上海地方志》2011年第5期。
③ 习近平:《深刻认识修志意义,认真做好修志工作——习近平同志在福建省宁德地区地方志工作会议上的讲话》,宁地委办〔1989〕52号,1989年8月12日。

心和决心。① 2015年7月30日,他在中央政治局第25次集体学习时指出,要发挥地方志在抗战研究中的重要作用。2020年7月15日,又对中国扶贫志编纂作出重要批示。中共中央政治局原常委、国务院原总理李克强也有很浓厚的方志情怀。2014年4月16日,他对第五次全国地方志工作会议的召开作出重要批示,指出:

> 地方志是传承中华文明、发掘历史智慧的重要载体,存史、育人、资政,做好编修工作十分重要。五年来,全国广大地方志工作者执着守望、辛勤耕耘,地方志工作成绩斐然,这项事业呈现良好发展势头。谨向同志们致以诚挚问候!修志问道,以启未来。希望你们继续秉持崇高信念,以更加饱满的热情、以求真存实的作风进一步做好地方志编纂、管理和开发利用工作,为弘扬优秀传统文化、服务经济社会发展作出新的贡献。②

2015年12月28日,全国地方志系统先进模范座谈会召开前夕,李克强又专门作出重要批示:

> 全国广大地方志工作者赓续传统,创新理念,涌现出一大批优秀人才。谨向受表彰的先进集体和先进工作者表示祝贺!方志流传绵延千载,贵在史识,重在致用。各级政府都要关心和支持地方志事业发展,也希望地方志工作者继续发扬方志人精神,志存高远,力学笃行,直笔著信史,彰善引风气,为当代提供资政辅治之参考,为后世留下堪存堪鉴之记述。③

2013年12月,第五届中国地方志指导小组成立,中国社会科学院院长兼党组书记王伟光任组长,中国社会科学院副院长李培林任常务副组长,副组长为江小涓(国务院副秘书长)、任海泉(军事科学院副院长)、杨冬权(国家档案局局长)。至2019年6月,又组成第六届中国地方志指导小组,时任中国社会科学院院长兼党组书记谢伏瞻任组长④,中国社会科学院副院长高翔任常务副组长,副组长为丁向阳(国务院副秘书长)、曲爱国(军事科学院副院长)、李明华(国家档案局局长)。2014

---

① 《习近平在北京考察工作时强调立足优势,深化改革,勇于开拓,在建设首善之区上不断取得新成绩》,《人民日报》2014年2月27日,第4版。
② 《李克强总理重要批示》(2014年4月16日),《中国地方志》2014年第5期。
③ 《李克强总理重要批示》(2015年12月28日),《中国地方志》2016年第1期。
④ 2022年4月,石泰峰接替谢伏瞻担任中国社会科学院院长、党组书记,是年7月任第六届中国地方志指导小组组长。2022年10月在党的二十大上,石泰峰改任中共中央政治局委员、中央书记处书记、中央统战部部长,同年12月改由高翔担任中国社会科学院院长、党组书记,2023年2月,高翔任第六届中国地方志指导小组组长。至2023年9月24日,中国地方志指导小组撤销,原中国地方志指导小组办公室正式更名为中国地方志工作办公室,属中宣部委托中国社会科学院代管机构。

年4月19—20日,第五次全国地方志工作会议在北京召开,以这次会议为起点,我国地方志工作发展到一个新的发展阶段——"依法治志"阶段,由原来单纯的修志编鉴工作发展为一项事业,从"一本书主义"向志、鉴、史、馆"四驾马车"和志、鉴、库、馆、网、用、会、刊、研、史"十业并举"转型升级。适当拓展了地方志机构的工作范围,由三级志鉴向专志、社区志、乡镇村志、专业年鉴延伸。中共中央政治局委员、国务院副总理刘延东会议期间与部分会议代表进行座谈。第五届中国地方志指导小组组长王伟光作了《发扬成绩,谋划长远,奋力书写地方志事业发展新篇章》的工作报告,报告中首次提出了"两全"目标(即到2020年底,全面完成全国第二轮三级修志任务,实现县级以上地方综合年鉴编纂"一年一鉴"的全覆盖),以及到2020年建成由地方志编修体系、地方志质量保障体系、地方志资源开发利用体系、地方志理论研究体系、地方志学科建设体系、地方志工作领导体系、地方志人才队伍体系、地方志工作物力财力保障体系组成的,比较完善的地方志事业发展综合体系。[1] 报告中还提出"继续鼓励对方志编修的探索和创新,加强对部门志、行业志、专题志、乡镇村志编纂的指导和服务。支持香港、澳门地区修志工作,加强与台湾地区修志交流。指导小组要与相关部门沟通协调,组织方志界专家学者,做好编修一统志的可行性研究工作"[2],以及"配合国家文化'走出去'战略,重点推介一批高质量的地方志成果,推动方志文化走向海外,增强中华文化凝聚力、影响力和国际竞争力"[3]。同年8月,王伟光在广东考察地方志工作时又说:

> 积极推动地方志工作向基层延伸,努力做好乡镇和行业地方志工作。……特别是要通过几年的时间,打牢市县地方志工作的发展基础,因地制宜发展好市县地方志工作。基础不牢,地动山摇。地方志工作要发展繁荣,关键是省市县三级联动,行业部门志、乡镇志编纂各显神通,形成科学完善的地方志工作体系和成果体系。这样,地方志作为基础文化工程的地位就能不断凸显,在文化建设的地位作用就会更加突出。[4]

党中央、国务院也陆续下发文件,对地方志工作作出具体部署,在国家层面对

---

[1] 王伟光:《发扬成绩,谋划长远,奋力书写地方志事业发展新篇章——在第五次全国地方志工作会议上的工作报告》,《中国地方志》2014年第5期。

[2] 王伟光:《发扬成绩,谋划长远,奋力书写地方志事业发展新篇章——在第五次全国地方志工作会议上的工作报告》,《中国地方志》2014年第5期。

[3] 王伟光:《发扬成绩,谋划长远,奋力书写地方志事业发展新篇章——在第五次全国地方志工作会议上的工作报告》,《中国地方志》2014年第5期。

[4] 王伟光:《在广东省地方志工作座谈会上的讲话》,《中国地方志》2014年第10期。

全国地方志事业发展作出全面科学的顶层设计。2015年8月25日,国务院办公厅发布《全国地方志事业发展规划纲要(2015—2020年)》,这是我国地方志事业发展的第一部规划性文件,标志着我国地方志工作由"依法修志"进入了"依法治志"的新阶段。2016年3月,"加强修史修志"写入国家"十三五"规划。2017年1月,中共中央办公厅、国务院办公厅印发《关于实施中华优秀传统文化传承发展工程的意见》,要求"做好地方史志编纂工作,巩固中华文明探源成果,正确反映中华民族文明史,推出一批研究成果"。2017年5月,《国家"十三五"时期文化发展改革规划纲要》明确规定:"加强中国共产党史、中华人民共和国史编修,加强地方史编写和边疆历史地理研究。完成省、市、县三级地方志书出版工作。开展旧志整理和部分有条件的镇志、村志编纂。"2018年9月,中共中央、国务院印发《乡村振兴战略规划(2018—2022年)》,提出"鼓励乡村史志修编"。2020年12月,中国扶贫志编纂工程、中国全面小康志编纂工程纳入国家"十四五"时期哲学社会科学发展规划和国家社科基金重大委托专项。2022年8月16日,中共中央办公厅、国务院办公厅印发《"十四五"文化发展规划》,其中第十一部分"促进城乡区域文化协调发展"第三项"促进乡村文化振兴"中明确强调:"加强农耕文化保护传承,支持建设村史馆,修编村史、村志,开展村情教育。"同年10月,中国共产党第二十次全国代表大会的报告中提出"只有把马克思主义基本原理同中国具体实际相结合、同中华优秀传统文化相结合,坚持运用辩证唯物主义和历史唯物主义,才能正确回答时代和实践提出的重大问题,才能始终保持马克思主义的蓬勃生机和旺盛活力","坚持和发展马克思主义,必须同中华优秀传统文化相结合。只有植根本国、本民族历史文化沃土,马克思主义真理之树才能根深叶茂"。[①] 至此,我们对中华优秀传统文化地位和作用的认识达到了一个前所未有的高度,坚持中华优秀传统文化的创造性转化、创新性发展,成为新时代新征程的使命任务。地方志作为中华民族文化特有的瑰宝,其事业的发展也进入了一个全面繁荣的新时期。传统方志文化在当代的创造性转化、创新性发展,主要表现为重大事件志的涌现(如通过编修《中国扶贫志》《中国全面小康志》等书写中华民族伟大复兴的历史进程),为维护国家主权和领土完整编修《中华一统志》《三沙市志》《中国南海志》《钓鱼岛图志》等,配合国家乡村振兴战略普及乡镇村志,配合国家文化"走出去"战略,推动方志文化走向世界,参与构建中国话语和中国叙事体系,以及推广数字方志、影像方志,实现方志从内容到形式、

---

① 习近平:《高举中国特色社会主义伟大旗帜　为全面建设社会主义现代化国家而团结奋斗——在中国共产党第二十次全国代表大会上的报告》,人民出版社2022年版,第17—18页。

手段的创新等。其中最为突出的就是配合国家乡村振兴战略，拓展了原来三级修志的范围，乡镇村志的编纂迎来了它勃发的时节。全国不少省、市的政府或地方志工作机构，在这一时期纷纷将编修乡镇村志纳入工作规划，乡镇志、村志的编修在全国范围内掀起了热潮。香港特别行政区也编修出版了《莲麻坑村志》[刘蜀永、苏万兴主编，2015年由中华书局（香港）有限公司出版]。2015年5月，中国社会科学院适时启动了"中国名镇志文化工程"（具体由中国地方志指导小组办公室、方志出版社负责实施），至2016年5月出版了《周庄镇志》《钱清镇志》《天穆镇志》等首批"中国名镇志文化工程丛书"共11部。同年10月，又出版了《小榄镇志》《青木川镇志》《永宁镇志》《北庭镇志》4部镇志。2016年10月，"中国名村志文化工程"正式启动，安徽省阜阳市临泉县《韦小庄村志》等53部村志入选首批"中国名村志文化工程丛书"，2017年12月推出北京市《高碑店村志》以及安徽省《黄里村志》《仁里村志》等首批"中国名村志文化工程丛书"共26部。2017年4月，启动了"中国名酒志文化工程丛书"。同年6月又启动了"中国名山志文化工程丛书""中国名水志文化工程丛书""中国名街志文化工程丛书"。中国名志系列是一套具有特殊体例的志书，是传统方志文化创造性转化、创新性发展的一次尝试，既符合志体，秉承了志书编修的本意，又在形式上有所创新，以群众更喜闻乐见的方式吸引了读者，达到了在社会上普及方志，飞入寻常百姓家，拓展读志用志市场的目的。党的十八届三中全会以后，国家倡导中国文化走向世界，为配合国家文化"走出去"战略，中国地方志指导小组办公室与加拿大新学术出版社合作在海外出版"中国名镇志文化工程丛书"，2017年12月在第四届世界互联网大会·乌镇峰会上，正式推出了英文版《乌镇志》，这是"中国名镇志文化工程丛书"中首部被翻译成英文的志书，是中国方志走向世界的一次有益尝试，提升了中国传统方志文化的国际影响力。

根据第五次全国地方志工作会议和国务院办公厅发布的《全国地方志事业发展规划纲要（2015—2020年）》的要求，到2020年底要全面完成全国第二轮三级修志任务。2014年，广东省成为新中国第二轮修志中第一个完成三级规划志书的省份。2018年，山东省在全国第二个顺利完成三级规划志书任务。截至2020年12月31日，除上海、江西两省外，其他各省均顺利完成第二轮规划修志任务。上海市、江西省主要是省志拖了后腿，但也分别在2021年8月和12月完成。其他专志、乡镇村志、特色志书的编修也方兴未艾。截至2021年12月，部门志、行业志、专题志累计出版25394部，乡镇村志、街道社区志累计出版6814部，山水名胜古迹志627

部,编纂各类地情书 13880 部。① 中国香港地区也拥有了有史以来第一部以香港冠名的地方志,2020 年 12 月 28 日,《香港志》首册《总述·大事记》出版,记述了香港上至公元前 5000 年新石器时代、下到 2017 年 7 月 1 日回归祖国 20 周年 7000 年间的 6000 多件大事。

第四节　由"依法修志"到"依法治志"

思政融合点:党的十八大以来地方志由一项工作向一项事业转型升级的历史性变化

自隋代官修以来,我国地方志编纂基本上是依靠行政命令自上而下实施的,无论是封建社会的修志诏令,还是民国政府内政部颁布的《修志事例概要》等文件,都是政府的行政命令。据不完全统计,《地方志工作条例》出台前历代共发布修志命令 54 份,其中清及清以前 35 份,民国时期 11 份,中华人民共和国成立后 8 份。② 以行政命令的方式修志在封建社会、半殖民地半封建社会,乃至社会主义计划经济时期都是可行的,但随着我国由计划经济向社会主义市场经济转型,尤其是在"坚持全面依法治国,推进法治中国建设"的今天,仍靠过去的行政命令方式来组织编纂地方志,已难以适应形势的需要。因为地方志工作涉及社会生活的各个方面,在社会主义市场经济条件下,需要靠市场手段,依法办事,行政命令在行政范围以外的地方逐渐难以通行。再加上地方志的编纂通过政府行政命令和行政手段组织实施,在解决问题的重点、领导的主观意志等方面存在一定差异,导致了地方志工作各地发展不均衡;地方志工作受机构及领导调整的影响较大,造成同一基层政府的修志政策也存在不连贯、不协调,甚至不一致的现象,这些都很大程度上阻碍了我国地方志工作的顺利开展。因此修志工作的立法,不仅是时代的需要,也是地方志工作顺利开展迫在眉睫的大事。20 世纪 80 年代全国普修新方志以来,国务院办公厅为了促使各地政府重视地方志工作,曾经发过两个通知,即国办发〔1985〕33 号文件《国务院办公厅转发中国社会科学院关于加强全国地方志编纂工作领导报告的通知》和国办发〔1996〕47 号文件《国务院办公厅关于进一步加强地方志编纂工作的通知》。中国地方志指导小组也于 1985 年 7 月和 1998 年 2 月分别颁布了《新编地

---

① 据中国方志网相关数据统计。
② 梅森:《从历代中央政府的修志命令看〈地方志工作条例〉的继承与创新》,《中国地方志》2006 年第 9 期。

方志工作暂行规定》和《关于地方志编纂工作的规定》两个文件,对新方志的编纂和组织领导作过一定规范。以上文件虽然对各地地方志工作的顺利开展起过重大作用,但毕竟不是立法,约束力有限。

2003年7月24日,四川省第十届人民代表大会常务委员会第四次会议讨论通过了《四川省地方志工作条例》,自2003年10月1日起施行。这是全国第一个由省人大颁布的地方性地方志法规,具有重要的象征意义。随后,2005年9月29日,山东省第十届人民代表大会常务委员会第十六次会议也通过了《山东省地方史志工作条例》,自2005年12月1日起施行。这是我国第二个由省人大颁布的地方性地方志法规。至2006年,全国性的地方志立法工作也终于取得了突破。5月18日,国务院总理温家宝签署了中华人民共和国第467号国务院令,公布了《地方志工作条例》,标志着关于地方志工作的全国性法律法规的出台。

《地方志工作条例》是我国有史以来第一部关于地方志的全国性法规,在中国3000多年的方志发展史上具有里程碑的意义。这个条例的公布,标志着中国的地方志工作正式进入法治化的轨道,从此结束了无法可依的历史,进入了有法可依、依法修志的新阶段。《地方志工作条例》与《国务院办公厅转发中国社会科学院关于加强全国地方志编纂工作领导报告的通知》《国务院办公厅关于进一步加强地方志编纂工作的通知》以及中国地方志指导小组颁布的《新编地方志工作暂行规定》《关于地方志编纂工作的规定》等在内容上有继承和发展关系,但两者已有质的区别。首先,《地方志工作条例》是行政法规,而上述"通知""规定"只是文件,是行政命令或准命令,前者是社会或每个公民必须服从的,而后者要看地方政府的行政长官是否重视。其次,《地方志工作条例》为法规性的,具有原则性,舍弃了此前地方志文件中有关"方志编纂"的规定要求,转由地方(主要是省一级)其他的修志文件承担,对过去修志文件中修志的对象、范围进行了符合实际的调整,将修志范围扩及省(自治区、直辖市)、设区的市(自治州)、县(自治县、不设区的市、市辖区)编纂的地方志和地方综合年鉴,增加和加强了行政管理的内容,尤其明确了政府的职责,明确了地方志书、地方综合年鉴皆为职务作品。如《地方志工作条例》第四条规定县级以上人民政府应当加强对本行政区域地方志工作的领导,地方志工作所需经费列入本级财政预算。第五条规定国家地方志工作指导机构统筹规划、组织协调、督促指导全国地方志工作。县级以上地方人民政府负责地方志工作的机构主管本行政区域的地方志工作,履行下列职责:组织、指导、督促和检查地方志工作;拟定地方志工作规划和编纂方案;组织编纂地方志书、地方综合年鉴;搜集、保存地方志文献和资料,组织整理旧志,推动方志理论研究;组织开发利用地方志资源。

第八条规定以县级以上行政区域名称冠名的地方志书、地方综合年鉴,分别由本级人民政府负责地方志工作的机构按照规划组织编纂,其他组织和个人不得编纂。第十二条规定以县级以上行政区域名称冠名、列入规划的地方志书经审查验收,方可以公开出版。对地方志书进行审查验收的主体、程序等由省、自治区、直辖市人民政府规定。第十三条规定以县级以上行政区域名称冠名的地方综合年鉴,经本级人民政府或者其确定的部门批准,方可以公开出版。第十五条规定以县级以上行政区域名称冠名的地方志书、地方综合年鉴为职务作品,依照《中华人民共和国著作权法》第十六条第二款的规定,其著作权由组织编纂的负责地方志工作的机构享有,参与编纂的人员享有署名权。①

各地在《地方志工作条例》的原则基础上,纷纷出台实施细则或其他文件。截至2020年底,全国除辽宁省、重庆市②外,其他省、自治区、直辖市和新疆生产建设兵团均出台了省级地方志工作条例、规定、实施办法等。其中,山西、吉林、江苏、安徽、山东、广东、海南、四川省通过人大立法,出台了地方志工作条例;山东省还在全国率先实现市、县地方志规章或规范性文件全覆盖,全省17个市、173个县(市、区)全部颁布了地方志工作规章或规范性文件。③

2015年8月25日,国务院办公厅又发布了《全国地方志事业发展规划纲要(2015—2020年)》,这是继2006年国务院颁布《地方志工作条例》以后,又一份对地方志事业发展具有指导意义的重要文献。它既是全国地方志事业发展的第一部规划性文件,也是新时期全国地方志事业的行动纲领。同时,《全国地方志事业发展规划纲要(2015—2020年)》由国务院办公厅发文,是全国地方志事业走向全面发展、日趋繁荣的重要标志,说明地方志工作已经由"依法修志"进入了"依法治志"的新阶段。"依法治志"不是对"依法修志"的否定与抛弃,它将地方志的编纂、管理、开发利用、理论研究、学科建设等都纳入"依法"开展的范畴,实际上是对"依法修志"的升级。"依法治志"就是要建立完备的地方志法律体系和完善的相关配套体制机制,最终目的是使与地方志相关的法律能够在地方志事业的各个方面得到普遍、切实的遵守,以维护地方志事业的法治秩序。这与党的十八大以来坚持全面依法治国,并将其纳入"四个全面"战略布局,首次提出法治是治国理政的基本方式,

---

① 《地方志工作条例》,中国地方志指导小组办公室编:《地方志工作文献选编》,方志出版社2009年版,第3—6页。
② 由于历史原因,重庆地方志立法工作滞后,于2023年1月19日才颁布《重庆市地方志工作办法》,同年3月1日起施行。
③ 冀祥德、宋丽亚:《〈中华人民共和国史志法〉立法思考》,《中国地方志》2020年第2期。

坚持依法治国、依法执政、依法行政共同推进,坚持法治国家、法治政府、法治社会一体建设的法治国家建设进程相适应。

《全国地方志事业发展规划纲要(2015—2020年)》提出了到2020年的总体目标是确保完成"两全"目标,即到2020年,各地要全面完成省、市、县(区)所规划的第二轮三级志书编纂任务,同时实现省、市、县(区)三级综合年鉴"一年一鉴"的全覆盖。此外,还要加快信息化和方志馆建设,做好第三轮修志工作准备,加强对社会修志的指导和管理,基本形成地方志编修体系、理论研究和学科建设体系、质量保障体系、资源开发利用体系、工作保障体系"五位一体"的地方志事业发展综合体系,努力开创地方志事业发展新局面。《全国地方志事业发展规划纲要(2015—2020年)》还提出了11项主要任务和法治、制度、经费、队伍、宣传五方面的保障措施。具体11项主要任务包括:全面完成第二轮修志规划任务;大力推进地方综合年鉴工作;重视军事、武警及其他各类专业志鉴、民族地区地方志、乡镇村志和地方史编纂工作,指导有条件的乡镇(街道)、村(社区)做好志书编纂工作,做好中国名镇志文化工程、中国名村志文化工程组织编纂工作;深入开展旧志整理工作;加强地方志理论研究和学科建设,制定方志、年鉴理论和方志学、年鉴学学科建设规划,建立和完善方志、年鉴理论研究学术规范,力争到2020年形成较为成熟的方志学和年鉴学学科体系;加强人才队伍建设;深化地方志质量建设;强化地方志资料建设,推行地方志资料年报制度并形成常态机制;加快地方志信息化建设,逐步建立地方志全文数据库,应用现代信息技术,加强对不同载体的地方文献收(征)集、保护和开发利用,推动信息标准化工作,实现国家、省、市、县(区)四级地方志资源共享,面向社会提供优质服务;提高地方志资源开发利用水平;扩大学术交流与合作,采用多种形式,加强与香港、澳门、台湾地区以及国外的高等院校、科研机构、档案机构与图书馆等单位的学术交流与合作,服务国家文化"走出去"战略,推动方志文化走向世界,增强方志文化影响力。《全国地方志事业发展规划纲要(2015—2020年)》在组织领导方面还深化了原有的地方志工作体制和工作机制,除继承了党委领导、政府主持、负责地方志工作的机构组织实施、社会各界广泛参与的工作体制,还把原来的"一纳入、五到位"工作机制扩大为"一纳入、八到位"(即将地方志工作纳入各地国民经济和社会发展规划、地方各级政府工作任务,认识到位、领导到位、机构到位、编制到位、经费到位、设施到位、规划到位、工作到位)。①

《全国地方志事业发展规划纲要(2015—2020年)》与《地方志工作条例》相比,

---

① 《全国地方志事业发展规划纲要(2015—2020年)》,《中国地方志》2015年第9期。

首先是强化了以修志编鉴为主业,统筹兼顾各项工作的全面发展理念。《规划纲要》坚持全面发展,以修志编鉴为主业,统筹兼顾方志理论研究、开发利用、信息化建设、方志馆建设、旧志整理等工作,实现地方志事业全面协调可持续发展,目标是基本形成地方志编修体系、理论研究和学科建设体系、质量保障体系、资源开发利用体系、工作保障体系"五位一体"的地方志事业发展综合体系,使地方志工作由原来单纯的修志编鉴工作发展为一项事业,从"一本书主义"向志、鉴、史、馆"四驾马车"和志、鉴、库、馆、网、用、会、刊、研、史"十业并举"转型升级。其次是适当拓展了地方志机构的工作范围,将修志范围扩及专业志、部门志、乡镇村志、专业年鉴,甚至将地方史的编写纳入地方志工作范畴。《地方志工作条例》规定的各级地方志工作机构的职责,并不包括对各类专业志鉴编纂、乡镇村志编纂和地方史编写的指导和管理,而《全国地方志事业发展规划纲要(2015—2020年)》则明确提出"重视军事、武警及其他各类专业志鉴、民族地区地方志、乡镇村志和地方史编纂工作。加强对已开展和准备开展志鉴编纂工作的行业、部门、单位等的业务指导和管理。支持民族地区做好地方志编纂工作。指导有条件的乡镇(街道)、村(社区)做好志书编纂工作。做好中国名镇志文化工程、中国名村志文化工程组织编纂工作。具备条件的,可将地方史编写纳入地方志工作范畴,统一规范管理"①。再次,以"依法治志"替代了"依法修志",这是对"依法修志"概念的升级,从而将整个地方志事业(包括志、鉴、库、馆、网、用、会、刊、研、史等)都纳入了"依法"开展的范畴,而不仅仅局限于《地方志工作条例》规定的地方志、地方综合年鉴的编纂,扩大了原有的"依法修志"的范围,使地方志从传统单一的依法修志向依法识志、依法修志、依法研志、依法用志、依法管志、依法存志和依法传志转型发展,为地方志工作由一项工作向一项事业转型提供了法治保障。

各地区和各有关部门也在《全国地方志事业发展规划纲要(2015—2020年)》的基础上,结合具体工作实际,制定了本地区或本部门的地方志事业发展规划或实施方案。截至2020年底,除重庆市外②,全国其他省(自治区、直辖市)和新疆生产建设兵团都出台了本地地方志事业发展规划或规划纲要、贯彻《全国地方志事业发展规划纲要(2015—2020年)》的实施意见或方案等,统筹规划当地地方志事业的全面发展。

---

① 《全国地方志事业发展规划纲要(2015—2020年)》,《中国地方志》2015年第9期。
② 由于历史原因,重庆地方志立法工作滞后,直到2022年5月23日才颁布了《重庆市地方志事业发展规划纲要(2021—2025年)》。

第五次全国地方志工作会议召开和《全国地方志事业发展规划纲要(2015—2020年)》颁布以来,地方志工作由"依法修志"跨入了"依法治志"阶段,其时正处于新中国第二轮修志时期,除了要按期完成全国第二轮三级志书的修纂任务外,地方志工作由"一本书主义"迅速向一项事业转型升级,在全国方志界很快形成了"十业并举"的局面。所谓"十业并举",就是指地方志、年鉴、方志馆、方志信息资料库、方志网站、方志学术会议、方志刊物、地方志研究、地方史研究、读志用志全面得到发展,全面繁荣。

年鉴方面,在 2006 年《地方志工作条例》立法之前,部分冠以县级以上行政区域名称的地方综合年鉴的编纂未纳入各地地方志机构。据统计,至 2005 年底,全国省、市、县(区)三级综合年鉴共编纂 646 种,其中省级年鉴 32 种(包括《兵团年鉴》),市级年鉴 208 种,县(区)级年鉴 406 种[①],而其中由各级地方志机构编纂的综合年鉴约为 517 种[②]。《地方志工作条例》出台后,年鉴管理体制出现了一个大的调整,各级地方志工作机构依据《地方志工作条例》,积极向政府主管领导和有关部门说明情况,依法力争,将地方综合年鉴编纂纳入地方志工作范畴。原有的不归方志办管辖的省级年鉴、省会城市年鉴、副省级城市年鉴陆续实现划转。《全国地方志事业发展规划纲要(2015—2020 年)》颁布以后,按照其"两全"目标的要求,截至 2020 年底,全国省、市、县(区)三级综合年鉴 2020 年卷应编纂出版 3212 部,全部完成编纂、全部移交出版,完成率为 100%,公开出版 2843 部,完成率约为 88.51%,[③]基本如期实现省、市、县(区)三级年鉴"一年一鉴"的全覆盖,完成了"两全"目标。

方志馆是收藏和研究历代志书、史志专著、刊物、年鉴及各类地方文献资料,展示国情、地情,向社会提供咨询服务的公共文化服务机构,具有收藏保护、展览展示、编纂研究、专业咨询、信息服务、开发利用、宣传教育、业务培训、文化交流等功能。建设方志馆,是开发利用方志资源的一项重要举措,也是确保志事机构常设的重要形式之一。国家方志馆于 2013 年 12 月投入使用,至 2016 年 5 月 13 日开展"方志中国"展览,利用现代科技手段并融合多元化展示手段,简明扼要地梳理历代方志编修和新中国地方志事业基本情况,突出方志文化底蕴,重点

[①] 《2005 年度旧志整理、地情书和年鉴出版情况统计表》,《中国地方志年鉴(2006)》,《中国地方志年鉴》编辑部 2006 年发行,第 386 页。

[②] 刘永强:《当前地方综合年鉴事业发展存在的问题及今后方向》,《中国年鉴研究》2020 年第 2 期。

[③] 中国地方志指导小组:《关于全国地方志系统"两全目标"完成情况的通报》,2021 年 1 月 28 日,转引自刘永强:《中国精品年鉴建设的实践与思考》,《中国年鉴研究》2021 年第 3 期。

展示新中国方志事业的辉煌成就,向受众普及方志知识,展示方志成果,传播方志文化。2018年1月12日,国家方志馆又开展"魅力中国"展览,分"锦绣山河""悠久文明""今日辉煌""走向未来"四部分,向受众普及了国情知识。地方一级方志馆,截至2021年12月31日,立项、在建、已建的省级方志馆20个,地市级方志馆119个,县区级方志馆399个,乡镇(街道)级方志馆91个,村(社区)级方志馆256个①。其中比较著名的方志馆有北京市方志馆、上海通志馆、江苏省方志馆、江西省方志馆、广东省方志馆、杭州市方志馆、南京市方志馆、深圳方志馆、哈尔滨市方志馆、临平方志馆(余杭方志馆)等。此外,著名的浙江宁波天一阁博物馆1999年12月正式挂牌"中国地方志珍藏馆",收藏有新修省(自治区、直辖市)、市(地区、自治州、盟)、县(自治县、旗、不设区的市、市辖区)三级志书及各类乡镇村志、行业志、部门志、山水志、人文景观志等共计16449册,全国96.3%的新修三级行政区划志(不包括香港、澳门、台湾地区)都能在这里找到②,成为国内名副其实的收集新编地方志最多的机构之一。

地方志信息化始于20世纪90年代,《全国地方志事业发展规划纲要(2015—2020年)》出台后,地方志信息化的步伐大大加快。为落实该规划纲要,中国地方志指导小组办公室于2016年9月5日出台了《全国地方志信息化发展规划(2016—2020年)》,第一次对地方志信息化建设作出统筹规划和顶层设计,旨在推动地方志信息化标准建设,推进地方志系统国家、省、市、县四级联网,实现全国地方志资源的数字化、网络化和资源共享。同时,推出了"全国信息方志与数字方志建设工程",包括中国方志网、中国地情网、中国国情网、国家数字方志馆、地方志综合办公平台、地方志新媒体传播平台,即"三网一馆两平台"建设。2015年12月1日开通中国地情网、中国方志网(新版),2016年5月13日国家数字方志馆揭牌,2018年1月12日开通中国国情网。2016年1月14日,广东省东莞市大朗镇镇情网及大朗镇巷头村村情网成功开通,至此实现了自上而下、互联互通的六级地情网络,真正确立了"一网网天下,深情满人间"的理念。截至2021年12月31日,全国地方志系统已建地情网站301个,数字方志馆(地情资料数据库)123个,建设方志新媒体463个③。已投入使用的方志地情网站或与当地政府网联网运行,或与国际互联网实现联网,在当地经济文化建设中发挥着越来越重要的作用。

---

① 据中国方志网《方志馆建设情况统计表(截至2021年12月31日)》。
② 该数据由天一阁博物馆"中国地方志珍藏馆"提供。
③ 据中国方志网《全国地方志系统信息化建设情况统计表(截至2021年12月31日)》。

方志学术活动方面,中国地方志协会在1985年包头会议之后,已成为一个纯粹的群众性学术团体,其主要任务改为推动方志理论研究、开展方志学术活动,其活动的载体就是举办研讨会、评比会、培训会,开展对外学术交流。但包头会议之后,直到2011年前,中国地方志协会存在的最大不足,恰恰是在学术活动方面开展得很不够,从1981年协会成立到2010年的30年时间内,仅1981年(7—8月,山西太原)、1983年(10月,山东泰安)、1986年(9月,天津)、1989年(8月,湖南岳阳)、1993年(11月,江苏南京)、1997年(12月,云南昆明)、2004年(8月,新疆乌鲁木齐)召开过学术年会,共计7次。1996年5月9日修订的《中国地方志协会章程》虽有"方志学术讨论会每年举行一次"[1]的规定,但未能按协会章程执行,全国性的学术年会制度没有坚持下去,地方的学术活动成果得不到升华和交流,导致方志理论研讨不够深入。2012年,经时任中国地方志协会会长朱佳木[2]提议,中国地方志协会于是年6月4日正式更名为"中国地方志学会"。这一更名,在协会的发展历史中具有标志性的意义,在这之后,协会的学术年会制度得以有效建立,以2011年8月8—9日在浙江宁波召开的"方志文献国际学术研讨会"作为中国地方志学会的首届学术年会,此后至今,每年坚持举办主题鲜明的全国性学术年会,成为开展方志学术研究的重要平台。第五次全国地方志工作会议召开和《全国地方志事业发展规划纲要(2015—2020年)》颁布以来,中国地方志学会紧跟全国地方志工作的发展形势,步入了全面繁荣的新阶段,突出表现在学会二级分会的全面拓展和学术性功能的进一步凸显。除了原有的中国地方志学会年鉴工作专业委员会[3](2016年6月改名为"中国地方志学会年鉴研究会")外,陆续新成立了中国地方志学会信息化研究会(2016年4月26日在贵州省贵阳市成立)、方志馆研究会(2016年9月10日在江西省景德镇市成立)、史志期刊研究会(2016年9月28日在吉林省长春市成立)、方志学研究会(2016年10月25日在湖南省长沙市成立)、编辑出版研究会(2017年7月9日在辽宁省丹东市成立),原来的城市区志专业委员会则并入方志学研究会,从而使中国地方志学会的二级分会达到了空前的6个之多。不仅如此,中国地方志学会

---

[1] 《中国地方志协会章程》,《中国地方志》1996年第3—4期。
[2] 中国地方志协会改名为中国地方志学会前,第一、二届理事会会长是梁寒冰,第三届理事会会长是王忍之,第四、五届理事会会长是朱佳木,改名后至2015年12月29日成立了第六届理事会,李培林为会长。2021年3月19日,成立第七届理事会,时任中国社会科学院副院长、中国地方志指导小组常务副组长高翔当选为会长。
[3] 2002年6月11—14日,全国地方志志鉴关系和年鉴编修研讨会在广西北海市举行,会上宣布成立了中国地方志协会年鉴工作专业委员会,这是中国地方志协会最早成立的一个二级分会。

业已形成的学术年会做法也延伸到了其二级分会的活动,所有二级分会也都建立了学术年会制度。

　　读志用志也进入了全面繁荣时期。"修志为用"被明确作为地方志事业的基本原则之一,"坚持修志为用。发挥地方志资源优势,全面提升开发利用水平;拓宽用志领域,提升服务大局能力,为党政机关、社会各界和人民群众服务;加大宣传力度,提高全社会读志用志水平"①,得到了比以往更多的关注和重视。各省、市、县地方志机构纷纷改变"重修轻用"的局面,追求"修用并重",使地方志在实际社会生活中得到广泛运用,普惠广大民众,涌现了层出不穷的生动鲜活的实例。如浙江省于2022年1月24日推出《浙江省人民政府办公厅关于加快推进新时代地方志事业发展的意见》,着力推动地方志工作由传统方志向数字方志、由重修轻用向修用并重"两个转型",大力实施方志强基、方志成果转化应用、方志数字化转型、方志文化创新、方志人才培育"五项工程",着力构建志鉴编纂工作、方志资源开发利用、方志理论研究、方志文化传播、方志人才队伍建设"五大体系"。是年1月10日,浙江省人民政府地方志办公室印发了《关于公布全省市县地方志成果转化应用"十佳"典型案例和优秀案例的通知》,在各市、县(市、区)范围内评选出"传统方志在多元传播中服务杭州市民爱国爱乡教育"(杭州市地方志办公室)、"地方志助力丽水市覆盆子产业发展"(丽水市地方志研究室)等10个地方志成果转化应用"十佳"典型案例和17个优秀案例。同年3月17日,浙江省人民政府地方志办公室又评出了《浙江通志》编纂成果转化应用"十佳"典型案例10个、优秀案例20个,"盛世修志,存史资政,《浙江通志·中国共产党志》赋能高水平建设红色学府示范党校"(浙江省委党校)、"运用志书编纂成果,为科学决策服务——《浙江通志·渔业志》编辑部修用并举显成效"(浙江省自然资源厅、浙江省农业农村厅)、"省茶叶集团运用方志资料复兴中华抹茶"(《浙江通志·茶叶专志》编辑部)、"《浙江通志·天目山专志》编纂助推天目山'名山公园'建设"(《浙江通志·天目山专志》编辑部)等10个案例成为《浙江通志》编纂成果转化应用"十佳"典型案例。

---

① 《全国地方志事业发展规划纲要(2015—2020年)》,《中国地方志》2015年第9期。

时代在前进,历史在发展。修志事业也将继续"伴民族、随历史,代代相济,永不断章"①。方志是中华民族特有的文化瑰宝,既然传统方志实践能够经久不绝,流传至今,那么,我们今天有幸躬逢盛世,盛世修志,就更有理由相信,方志事业的明天会更加美好。

9.2 课后思考与拓展阅读

---

① 李铁映:《求真存实,修志资治,服务当代,垂鉴后世——在全国地方志第二次工作会议上的讲话》,中国地方志指导小组办公室编:《地方志工作文献选编》,方志出版社2009年版,第133页。

参考文献

一、文献汇编

[1] 萧放编:《近代方志研究文献汇编》(全32册),广陵书社2022年版。

[2] 柳成栋、宋抵编:《东北方志序跋辑录》,哈尔滨工业大学出版社1996年版。

[3] 中国地方志指导小组办公室编:《中国方志文献汇编》(上、下),方志出版社1999年版。

[4] 中国地方志指导小组办公室编:《地方志工作文献选编》,方志出版社2009年版。

[5] 李德龙、黄金东编:《中国历代方志土司资料辑录》(全38册),学苑出版社2016年版。

[6] 浙江省通志馆编:《浙江省通志馆馆刊》(合订本),杭州古籍书店1986年影印本。

[7] 顾颉刚、谭其骧:《禹贡半月刊》(合订本),花山文艺出版社1994年版。

[8] 南京国立中央大学:《方志月刊》(合订本),香港明石文化国际出版有限公司2005年版。

[9] 《东方杂志》(影印本),上海书店出版社2012年版。

二、地方志

[1] [汉]袁康、吴平辑录,乐祖谋点校:《越绝书》,上海古籍出版社1992年版。

[2] [汉]赵晔著,[元]徐天祜音注:《吴越春秋》,江苏古籍出版社1992年版。

[3] [晋]常璩撰,刘琳校注:《华阳国志校注》,巴蜀书社1984年版。

[4] [东晋]习凿齿撰,黄惠贤校补:《校补襄阳耆旧记》,中州古籍出版社1987年版。

[5] [南朝陈]顾野王著,顾恒一、顾德明、顾久雄辑注:《舆地志辑注》,上海古籍出版社2011年版。

[6] [唐]李吉甫撰,贺次君点校:《元和郡县图志》,中华书局2005年版。

[7] [唐]李泰等著,贺次君辑校:《括地志辑校》,中华书局2005年版。

[8] [清]王谟辑:《汉唐地理书钞》,中华书局2006年版。

[9] 刘纬毅辑:《汉唐方志辑佚》,北京图书馆出版社1997年版。

[10] [清]王仁俊辑:《玉函山房辑佚书续编三种》,上海古籍出版社1989年版。

[11] 王仲荦著,郑宜秀整理:《敦煌石室地志残卷考释》,中华书局2007年版。

[12] 《宋元方志丛刊》,中华书局1990年版。

[13] 刘纬毅、王朝华、郑梅玲、赵树婷辑:《宋辽金元方志辑佚》,上海古籍出版社2011年版。

[14] [宋]乐史撰:《宋本太平寰宇记》,中华书局2000年版。

[15] [宋]王存撰,王文楚、魏嵩山点校:《元丰九域志》,中华书局2005年版。

[16] [宋]欧阳忞撰,李勇先、王小红校注:《舆地广记》,四川大学出版社2003年版。

[17] [宋]王象之撰:《舆地纪胜》,中华书局1992年版。

[18] [宋]祝穆撰,[宋]祝洙增订,施和金点校:《方舆胜览》,中华书局2003年版。

[19] [宋]范成大撰,陆振岳校点:《吴郡志》,江苏古籍出版社1999年版。

[20] [宋]朱长文撰,金菊林校点:《吴郡图经续记》,江苏古籍出版社1999年版。

[21] [宋]宋敏求撰,孟艳红整理:《长安志》,团结出版社1997年版。

[22] [宋]周淙、施谔撰:《南宋临安两志》,浙江人民出版社1984年版。

[23] [元]孛兰肹等撰,赵万里校辑:《元一统志》,中华书局1966年版。

[24] [元]刘应李原编,[元]詹友谅改编,郭声波整理:《大元混一方舆胜览》,四川大学出版社2003年版。

[25] [元]熊梦祥著,北京图书馆善本组辑:《析津志辑佚》,北京古籍出版社1983年版。

[26] 广州市地方志编纂委员会办公室编:《元大德南海志残本(附辑佚)》,广东人民出版社1991年版。

[27] 《天一阁藏明代方志选刊》,上海古籍出版社1981—1982年版。

[28] 《天一阁藏明代方志选刊续编》,上海书店出版社1990年版。

[29] 天一阁博物馆编:《天一阁藏历代方志汇刊》,国家图书馆出版社2017年版。

[30] [明]陈循等编:《寰宇通志》,朝华出版社 2020 年版。

[31] [明]李贤等修,万安等纂:《大明一统志》,三秦出版社 1990 年版。

[32] [明]萧良幹修,张元忭、孙鑛纂,李能成点校:《万历绍兴府志》,宁波出版社 2012 年版。

[33] [明]栗祁修,唐枢、张应雷纂:《万历湖州府志》,明万历六年刻本。

[34] [明]董斯张纂:《吴兴备志》,1914 年刘氏嘉业堂重刊《吴兴丛书》本。

[35] 马蓉、陈抗、钟文、乐贵明、张枕石点校:《永乐大典方志辑佚》,中华书局 2004 年版。

[36] 《中国地方志集成·上海府县志辑》,上海书店出版社 1991 年版。

[37] 《中国地方志集成·江苏府县志辑》,江苏古籍出版社 1991 年版。

[38] 《中国地方志集成·浙江府县志辑》,上海书店出版社 1993 年版。

[39] 《中国地方志集成补编》,上海书店出版社 2021 年版。

[40] 何光谟主编:《中国方志丛书》,台湾成文出版社 1966—1985 年版。

[41] 《日本藏中国罕见地方志丛刊》,北京图书馆出版社 1990—2003 年版。

[42] 殷梦霞选编:《日本藏中国罕见地方志丛刊续编》,北京图书馆出版社 2003 年版。

[43] [清]永瑢、纪昀等纂修:《景印文渊阁四库全书》,台湾商务印书馆 1986 年版。

[44] 《续修四库全书》,上海古籍出版社 2002 年版。

[45] [清]陈梦雷、蒋廷锡等编著:《古今图书集成》,齐鲁书社 2006 年版。

[46] [清]顾炎武撰,谭其骧、王文楚、朱惠荣等点校:《肇域志》,上海古籍出版社 2004 年版。

[47] [清]顾祖禹撰,贺次君、施和金点校:《读史方舆纪要》,中华书局 2005 年版。

[48] [清]蒋廷锡等纂:《大清一统志》,清乾隆九年刻本。

[49] [清]穆彰阿、潘锡恩等纂修:《大清一统志》(影印本),上海古籍出版社 2008 年版。

[50] [清]贾汉复修,沈荃纂:《顺治河南通志》,清顺治十七年刻本。

[51] [清]谢启昆修,胡虔纂:《嘉庆广西通志》,清光绪十七年桂垣书局再补刻本。

[52] 宁波市地方志编纂委员会整理:《清代宁波府志》,宁波出版社 2014 年版。

[53] [清]李兆洛纂修:《嘉庆凤台县志》,1936 年颍上静胜斋重印本。

[54] [清]周家楣、缪荃孙等编纂:《光绪顺天府志》,北京古籍出版社 1987 年版。

[55] 河北省通志馆修,王树枏等纂,河北省地方志编纂委员会办公室整理点校:《民国河北通志稿》,北京燕山出版社 1993 年版。

[56] 吴宗慈修,辛际周、周性初纂,江西省博物馆《江西通志稿》整理组整理:《民国江西通志》,江西省博物馆 1985 年内部印刷。
[57] 民国浙江省通志馆编,浙江省地方志编纂委员会整理:《重修浙江通志稿》,方志出版社 2010 年版。
[58] 张其昀主编:《遵义新志》,1948 年浙江大学铅印本。

三、文集

[1] 林尹注译:《周礼今注今译》,书目文献出版社 1985 年版。
[2] 王世舜译注:《尚书译注》,四川人民出版社 1982 年版。
[3] [汉]刘歆著,邵士梅注译:《山海经》,三秦出版社 2013 年版。
[4] [南朝宋]刘义庆著,[南朝梁]刘孝标注:《世说新语》,浙江古籍出版社 2011 年版。
[5] [清]章学诚著,叶瑛校注:《文史通义校注》,中华书局 2000 年版。
[6] [清]章学诚撰:《章学诚遗书》,文物出版社 1985 年版。
[7] 戴震研究会、徽州师范专科学校古籍整理研究室、戴震纪念馆编纂:《戴震全集》,清华大学出版社 1991—1999 年版。
[8] [清]戴震撰,杨应芹、诸伟奇主编:《戴震全书》,黄山书社 2010 年版。
[9] [清]洪亮吉撰,刘德权点校:《洪亮吉集》,中华书局 2001 年版。
[10] [清]孙星衍撰,骈宇骞点校:《问字堂集 岱南阁集》,中华书局 2006 年版。
[11] 傅振伦著:《傅振伦方志论著选》,浙江人民出版社 1992 年版。
[12] 傅振伦著:《中国方志学通论》,北京燕山出版社 1988 年版。
[13] 傅振伦著:《中国史志论丛》,浙江人民出版社 1986 年版。
[14] 李泰棻著:《方志学》,河北人民出版社 1990 年版。
[15] 黎锦熙、甘鹏云著:《方志学两种》,岳麓书社 1984 年版。
[16] 王葆心著:《方志学发微》,湖北省地方志编纂委员会办公室 1984 年内部印刷。
[17] 梁启超著:《饮冰室合集》,中华书局 1989 年版。
[18] 张国淦著,杜春和编:《张国淦文集》,北京燕山出版社 2000 年版。
[19] 李泽主编:《朱士嘉方志文集》,北京燕山出版社 1991 年版。
[20] 朱士嘉编著:《中国旧志名家论选》,《史志文萃》编辑部 1986 年印行。
[21] 寿鹏飞著:《方志通义》,1941 年铅印本。
[22] 寿鹏飞著:《方志本义管窥》,《国学丛刊》第 14 册,1944 年 7 月。
[23] 吴宗慈著:《修志丛论》,1947 年铅印本。

[24] 吴宗慈著:《论今日之方志学》,《江西省地方史志资料选辑》第 1 辑,江西师范大学历史系 1985 年内部印刷。
[25] 朱佳木著:《地方志工作文稿》(增订本),方志出版社 2016 年版。
[26] 来新夏著:《来新夏文集》,广东人民出版社 2023 年版。
[27] 仓修良著:《仓修良探方志》,华东师范大学出版社 2005 年版。
[28] 邵长兴著:《邵长兴方志文存》,河南大学出版社 2001 年版。

四、工具书

[1] 中国地方志指导小组办公室编:《中国方志通鉴》,方志出版社 2010 年版。
[2] 中国科学院北京天文台主编:《中国地方志联合目录》,中华书局 1985 年版。
[3] 朱士嘉编:《中国地方志综录》(增订本),商务印书馆 1958 年版。
[4] 朱士嘉编:《美国国会图书馆藏中国方志目录》,广西师范大学出版社 2014 年版。
[5] 金恩辉、胡述兆主编:《中国地方志总目提要》,汉美图书有限公司 1996 年版。
[6] 金恩辉、胡述兆主编:《中国地方志总目提要(1949—1999)》,汉美图书有限公司 2002 年版。
[7] [清]纪昀、陆锡熊、孙士毅等原著,四库全书研究所整理:《钦定四库全书总目》,中华书局 1997 年版。
[8] 王云五主编:《续修四库全书提要》,台湾商务印书馆 1972 年版。
[9] [宋]陈振孙著,徐小蛮、顾美华点校:《直斋书录解题》,上海古籍出版社 2006 年版。
[10] [宋]王应麟辑:《玉海》,江苏古籍出版社、上海书店出版社 1990 年版。
[11] [清]周中孚著,黄曙辉、印晓峰标校:《郑堂读书记》,上海书店出版社 2009 年版。
[12] 张国淦编著:《中国古方志考》,中华书局 1963 年版。
[13] 瞿宣颖著:《方志考稿》(甲集),《民国丛书》第二编(81),上海书店出版社 1990 年版。
[14] 陈光贻编:《稀见地方志提要》,齐鲁书社 1987 年版。
[15] 崔建英编:《日本见藏稀见中国地方志书录》,书目文献出版社 1986 年版。
[16] 洪焕椿编著:《浙江方志考》,浙江人民出版社 1984 年版。
[17] 张维纂:《陇右方志录》,大北印书局 1934 年版。
[18] 陈桥驿著:《绍兴地方文献考录》,浙江人民出版社 1983 年版。

[19] 骆兆平编著:《天一阁藏明代地方志考录》,书目文献出版社1982年版。
[20] 龚烈沸编著:《宁波古今方志录要》,宁波出版社2001年版。
[21] 中国地方志指导小组办公室编:《中国地方志论文论著索引(1913—2007)》,方志出版社2014年版。
[22] 孟繁裕、徐蓉津主编:《中国地方志论文索引(1981—1995)》,国家图书馆地方志和家谱文献中心1999年内部印刷。

五、学术专著、论文集

[1] 黄苇等著:《方志学》,复旦大学出版社1993年版。
[2] 仓修良著:《方志学通论》(增订本),华东师范大学出版社2013年版。
[3] 来新夏著:《方志学概论》,福建人民出版社1984年版。
[4] 来新夏主编:《中国地方志综览(1949—1987)》,黄山书社1988年版。
[5] 林衍经著:《方志学综论》,华东师范大学出版社2008年版。
[6] 吕志毅著:《方志学史》,河北大学出版社1993年版。
[7] 彭静中编著:《中国方志简史》,四川大学出版社1990年版。
[8] 刘纬毅、诸葛计、高生记、董剑云著:《中国方志史》,三晋出版社2010年版。
[9] 巴兆祥著:《方志学新论》,学林出版社2004年版。
[10] 王晓岩著:《方志演变概论》,辽沈书社1992年版。
[11] 许卫平著:《中国近代方志学》,江苏古籍出版社2002年版。
[12] 潘捷军等编著:《中国方志馆》,方志出版社2016年版。
[13] 曾荣著:《民国通志馆与近代方志转型》,社会科学文献出版社2018年版。
[14] 魏桥、王志邦、俞佐萍、王永太著:《浙江方志源流》,浙江人民出版社1988年版。
[15] 沈松平著:《越地方志发展史》,上海交通大学出版社2020年版。
[16] 宫为之著:《皖志史稿》,安徽人民出版社1997版。
[17] 王庸著:《中国地理学史》,商务印书馆1938年版。
[18] 中国科学院自然科学史研究所地学史组主编:《中国古代地理学史》,科学出版社1984年版。
[19] (美)戴思哲著,向静译:《中华帝国方志的书写、出版与阅读:1100—1170年》,上海人民出版社2022年版。
[20] 潘晟著:《宋代地理学的观念、体系与知识兴趣》,商务印书馆2014年版。
[21] 桂始馨:《宋代方志考证与研究》,上海人民出版社2021年版。

[22] 顾宏义著:《宋朝方志考》,上海古籍出版社2010年版。

[23] 张纪亮、林平著:《明代方志考》,四川大学出版社2001年版。

[24] 杜瑜著:《舆地图籍——〈异域录〉与〈大清一统志〉》,辽海出版社1997年版。

[25] 胡适著,姚名达订补:《章实斋先生年谱》,商务印书馆1933年版。

[26] 范耕研著:《章实斋先生年谱》,台湾文史哲出版社1999年版。

[27] 仓修良、叶建华著:《章学诚评传》,南京大学出版社1996年版。

[28] (美)倪德卫著,杨立华译:《章学诚的生平及其思想》,江苏人民出版社2007年版。

[29] 潘捷军主编:《章学诚研究概览——章学诚诞辰280周年纪念文集》,杭州出版社2018年版。

[30] 黄兆强著:《章学诚研究述评(1920—1985)》,学生书局2015年版。

[31] 李开著:《戴震评传》,南京大学出版社1992年版。

[32] 陈金陵著:《洪亮吉评传》,江苏人民出版社2008年版。

[33] 江庆柏等著:《孙星衍评传》,江苏人民出版社2010年版。

[34] 邱新立著:《李兆洛评传》,江苏人民出版社2010年版。

[35] 杨洪升著:《缪荃孙研究》,上海古籍出版社2008年版。

[36] 余子安著:《亭亭寒柯——余绍宋传》,浙江人民出版社2006年版。

[37] 沈松平著:《陈训正评传》,浙江大学出版社2015年版。

[38] 王永太著:《凤鸣华冈——张其昀传》,浙江人民出版社2006年版。

[39] 黄俊著:《方志学大家吴宗慈》,江西高校出版社2017年版。

[40] 诸葛计著:《中国方志五十年史事录(一九四九年至二〇〇〇年)》,方志出版社2002年版。

[41] 冀祥德著:《新时代的地方志》,当代中国出版社2022年版。

[42] 冀祥德著:《依法治志与地方志转型升级》,当代中国出版社2022年版。

[43] 刘玉宏著:《中国地方志的形成与发展》,中国社会科学出版社2023年版。

[44] 来新夏、(日)齐藤博主编:《中日地方史志比较研究》,南开大学出版社1996年版。

[45] 陈桥驿著:《中日两国地方志的比较研究》,慈溪市地方志办公室1993年内部印刷。

[46] 当代中国研究所编:《中国当代史研究与地方志编纂:第十届国史学术年会论文集》,当代中国出版社2011年版。

[47] 天津市地方志办公室编:《海峡两岸地方史志比较研究文集》,天津社会科学院出版社 1998 年版。

六、期刊论文

[1] 于乃仁:《方志学略述》,《建国学术》创刊号,1940 年 5 月 10 日。

[2] 张其昀:《近二十年来中国地理学之进步(四)》,《地理学报》第 3 卷第 2 期,1936 年 4 月 15 日。

[3] 程方勇:《20 世纪 80 年代以来方志性质研究概述》,《中国地方志》2009 年第 3 期。

[4] 张景孔:《方志性质研究要点述略》,《云南史志》2004 年第 2 期。

[5] 沈松平:《浅析方志学学科建设及方志学专业在高校的发展路径》,《中国地方志》2018 年第 3 期。

[6] 牛润珍:《略论方志学学科建设与人才培养》,《中国地方志》2014 年第 9 期。

[7] 刘柏修:《方志学科建设研究综述》,《中国地方志》2004 年第 10 期。

[8] 徐成、杨计国:《汉魏六朝地理书的演进》,《历史研究》2023 年第 1 期。

[9] 林昌丈:《汉魏六朝"郡记"考论——从"郡守问士"说起》,《厦门大学学报(哲学社会科学版)》2018 年第 1 期。

[10] 林昌丈:《观念、制度与文本编纂——论魏晋南北朝的"州记"》,叶炜主编:《唐研究》第 25 卷,北京大学出版社 2020 年版。

[11] 潘晟:《宋代图经与九域图志:从资料到系统知识》,《历史研究》2014 年第 1 期。

[12] 桂始馨:《北宋九域图志所考》,《中国地方志》2016 年第 2 期。

[13] 郭声波:《宋代官方图书机构考述(下)》,四川大学古籍整理研究所、四川大学宋代文化研究中心编:《宋代文化研究》第 10 辑,线装书局 2001 年版。

[14] 张英聘:《论〈大明一统志〉的编修》,《史学史研究》2004 年第 4 期。

[15] 陈蔚松:《元明清一统志馆及其修志成就》,《华中师范大学学报(人文社会科学版)》2002 第 3 期。

[16] 吕文利:《试论元明清〈一统志〉的思想内涵及纂修方式》,《中国地方志》2020 年第 4 期。

[17] 牛润珍、张慧:《〈大清一统志〉纂修考述》,《清史研究》2008 第 1 期。

[18] 李金飞:《清代疆域"大一统"观念的变革——以〈大清一统志〉为中心》,《中国边疆史地研究》2020 年第 2 期。

[19] 巴兆祥:《论〈大清一统志〉的编修对清代地方志的影响》,《宁夏社会科学》2004

年第 3 期。
[20] 张一弛、刘凤云:《清代"大一统"政治文化的构建——以〈盛京通志〉的纂修与传播为例》,《中国人民大学学报》2018 年第 6 期。
[21] 黄伟、巴兆祥:《明清土司司所志编纂研究》,《中国地方志》2023 年第 3 期。
[22] 晁文璧、宫为之:《章学诚〈亳州志〉质疑》,《中国地方志通讯》1985 年第 2 期。
[23] 张易和:《章学诚、戴震方志理论之争的研究评述》,《中国地方志》2019 年第 4 期。
[24] 葛剑雄:《编纂地方志应当重视地理》,《中国地方志通讯》1983 年第 5 期。
[25] 朱士嘉:《谈谈地方志中的几个问题》,《中国地方史志通讯》1981 年第 2 期。
[26] 傅登舟:《民国时期方志纂修述略》,《文献》1989 年第 4 期。
[27] 梅森:《抗日战争期间的方志文化——向在抗日战争战火和颠沛流离中献身方志事业的先辈致敬》,《中国地方志》2015 年第 12 期。
[28] 王芳:《抗日战争时期我国地方志编修概况》,《中国地方志》2005 年第 10 期。
[29] 许卫平:《略论我国社会主义时期第一轮修志的时间》,《中国地方志》2007 年第 1 期。
[30] 许卫平:《关于社会主义新时期首轮修志及方志学研究的回顾》,《江苏地方志》2006 年第 1 期。
[31] 王张强:《浅述 1956—1966 年中国新方志的编纂规划、模式及程序》,《中国地方志》2019 年第 1 期。
[32] 邱新立、王芳:《中国五、六十年代地方志的编修始末及成果概述》,《中国地方志》2000 年第 1 期。
[33] 邱新立、王芳:《中国五、六十年代地方志的编修始末及成果概述(续)》,《中国地方志》2001 第 1、2 合期。
[34] 邱新立:《中国新编地方志二十年成就(一)》,《中国地方志》1999 年第 6 期。
[35] 邱新立:《中国新编地方志二十年成就(二)》,《中国地方志》2000 年第 3 期。
[36] 邱新立:《中国新编地方志二十年成就(三)》,《中国地方志》2000 年第 5 期。
[37] 邱新立:《中国地方志指导小组沿革(上)》,《中国地方志》2005 年第 1 期。
[38] 邱新立:《中国地方志指导小组沿革(中)》,《中国地方志》2005 年第 2 期。
[39] 邱新立:《中国地方志指导小组沿革(下)》,《中国地方志》2005 年第 3 期。
[40] 沈松平:《论新中国两轮方志编修对旧方志的继承和创新》,《河南师范大学学报(哲学社会科学版)》2021 年第 3 期。
[41] 沈松平:《首轮新方志编修实践创新回顾》,《中国地方志》2016 年第 10 期。

[42] 沈松平:《试论第二轮新方志编修的实践创新》,《上海地方志》2016年第4期。

[43] 梅森:《从历代中央政府的修志命令看〈地方志工作条例〉的继承与创新》,《中国地方志》2006年第9期。

[44] 诸葛计:《新编地方志资源开发与利用集例》,《中国地方志》2000年增刊。

[45]《全国地方志事业发展规划纲要(2015—2020年)》,《中国地方志》2015年第9期。

七、学位论文

[1] 陈磊:《论民国时期的章学诚研究》,2015年武汉大学史学理论及史学史专业博士学位论文。

[2] 邱新立:《中国近代转型时期的方志研究》,2003年北京大学历史地理学专业博士学位论文。

[3] 杜娟:《伪满时期方志的编纂》,2010年复旦大学历史地理学专业硕士学位论文。

[4] 周元雷:《伪满洲国方志考述》,2012年中国人民大学史学理论及史学史专业硕士学位论文。

[5] 王张强:《二十世纪五六十年代新方志研究》,2018年中国社会科学院大学中国史专业博士学位论文。

[6] 周志丹:《新中国"志坛诸老"方志思想研究》,2024年宁波大学中国史专业硕士学位论文。